MÉTHODE PEGGY TOURNIGAND
ET JEAN-FRANÇOIS RUIZ

TEXTES DE CAROLE PIRMEZ

Je rayonne jour après jour

LE COACHING DU SOLEIL DE L'ÉNERGIE

ILLUSTRATIONS DE SARAH BOCHATON

Préface

Certains disent « J'ai tout pour être heureux, mais je ne le suis pas », d'autres racontent leurs difficultés dans le travail, les relations, l'éducation des enfants... et chacun de chercher le bonheur en achetant de nouveaux biens, en partant en vacances plus loin ou en trouvant l'âme sœur. Comme si le bonheur pouvait être trouvé à l'extérieur de nous, dans des objets ou des relations. Mais s'il n'en était rien ? Si finalement le bonheur ne dépendait pas de causes extérieures mais seulement de nous, de notre intériorité ? Les études scientifiques dans le domaine du bonheur montrent que l'argent et le confort matériel ne sont pas des facteurs déterminants pour être heureux. « L'argent ne fait pas le bonheur » comme dit le dicton. L'élément important, c'est ce qui se passe en nous et, plus exactement, la manière que nous avons de nous relier au monde, d'interpréter les événements et les situations, de nous relier aux autres.

En d'autres termes, ce n'est pas ce que nous vivons qui contribue à notre bonheur, mais la manière dont nous considérons ce qui nous arrive. Je prends un exemple : quelqu'un que vous ne connaissez pas vous aborde dans la rue ou vient sonner chez vous. Quelle est votre réaction? Est-ce que vous vous dites « Mais c'est qui cette personne, qu'est-ce qu'il me veut encore celui-là, pourquoi est-ce que je suis toujours embêté(e) », ou bien « Tiens, c'est une occasion de discuter quelques minutes et de rencontrer quelqu'un »? Dans le premier cas, votre attitude, avant même de savoir ce qu'il ou elle veut, va créer un champ d'opposition. L'autre va le sentir et il aura tendance à être froid, distant, peu agréable. Au contraire dans le deuxième cas, la personne sera mise en confiance se montrera naturellement plus enjouée. Et bien entendu votre jugement général de la situation sera différent : dans le premier cas vous direz « Ce que les gens sont embêtants et désagréables » et dans le second « J'ai fait des rencontres formidables, qu'est-ce que les gens sont attentifs et aimables ». Dans les deux cas vous avez créé, sans vous en rendre compte, votre réalité. En changeant d'attitude, c'est-à-dire d'état intérieur, vous passez du déplaisant à l'agréable, du pénible au merveilleux. Et cette image de la rencontre est valable dans toutes les autres situations du quotidien : comment vivez-vous cette relation amoureuse où l'autre ne se comporte pas comme vous l'auriez souhaité? Comment vivez-vous les conflits ? Comment accueillez-vous cet échec ? etc.

Pour réussir ses projets, pour être heureux en amour, ceux qui avancent sont ceux qui savent créer cet environnement harmonieux, qui savent changer leur rapport au monde pour créer les conditions d'une vie heureuse. Ils deviennent ainsi la meilleure version d'eux-mêmes pour créer une réalité harmonieuse et belle.

Mais comment faire ? C'est justement à cette question que Peggy et Jeff proposent de répondre dans cet ouvrage « Je rayonne jour après jour ».

Personnellement, j'ai connu Peggy et Jeff dans un stage de tantra que j'animais. J'ai tout de suite été conquis par le rayonnement naturel qui émanait d'eux. Bien que très jeunes, ils montraient une étonnante maturité pour leur âge et leur manière de vivre était fluide et harmonieuse. Leur amour, fondé sur une complicité et un accueil total de l'autre pour ce qu'il est, éclatait de mille feux. Depuis, j'ai animé des formations en ligne sur Internet et, à chaque fois, j'ai pu sentir leur ouverture, leur chaleur et leur énergie.

La réserve et la précision de Jeff se marient merveilleusement bien avec la finesse et la pétillance de Peggy. Ils ont totalement intégré cette nouvelle manière de vivre et de penser où chacun est autonome et indépendant, tout en étant dans un respect et une empathie totale pour l'autre.

Tout ce qu'ils font est juste et aligné. Ils incarnent ce qu'ils disent et expriment dans la vie leurs qualités profondes : une grande intégrité, une écoute, une capacité à s'adapter, une grande faculté à ne pas juger et à savoir se remettre en cause chaque fois que quelque chose ne fonctionne pas comme ils le veulent. Ils sont, comme le dit le poème Invictus qu'aimait particulièrement Nelson Mandela, « maîtres de leur destin, capitaines de leur âme », avançant la tête haute tout en étant à l'écoute de chacun.

Ils ont su intégrer les enseignements les plus profonds de toutes les personnes qu'ils ont côtoyées et interviewées. Et à chaque fois, cela passe par une manière ludique et simple de les transmettre. Leur programme phare « Le soleil de l'énergie » constitue une synthèse accessible à tous des techniques connues pour développer son rayonnement et une très bonne initiation pour tous ceux qui commencent ce chemin vers eux-mêmes.

Jacques Ferber

Sommaire

Bonjour chère Rayonnante :)

Nous sommes heureux de vous accueillir dans la communauté des Rayonnants grâce à ce livre.

Vous êtes au bon endroit si vous avez envie de mieux vous connaître et de co-créer la vie dont vous avez toujours rêvé.

Par l'intermédiaire de la méthode du Soleil de l'energie, nous vous transmettons les outils simples et efficaces qui nous ont permis en très peu de temps de prendre conscience de nos schemas répétitifs et de les transcender, de mieux définir nos aspirations et de créer jour après jour sereinement la vie qui nous convient.

Pour une véritable transformation, nous vous engageons à répondre aux questions et à faire les exercices qui vous sont proposés tout au long du livre et bien sur à :

PASSER A L'ACTION !

Nous vous souhaitons de belles découvertes et de superbes transformations.

Peggy et Jeff.

Pour nous partager vos retours : academie.devperso@gmail.com

Introduction

Qui sont Peggy & Jeff ?

De cadres « normaux » à professeurs de yoga et coachs en développement personnel, ou comment le yoga et le développement personnel peuvent vous rendre rayonnant

Jeff grandit en Auvergne dans une ville de taille moyenne. Il aime dire qu'il a grandi au « milieu de la diagonale du vide ».
Peggy grandit dans la Drôme, dans une ville de taille moyenne. Elle aime dire qu'elle a grandi dans une région où le vent est tellement présent qu'il n'y a pas besoin de se coiffer le matin. Timide, elle n'ose pas prendre la parole en public. Elle garde en tête qu'on lui a appris à ne pas faire trop de bruit, à être discrète, à ne pas prendre trop de place. Peggy est également très sensible à ses émotions, qu'elle aura du mal à maîtriser, avant de finalement s'en détacher pour ne plus en « souffrir », croyait-elle à ce moment-là.

Peggy et Jeff se rencontrent à l'âge de 18 ans, âge charnière où chacun quitte le nid familial et se retrouve face à ses propres choix : alimentation, mode de vie, relations sociales, examens...
Après avoir obtenu leur diplôme vint la découverte de Paris et du monde de l'entreprise.
Paris où tout va plus vite qu'ailleurs, la ville où chacun se bouscule pour prendre le prochain métro, la grisaille et la pluie, la pollution, les embouteillages, le stress ambiant, la fatigue des longs trajets... une impression que personne n'existe pour personne.

Le monde de l'entreprise où chacun joue des coudes pour obtenir les faveurs de son supérieur afin d'avoir une augmentation ou une promotion. Chacun est bien vissé à son poste et l'on vous fait comprendre très rapidement les limites à ne pas dépasser. Parfois un miracle se produit et la coopération et l'entraide naissent.

Jeff ne supporte pas d'être employé. Il a l'impression que ce rêve d'être ingénieur n'était pas le sien et que le CDI est en réalité une véritable prison.
En 10 mois seulement, il s'est éteint ! Il décide alors de démissionner pour créer sa propre structure. Il met beaucoup d'énergie dans cette entreprise, il en oublie tout ! Son esprit n'est attiré que par la réussite de son entreprise. Il est désinvesti de son corps, de ses émotions, de son couple, de ses relations sociales... L'angoisse de l'échec le guette et le pousse à faire tous les excès sans jamais prendre de vacances et de temps pour se ressourcer.

Peggy qui avait une mauvaise estime d'elle-même et peu confiance en elle trouve facilement son premier emploi.

Elle s'investit complètement et passe des heures à travailler sans relâche. Elle est reconnue pour son sérieux et ses capacités.
En quelques années Jeff a pris 15 kg. Il ne sort pratiquement plus et passe le plus clair de son temps derrière son ordinateur. Toujours dans sa tête, son corps est sans énergie, sans vitalité. Il commence à multiplier les problèmes de santé, de digestion, les palpitations cardiaques... Il dort la moitié du week-end pour recharger ses batteries.

Plusieurs problèmes de santé vont apparaître chez Peggy également.
Avoir 28 ans et devoir prendre des médicaments à vie, c'était impensable pour Peggy !

Elle avait l'intime conviction que ses problèmes de santé étaient liés à elle-même, aux émotions qu'elle pouvait avoir, à l'état de stress qu'elle ressentait...

Elle commença par suivre un traitement de phytothérapie (traitement par les plantes) pour réduire le stress et les palpitations de son cœur. Ce traitement lui permit de retrouver confiance en elle lors d'efforts intenses tels que la course.
Puis elle s'inscrit à des cours de tai-chi et chi gong pour retrouver la paix et se remit aux exercices de visualisation grâce à la sophrologie.
Six mois passent, tout va mieux.

Ces résultats encourageants font naître des idées dans la tête de Peggy.
Un soir, en rentrant à la maison Peggy propose à Jeff de tester ensemble le yoga.
La réaction de Jeff fut immédiate : NON !

Peggy avait l'intuition que le yoga était fait pour tous les deux et que cette pratique pouvait changer leur vie.
Après quelques négociations, Jeff accepte de faire un cours de yoga.
Ce cours a été une révélation intense pour Jeff. Lui qui est toujours en train de réfléchir, de penser, d'anticiper... Il découvre ce jour-là le bonheur de n'avoir plus rien dans la tête, une sorte de libération mentale, de calme intérieur, de profonde paix qui s'installe dans le lâcher-prise.

Jeff et Peggy décidèrent de continuer le yoga avec deux professeurs différents (Hatha Yoga et Ashtanga Yoga).

Peggy

Jeff

En 2013, Peggy propose de partir découvrir l'Inde et d'y intégrer une retraite intensive de yoga. Cette retraite leur permet d'assimiler complètement ce qu'ils ont appris avec leurs professeurs en France et d'aller plus loin dans leurs pratiques personnelles.
Au retour de ce voyage, deux choses se passent :
- Peggy & Jeff savent désormais pratiquer seuls. Ils sont capables de construire leur propre routine quotidienne, leur « professeur intérieur » est présent et les guide dans les postures, les exercices de respiration et la méditation.

- Le lendemain de leur retour en France, Peggy reprend le travail. Elle arrive dans l'entreprise avec un œil neuf et une grande sensibilité. Elle se rend compte que les salariés sont très fatigués, les yeux cernés, tristes comme s'ils portaient le poids du monde sur leurs épaules, stressés par les contraintes de la vie quotidienne... Elle se rend compte qu'elle vit au quotidien dans ce bain et que d'habitude c'est elle aussi « qui porte le poids du monde sur ces épaules ».

Le monde devrait connaître les bienfaits du yoga !

Un an plus tard, ils partent en Thaïlande pour passer leur diplôme de Professeur de Yin Yang Yoga avec Simon Low certifié Yoga Alliance.

La découverte et la pratique de cette discipline avaient radicalement transformé leurs vies.

Peggy et Jeff ont retrouvé l'énergie, la vitalité et la grande forme physique. Ensemble, ils rayonnent de santé et de bonheur.

Il leur fallait maintenant contribuer à faire connaître cet outil au plus grand nombre de personnes possible.

Quoi de mieux que les événements et Internet pour ouvrir la voie du yoga à un maximum de personnes ?
Ils créent alors la première tournée de cours de yoga dans les lieux insolites de Paris : « Yoga On Top ». Ils font découvrir le yoga de manière accessible et ludique.

Ils apportent également dans les séminaires d'entreprise leur bonne humeur, leurs astuces pour se sentir bien au travail et améliorer la qualité de vie des employés.

Le yoga leur a ouvert de nombreuses voies de développement personnel.

Aujourd'hui praticiens d'EFT, masseurs, coachs personnels et professionnels, ils ne cessent de se former sur toutes les techniques du bien-être.

Tels de véritables chercheurs en développement personnel, ces deux explorateurs comptent bien partager leurs découvertes avec le maximum de personnes sur le chemin de l'éveil.
Ils décident alors de créer le coaching du Soleil de l'Énergie. Une méthode qui permet de faire un état des lieux dans 12 dimensions essentielles de la vie : Amour, Argent, Santé, Apprentissage, Relations sociales, Passions/Talents, Projets, Travail, Contribution, Famille, Spiritualité, Expression.

Une fois le diagnostic établi et la prise de conscience réalisée, le coaching du Soleil de l'Énergie permet d'améliorer les zones d'ombres et de renforcer les points forts.

Peggy et Jeff ont accompagné et ont vu des milliers de personnes se transformer sous leurs yeux et réussir à révéler leur potentiel. Tous ont transcendé leurs croyances et leurs peurs pour se sentir à leur place et devenir la meilleure version d'eux-mêmes.

Il était important pour Peggy et Jeff de communiquer leur savoir par écrit.

Ce projet de livre n'aurait pas pu être possible sans la présence de Carole Pirmez.

Carole a suivi l'ensemble du programme en ligne du Soleil de l'Énergie, soit plus 100h de contenu. Elle travaille avec Peggy et Jeff depuis février 2016 en tant que Responsable du club des rayonnants de la relation clients.

Elle poursuit plusieurs formations qui lui permettent, à son tour, de se développer chaque jour un peu plus dans ce chemin de croissance personnelle.

Ce coaching lui a permis de se reconnecter à ses véritables talents et passions : l'écriture, le yoga, le bien-être, l'alimentation naturelle, l'élévation de l'âme...

Elle possède des qualités rédactionnelles et l'un de ses plus grands rêves est d'écrire des livres. Il y a un an, elle a créé un blog sur lequel vous pourrez la suivre si vous désirez en savoir plus sur ses projets et réalisations: https://mavraienature.live

Une grande confiance les unit.

Peggy et Jeff lui ont alors offert l'opportunité d'entrer dans l'aventure et dans les coulisses de la rédaction de ce livre.

Un challenge de taille qu'elle s'est donné pour mission de relever.

Peggy et Jeff animent également des conférences en ligne. Plusieurs milliers de personnes les rejoignent et les suivent au quotidien.
Pour retrouver toutes leurs conférences en ligne vous pouvez vous rentre sur le site : **http://academie-developpement-personnel.com/**
Ils donnent régulièrement des cours dans le cadre de la tournée Yoga On Top. Pour retrouver les dates de la tournée : **http://www.yoga-on-top.fr/**
Pour suivre la suite des aventures de Peggy et Jeff, visitez leur site Internet : **http://academie-developpement-personnel.com/**

Carole

Pourquoi suivre le coaching du Soleil de l'Energie ?

Où en êtes-vous dans votre vie amoureuse ? Réussissez-vous à laisser s'exprimer librement les déesses qui sommeillent en vous ? Que se passerait-il dans votre vie si vous réussissiez à accéder à une plus grande abondance financière? Votre corps vous envoie-t-il des messages d'alerte auxquels vous ne prêtez pas attention? Souffrez-vous de blessures émotionnelles? Vous sentez-vous tributaire de votre emploi actuel? Que feriez-vous de vos journées si tout était possible? Vous sentez-vous à l'aise lors de vos prises de parole en public? Avez-vous conscience de la multitude de vos talents? Consacrez-vous suffisamment de temps à vos passions? Seriez-vous prête à revoir quelques-uns de vos schémas mentaux pour laisser s'élever votre niveau de spiritualité? Quelle trace souhaiteriez-vous laisser de votre passage sur terre ? ...

Il arrive un moment dans notre vie où, en raison d'un manque de confiance en nous, nous avons parfois le sentiment d'être bloquées, de tourner en rond, d'être insatisfaites... de ne pas nous sentir épanouies.
C'est un peu comme si tout nous glissait entre les doigts, comme si nos frustrations nous éloignaient des autres avec, toujours, ce sentiment que quelque chose ne va pas.
Un peu comme si nous passions à côté de notre vie, comme si nous étions attachés sur le siège passager, incapables d'aller là où nous le souhaitons vraiment.

Vous connaissez certainement des personnes qui rayonnent. Des personnes pour qui la vie semble simple et harmonieuse. Des personnes qui ont l'air légères, apaisées et heureuses.

Elles sont bien dans leurs corps, bien dans leurs têtes, pleines d'énergie et souriantes. Le genre de personnes que le temps bonifie. Comme si chaque jour qui passe les rendait encore plus belles.

Face à elles, vous vous dites peut-être: « Quels sont leurs secrets ? Aurais-je raté quelque chose de mon côté ? Pourquoi pas moi finalement ? »

Nous nous sommes posé les mêmes questions il y a 6 ans, et avons trouvé des réponses qui ont totalement changé notre existence.

Ce livre est le résumé du fruit de nos recherches, rédigé pour vous permettre, à votre tour, d'y voir plus clair dans votre vie.

À l'aide de nouveaux outils, vous pourrez accéder à une plus grande confiance en vous et à une meilleure compréhension du monde qui vous entoure.

Vous apprendrez à ouvrir votre coeur à l'amour, à mieux comprendre les hommes et observerez vos pouvoirs de femme déesse.

Ce coaching vous offrira la possibilité d'apprendre à faire fructifier votre argent, le gérer avec astuce et l'investir intelligemment.
Sans pression, vous (re)visiterez les bases d'une bonne alimentation et (ré)apprendrez à écouter votre corps et vos émotions.
Quel que soit votre niveau d'étude actuel, vous serez initiée à une nouvelle conception de l'apprentissage.

Sur ce chemin de remise en question, vous identifierez la qualité des relations que vous entretenez avec votre entourage.
Vos rêves les plus fous seront décortiqués et nous découvrirons ensemble l'ampleur de vos super pouvoirs de création.
Animée par le désir brûlant de vous réaliser, vous oserez vous reconnecter à vos passions pour laisser s'exprimer l'enfant qui sommeille en vous.
En chemin vers ce déploiement de vos multiples compétences, vous comprendrez l'intérêt d'ouvrir votre cœur et d'offrir un peu de votre temps et de vos talents à vos proches, à votre ville, à la planète entière.

Plusieurs approches vous permettront d'ouvrir les yeux sur les liens invisibles qui unissent les membres d'une même famille.
Pas à pas, vous oserez vous aventurer hors des sentiers battus et évaluerez la satisfaction perçue de votre réalisation professionnelle actuelle.

Lentement, vous ouvrirez votre esprit au champ du tout est possible pour aider, si vous le désirez, votre niveau de conscience et de spiritualité à s'élever.
Votre corps est votre temple... Il vous porte et vous permet de vivre pleinement chaque instant.
L'écouter, l'observer et le comprendre vous permettra d'actionner plusieurs leviers de votre développement personnel.
Grâce à lui, vous êtes ici aujourd'hui. Au travers de lui, chaque jour, vous pouvez vous dépasser pour accéder à un plus grand épanouissement.

Le yoga est à la source de notre développement personnel. Il nous a ouvert la voie vers plus d'amour de nous et des autres.
Depuis ces premières prises de conscience, nous avons assisté à des dizaines de séminaires, lu des centaines de livres et participé à de nombreux programmes de formation sur Internet.
Nous avons fait tout cela avec un objectif précis en tête : mettre en application ces connaissances dans notre vie quotidienne afin de les tester et de les intégrer.
Très vite, nous avons ressenti le besoin de partager ce que nous avons découvert sur notre chemin avec le plus grand nombre de personnes.
Nous avons déniché des outils de connaissance de soi et de transformation personnelle extrêmement puissants que nous avons rassemblés dans le modèle du « Soleil De l'Énergie » (SDE).
Il permet de rendre n'importe quelle personne plus rayonnante dans sa vie de tous les jours.
Une personne qui attire tout naturellement à elle les bonnes choses et les bonnes opportunités.

Que se passera-t-il dans votre vie si vous décidez d'investir du temps dans ce coaching ?

Vous procurer ce livre est un premier pas vers plus d'amour pour vous… Un premier pas franchi sur le chemin de votre développement personnel. Bravo ! L'idée n'est pas de le lire d'un seul trait, avec fougue et impatience.

Ce coaching est destiné à vous accompagner sur une période de 48 semaines, mais cela peut bien sûr être plus ou moins long. Sentez-vous libre de faire ce qui vous semble être le mieux pour vous en gardant à l'esprit qu'il est important de laisser « infuser » les nouvelles notions que vous y découvrirez si vous désirez les intégrer et voir votre vie se transformer.

Nous vous donnerons plus d'informations sur la manière optimale d'utiliser ce livre à la page 18 (Comment utiliser ce livre ?).

Mais avant cela, nous souhaitons vous raconter une petite histoire. Une histoire qui nous a été contée par Olivier Clerc (écrivain, formateur, conférencier, spécialiste du pardon et des accords Toltèques).

Il s'agit de l'histoire de la grenouille qui ne savait pas qu'elle était cuite :

« Un jour, alors qu'elle se baigne tranquillement dans une marmite, la grenouille ne s'aperçoit pas que le feu commence à chauffer sous la casserole.

La température de l'eau commence pourtant à augmenter doucement. Le bain devient de plus en plus chaud.

C'est un peu plus que n'apprécie la grenouille, mais elle décide malgré tout de rester nager encore un peu.

L'eau est maintenant très chaude… trop chaude !

La grenouille trouve cela désagréable et beaucoup trop chaud. Elle tente de sortir, mais ses membres engourdis ne trouvent plus la force pour s'extraire de la casserole.

La température continue à monter ainsi… jusqu'à bouillir.

La grenouille, complètement cuite, meurt à "petit feu" ! »

Cette histoire de la grenouille qui ne savait pas qu'elle était cuite était un peu la nôtre. Mais peut-être vous reconnaissez-vous aussi dans cette histoire ?

Heureusement, quand nous avons commencé à sentir la chaleur de l'eau monter un peu trop, nous avons donné un « coup de patte » salutaire qui nous a permis de sortir de notre marmite et de découvrir les outils du développement personnel.

Quel est votre rayonnement personnel actuel ?

Êtes-vous prête à découvrir votre rayonnement personnel ? Super ! L'exercice pratique que vous vous apprêtez à faire peut vous amener à une prise de conscience immédiate de vos zones d'insatisfaction, tout comme la mise en lumière de vos talents personnels. Autant y être préparée ...

Dans un premier temps, nous vous invitons à vous munir d'une feuille et d'un crayon.
Tracez un cercle sur votre feuille auquel vous pouvez ensuite venir ajouter 12 rayons.
Pour chaque rayon, inscrivez à quelle dimension il correspond.

Les 12 dimensions sont :

- **L'amour**
- **L'argent**
- **La santé**
- **L'apprentissage**
- **Les relations sociales**
- **Les projets**
- **Les passions**
- **La contribution**
- **La famille**
- **Le travail**
- **La spiritualité**
- **L'expression**

En fonction de votre propre appréciation, notez ensuite sur chaque rayon l'endroit où vous en êtes de votre rayonnement.
Vous êtes très proche du centre de votre soleil ? Attention ! Vous êtes en train de bouillir comme la grenouille !
Si par contre vous mettez une marque à l'extrémité extérieure du rayon, cela signifie que vous estimez être une personne très épanouie dans cette dimension de votre vie.
La réalisation de votre soleil vous permettra, entre autres, de prendre conscience des axes sur lesquels vous devrez un peu plus vous concentrer.
Pour un diagnostic gratuit et complet de votre développement personnel actuel, rendez-vous à l'adresse suivante: https://soleildelenergie.com/go-diagnostic

Une fois votre auto-diagnostic réalisé, nous vous recommandons de conserver précieusement vos résultats. Il sera en effet intéressant d'y revenir à la fin de ce coaching pour faire un bilan de « clôture ».
Nous avons découpé la méthode du Soleil de l'Énergie en 12 volets, que nous avons choisi d'intituler des « rayons ».
Chaque rayon correspond à l'un des axes de votre vie et donc de votre développement personnel.
Chacun de ces axes a été découpé en quatre parties, une partie représentant une séance de coaching.
Vous avez donc entre les mains un livre d'une valeur extraordinaire, car il vous propose un accompagnement en 48 séances.
De nombreuses pépites vous sont dévoilées une à une dans cet ouvrage très complet dont vous ressortirez métamorphosée !

Comment utiliser ce livre ?

Les enseignements que nous nous apprêtons à vous dévoiler sont nombreux et très variés.

Pour des résultats optimums, **nous vous recommandons d'utiliser ce livre de la façon suivante :**

- Prenez le temps de découvrir les séances une à une et, dans l'idéal, de **respecter l'ordre** dans lequel elles vous sont présentées. Lors de la première semaine, vous lirez donc la séance 1, lors de la deuxième semaine la 2, etc.
Sentez-vous libre d'organiser votre lecture différemment si votre emploi du temps actuel vous y oblige.

- Fixez-vous un moment de lecture par semaine durant lequel vous lirez la totalité d'une séance.

- Afin de pouvoir noter vos idées et réflexions, nous vous invitons à utiliser un **carnet d'idées/** notes/réflexions.

- Dans chaque rayon, des mises en place concrètes ainsi que des exercices vous sont proposés. Si vous désirez voir votre vie se métamorphoser, il est important de les faire de **façon régulière.**

SANS PASSAGE À L'ACTION, IL N'Y A PAS DE RÉSULTATS

✳ À la fin de chaque séance, vous serez invitée à rédiger votre **Mantra de la semaine.** Cette phrase devra être courte, positive et sans négation. Elle contiendra au moins un verbe au présent, conjugué à la première personne du singulier. Elle sera en rapport avec la séance. Un indicateur de ce que vous souhaitez faire, devenir, créer. Un exemple : « Je m'aime quoi qu'il arrive en toute situation. »

✳ Retranscrivez ces phrases sur une feuille au format A4 et **affichez-les dans un endroit visible** de votre maison (sur un des murs de votre bureau ou sur la porte intérieure de vos WC par exemple). Au fil des semaines, vous créerez votre Mantra de vie... du moins, celui de cette période de votre vie. Cet outil est très puissant. Lisez ces phrases positives le plus souvent possible et laissez la magie opérer...

✳ Nous avons ajouté à certains endroits des titres de chansons afin de vous inviter à des ancrages en musique... libre à vous de vous en inspirer.

✳ Pour vous offrir un maximum de ressources, nous vous offrons en bonus plusieurs centaines de liens et de sources d'inspiration qui vous permettront d'approfondir certains sujets au travers de lectures et de conférences par exemple.

Au fil des semaines, vous ferez de nouvelles découvertes, accomplirez de nouvelles choses, oserez de nouvelles expériences.

Nous insistons sur le fait qu'il est important pour vous de **célébrer chacune de vos réussites.** De la plus petite à la plus grande.

Identifiez dès aujourd'hui ce qui vous fait le plus de bien... Un petit resto ? Un bon bain ? Un massage ? Une sortie ?
Ouvrez votre esprit au changement, lisez, pratiquez, osez...
Surprenez-vous et surtout célébrez-vous !
En quête vers **la meilleure version de vous-même**, nous vous souhaitons beaucoup de plaisir sur ce chemin d'introspection .
En route...

Témoignages

Des personnes ayant suivi le programme de coaching du Soleil de l'Énergie se livrent sur leur expérience.

Le Soleil de l'Énergie m'a appris à me reconnecter avec moi même, avec mon moi profond.
- Qui étais-je avant ? Une enveloppe avec, certes, un bouddha d'or à l'intérieur, mais tellement enfoui que je ne savais plus où il se cachait !

- Ce qui a changé en moi et dans ma vie : JE suis enfin passée à l'action ! J'ai enfin osé être moi-même ! Avant, je disais un jour je serai, un jour je ferai et, depuis le Soleil de l'Énergie, JE FAIS et JE SUIS !!!!! Ça fait tellement de bien ! Les travaux pour mon centre de bien-être ont enfin débuté et mon centre ouvre en septembre ! Ça fait plus de 10 ans que j'ai ce projet et, en 3 mois de formation, tout s'est débloqué !

- À qui je recommanderais la formation Soleil de l'Énergie ? À tout le monde ! Seule condition: avoir le désir brûlant d'être chaque jour la meilleure version de soi-même.
Belle journée à vous tous et GRATITUDE immense pour votre sublime travail.

Diane D.

Avec le Soleil de l'Énergie je me suis complètement métamorphosée, je vois la vie différemment et elle devient de plus en plus légère. En moins d'un an, j'ai fait un saut quantique! J'utilise régulièrement les outils que j'ai appris dans le Soleil de l'Énergie, je pose mes limites, je suis en phase avec mes choix, je me fais confiance, je suis plus zen ! Je n'ai plus peur d'avancer, car je sais qu'il y a une pépite derrière chaque pépin.

La richesse d'informations du programme m'a permis de transformer ma vie dans de nombreux domaines !
Aujourd'hui, je me lance dans la création de mon entreprise, je n'aurais jamais osé faire cela auparavant.

Mon entourage a également constaté ces changements, cela m'a permis de construire des relations beaucoup plus authentiques avec mes amis et ma famille. Je continue à suivre Peggy et Jeff à travers différents webinaires, car c'est toujours très riche en enseignements et en prises de conscience. Je les remercie encore tous les deux et leur souhaite tout le succès qu'ils méritent vraiment.

Caroline V.

En octobre, avec le rayon « argent », j'ai compris les liens anciens qui me laissaient croire que je ne valais pas grand-chose, ou plutôt que je ne devais pas demander plus : ce que j'avais était déjà beaucoup.
Et c'était vrai : je dirais que j'ai tout réussi dans ma vie, autant pro que perso, mais intérieurement je souffre... sans avoir le « droit » de me plaindre puisque j'ai déjà tout !

J'avais regardé par le passé ce qui me dérangeait lors de la demande de paiement de fin de soin : c'était toujours les patients qui, me laissant plus que les honoraires demandés, me faisaient réfléchir à l'investissement qu'était le leur... et du manque de reconnaissance du mien !
Le programme, en me faisant voir d'où venait ma croyance en ma « petitesse », me l'a révélé au point de me saboter de façon visible cette fois-ci!

Un exemple très parlant : j'avais un planning rempli 2 mois minimum à l'avance ; il est passé à 2 semaines et j'ai eu une journée « off », un lundi sans patient : énorme! J'ai alors téléphoné à une amie et nous avons discuté toute la journée. C'est à ce moment que le puzzle s'est formé et que j'ai compris que le sentiment d'être « trop »... d'avoir de la chance, de l'argent, d'être « gâtée par la vie » et que je ne le méritais pas m'a sauté aux yeux. J'ai pris la décision de ne plus être l'objet de ce « trop » (en le niant surtout) mais d'être le sujet de ma vie : et là j'ai senti le changement en moi, enfin!
Pour mon entourage, rien de simple : mon « problème » ne se voyait pas puisque je réussissais. Mon mari me disait que j'exagérais, « qu'est-ce qui te prend? » : je venais de changer, j'osais me vivre intérieurement, réalisée (= rendue réelle) « pour de vrai » ! Et ce que je faisais, par vous, était pour moi, pour nous (couple et famille).

Même ma collègue me faisait remarquer que je me dévaluais : « tu ne devrais pas dire que tu ne fais rien ; ce n'est pas vrai » et effectivement, selon moi, ce que je faisais n'était « rien, peu de choses, tellement naturel et évident, me demandant pas ou si peu d'efforts ». Comme lors des formations : les collègues étaient toujours à me dire « avec la main que tu as, tu dois avoir une sacrée patientèle »... et moi de ne pas comprendre « la main » ni « la patientèle » : tout cela étant « normal »... En vérité, c'était tellement gênant de m'autoriser à me vivre rayonnante en conscience.
Je me rends compte que je pressentais tout cela, mais c'est en laissant infuser les choses, toutes ces pièces de puzzle à l'intérieur de moi, que j'ai réalisé ce que je jouais : la gardienne des autres, prendre soin des autres en m'oubliant, même si j'ai fait des petits pas. Ce matin j'ai fait un grand pas : prise de conscience que je ne suis pas arrogante !

Une amie proche a cité l'humilité parmi mes qualités : cela m'a beaucoup touchée... et pour cause. Je ne me suis jamais vue comme belle, bonne (qualités, entre autres, que mon mari m'a décrites).

Je ne fais que commencer à le vivre : un grand Merci pour votre présence, votre super programme, votre bienveillance. Je sais que, seule, je n'aurais pas remarqué cette difficulté de valeur.

Nicole L.-M.

Ce que la formation m'a apporté :
- J'ai pris conscience que j'ai la lumière en moi
- Que j'ai le choix ! Que si je le veux, je peux
- Que j'ai de la valeur
- J'ai pris conscience que je suis multi-potentiels
- Je sais me donner une marche à suivre et j'ai même un agenda Google maintenant
- J'ai identifié certains blocages et mes croyances
- Mon radar à opportunités est plus développé
- J'ai réussi à identifier ce qui me fait vibrer

Bénéfices :
- La confiance en moi progresse petit à petit
- J'ai appris à aimer mon corps et à m'aimer
- Je gère mieux mon temps de travail
- Je me sens mieux comprise et si on n'est pas d'accord avec moi, ce n'est pas grave
- Je sais me poser les bonnes questions quand je ne suis pas bien
- Je m'entoure de personnes compétentes pour apprendre ce qui m'intéresse
- Je sais mieux prendre les décisions
- Je suis moins impulsive
- J'ai un meilleure communication avec mon homme
- Les Mantras font partie de ma vie
- Je sais identifier les mauvaises pensées et les recadrer et j'adore cette citation que j'applique tous les jours. Merci Jeff ! « Les pensées mènent aux sentiments – Les sentiments mènent aux actions – Les actions mènent aux résultats. »
- Les gens se rendent compte de mon changement
- J'ai appris à prendre le temps et à ne pas me stresser
- Je ne me donne plus des tonnes de choses à faire tous les jours
- J'ai appris à mieux gérer les priorités
- Je trouve plus facilement les choses qui me conviennent
- Je ne me résigne plus quand je suis dans la traversée du désert

Avant j'étais...
- J'étais perdue !
- Je n'avais plus de projet, j'avais baissé les bras
- Je n'avais plus de courage
- J'étais résignée
- Je me demandais pourquoi j'étais sur terre

Ce qui a changé dans ma vie et en moi :
- J'ai repris goût à la vie avec les outils du Soleil de l'Énergie
- J'ai appris la gratitude
- J'ai appris à célébrer

- J'ai à nouveau des rêves et un but dans la vie
- Je suis plus sereine dans la vie de tous les jours
- J'ai appris à être bien seule
- Je n'attends plus que ce soit les autres qui remplissent mon réservoir d'Amour
- Je suis plus indulgente envers les autres et avec moi-même
- Je fais les choses encore plus avec mon cœur
- Je sais mieux écouter quand mon corps dit stop
- Je me sens moins coupable
- Je stresse moins face à ma situation financière
- Je sais attendre le bon moment pour parler et communiquer
- J'adore les formations et apprendre, encore et encore
- Je sais sortir de ma zone de confort
- Je fais chaque jour une petite action nouvelle
- Je fais mon carnet de gratitude et de compliments
- J'ai appris plein de postures en yoga et j'en fais tous les jours
- Je sais employer mon temps agréablement dans les files d'attente
- Je sais me tenir à ce que j'ai décidé et si je ne le fais pas dans le temps prévu, je ne me juge pas
- Je me trouve jolie même au réveil et j'ai fait la paix avec mes poches en dessous des yeux :-)

Et ce n'est pas tout !

Et franchement, le Soleil de l'Énergie, je le recommanderais à tout le monde, car il est très complet et peut aider tout le monde.

Jacqueline C.

RAYON amour

Qu'est-ce que l'amour au juste ?
Dans ce premier rayon de notre coaching qui vous accompagnera tout au long de l'année, nous observerons ensemble la manière dont vous vous aimez actuellement et le niveau de satisfaction de vos relations aux autres aujourd'hui.
Nous découvrirons que l'amour est un « muscle » qui a lui aussi besoin d'être entretenu.
À l'aide de petits exercices, vous pourrez faire de l'amour l'un des outils les plus puissants de votre développement personnel.
Suis-je à l'écoute de mon dialogue intérieur et de celui de l'homme que j'aime ? Puis-je être aimée si je ne m'aime pas moi-même ? Que pourrait-il se passer dans ma vie amoureuse si je révélais au grand jour la déesse qui sommeille en moi depuis toujours ?
Prête à ajouter un peu de piment dans votre routine ?
Du fast-food à la grande gastronomie, nos pratiques sexuelles en disent long sur notre capacité à assouvir nos désirs et à remplir notre réservoir d'amour.
Bienvenue sur ce chemin de croissance où ancrage, confiance en soi et ouverture d'esprit deviendront bientôt vos meilleurs alliés.

Semaine n° 1

APPRENEZ À VOUS CONNAÎTRE

Pour débuter au mieux ce premier rayon dédié à l'amour, nous vous invitons cette semaine à déposer vos bagages émotionnels et à faire le point sur votre situation personnelle actuelle.
Comment allez-vous ? Sur une échelle de 1 à 10, où situeriez-vous l'amour que vous ressentez actuellement pour votre propre personne ?
Sans en avoir conscience, beaucoup de femmes s'auto-sabotent ! Critiques envers elles-mêmes, elles privent, malgré elles, le monde extérieur de l'envergure de leurs compétences. Ne seriez-vous pas vous aussi votre plus grand juge ?
Au travers de la représentation de la spirale de l'amour, vous comprendrez en quoi vous aimer a une grande influence sur la manière dont les autres vous aiment.
Découvrir que vous détenez en vous la force et le potentiel de sept déesses différentes pourra très certainement vous permettre de changer un peu votre jeu pour surprendre votre mari/compagnon, mais aussi pour retrouver un meilleur équilibre dans votre relation aux autres et à vous-même.
Où se situe le niveau de votre réservoir d'amour aujourd'hui ? Avez-vous le sentiment d'être aimée ? Vous réservez-vous suffisamment de moments de détente ?
Dès aujourd'hui, nous prenons les rênes pour vous permettre de gagner en confiance en vous et vous aider à faire les premiers pas sur ce chemin de développement personnel que vous avez emprunté à nos côtés.

Cette semaine, vous apprendrez à :

Être à l'écoute de votre dialogue intérieur.
Identifier votre déesse dominante.
Entrer dans la spirale de l'amour et remplir votre réservoir d'amour.

Le dialogue intérieur

Si vous voulez rayonner et attirer l'homme de votre vie, la première chose à faire, c'est de vous aimer vous-même.
Dans un premier temps, il convient de découvrir le dialogue intérieur qui vous empêche de rayonner et d'apprendre à le modifier petit à petit.

Qu'est-ce que l'amour ?

Est-ce que vous vous aimez ? Spontanément, diriez-vous plutôt oui ou plutôt non ?
Vous aimer vous-même est l'une des clés. Vous voulez de l'amour dans votre vie, mais si vous ne commencez pas par vous en donner à vous-même, il va être difficile pour les autres de vous en offrir.
Quelle est votre définition de **l'amour** (il n'y a pas de bonnes ou de mauvaises réponses, soyez spontanée) ?

Pour moi, l'amour, c'est...

En ce qui nous concerne, nous aimons particulièrement cette définition issue du *Chemin le moins fréquenté* de Scott Peck :

« L'amour, c'est vouloir la croissance spirituelle de l'autre. »
Cela signifie que s'aimer soi-même, c'est vouloir sa propre croissance.

S'aimer soi-même est un travail de longue haleine, un travail de tous les jours.

✳ Trois clefs vous permettront d'accroître l'amour que vous avez de vous-même ✳

✳ **Modifiez votre dialogue intérieur :** le dialogue intérieur, ce sont toutes les petites choses que vous vous dites au cours d'une journée. Par exemple, quand vous vous regardez dans une glace, qu'y voyez-vous ? Soyez attentive à vos auto-jugements. Repérez-les au moment où ils vous viennent à l'esprit, accueillez-les, mais admettez que, d'un regard extérieur, cette petite chose qui vous obsède tant n'est pas perçue de la même manière. Dites-vous : « Et alors ? » Dédramatisez la situation. Notez toutes ces petites réflexions pour apprendre ensuite à penser peu à peu différemment.
✳ **Reconnaissez vos qualités :** « J'ai un gros nez, des fesses énormes, les seins plats, les cheveux ternes, des fringues pourries, trop peu de compétences professionnelles... » STOP ! Reconnaissez votre talent pour la peinture, la douceur de votre peau, le petit grain de beauté bien placé qui vous rend si sexy, votre capacité à être à l'écoute des autres, votre don de l'organisation... Le choix est large, c'est vous qui choisissez.
✳ **Lâchez du lest :** avez-vous déjà rencontré l'héroïne de votre série télé favorite au réveil ? Êtes-vous sûre que toutes ces femmes au grain de peau irréprochable n'ont pas été retouchées avant d'être publiées dans votre magazine préféré ? L'heure est venue de se la jouer COOL avec vous-même, avec votre esprit, votre corps, votre quotidien. Cessez l'apnée et RESPIREZ !

✳ MISE EN PLACE CONCRÈTE ✳

Chaque jour, je suis à l'écoute de mes auto-critiques. Je prends conscience du moment où je suis en train de me critiquer. J'accueille ce qui vient de se passer et j'identifie l'élément déclencheur.

✳ BÉNÉFICES ✳

Qu'il s'agisse de votre apparence, de votre façon de faire les choses ou de la manière dont vous vous exprimez, vos auto-jugements vous ternissent. Être plus attentive à ces automatismes vous aidera progressivement à les réduire. Rapidement, vous en ressentirez les bienfaits.

Les sept déesses rayonnantes

Christine Champougny-Oddoux et Michel Cazenave ont travaillé sur le concept des sept déesses (voir référence p. 31). Selon eux, en chaque femme résident pas moins de **sept déesses**.
Dans un premier temps, il faut apprendre à les connaître pour déterminer quelle(s) est/sont la(es) déesse(s) à laquelle/auxquelles vous faites appel dans votre quotidien.

Christine Champougny-Oddoux et Michel Cazenave les ont classées en trois catégories.

La déesse alchimique

Aphrodite : cette déesse unit les contraires et représente la femme féminine, sensuelle, sexuelle. Elle attire les autres, est joyeuse et d'un tempérament fougueux. Aphrodite vit dans le présent, aime les hommes et recherche l'intensité. Elle aime se regarder dans un miroir, est assez vaniteuse. Elle ne connaît pas les conséquences de ses actes. Pour elle, l'engagement dans une relation est difficile et son impulsivité lui joue souvent des tours. C'est une femme de passion qui aime les relations fusionnelles.

Les déesses vierges

Artémis : elle est indépendante, autonome et « féministe ». Elle vit à l'égale des hommes et entretient avec eux des relations fraternelles. Ce n'est pas une grande sexuelle. Cette déesse aime être libre et apprécie le jeu, la compétition. Elle aime bouger son corps. Pour elle, l'adaptation à la société est difficile. Elle garde une distance émotionnelle. Les femmes artémis peuvent parfois avoir un léger côté garçon manqué.
Athéna : la « déesse stratège » est combative et aime être dans la rationalité. Athéna est une intellectuelle qui aime le concret. Elle est organisée, économe et à l'aise dans un monde d'hommes. Elle n'aime pas séduire, mais apprécie les hommes de pouvoir. Souvent, elle a une communication émotionnelle difficile. En amour, elle n'est pas jalouse. Une fois sa décision prise, rien ne l'arrête ! Elle peut parfois paraître froide. Une femme athéna fait en général preuve de beaucoup de self-control et manque souvent d'empathie.
Hestia : elle a une facilité à prendre les gens tels qu'ils sont, sans prêter intérêt à leur statut social. Compatissante, elle intériorise beaucoup. Peu démonstrative, elle exprime difficilement ses émotions. Hestia est une femme plutôt casanière et discrète. Elle n'a pas besoin d'hommes pour donner du sens à sa vie et aime la tranquillité. Elle se suffit à elle-même et a parfois des difficultés à aller vers les autres. La femme hestia aime rester dans l'anonymat, elle est humble. Même si elle est émotionnellement satisfaite, elle a du mal à s'affirmer et n'a pas d'ambition (ni pour elle, ni pour son compagnon/mari quand elle est en couple).

Les déesses sensibles

Héra : elle est sûre d'elle, mais a besoin qu'un homme important soit au centre de sa vie. Elle fait en sorte de trouver un homme avec beaucoup d'ambitions et fait tout pour l'aider à gravir les échelons. C'est une femme collaboratrice qui est très engagée. Elle a une certaine autorité dans la famille et cherche un partenaire qui est son égal. Souvent, Héra est une femme de l'ombre. Elle peut devenir très jalouse et en oublie parfois ses propres ambitions.
Déméter : cette déesse est généreuse et toujours entourée d'enfants. Elle veut être une mère parfaite. Elle organise les repas de famille, les goûters à l'école et est toujours présente pour tous. Ses enfants sont pour elle les éléments d'une réussite narcissique. Elle peut se montrer intrusive et par-

fois être dans l'excès. Déméter n'aime pas le changement et ne sait pas dire non. Souvent, elle s'oublie et se déconnecte petit à petit de ses propres besoins. Elle a rarement la reconnaissance qu'elle voudrait.

Perséphone : déesse mystérieuse, Perséphone ne sait pas qui elle est vraiment. Elle est comme en suradaptation à son milieu. Il est souvent difficile de lui donner un âge (femme mi-enfant, mi-adulte). C'est une grande médiatrice. Son corps est sa forteresse. Elle aime la solitude et est rêveuse. L'intuition est l'une de ses grandes forces. Elle est attirée par des hommes dominants.

Comment « apprivoiser vos déesses » ?

Par habitude, vous faites naturellement appel à une ou deux de ces déesses. Les autres sont en sommeil.

Identifiez-la/les et prenez conscience de l'existence des autres déesses en vous. Apprenez quelle déesse utiliser en fonction des situations.

Par exemple, pour conquérir un homme, utilisez l'Athéna et l'Aphrodite qui sont en vous. Alors qu'Athéna vous permettra de passer à l'action et d'oser aller voir l'homme qui vous plaît, Aphrodite vous soutiendra dans le déploiement de votre féminité pour vous rendre irrésistible.

L'idée n'est pas de changer la personne que vous êtes et avez peut-être toujours été. Au contraire, votre force sera de garder un certain équilibre et de rester en accord avec la divinité qui s'exprime en vous aujourd'hui.

MISE EN PLACE CONCRÈTE

J'identifie la déesse sur laquelle je me repose tout le temps et je concentre mon énergie sur les déesses que j'aimerais être. Pour m'aider, j'observe les femmes qui m'inspirent pour comprendre ce qui me plaît chez elles.

BÉNÉFICES

La métaphore des déesses est intéressante car elle vous permet de vous rappeler que vous êtes une déesse, et donc que vous méritez l'amour. Oser changer un peu votre jeu autorisera en quelque sorte une renaissance de certaines des déesses « oubliées » en vous. Avec un peu de pratique, vous réussirez à faire appel à elles en fonction de vos besoins. Surprendre votre mari/compagnon deviendra bientôt un jeu d'enfant.

Le réservoir d'amour

Vous est-il déjà arrivé de vous sentir seule au monde, pas aimée, pas comprise ? Si oui, cela vient du fait que vous ne vous aimez pas suffisamment et que votre réservoir d'amour n'est pas plein. Apprenez à mettre en place la spirale de l'amour :

« Si je m'aime, je suis en mesure d'aimer les autres.
Si j'aime les autres, les autres m'aiment.
Si les autres m'aiment, je m'aime ! »

En apprenant à vous aimer vous-même, vous découvrirez à quel point les autres auront eux aussi envie de vous aimer. Leur amour vous donnera des ailes et vous gagnerez encore plus en amour pour vous. Pour que cette spirale de l'amour fonctionne, vous devez apprendre à remplir votre réservoir d'amour. À vous d'identifier quand il est plein et quand il est vide. **Pour remplir ce réservoir d'amour, vous devez reconnaître ce qui vous remplit de joie.** Cela peut être courir, marcher dans la nature, regarder une série... Tout ce qui pour vous est synonyme de plaisir et de joie vous aidera à faire grimper la jauge. Soyez attentive à cela et consciente que si le niveau baisse trop, vous vous sentirez fragilisée et triste.

Exemples de « mauvaises actions » destinées à remplir son réservoir

Quand on se dispute ou que l'on cherche le conflit, nous sommes simplement à la recherche de l'attention de l'autre. Cela se produit très souvent quand notre réservoir d'amour n'est pas assez rempli. De même, grignoter ou manger de façon compulsive nous calme et nous donne la fausse impression de remplir notre réservoir alors qu'en réalité il s'agit d'un plaisir instantané.

MISE EN PLACE CONCRÈTE

Je note chaque jour dans un carnet TOUS les compliments que l'on me fait.

BÉNÉFICES

Compléter un carnet à compliments vous aidera à mettre l'accent sur les retours positifs que l'on vous formule plutôt que de concentrer votre attention sur les quelques reproches que l'on vous faits. Si le niveau de votre réservoir d'amour est un peu bas, ce cahier pourra vous aider à faire remonter la jauge.

MA PHRASE MANTRA

Je

Pour aller plus loin

- Livre : *Femme et déesse tout simplement, rencontre avec le féminin sacré*, de Christine Champougny-Oddoux et Michel Cazenave, éditions le Souffle d'Or, 2008
- Mon ancrage en musique : Volo, « T'es belle », album *Sans rire*, éditeur EMI, 2013

À vos plumes, exercice

En plus des trois mises en place concrètes, nous vous invitons à jouer au petit jeu du « je suis trop/je ne suis pas assez ». Merci de bien vouloir répondre aux deux questions suivantes (soyez spontanée et sincère) :

Je suis trop...

Je ne suis pas assez...

Cet exercice vous aidera à prendre conscience de ce qu'est votre dialogue intérieur. Vous allez ainsi vous rendre compte de ce jugement permanent qui vous torture.

Semaine n° 2

IDENTIFIEZ LES BESOINS DE L'AUTRE

Les gens m'aiment-ils pour ce que je suis vraiment ? L'une des étapes cette semaine sera d'apprendre à faire la différence entre ce que vous **êtes** et ce que vous **faites** pour les autres. Nous prendrons également un moment pour revenir ensemble sur les souvenirs de votre rencontre avec votre mari/compagnon et sur le contrat implicite qui s'est établi dans votre couple.

Les hommes et les femmes ne fonctionnent pas de la même manière.

Alors qu'un homme amoureux est comme un élastique qui s'éloigne pour son indépendance et revient encore plus près de sa femme ensuite, les femmes, elles, sont comme des vagues qui vont bien, puis moins bien, puis très bien, puis beaucoup moins bien, puis... Je pense que vous avez compris ! Il est donc normal que le dialogue au sein de votre couple ne soit pas toujours des plus simples. Enfin, nous verrons en quoi le langage d'amour de chacun d'entre nous diffère et vous proposerons des solutions pour gagner en qualité de communication dans votre relation amoureuse !

Cette semaine, vous apprendrez à :

Faire un bilan du contrat initial qui a scellé votre relation de couple actuelle.
Comprendre les cinq langages de l'amour.

La rencontre et le contrat initial

Quel souvenir avez-vous de votre rencontre avec votre mari/compagnon ? Et lui ? Comment est-il tombé amoureux de vous ? Le processus n'est pas le même que nous soyons homme ou femme. Alors qu'un homme tombe d'abord amoureux de votre physique, il vous est impossible de l'aimer pour cette unique raison. **Chez vous, l'amour doit toujours passer par le cœur.** Il voit en vous la déesse Aphrodite, car c'est elle qui l'intéresse dans un premier temps. Vos petits défauts n'ont pas d'importance à ses yeux. Eh oui, il est sincère quand il vous dit que vous êtes resplendissante malgré les quelques kilos superflus qui vous empêchent de porter votre jean préféré !

« Une bonne relation amoureuse est une relation choisie, saine, qui est nourrie par des projets communs, dans laquelle on se sent bien, où les deux personnes s'épanouissent aussi bien à l'intérieur qu'à l'extérieur du couple et où les deux principales valeurs sont le respect et la bienveillance. »

Dès la première rencontre, un contrat scelle de façon implicite la relation entre les deux amants. La répartition des rôles se fait tout naturellement à l'insu des amoureux. L'un d'eux peut parfois prendre le pouvoir sur l'autre de manière inconsciente. Soyez-y attentive ! Réagissez-y dès le départ. Faites ensemble vos ajustements pour qu'aucun ne se sente lésé. Qui propose et qui décide de quoi ? Qui fait le ménage ? Qui fait les courses ? Qui lave la voiture ? Qui tond la pelouse ? Qui prend plus souvent la parole ?...
Prendre conscience de ce qui se passe dans votre couple va vous permettre d'instaurer une communication bienveillante autour d'un sujet qui vous pèse et de trouver ensemble une solution qui va vous permettre de rééquilibrer le fonctionnement au sein de la relation.
Nombreuses sont les séparations résultant d'un **problème de communication.** Il est parfois nécessaire de revoir ce contrat pour retrouver une meilleure fluidité dans le couple, une meilleure satisfaction mutuelle.
Un sujet tabou ? Courage. Le but n'est pas de tout remettre en question, cela risquerait au contraire de fragiliser votre relation. Allez-y en douceur, osez dire les choses de façon claire, sans penser que votre mari/compagnon va deviner vos attentes.
Si vous êtes insatisfaite de la répartition de vos obligations respectives, **discutez-en** avec patience autour d'un repas en amoureux, par exemple.
L'une des raisons principales de l'érosion d'un couple est la réalisation des tâches récurrentes telles que la gestion du ménage.
La bonne idée : sortez papier et stylos et **faites un contrat de ménage**. Si votre partenaire est d'accord avec cette idée, réfléchissez ensemble une bonne fois pour toutes à une répartition plus précise des tâches ménagères. Rédigez et signez ce contrat.
Au final, un homme souhaite juste que sa femme soit heureuse.
Et vous, quel est votre contrat initial ?

Vous êtes célibataire ?

Remontez le passé et observez les contrats initiaux implicites qui ont été mis en place avec vos différents partenaires.
Étiez-vous satisfaite ? Non ? Dans ce cas, lors de vos prochaines rencontres, soyez-y attentive pour ne pas reproduire ces mêmes contrats initiaux qui ne vous convenaient pas.

MISE EN PLACE CONCRÈTE

Je prends du recul et j'observe notre contrat initial actuel. Si je ne suis pas satisfaite, je propose à mon mari/compagnon d'en discuter calmement. Ensemble, nous retranscrivons notre nouveau contrat et le signons.

BÉNÉFICES

Revoir le contrat initial qui s'est établi tout naturellement dans votre couple s'avèrera certainement nécessaire. En discuter avec votre mari/compagnon vous permettra de prendre conscience des ajustements à faire dans vos habitudes quotidiennes. Signer un engagement écrit scellera ces nouvelles résolutions. Plus alignés avec cette nouvelle répartition des tâches, vous limiterez considérablement certaines sources de conflits dans votre couple.

Les cinq langages de l'amour

Mais au fond, qu'aimez-vous chez votre mari/compagnon ? Qu'est-ce qui vous fait le plus vibrer ? Est-ce le moment où il vous touche ? Celui où il vous offre un bouquet de fleurs ? Ou peut-être est-ce ce petit moment furtif où il vous dit « je t'aime » au creux de l'oreille ? Les femmes ont toutes une sensibilité différente. Et c'est normal. Les hommes sont pareils. Ils ont des attentes, semblables ou différentes des nôtres, mais fondées sur un même principe : celui des **cinq langages** de l'amour. En prendre connaissance va vous permettre de reconnaître le langage d'amour de la personne qui est en face de vous, et d'ajuster le tir pour réussir à être en phase dans votre relation.

- **Le toucher :** vous aimez quand il passe sa main dans vos cheveux, quand il vous caresse, vous serre dans ses bras ou vous fait des papouilles.
- **Les cadeaux :** il vous comble quand il rentre du boulot avec une petite boîte de chocolats ou quand il vous offre sans raison un bouquet de fleurs ou le bracelet que vous aviez repéré ensemble lors de votre dernière sortie.
- **Le temps de qualité :** ce qui vous fait vibrer, ce sont les bons moments passés ensemble. Le cinéma du dimanche, le petit restaurant du coin quand vous réussissez à caser les enfants chez vos parents.
- **Le service rendu :** aussitôt dit, aussitôt servi. Vous aimez qu'il sorte acheter le pain à votre place. Qu'il passe l'aspirateur dès que vous le lui demandez. Qu'il aille vous chercher un verre d'eau quand vous êtes bien au chaud sous la couette.
- **Les mots :** « tu es belle », « je t'aime », « je suis fier de toi »... Ces petites phrases valorisantes résonnent en vous comme l'écho d'un cri en montagne.

Bien souvent, **vous aimez votre partenaire de la manière dont vous aimeriez être aimée.** En réalité, vous ne l'aimez pas forcément de la bonne façon. Décoder son langage d'amour va vous permettre de développer petit à petit votre relation. Pourquoi ne pas inviter votre chéri à jouer à ce petit jeu : « Devine ce que j'aime le plus ? » N'ayez pas peur de lui donner des indices...

MISE EN PLACE CONCRÈTE

J'identifie le langage d'amour de mon partenaire et je le valide avec lui.

BÉNÉFICES

Mieux comprendre le langage d'amour de votre partenaire vous permettra d'ajuster votre comportement si nécessaire. S'il se sent mieux aimé, il vous sera plus simple de l'inviter avec subtilité à, peut-être, revoir sa façon de vous aimer.

MA PHRASE MANTRA

Je

Pour aller plus loin

- Livre : *Les Hommes viennent de mars et les femmes de Vénus*, de John Gray, éditions J'ai Lu, 2011
- Livre : *Au cœur des cinq langages de l'amour : le secret des couples qui durent* (l'édition cadeau), de Gary Chapman, éditions Leduc.S, 2015

À vos plumes, exercice

Cette semaine, on fait le point !
« Qu'est-ce que la relation de couple idéale pour moi ? »
Notez en quelques points vos principales attentes.
Soyez claire dans votre description. Vous pourrez ensuite en faire part avec souplesse et amour à votre mari/compagnon.

Semaine n° 3

ENTRETENEZ LA FLAMME

Quelle que soit la nature de leur relation, hommes et femmes n'ont pas les mêmes attentes.
Le véritable souhait d'un homme est de pouvoir rendre sa femme heureuse.
La savoir de bonne humeur. La voir sourire et rayonner. Il aime la tranquillité, la paix.
Sans le vouloir, cela le conduit parfois à laisser une grande routine s'installer.

Mais comment éviter de laisser cette routine prendre une trop grande place dans votre vie ?

Cette semaine, nous vous parlerons de l'importance d'apporter de temps à autres quelques innovations dans votre relation. Vous comprendrez en quoi le dialogue peut fortement réduire les crises au sein de votre couple.

Au fil des jours, vous regagnerez peu à peu en confiance en vous et vous comprendrez l'importance de laisser la liberté à votre mari/compagnon de faire ce qu'il aime. En intégrant ce schéma, vous pourrez bientôt dire au revoir à la jalousie. Vous vous apercevrez que dialogue et écoute sont à privilégier pour l'entretien de rapports harmonieux.

Ce dialogue et cette écoute doivent être adaptés à votre interlocuteur.

Exprimer clairement vos attentes auprès de votre mari/compagnon vous permettra de remplir votre réservoir d'amour et de ne pas stocker vos ressentiments et tous ces vieux dossiers non clôturés qui pourraient finir par mettre votre couple en péril.

Patience, amour et dialogue vous guideront peu à peu vers plus de moments de sérénité et de compréhension !

Cette semaine vous apprendrez à :

Éviter la routine, oser les innovations et limiter les crises.
Remplir seule votre réservoir d'amour et laisser sa liberté à l'être aimé.
Mieux communiquer pour éviter le stockage de ressentiments.

La routine, les innovations et les crises

Nous avons toutes vécu la routine au sein de notre couple. L'un des tue-l'amour que nous pouvons mettre en place sans en avoir conscience est de déverser nos états émotionnels et relationnels sur l'être aimé.

Comment éviter d'en arriver là ? De façon schématique, l'homme attend d'une discussion des solutions, la femme de l'écoute. Quand vous êtes tracassée, vous avez envie qu'il vous écoute.
Gardez à l'esprit que votre mari/compagnon n'est pas votre copine. Lui déverser vos inquiétudes pendant trois heures ne lui apportera pas grande satisfaction.
Dans ce genre de situation, la déesse Aphrodite qu'il aime tellement chez vous est totalement absente. En effet, dans ce cas, vous êtes difficilement désirable aux yeux de votre mari/compagnon.

Cependant, pensez quand même à lui demander s'il a des suggestions à la fin d'une conversation. Il se sentira utile, concerné, et pourra peut-être vous ouvrir à de nouvelles perspectives. Un homme se sentira toujours gratifié si vous allez le consulter pour une problématique et que vous lui demandez de vous aider à trouver une solution.
Vous attendez de lui quelque chose en particulier ?
Soyez la plus précise possible lors de votre formulation (quelle tâche, quel délai, etc.) !
Rappelez-vous, lui et vous ne fonctionnez pas de la même manière.

Ce qui vous semble évident ne l'est pas forcément pour lui.

Ces différences de comportements sont en majorité liées à notre être profond. Il sera difficile d'en changer, mais le savoir permet d'améliorer nettement des relations.

✳ Faire place à la nouveauté ✳

Mais que se passe-t-il lorsque la routine s'installe ? Comment apporter quelques innovations ? Dans un couple, la routine est importante et rassurante. Pour la femme, elle est synonyme de sécurité et pour l'homme, de tranquillité. Oui, mais...
À vivre trop à ce rythme, au bout d'un moment, la femme peut s'essouffler et avoir l'impression de faire partie des meubles.
Elle a besoin de se sentir en sécurité et de voir se créer avec son partenaire une forme de complicité. Mais elle a aussi besoin de mouvement, de changement.

Et si vous ajoutiez un peu de piment dans votre quotidien ?

Changer de « menu » de temps à autre ne vous ferait-il pas du bien ? Des fondations solides sont essentielles. Des innovations mutuelles, indispensables. Pour que la relation soit équilibrée, l'idéal est que les deux partenaires puissent prendre les devants pour innover, sortir des sentiers battus et explorer ensemble de nouveaux horizons tout en conservant ce qui a déjà été bâti au début de la relation. Le secret du couple : un subtil équilibre entre routine et innovation.

Surmonter une crise

Il est vrai qu'en dépit des meilleurs efforts, certains événements viennent parfois perturber l'équilibre : un déménagement, la naissance d'un enfant, un changement de poste, une maladie...
Dans ces moments de crise, l'écosystème du couple est mis à mal. Un rien et tout peut être source de remise en question. Une fois de plus, il faudra laisser place à l'innovation.
Soyez créative et cassez le rythme ! Vous aiderez ainsi votre couple à se renouveler.
Il est normal que chacun ait à faire ses propres ajustements afin de pouvoir continuer à s'épanouir dans la relation.

Les trois maîtres mots sont : **dialogue, patience et compromis**.

Par exemple, quand l'un des deux partenaires s'aperçoit que la conversation est en train de monter en mayonnaise, il est préférable d'apprendre à dire « pause ». Apportez de la conscience dans le conflit et invitez votre partenaire à se calmer. En effet, il est souhaitable dans ces moments-là que chacun prenne cinq minutes pour réfléchir.
Revenez l'un vers l'autre un peu plus tard, une fois la tempête passée, et appliquez-vous à dire les choses sur le ton de l'humour, sans agressivité. De cette manière, vous apprendrez à râler moins et à écouter plus. Mieux préparée, vous pourrez peut-être même lui faire des suggestions d'améliorations.
Vous, critique ? Non, plus maintenant !

MISE EN PLACE CONCRÈTE

La bataille constructive : aussi souvent que j'en ressens l'envie, je propose à mon mari/compagnon de jouer avec moi au jeu de l'autodérision (chacun imite l'autre pendant au moins cinq minutes).

BÉNÉFICES

Cette pratique vous permettra de faire entendre vos émotions sans agressivité et de mieux comprendre ce que votre mari/compagnon perçoit de vous.

Le réservoir d'amour et la liberté de l'être aimé

La vie à deux, c'est bien, mais entourée de copines, c'est mieux. Lui aussi a le droit d'y prétendre.
Car être en couple ne signifie pas qu'il faut empêcher l'autre de faire ce qu'il aime. Au contraire. Au mieux, vous apprendrez à remplir seule votre réservoir d'amour, au plus vous vous détacherez un peu de l'homme.
Il y a ici une notion d'appartenance à mettre en relief : il ne vous appartient pas, vous n'avez pas d'intérêt à l'étouffer. Idem dans l'autre sens.
Essayez de réfléchir aux origines de ce sentiment d'appartenance, qu'il soit amoureux ou amical.
Manque de confiance en soi ? Besoin d'appartenance au groupe ? Peur du rejet ou de l'abandon ? Besoin de se sentir aimée et protégée ? Ce sentiment fait-il écho à certaines situations de votre passé ?

La formule **1 + 1 = 3** est à ranger précieusement dans votre kit de survie de la relation en dérive. Vous + votre partenaire = vous, votre partenaire, le couple. Trois entités qui doivent continuer à rester libres pour réussir à s'épanouir ensemble.

✳ La jalousie ✳

Il est normal de la ressentir dans certaines situations. Elle ne devient problématique que si elle est extrême. Pourquoi avoir peur qu'il vous trompe si vous avez confiance en votre valeur ?
À être trop jalouse, vous lui rendrez la vie dure, et c'est bien cela qui pourrait lui donner envie d'aller voir si l'herbe est plus verte ailleurs.

MISE EN PLACE CONCRÈTE

Chaque mois, je m'autorise au moins une sortie sans mon mari/compagnon. Chaque mois, je l'invite à en faire de même.

BÉNÉFICES

Avoir une vie sociale épanouissante hors du couple est indispensable pour maintenir l'équilibre dans la relation. Avoir envie de passer des moments sans votre mari/compagnon est normal.
Il ressent très certainement le même besoin que vous. Vous autoriser des sorties autres que celles faites en couple et en famille permettra à chacun de recharger ses batteries.

Le stockage de ressentiments

Nous allons maintenant partager avec vous l'une des pépites de ce livre.

L'homme aime se sentir admiré, même pour ces petites choses qui à vos yeux sont insignifiantes (comme faire la vaisselle ou sortir les poubelles, par exemple).

Il fait des efforts pour vous rendre service ? Remerciez-le ! Soulignez ses bonnes actions ! Vous l'aiderez ainsi à remplir son réservoir d'amour.
Il est vrai que pour les femmes, ce comportement est contre-intuitif, voire même agaçant.
Que préférez-vous ? Un homme qui est attentionné et présent ? Ou un homme fermé et désintéressé ?
Riche de cette connaissance, vous disposez maintenant d'un véritable pouvoir d'action pour entretenir votre couple.
Précédemment, nous vous avons exposé l'importance du maintien à niveau de votre réservoir d'amour. Mais saviez-vous que vous disposez aussi d'un grand réservoir à ressentiments ? Tous ces vieux dossiers que vous ne parvenez pas à classer sans suite, toutes ces heures passées à vous chamailler dont vous aimeriez tant vous alléger...
Sachez-le : qu'ils soient relatifs à votre quotidien ou à votre vie sexuelle, ces stockages sont susceptibles de faire « sauter » votre couple.

En tant que femme, votre comportement naturel en cas de désaccord consiste à bouder ou à exploser. En tant qu'homme, votre partenaire aura tendance à fuir car il a besoin de moments d'isolement où il pourra rester seul dans sa « caverne ». Respectez cela. À chacun sa façon de digérer.

N'attendez pas que le réservoir à ressentiments soit plein ! Au travers du dialogue, videz-le au fur et à mesure. Cela vous permettra de vite vous rendre compte des projections et fausses interprétations que vous avez nourries. Votre partenaire est très certainement loin d'imaginer toutes ces émotions que vous avez stockées car son interprétation des faits a été différente.

Cette réaction n'est pas dirigée contre vous, hommes et femmes n'intègrent tout simplement pas les événements de la même façon.

Les hommes stockent en général moins de choses que les femmes et passent plus vite à autre chose. La femme est naturellement plus réceptrice et dans l'accueil.

Êtes-vous certaine de bien lui avoir exprimé votre émotion ? Pourquoi en êtes-vous arrivée à cette situation ?

Pour s'exprimer, il est primordial d'être en lien avec ses besoins profonds. Lorsqu'un des besoins primaires n'est pas pris en compte, chacun se sent fragilisé ou aigri. Le manque génère du stress et de l'insatisfaction.

Ces six besoins primaires sont :
- les besoins physiologiques ;
- le besoin de sécurité ;
- le besoin social ;
- le besoin d'accomplissement ;
- le besoin d'autonomie ;
- le besoin de célébration.

À nouveau, nous vous invitons à communiquer sur vos émotions sans violence ni colère. Une fois de plus, humour et autodérision vous aideront à alléger votre réservoir.

Vous avez raison : ce n'est pas simple. Mais respirer, expliquer et prendre du recul lors d'un conflit vous évitera bien des soucis. Communiquez !

En recherche d'équilibre, chaque couple trouvera sa propre formule du bonheur. L'une des clés est de nourrir des projets communs. En effet, pour avancer dans la même direction, il est indispensable d'être en connexion. Si vos deux univers ne s'entrecroisent pas, avec les années, vous finirez par vous ennuyer.
Être ou ne pas être ensemble ? Vous arrive-t-il de vous poser cette question ? Avez-vous des projets communs ? Autre que celui de fonder une famille, bien sûr...

Bien des couples se séparent une fois les enfants devenus grands. En effet, en l'absence de projets concrets quand les petits quittent le nid, rien ne se passe dans leur vie de couple.

Pensez-y dès à présent et réfléchissez à ce projet ou à cette passion commune qui pourra vous aider à rester unis.

« Restez avec un amour qui vous donne des réponses et non des problèmes, de la sécurité et non de la peur, de la confiance et non des doutes. »

Paulo Coelho

MISE EN PLACE CONCRÈTE

Je fais de ma relation un jeu. Pendant une heure, je joue avec mon mari/compagnon au jeu du « noble Yin-noble Yang ». La règle du jeu est la suivante : pendant quinze minutes, vous avez le droit de lui demander TOUT ce que vous désirez. Que ce soit un service rendu, une conversation, des moments de sensualité. Tous les quarts d'heure, vous inversez les rôles. À vos demandes, votre compagnon répond par « oui, noble Yin » avant de faire ce que vous lui demandez, à la sienne vous répondez par « oui, noble Yang ». À chacun son tour de jouer. Je me fais plaisir et je profite de ces moments privilégiés !

BÉNÉFICES

Cette pratique, à laquelle nous vous invitons à jouer au moins une fois tous les quinze jours, viendra mettre un peu de piment dans votre routine quotidienne. Vous oserez faire progressivement plus de demandes et apprendrez à être plus ouverte aux requêtes de votre mari/compagnon.

MA PHRASE MANTRA

Je

Pour aller plus loin

- Mon ancrage en musique : Zazie & Axel Bauer, « À Ma Place », album *Personne n'est parfait*, 2001
- Livre : *Femmes qui se réinventent*, de Monique Grande, éditions Le Souffle d'Or, 2006 (edith-lassiat-creations.fr)
- Programme : « Vivre une relation de couple harmonieuse », avec Jacques Ferber (www.virerlestress.com/5-etapes-relation-couple-reussie/)

À vos plumes, exercice

Répondez aux questions suivantes et invitez votre partenaire à y répondre lui aussi (il notera ses réponses sur une fiche que vous pourrez utiliser comme marque-page dans votre cahier) :

Quelle est ma vision de la vie avec toi ?

Pourquoi sommes-nous ensemble ?

Qu'est-ce qui me plaît chez toi ?

Semaine n° 4

LA SEXUALITÉ POUR MIEUX SE CONNAÎTRE

S-e-x-u-a-l-i-t-é !

Neuf lettres qui éveillent parfois bien des tabous. Préparez-vous, car cette semaine, tout est permis. Ensemble, nous croquerons **le fruit défendu** et aborderons des sujets qui font rougir... de plaisir. En tant que femme, vivre librement votre sexualité est un peu compliqué. En effet, depuis des siècles et des siècles, la femme est tenue d'avoir un certain comportement vis-à-vis de sa sexualité et de son sexe. Aujourd'hui, nous souhaitons partager avec vous nos découvertes pour vous offrir les clefs de cette grande boîte dans laquelle vous avez été enfermée à votre insu.
Sur votre chemin vers un meilleur développement personnel, vous réussirez ainsi à accéder à une sexualité plus épanouie. Nymphomane, séductrice, dépravée. Ces mots ont-ils pour vous une connotation négative ? Vous n'aimeriez pas qu'ils soient dits à votre sujet. Et pourtant... Nous verrons ensemble que ce vocabulaire fait partie de vous, de ce que vous êtes. Ouvrez votre esprit et sentez-vous libre de lire les points abordés cette semaine en plusieurs étapes si vous en avez besoin. Attachez vos ceintures, décollage pour le septième ciel dans 5, 4, 3, 2, 1...

Cette semaine, vous apprendrez à :

Apprivoiser vos peurs liées au sexe.
Retrouver votre puissance de femme.
Prendre conscience des trois types de rapports sexuels les plus courants.
Être dans votre corps et limiter l'ennui de la répétition.

Les peurs liées au sexe

La peur du regard des autres : les femmes aiment parler, mais n'aiment pas les mots. Du moins, pas tous. En effet, certains résonnent en elles plus que d'autres, car ils ont pour elles une connotation hyper négative. Voici une liste de mots un peu spéciale. La plupart vous sembleront peut-être crus ou mal à propos. En réalité, la majorité de ces mots vous renvoie tout simplement à **une pulsion** de ce que vous pourriez être en tant que femme lorsque vous avez un désir sexuel. Lisez cette liste et entourez au crayon les mots que vous aimez le moins :

l'indomptée • l'insatiable • la nymphomane • la mangeuse d'hommes
la soumise • l'obéissante • la conquise • la domestiquée • la prostituée • la pute
la débauchée • la fille de joie • la dépravée • l'entraîneuse • la sexy
la séductrice • la sulfureuse • la démoniaque • l'ensorceleuse • l'envoûteuse
la sirène • la gourmande • l'enjôleuse • l'aguicheuse • la luxurieuse

Votre compagnon pensera-t-il que vous êtes une débauchée si vous lui faites part de vos envies coquines ? Vous considérera-t-il comme une gourmande si vous lui demandez de faire l'amour ce soir alors que vous l'avez déjà fait ce matin ?
Et si c'est vous qui faites tout ce qu'il vous demande, cela fera-t-il de vous une femme soumise ? La première de vos peurs, vous l'aurez compris, peut donc venir de ce que l'on pourrait penser de vous si vous êtes **demandeuse de sexe**.
Vous n'aimeriez pas que votre compagnon pense cela de vous, et donc vous freinez vos envies. Pourquoi ne pas vous inspirer de notre liste, et notamment des mots que vous n'avez pas entourés ainsi que du vocabulaire qui vous met à l'aise au lit ? Ils sont votre force. Ensuite, voyez à quoi vous renvoient les mots que vous avez entourés.
C'est eux qui vous empêchent de vous épanouir au lit. Ils ont une mauvaise image à vos yeux. Travaillez là-dessus en modifiant un à un le visuel que vous avez de ces adjectifs à connotation négative. Par exemple, si l'expression « fille de joie » vous met mal à l'aise, demandez-vous ce qui se cache derrière. À quoi cela vous renvoie-t-il ? Qu'est-ce que vous n'assumez pas chez vous ?
Peu à peu, vous sentirez se libérer la déesse sexuelle assoupie au creux de vos reins.

La peur de se dévoiler : les femmes peuvent aussi avoir peur de leurs « créations », de leur énergie érotique. Toute cette créativité qu'elles savent avoir au fond de leur ventre, de leur bassin, de leur sexe. Elles n'osent pas se dévoiler.
Vous êtes une artiste, mais vous avez parfois peur de ce qui pourrait se propager, se créer si vous vous abandonniez et osiez vous exprimer. Vous ne vous sentez pas concernée ?
Que pourriez-vous faire dans ce cas pour avoir des relations sexuelles encore plus satisfaisantes ? Ici réside votre challenge. Vous possédez une voiture de course et vous la gardez secrètement dans votre garage. Pourquoi ? Auriez-vous peur du sublime orgasme auquel vous vous exposez ? L'objectif pour certains, une étape pour d'autres. Nous y reviendrons un peu plus loin.

La peur de l'homme : une autre des peurs rencontrées par la femme est qu'inconsciemment elle a peur de l'homme. Cette peur est ancrée dans son sexe depuis toujours. On vous a appris inconsciemment à vous méfier des hommes qui pourraient vous faire mal, car ils pourraient vous violenter. Cette peur a traversé bien des générations.
Que vous soyez en couple ou non, il est très probable que cette peur soit restée enracinée au fond de vous.
Pour certaines, demander l'acte signifie réveiller l'animal. Faire appel au sexe de l'autre réveille votre peur, et donc vous restez passive, dans l'attente du moment où il vous invitera à quelques instants de plaisir avec lui.
En prendre conscience est une étape importante pour accéder à un niveau plus satisfaisant dans vos relations sexuelles.
Et si à partir de cette semaine vous réussissiez à observer l'homme avec un autre regard ? Voir la beauté et la grandeur de l'autre quoi qu'il arrive, quoi qu'il se passe, avoir un regard bienveillant sur lui et se souvenir que l'autre, comme moi, est en chemin avec ses propres défis.

MISE EN PLACE CONCRÈTE

Je fixe un rendez-vous avec mon mari/compagnon pour parler SEXE ! Mes envies, mes ressentis. Mais aussi ses envies, ses ressentis.

BÉNÉFICES

En fonction de votre éducation, de vos habitudes, de votre tempérament, parler sexe avec votre mari/compagnon est peut-être tabou. En discuter avec lui vous permettra de gagner en confiance en vous, de mieux comprendre ses attentes et de lui faire part des vôtres. Pour certaines, vous vous sentirez totalement libérées !

La puissance de la femme

L'homme teste et propose. La femme dispose. Le moment est venu de changer quelques habitudes. Car au fond, c'est la femme qui décide. Si vous arrêtez d'attendre que ce soit lui qui vous donne du plaisir, vous gagnerez peu à peu en confiance en vous.
Vous avez un don naturel pour **donner la cadence**. Vous savez quoi faire et à quel moment le faire. Alors que l'homme recherche l'orgasme, la femme sollicite d'abord des caresses et ne souhaite pas forcément qu'on lui touche le clitoris tout de suite.
Vous aimez être câlinée en douceur, mais vous adorez aussi être dans le vif du sujet... Ce succulent moment de lâcher-prise où vous osez exprimer une infime partie de ce que pourraient être vos créations. Alors ? Prête à vous lancer ?
Ce soir, c'est vous qui serez demandeuse ! Cela va plaire à votre homme. Il va aimer ça et vous considérer ainsi comme son égal. Vous avez du mal à vous lancer ?
Rappelez-vous qu'un regard intense peut signifier plus que bien des mots. Parlez-lui avec vos yeux. Mieux encore, dévorez-le du regard. À coup sûr, vous exciterez tous ses sens...

MISE EN PLACE CONCRÈTE

Je guide la main de mon mari/compagnon pendant nos prochains rapports sexuels. Je lui montre ainsi les endroits où j'aime être touchée (le dos, le ventre, les fesses, l'intérieur des cuisses, les seins...).

BÉNÉFICES

Guider les mains de votre mari/compagnon lors de l'acte sexuel le surprendra. En l'invitant à toucher/caresser telle ou telle zone du corps, vous atteindrez un niveau de plaisir de plus en plus élevé.

Les trois types de rapports sexuels les plus courants

Alors oui, hommes et femmes sont différents. Mais heureusement pour nous tous, ils sont complémentaires. Il y a entre eux ce que l'on appelle **le jeu des polarités**.

- L'homme est un aimant avec un côté positif (sexe) et un côté négatif (cœur).
- La femme est elle aussi un aimant avec un côté positif (cœur) et un côté négatif (sexe).

Deux polarités opposées : la force dynamique de l'homme, la force réceptive de la femme. Le désir de l'homme est de réussir à ouvrir son cœur, tandis que celui de la femme est de réussir à ouvrir son sexe. Vous n'avez pas de pulsion ou d'envie sexuelle ? Ne vous inquiétez pas, certains exercices peuvent être pratiqués pour aider votre bassin à se réveiller.
Par exemple, la danse. Choisissez une chanson qui bouge et qui vous plaît, allumez votre poste de radio, montez le volume et dansez ! Seule ou accompagnée, c'est vous qui vous voyez. Le but est juste de vous amuser en tortillant du bassin.
Quoi que vous fassiez, l'idée est de réussir à amener plus d'énergie dans votre sexe. Plus vous serez en conscience et connectée à votre bassin, à vos organes génitaux et à votre périnée, plus vous développerez votre puissance sexuelle.
Mais quelles que soient vos habitudes érotiques actuelles, il est très important de varier vos plaisirs, à la fois pour le maintien de l'équilibre émotionnel de votre couple, mais aussi pour votre épanouissement personnel.

Trois types de rapports courants ont pu être identifiés

- Le quiky : un acte sexuel rapide et efficace. Un peu le fast-food du sexe qui ne nécessite aucun préparatif.
- Le bistro : un rapport équilibré où monsieur et madame aiment aller. Il y en a pour tout le monde. C'est agréable, mais avec le temps, on peut s'en lasser.
- Le gastronomique : comme son nom l'indique, dans ce menu, il y a plein de petits plats. Tout est présent en petites quantités. Ce menu est merveilleux s'il est bien préparé. En amont, on en parle et on organise le terrain.

À consommer toujours le même menu, vous finirez par vous lasser. Savez-vous exprimer ce dont vous avez besoin ? Est-ce faire l'amour en douceur ou plutôt sauvagement ?
Avec ou sans pénétration ? Longuement ou furtivement ?
Souvenez-vous, un bon amant veut d'abord assouvir les besoins de sa femme.
Invitez le vôtre à varier les formules à l'aide des métaphores ci-dessus et vous pourrez ensemble atteindre des sommets orgasmiques.

MISE EN PLACE CONCRÈTE

Cette semaine, j'organise un vrai repas de fête. J'en parle avec mon mari/compagnon et ensemble nous préparons le terrain. Quand souhaitons-nous prendre le temps de nous câliner plus longuement ? Qui a envie de quoi ? Bougies, champagne, huile de massage... on se fait plaisir avec amour et bienveillance.

BÉNÉFICES

La majorité de vos relations sexuelles se produisent certainement spontanément, en réponse à la demande de l'un des deux partenaires. Organiser un rendez-vous coquin pour lequel les deux amants auront pris le temps nécessaire pour se préparer pour un repas cinq étoiles élèvera le niveau de vos relations intimes.

L'ennui de la répétition

✳ Apprenez à ressentir ✳

Lorsque vous faites l'amour, avez-vous déjà pris un moment pour vous demander : « Est-ce que j'aime la façon dont il me touche ? Est-ce que j'aime son odeur ? Le grain de sa peau me plaît-il ? »... Mettez vos sens en éveil ! Soyez plus détendue dans votre corps. Soyez dans le présent sans avoir d'attentes. Faites une pause dans votre quotidien.

✳ La solution est en vous ✳

Respirez pour vous détendre et limitez vos attentes. Soyez moins cérébrale et vous sentirez naturellement monter en vous la chaleur de cette communion. À quoi bon essayer d'atteindre l'orgasme en même temps ? Le sexe n'est pas une performance. L'homme pense très souvent à tort que l'éjaculation et l'orgasme sont deux choses identiques. Le véritable objectif des relations sexuelles est de prendre du plaisir ensemble et de fusionner l'énergie des deux partenaires. Avez-vous déjà remarqué votre état de symbiose après avoir fait l'amour avec votre mari/compagnon ? Tout est plus fluide.

✳ Testez le *slow sex* ✳

Le *slow sex* est un exercice pratique à réitérer régulièrement pour freiner cette course à l'orgasme. Quand l'homme et la femme sont prêts, l'homme pénètre la femme tout en douceur. Il y va lentement et les amants prennent le temps de se lover. Testez-le et vous constaterez de vous-même que les sensations sont exquises pour la femme.
Bistro ou gastro ? Caressez votre chéri de l'intérieur vers l'extérieur (dos, torse...). Ça le calmera et lui permettra de plus longues séances de sexe.
C'est plutôt le quiky qui vous fait de l'œil aujourd'hui ? Caressez-le vers le sexe. Ça l'excitera et il montera en puissance plus rapidement. Quoi qu'il en soit, dans toutes vos relations amoureuses, communiquez un maximum avec votre partenaire et mettez-vous d'accord.
Bien souvent, nous donnons à l'autre ce que nous aimerions recevoir. Mais est-ce bien cela qu'il attend de nous ?

Le petit truc en plus : découvrez les œufs de Yoni !

✳ Les œufs de Yoni ✳

Yoni désigne le sexe féminin en sanskrit.
Depuis des millénaires, les femmes utilisent l'œuf de Yoni (aussi appelé l'œuf de Jade) pour cultiver l'épanouissement de leur intimité, de leur sensibilité et de leur sensualité.
En Chine, les femmes d'un certain rang étaient d'ailleurs initiées à leur utilisation.

✳ Mais qu'est-ce qu'un œuf de Yoni ? ✳

L'œuf de Yoni est une pierre polie de la forme d'un œuf, taillée dans du jade ou dans une autre pierre précieuse ou semi-précieuse, d'une hauteur de cinq centimètres pour une largeur d'environ quatre centimètres.

Dans la pratique, la femme insère l'œuf dans son vagin et fait des exercices précis. Cela lui permet de stimuler son périnée et de le rendre plus souple et plus tonique afin d'être, entre autres, plus sensible aux plaisirs sexuels. Avec la maîtrise du muscle périnéal et du vagin, la femme peut également donner plus de plaisir à l'homme.

La reprise du tonus du périnée entraîne :

- une conscience du vagin et du bassin d'une manière générale ;
- une oxygénation des tissus ;
- une augmentation du plaisir ;
- une prévention des fuites urinaires ainsi que des descentes d'organes ;
- ...
- une augmentation de la circulation sanguine, énergétique, lymphatique et hormonale ;
- une stimulation de la libido ;
- un réveil de l'énergie sexuelle ;
- une meilleure lubrification ;
- des bienfaits liés aux vertus de la pierre ;

Si nous avons réussi à titiller votre curiosité, nous vous invitons à explorer cette piste. Que vous soyez à la recherche d'une augmentation de votre énergie sexuelle ou des autres bienfaits cités ci-dessus, l'œuf de Yoni deviendra rapidement un compagnon dont vous ne pourrez bientôt plus vous passer. Vous trouverez sur notre site Internet un large choix de produits et d'informations qui pourront répondre à toutes vos questions et interrogations à ce sujet (https://www.oeufs-de-yoni.com).

MISE EN PLACE CONCRÈTE

Juste avant mon prochain rapport sexuel, je prends au minimum dix minutes pour me recentrer à l'aide de ma respiration. Je ferme les yeux. Quand j'inspire, je gonfle le ventre, quand j'expire, mon ventre se vide. Si je suis habituée à cet exercice, je peux ajouter la contraction du périnée (à l'inspiration, je contracte mon périnée et j'apporte de la chaleur et de la douceur dans mon sexe, et à l'expiration, je libère cette énergie).

BÉNÉFICES

Prendre conscience de votre respiration vous emmènera rapidement à un état de détente. Cela vous permettra d'être plus présente dans votre corps, plus à l'écoute de vos émotions.

MA PHRASE MANTRA

Je

Pour aller plus loin

- Mon ancrage en musique : M, « Onde sensuelle », album *Je dis aime*, 1999
- Livre : *Petit guide du plaisir complice*, de Carolle et Serge Vidal-Graf, éditions Jouvence, 2010
- Livre : *L'Amant tantrique*, de Jacques Ferber, éditions le Souffle d'Or, 2007
- Livre : *Slow sex : faire l'amour en conscience*, de Diana Richardson, éditions Almasta, 2013
- Programme : « Comprendre les hommes pour une relation épanouissante », avec Jacques Ferber (www.virerlestress.com/comprendre-hommes/)
- Programme : « Cinq clés pour être heureux en couple », avec Peggy & Jeff (https://cursus.academie-developpement-personnel.com/presentation-rayon-amour-des-5-cles-pour-etre-heureux-en-couple)
- E-shop Œufs de Yoni (www.oeufs-de-yoni.com)

À vos plumes, exercice

Pour aller plus loin, voici un exercice énergétique à faire à deux : la vague. Placez-vous face à votre compagnon et suivez les règles du jeu suivantes.

Pour la femme :

- Regardez l'homme et inspirez profondément en contractant le périnée.
- Ensuite, en expirant, ouvrez votre cœur et transmettez votre amour à votre homme.

Pour l'homme :

- Il inspire l'amour que lui envoie sa partenaire par le cœur.
- Il expire par son sexe l'énergie vers sa partenaire.

Ici, tout est question de concentration, de prise de conscience et de ressenti. Notez sur votre cahier les résultats de cette expérience. Vous pourrez y revenir autant de fois que vous le désirez.

Lui :

Moi :

RAYON argent

Quelle est votre relation à l'argent ?
Devenu presque aussi tabou que le sexe, l'argent nous bride.
Nous en voulons tous, toujours plus !
Peut-être avez-vous même déjà envisagé la possibilité de devenir très riche ?
Comment pourriez-vous tirer profit de toute cette énergie que vous dépensez chaque jour à vous plaindre de son absence ou de son insuffisance ?
Ce mois-ci, nous allons faire le point avec vous sur votre relation à l'argent.
Nous vous aiderons à identifier vos freins actuels pour atteindre l'abondance et veillerons à vous transmettre quelques-unes de nos pépites pour une gestion optimale de votre budget.
Ensemble, nous ferons les comptes.
Grâce aux outils que nous vous communiquerons, vous apprendrez à faire la différence entre dépenses et investissements.
Faire des économies ? Oui, mais comment ?
Certaines personnes réussissent mieux que d'autres à faire fructifier leur argent : nous verrons comment et pourquoi.

Semaine n° 5

COMPRENEZ VOTRE RELATION À L'ARGENT

Quelle est votre relation actuelle à l'argent ? Avez-vous le sentiment d'en avoir suffisamment ? Même s'ils ont fait de leur mieux, vos parents vous ont transmis certaines de leurs croyances en rapport avec l'argent. Quelles sont-elles ? Comment vous en libérer ?

Cette semaine, nous vous aiderons à prendre conscience de **l'impact de vos pensées sur vos résultats**. Votre vie vous appartient. Vous êtes libre de ne rien souhaiter y changer ou, au contraire, de désirer la voir évoluer en actionnant quelques leviers.
Cesser de vous plaindre et de vous justifier vous permettra, entre autres, de vibrer positivement et d'attirer à vous bonheur et réussite.
Mais avez-vous seulement conscience de votre valeur ? Acceptez-vous facilement un compliment ? Mettre vos talents et vos compétences au profit de votre réussite financière pourrait être le point de bascule de votre passage à l'action.
Vous souhaitez progresser vers une vie plus prospère ? Dans ce cas, préparez-vous à vous reconnecter à ce qui bouillonne en vous depuis si longtemps...

Cette semaine, vous apprendrez à :

Comprendre votre conditionnement et votre programmation passée par rapport à l'argent.
Choisir de créer la vie qui vous plaît.
Apporter de la valeur et passer à l'action.

Conditionnement et programmation passée

L'argent est **un flux** !
Plus vous créez, plus vous recevez. Si vous ne faites rien, vous ne recevez rien.
Pendant cette année de coaching, nous vous invitons à développer votre radar à opportunité, à faire tomber vos œillères et à modifier chaque jour un peu plus votre programmation intérieure.

Quelle est votre définition de **l'argent** ?

Pour moi, l'argent c'est :

En ce qui nous concerne, nous aimons particulièrement cette définition :

L'argent, c'est la résultante de la valeur que l'on crée.

La programmation verbale

Nous avons tous été éduqués de façons différentes par rapport à l'argent. Enfant, nous entendions souvent nos parents nous répéter les mêmes choses.

Notez ci-dessous **cinq phrases que vous avez pu entendre au sujet de l'argent :**

1 ....

2 ....

3 ....

4 ....

5 ....

N'y a-t-il pas dans ces phrases quelque chose qui vous choque par rapport à la façon qu'avaient vos parents de gérer leur argent ? Par exemple, cette habitude qu'ils avaient de remplir trois fois trop le réfrigérateur par peur de manquer.

Notez ci-dessous une ou deux de vos principales réflexions :

Dans vos souvenirs, **quelle est votre première relation à l'argent** ?
Par exemple : la première pièce de dix centimes que vous avez reçue lors d'un travail accompli pour vos parents. L'avez-vous conservée longtemps ou au contraire rapidement dépensée pour acheter vos bonbons préférés ?

Prenez un moment de recul pour observer et comprendre ce que ces événements, ces paroles, ont créé en vous dans votre relation à l'argent.

Les pensées amènent aux sentiments

Qu'il soient liés à l'argent ou non, certains événements de votre passé vous ont marquée. Inconsciemment, il est très probable qu'aujourd'hui vous fassiez tout ce qui est en votre pouvoir pour que ces moments désagréables ne se reproduisent pas dans votre ménage.
Par exemple, votre père gagnait énormément d'argent, mais le dépensait sans le réinvestir. Cela rendait votre mère malheureuse. Pour vous, argent égale souffrance. Donc vous n'en gagnez pas pour ne pas souffrir.

En identifiant vos blocages personnels par rapport à l'argent et l'émotion qu'il éveille en vous, vous réussirez à passer un cran plus haut dans le niveau de relation que vous entretenez avec lui.
L'idée n'est pas de vous amener à culpabiliser vos parents. Au contraire.

Gardez bien à l'esprit qu'ils ont fait de leur mieux avec ce qui leur a été transmis.
Retenez les formules suivantes :

- Les pensées amènent aux sentiments.
- Les sentiments amènent aux actions.
- Les actions mènent aux résultats.

« Si je pense bien, j'obtiens de meilleurs résultats ! »

Ce qui signifie donc que si votre pensée est positive, vous êtes positive. Vos actions sont positives et vos résultats le sont aussi.
Si votre pensée est négative, vous serez négative. Vos actions seront négatives et vos résultats le seront également.
Vous sentir bien dans votre corps et dans votre esprit a une influence directe sur ce que vous attirez à vous.
Vous comprenez maintenant mieux l'importance et l'intérêt de positiver chaque jour votre discours pour attirer à vous le meilleur.

MISE EN PLACE CONCRÈTE

Je recherche des exemples dans ma vie qui ressemblent au comportement qu'avaient (ou qu'ont) mes parents vis-à-vis de l'argent ou qui sont à l'opposé. Qu'est-ce qui me convient et qu'est-ce que j'aimerais changer ?

BÉNÉFICES

Faire un bilan de la relation de vos parents avec l'argent vous aidera à savoir si vous agissez en miroir de ce qui vous a été transmis et à comprendre ce qu'il vous faut modifier pour réussir à attirer à vous de meilleures choses.

La vie qui vous convient

Désirez-vous voir de nouvelles choses se produire dans votre vie ? Oui ?
Dans ce cas, changer votre vision des choses vous permettra de voir évoluer votre quotidien.
Vous en êtes capable ; il ne tient qu'à vous de pratiquer cette nouvelle gymnastique chaque jour.

Avez-vous déjà remarqué chez vous une certaine facilité à **prendre le rôle de la « victime »** ? Si tel est le cas, vous aurez pu constater que cela vous apporte généralement beaucoup de bénéfices secondaires.

En effet, dans ces moments-là, les « sauveurs » prennent soin de vous et vous comprennent. Bien que confortable, cette situation vous empêche en revanche de réussir à atteindre vos objectifs.

Même s'il est important de vous sentir soutenue, c'est à vous de vous prendre en charge, de vous sentir responsable de TOUT ce qui vous arrive.

C'est en étant dans cet état d'esprit que vous réussirez de plus en plus à trouver des solutions à vos problématiques. Le moment ne serait-il pas bien choisi pour changer un peu le disque qui tourne en boucle dans votre tête ?

« Pffffff, j'en ai assez, rien ne va, c'est de ma faute, je suis trop nulle, je n'y arriverai jamais, si j'avais autant de talent qu'elle... »
STOP ! On arrête tout.

Prendre conscience de vos pensées négatives est l'un des exercices les plus importants à mettre en pratique cette semaine.

L'être humain est ainsi fait, il est son plus grand juge. Soyez moins sévère avec vous-même.
Veillez à aimer les autres pour ce qu'ils sont et non pour ce qu'ils font pour vous. Sans tarder, vous constaterez une nette progression dans la qualité de vos relations. Vous essayez d'y échapper, mais rien n'y fait... Votre pensée négative vous obsède et vous pourrit la journée ? Arrêtez-vous, respirez et concentrez-vous !
Visualisez une pensée positive. C'est elle qui vous libèrera de ce négativisme. Choisir vos pensées favorisera votre bonheur et votre réussite.

MISE EN PLACE CONCRÈTE

Pendant sept jours, je ne me plains pas, je ne me blâme pas, je ne me justifie pas.

BÉNÉFICES

Très rapidement, vous prendrez conscience du nombre de fois où vous êtes tentée de vous plaindre, de vous blâmer et/ou de vous justifier. Vous ancrerez progressivement en vous d'autres habitudes.

Valeur ajoutée et passage à l'action

Pour augmenter vos revenus, vous devrez donc réapprendre à « grandir ». Grâce à une amélioration de vos schémas mentaux, vous y parviendrez.
Plus vous grandirez, plus vous inspirerez d'autres personnes.

✳ Valorisation et négociation des compétences ✳

Vous avez de la valeur. Soyez-en consciente.
Chacun a des compétences, le tout est de les reconnaître.
Beaucoup de gens sont dans l'incapacité de voir **la valeur** qu'ils ont. Pour eux, pour leur entourage, mais aussi pour le monde.
N'avez-vous pas tendance à dévaloriser le travail que vous faites ? Difficile parfois de recevoir un compliment, non ?
Si l'on vous dit « le repas que tu as préparé est délicieux », ne répondez pas « ah bon ? Je trouve que le riz est trop cuit ».
Prenez ce compliment ! Recevez-le, stockez-le et remerciez avec un sourire. Cet éloge pourra venir alimenter les pages de votre carnet à compliments.
Apprendre à vous mettre dans la perspective de la personne qui est en face de vous est une étape cruciale pour réussir à accepter ses remerciements ou félicitations.

✳ Le résultat de la valeur que l'on crée ✳

Vous avez une **compétence** et vous avez maintenant conscience de sa valeur aux yeux de la personne qui est en face de vous.
Consciente aussi de cette richesse que vous avez en vous, vous pouvez désormais utiliser votre compétence dans différents contextes.
Commencer par bien comprendre la demande de l'autre vous permettra de mieux identifier ses attentes.
Plus vous progresserez, plus vous inspirerez les gens et plus vous gagnerez d'argent.

Ne soyez pas une commodité, soyez un choix !

Vous avez trouvé comment créer de la valeur ? Assurez-vous bien que vous ne vous épuiserez pas à la tâche.

Vous **vendez des biens ou des services ? Deux options** s'offrent à vous :
- Vendre un produit cher à peu de personnes.
- Vendre beaucoup de produits peu chers à beaucoup de personnes.

D'ailleurs, êtes-vous sûre de vendre vos produits à leurs juste valeur ? Parfois, augmenter vos prix vous attirera de meilleurs clients.
Prenez un moment pour vous pencher sur cette question et pour voir en quoi les services que vous vendez actuellement (ou souhaitez vendre) ont de la valeur aux yeux des autres.
Vous travaillez en entreprise ?
Apprenez à vous mettre en valeur et à communiquer sur le travail que vous réalisez.
Prenez un rendez-vous avec vos supérieurs hiérarchiques et exprimez vos envies et vos ambitions. Informés, ils penseront à vous lorsqu'un poste se libérera.

Passer à l'action

Pour réussir à faire de votre intention une réalité, entreprenez les actions nécessaires. Dès aujourd'hui, passez à l'action.
Vous avez des rêves, des envies, des projets ? Réalisez-les. Vous souhaitez écrire un livre ? Écrivez chaque jour au moins une ligne. Vous rêvez de devenir bilingue ? Inscrivez-vous sans plus tarder à un cours. Une activité sportive vous fait vibrer ? Osez la tester.
Le moment est venu de remuer tout ce qui frémit au fond de vous depuis si longtemps. Faites-vous confiance, fixez-vous des objectifs et soyez positive.
Vous progresserez ainsi pas à pas vers un avenir plus prospère.

« Ce que l'on entend, on l'oublie, ce que l'on voit, on s'en souvient, ce que l'on fait, on le comprend. »

Proverbe chinois

MISE EN PLACE CONCRÈTE

Je crée un espace dans mon cahier à compliments pour y noter mes talents et mes compétences.

BÉNÉFICES

La reconnaissance de la valeur de vos talents et de vos compétences pourra se faire à partir du moment où vous prendrez conscience de ces mêmes talents et compétences.

MA PHRASE MANTRA

Je

Pour aller plus loin

- Livre : *Les Secrets d'un esprit millionnaire*, de T. Harv Eker, Éditions du Trésor Caché, 2008
- Livre : *J'arrête de râler,* de Christine Lewicki, éditions Pocket, 2014

À vos plumes, exercice

Sur la page ci-dessous, nous vous invitons cette semaine à dessiner un arbre qui selon vous représente votre vie.

Soyez créative et laissez parler votre spontanéité.

Nous reviendrons ensemble sur cette représentation la semaine prochaine.

Attention, on ne triche pas !

L'arbre de ma vie

Semaine n° 6

ET SI VOUS DEVENIEZ RICHE ?

Avez-vous déjà mesuré les avantages et les inconvénients liés au fait de devenir riche ?
Vous sentez-vous prête à percevoir plus d'argent au risque de devoir modifier certaines de vos habitudes ancrées dans votre quotidien ?
Sans vous en rendre compte, vous placez des limites au développement de vos finances et envoyez peut-être même des messages conflictuels à votre cerveau.
Vous souhaitez gagner plus d'argent ? Engagez-vous à en recevoir plus !
Nous verrons au cours de cette séance qu'il est indispensable de mettre en place de nouvelles actions afin de réussir à faire décoller vos projets, et ainsi voir les rentrées d'argent se multiplier.
Freinée par vos anciennes croyances, vous pensez peut-être que devenir riche est quelque chose qui se mérite ? Que persévérer ne sert à rien ?
Prendre conscience du pouvoir de l'argent sera dans ce cas une étape clé de votre semaine.
Gagner en confiance en vous vous permettra d'évoluer vers une plus grande abondance financière.
Qu'en dites-vous ? Êtes-vous disposée à vous libérer de quelques-unes des limites que vous vous êtes fixées ?

Cette semaine, vous apprendrez à :

Comprendre vos blocages et vos auto-sabotages.
Observer l'argent.
Vous libérer de vos limites par rapport à l'argent.

Blocages et auto-sabotages

Quelle image avez-vous des gens riches ? Imaginez un instant être aussi riche qu'eux...
Vous êtes-vous déjà posé la question de savoir l'impact que cela aurait sur votre entourage si vous gagniez énormément d'argent ?
Quand notre vie change, les gens qui nous entourent changent eux aussi.
Vous souhaitez gagner plus d'argent ? Autant vous préparer dès à présent à vous sentir un peu seule. En effet, ce sentiment est normal et il sera difficile de vous y soustraire. Vous avez fait le choix d'évoluer, de revoir certains de vos schémas pour accéder à une vie plus prospère. Bravo !
Certaines personnes autour de vous ne vont pas le comprendre. C'est ainsi, et vous ne pourrez rien y faire... Mieux vaut le savoir dès le départ.
« L'univers » n'aime pas le vide. Si vous changez d'entourage, vos anciennes connaissances seront remplacées par de nouvelles.

Il est indispensable pour vous d'être en phase avec les gens avec lesquels vous passez du temps. Tout est question de bonnes vibrations.
Cette étape de votre développement personnel vous permettra ainsi d'identifier vos vrais amis, ceux qui resteront à vos côtés quoi qu'il se passe dans votre vie.

✳ S'engager à avoir plus d'argent et pas simplement le vouloir ✳

Parfois, certaines personnes s'auto-sabotent. C'est pour elles une sorte de protection inconsciente. Elles ne veulent pas gagner plus d'argent et devenir ce que beaucoup pensent des gens riches.
En effet, gagner plus d'argent présente de nombreux avantages, mais aussi quelques inconvénients.

Les premières questions à vous poser sont donc :

- « Est-ce que je me sens prête à gagner plus d'argent ? »

OUI NON

(j'entoure mon choix)

- Si oui : « Quels sont les engagements que je pourrais prendre pour en avoir plus ? »

Quoi que vous décidiez de faire, si vous souhaitez que quelque chose se passe, il va falloir vous investir.

Si on ne s'investit pas, rien ne se passe !

Au départ, il est très probable qu'un déséquilibre s'installe. Là aussi, il n'y a rien d'anormal. Car gagner **plus d'argent** signifie souvent avoir plus de **contraintes**.
Souvenez-vous de l'arbre que nous vous avons demandé de dessiner la semaine dernière.
Comment est-il ? Grand ? Petit ? Feuillu ? Dépourvu de feuilles ? A-t-il un tronc large ? Un tronc fin ? Dispose-t-il de grandes racines ?
Vous l'aurez compris, la représentation que vous avez spontanément faite de l'arbre de votre vie est une image très symbolique de votre « ancrage » actuel, d'un point de vue général, bien sûr, mais également du point de vue de votre perception de l'argent.

À la naissance, vous étiez une petite graine. Longtemps vous êtes restée très fragile, telle une pousse. Avec du temps et beaucoup d'amour, la petite graine a la possibilité de devenir un arbre robuste avec de solides racines. **Vous êtes un arbre !**
Sans racines, l'arbre ne peut pas résister aux intempéries.
L'arbre fragile et frêle se laissera renverser par la première tempête. L'arbre robuste, bien agrippé à la terre via de profondes racines, pourra être malmené, mais il résistera.
Lorsque vous avez des doutes, vous vous sentez fragile.
Dès aujourd'hui, vous devez consacrer du temps aux projets dans lesquels vous souhaitez vous engager.
Oui, c'est contraignant.
Mais en mettant en place des actions et des énergies, vous arrosez et prenez déjà soin de votre arbre. Petit à petit, il grandira et commencera à vous donner de jolis fruits.
Pour qu'une fusée se détache du sol, il faut beaucoup d'énergie. Au début, cela prend beaucoup de temps pour peu de résultats. Et puis, à un moment, la fusée décolle.

Les messages conflictuels envoyés à l'univers

Vous êtes décidée. Vous souhaitez gagner plus. Mais êtes-vous sûre d'avoir pensé aux conséquences ? Êtes-vous à l'aise avec cela ?
Bien des gens envoient malgré eux des **messages conflictuels** à leur cerveau.
Par exemple : vous avez envie de devenir chanteuse à succès. Pensez-vous pouvoir poursuivre les mêmes habitudes ? C'est un détail qui vous semble certainement futile aujourd'hui, mais gardez à l'esprit que la notoriété vous forcera à changer de supermarché si vous souhaitez faire vos courses en paix.
Soyez le plus clair possible quant à votre vision. Sachez ce que vous voulez vraiment.

L'échec n'est pas une option

Vous avez choisi votre voie ? Félicitations !
Ce n'est pas encore le cas ? Pas de souci, prenez le temps nécessaire. C'est un choix important... un moment clé de votre vie. Les prochains points pourront vous aider à y voir plus clair.
Quoi qu'il en soit, retenez la chose suivante :

Soit je réussis, soit j'apprends.

Un échec est une source d'apprentissage. Dites-vous bien au départ que l'échec n'est pas une option, c'est pourquoi vous mettrez tout en place pour que votre projet réussisse.
En résumé, choisissez votre voie, mais ne planifiez pas l'échec.
Mieux encore, mettez en place les conditions nécessaires pour que le succès soit inévitable.
Nous avons tous peur de l'échec. Mais il va vous falloir être **persévérante**, et parfois même **stratège** (voir rayon Projets, p. 181).

✳ Avez-vous mérité d'être riche ? ✳

Au fond, peut-être n'êtes-vous pas « assez » pour gagner de l'argent.
Vous avez raison, vous n'êtes pas « assez » et donc… vous allez échouer. C'est bien ce que vous vous dites, non ?

Ayez confiance en vous !

À partir du moment où vous serez en phase avec vous-même, quand vous vous autoriserez à gagner plus d'argent, vous vous apercevrez que vous rencontrerez toujours les bonnes personnes, les bonnes situations, les bons signaux… Ceux qui vous permettront de grimper un cran plus haut. Les personnes avec lesquelles vous réussirez à créer des partenariats.

✳ Le radar à opportunités ✳

Tout doucement, vous allez réussir à développer ce que nous aimons appeler le radar à opportunités. Vous verrez des choses qui étaient peut-être sous votre nez depuis longtemps, mais qui ne résonnaient pourtant pas encore en vous.

Soyez persévérante, mais pas obstinée.

Certaines opportunités seront sans lendemain, vous devez aussi vous y préparer. Mais restez en paix avec cela. Qu'il en soit ainsi…
Continuez d'exprimer autour de vous ce que vous faites et ce que vous cherchez.

✳ Notion légale, morale, éthique ✳

Pour clore ce point, il est important pour nous de vous inviter à la vigilance.
Restez honnête et **respectez les lois en vigueur** dans votre pays de résidence.
De plus, il est essentiel de vous entourer petit à petit de gens qui vont pouvoir vous guider, de personnes en qui vous pourrez avoir confiance et qui partageront les mêmes valeurs que vous.

« La réussite, c'est du courage ! »

MISE EN PLACE CONCRÈTE

Je complète les phrases suivantes :

Je peux créer une source de revenus supplémentaire en…

Je peux économiser de l'argent en…

BÉNÉFICES

Cette mise en pratique vous ouvrira l'esprit sur de nouvelles sources de revenus. Avoir une vue d'ensemble sur vos comptes vous permettra de découvrir vos « fuites » d'argent.

Observations sur l'argent

Le regard extérieur

D'un point de vue extérieur, pour être riche, il faut que beaucoup de personnes vous aient fait confiance, notamment les partenaires avec lesquels vous avez choisi de collaborer.

« Vous pouvez arnaquer une fois mille personnes, mais pas mille fois une même personne. »
Alain Berberian (réalisateur de la Cité de la peur)

Vous cherchez à atteindre un certain niveau de compétence et de richesse ? Vous avez raison.
Bien souvent, les gens qui y ont accès le méritent et cela leur prend du temps.
L'argent est aussi important pour eux que pour vous.
Avez-vous déjà essayé de payer vos factures d'électricité avec des bisous ?

L'argent est important, mais ne résout pas tout

« Qu'est-ce que je pourrais vendre et à qui pourrais-je le vendre ? En quoi cela va-t-il m'apporter plus de bien-être ? À quel besoin vais-je répondre ? En quoi vais-je apporter de la valeur ? »
Posez-vous toutes ces questions avant de vous lancer. L'entreprenariat est l'une des solutions, mais pas la seule.
Même si nous aimerions parfois pouvoir nous en passer, l'argent est important. Mais faire fortune ne résout pas tout.
Gagner de l'argent fait partie de votre développement personnel, cela aidera à votre épanouissement et à votre sécurité matérielle.
L'argent permet de réaliser des projets encore plus grands, de transférer votre énergie à encore plus de personnes, de transmettre votre vision de la vie et du monde, d'apporter votre soutien sur des sujets qui vous tiennent à cœur.
Il vous donne une énorme liberté d'œuvrer dans les domaines qui vous font vibrer.
L'argent est un magnifique véhicule pour aller loin dans vos projets.
Lorsque vous aurez compris comment fonctionne la création de valeur (dans tous les sens du terme), peu importe ce qui arrivera, vous serez toujours capable de reconstruire et de créer à nouveau de la valeur.
Vous connaîtrez le processus, tout sera « précâblé » dans votre cerveau, il vous suffira de reprendre à zéro.

Je vois l'argent comme la valeur de ce que je crée.

MISE EN PLACE CONCRÈTE

Je vais me balader en forêt ou dans un parc pour me recentrer. Je profite de ce moment pour être à l'écoute de mes plus profondes aspirations et me demander : « Si j'avais de l'argent en illimité, que ferais-je ? Tout de suite, dans un an, dans cinq ans, dans dix ans... »

BÉNÉFICES

Cet exercice a pour but de vous amener à plus de sérénité afin de réussir à entrevoir votre avenir avec transparence.

Abolition des limites par rapport à l'argent

✳ Se faire confiance ✳

Vous vous sentez prête à faire le premier pas ? Parfait ! Dès à présent, faites-vous confiance. Oui, vous êtes « **assez** » bien. Vous n'êtes pas parfaite, vous apprendrez en chemin. Et puis, surtout, prenez du plaisir. Le chemin sera long, autant vous en amuser. Arrêtez-vous de temps à autre pour regarder en arrière, jeter un coup d'œil dans votre rétroviseur. Voyez d'où vous venez et voyez où vous en êtes aujourd'hui. Vous pourrez affiner votre vision au fur et à mesure.

Doucement, vous sortirez de votre zone de confort. Certaines journées vous feront peur, vous aurez des doutes. Cela fait partie du processus, mais continuez d'avancer. Respirez, gardez confiance en vous et rappelez-vous pourquoi vous faites les choses. Si nécessaire, revoyez votre stratégie et redéfinissez vos objectifs. Vous évoluez, il est normal que **votre vision évolue elle aussi**. Ouvrez votre esprit et libérez-vous de toutes vos limites.

✳ La loyauté ✳

Il est également possible que certains de vos freins soient liés à une forme de loyauté que vous entretenez à l'égard de vos parents, de votre famille. Inconsciemment, vous vous dites peut-être : « Je ne gagnerai jamais plus que ma mère, mon frère, mon compagnon... »

Par exemple, observez et interrogez votre compagnon sur son rapport à l'argent. Quel est son programme intérieur ? Dialoguer avec lui est essentiel. Cela vous permettra à tous les deux de réussir à voir au-delà de votre configuration financière actuelle. Vous serez probablement surprise des similitudes ou des écarts entre vos attentes et visions respectives à long terme. Équipée de votre nouvelle trousse à outils, vous pourrez l'inviter lui aussi à ouvrir son radar à opportunités.

✳ MISE EN PLACE CONCRÈTE ✳

Je prends un rendez-vous avec la personne la plus riche de mon entourage pour échanger avec elle/lui afin de voir comment elle/il perçoit l'argent.

✳ BÉNÉFICES ✳

Ce rendez-vous pourrait transformer votre vie. Comprendre la façon dont est perçu l'argent par une personne qui en gagne beaucoup sera un bon indicateur des points et/ou croyances limitantes à revoir chez vous si vous désirez en gagner plus.

MA PHRASE MANTRA

Je

Pour aller plus loin :

- Livre : *La Semaine de 4 heures*, de Tim Ferriss, éditions Pearson Education, 2010
- Livre : *Réfléchissez et devenez riche*, de Napoleon Hill, éditions BN Publishing, 2012
- Livre : *Riches et influentes. La puissance de la pensée féminine*, de Sharon Lechter, Aska Éditions, 2015

À vos plumes, exercice

Le moment est venu d'éplucher vos relevés de compte !

NOTEZ CI-DESSOUS

• Vos rentrées d'argent récurrentes :

....

....

....

....

• Visualisez d'un point de vue « global » vos entrées et vos sorties :

- Entrées :

....

- Sorties :

....

• Observez vos achats compulsifs ou inutiles. Pour vous aider, faites le tri dans vos sorties de la façon suivante :

- Sorties indispensables (factures, loyer, scolarité...) :

....

....

- Sorties (re)négociables (contrats d'assurance, abonnement télé...) :

....

....

- Sorties superflues (plusieurs sorties au restaurant sur la même semaine, quatre paires de chaussures presque identiques...) :

....

....

- Sorties inutiles (achats compulsifs...) :

....

....

Semaine n° 7

GÉREZ VOTRE BUDGET AVEC DISCIPLINE ET ASTUCE

Alors ? Comment s'est passé l'épluchage de vos relevés de compte ?
Cette activité peut sembler anodine aux yeux de certains, alors que pour d'autres, il s'agit d'un réel dépassement de soi. Félicitations !
Vous laissez doucement tomber vos œillères pour vous ouvrir au champ du « tout est possible ».
Vous sortez du rôle de victime dans lequel vous étiez peut-être malgré vous restée enfermée depuis des mois, voire des années. Vous reprenez les rênes de votre vie pour créer le présent et l'avenir qui vous correspondent le mieux. Mais la situation actuelle de vos comptes n'est pas au top...
Pas de panique. Cette semaine, nous allons vous donner quelques tuyaux pour vous aider à mieux gérer votre budget et vos dépenses. Nous reviendrons sur certains points pour vous permettre, entre autres, de différencier une dépense d'un investissement.
Avez-vous déjà pu identifier les meilleures opportunités qui se présentent à vous ? Celles dans lesquelles il vous serait rentable d'investir du temps et de l'énergie ?
Enfin, afin de répartir au mieux vos revenus, nous vous encouragerons en fin de séance à la vigilance face à certaines grosses dépenses qui peuvent être anticipées.

Cette semaine, vous apprendrez à :

Identifier les opportunités financières et les points de vigilance.
Revoir la gestion de votre budget et gérer votre argent/vos dépenses en conscience.

Identification des opportunités et points de vigilance

Les opportunités

Après huit jours d'introspection, vous voilà de retour avec des tas d'idées. Certaines sont plus concrètes que d'autres, mais toutes sont issues de vos profondes réflexions et aspirations.
La difficulté qui va se présenter à vous maintenant va être d'apprendre à **ne pas vous disperser**. Dès le départ, des choix s'imposent.
Devenir guide en forêt tropicale avec trois enfants en bas âge à la maison pourrait être difficile à concrétiser aujourd'hui... Vous comprenez ?
Faites le tri et voyez ce qui peut dès à présent être validé et intégré dans votre contexte de vie actuel.
Quelques-uns de vos projets sont certainement plus séduisants que d'autres. Identifiez-les, seule ou avec l'aide de personnes de confiance.
Il est aussi possible que quelques-unes de vos réflexions soient prometteuses, mais pas rentables.
Elles ne peuvent pas vous faire gagner de l'argent ? Pas de souci. Dans ce cas, faites en sorte que cela vous apporte de la visibilité.

La loi de **Pareto** est un modèle que nous affectionnons particulièrement : **20 % d'efforts pour 80 % de résultats.**

Plus vous percevez d'argent de l'une de vos activités, sans avoir à y dépenser trop d'énergie, plus haut se placera votre niveau de satisfaction et de productivité.

Les points de vigilance

Vous avez essayé encore et encore, mais ça ne marche pas. Avez-vous pris un moment pour analyser et **comprendre ce qui n'a pas fonctionné ?** Plusieurs « échecs » pourraient faire partie de votre chemin. Ne perdez pas votre persévérance. Lorsque l'on s'aventure dans un nouveau projet, on remarque généralement beaucoup de progrès au départ. Ensuite arrive le coup de mou.
Il est important de dépasser cette étape en gardant la tête haute. Continuez, persévérez, ressentez les choses différemment et vous filerez ensuite comme une flèche jusqu'à votre objectif.
Revenons un instant sur le bilan de vos entrées/sorties que nous vous avons invitée à rédiger la semaine dernière. Avez-vous pensé à **y intégrer vos impôts ?**
Non ? Et pourtant... Penser à mensualiser leur paiement est une bonne manière d'éviter les surprises. Faites un calcul prévisionnel dès le départ.
Cette charge est une nécessité et il est donc important de planifier et de mensualiser cette dépense afin de gérer au mieux votre budget.

MISE EN PLACE CONCRÈTE

Si je ne l'ai pas encore fait, j'intègre mes impôts dans le bilan de mes entrées/sorties.

BÉNÉFICES

Penser à mensualiser vos impôts vous évitera les mauvaises surprises de fin d'année. Vous pourrez ainsi anticiper et envisager cette charge avec plus de sérénité.

Gestion du budget, de l'argent et des dépenses

Gérer l'argent

Où en êtes-vous dans la gestion de votre budget ? Vos rentrées sont-elles régulières ? Dépensez-vous votre argent de façon optimale ? Sachez que les personnes qui s'enrichissent le plus sont des personnes qui savent gérer leur budget. **Dans 95 % des cas**, quand les revenus augmentent, les dépenses augmentent elles aussi. Soyez donc vigilante sur ce point. Faites **un réel** bilan de l'argent qui entre et de celui qui sort. Vous l'avez fait avant vos nouvelles rentrées, refaites-le après quelques mois de recettes plus fructueuses.

Dépense versus investissement

Voyons maintenant la principale différence qui existe entre la notion d'investissement et celle de dépense :

- **Une dépense** est l'utilisation faite de l'argent sans se soucier de la rentabilité.
- **Un investissement** est l'utilisation de l'argent pour faire un profit.

Par exemple, acheter une formation pour découvrir de nouveaux outils de développement personnel constitue un réel investissement dont vous pouvez tirer profit pour votre bien-être.
En entreprise, cela se passe de la même manière. Réinvestir une partie de vos revenus dans des cam-

pagnes publicitaires représente un investissement qui pourra créer de la valeur autour de vous, attirer des clients et donc rapporter plus d'argent.
Soyez confiante et acceptez de réinvestir votre argent sans peur ni frustration. Bien évidemment, il est impératif de mesurer les investissements à faire en fonction des revenus déjà générés.
Vous apprendrez donc à faire un maximum d'investissements pour un minimum de dépenses.

✳ Comment répartir ses revenus après impôts ? ✳

Pour une meilleure gestion, et en fonction des revenus générés, vous allez pouvoir répartir votre argent de différentes manières.
Le redistribuer sur des comptes spécifiques vous permettra d'y voir plus clair et de le dépenser judicieusement.
L'idée ici est de prendre pour référence un modèle de répartition d'argent « sain ».

Voici le modèle de répartition que nous utilisons :

- 50 % des revenus dans le compte des nécessités (loyers, factures habitation, assurances, nourriture, habillement minimum, téléphone, voiture...) ;
- 10 % des revenus dans le compte de l'amusement (loisirs, plaisirs...) ;
- 10 % des revenus dans le compte des investissements (argent investi pour faire un profit) ;
- 10 % des revenus dans le compte des économies à long terme (pour faire face aux coups durs) ;
- 10 % des revenus dans le compte de l'instruction (pour les formations, livres, coaching...) ;
- 10 % des revenus dans le compte des dons (pour soutenir une cause qui vous tient à cœur...).

Vous avez peu de revenus et ce modèle vous semble impossible à respecter ? Dans un premier temps, vous pouvez bien entendu réduire à 5 % voire 2 % les comptes 2, 3, 4, 5 et 6. Une fois que vos revenus auront décollé, vous pourrez augmenter le pourcentage de ces comptes à 10 %.
Votre projet se concrétise ? Super ! Vous franchissez les étapes une à une et commencez à générer plus d'argent. Revoyez à nouveau vos répartitions.
Vous pouvez maintenant réduire à 40 % votre compte des nécessités, ce qui vous permettra d'augmenter le pourcentage d'argent réparti dans vos cinq autres comptes.

En pratique ?

Deux options s'offrent à vous :

- Soit ouvrir cinq comptes séparés en plus de votre compte courant (attention dans ce cas à être attentive aux frais de tenue du compte réclamés par votre banque).
- Soit ouvrir deux comptes, l'un pour l'investissement et l'autre pour les économies, en plus de votre compte courant.

✳ Gérer son argent dès maintenant ✳

Attendez-vous d'avoir perdu cinq kilos avant de vous diriger vers la salle de sport ?

Là où va l'esprit, l'énergie suit !

Faites vos comptes. Même si vous pensez ne pas avoir assez de revenus pour le faire. En appliquant ce schéma dès maintenant, même si les montants qui arrivent sur vos comptes bancaires sont très petits, **vous créerez une habitude de gestion** dans laquelle vous vous sentirez de plus en plus à l'aise.

Gérer ses dépenses en conscience

Nous devinons qu'accéder à une gestion des dépenses en conscience est pour vous un réel exercice. Mais saviez-vous que vos émotions sont capables de contrôler votre raison ?
Lorsque votre subconscient doit choisir entre des émotions profondément ancrées et la logique, **les émotions l'emportent toujours**.
C'est pourquoi pour réussir à résister à un achat supposé superflu, vous devez vous demander : « Est-ce que j'en ai vraiment besoin ? » Parfois, le simple fait de se laisser un jour ou deux de réflexion nous évite de multiplier les achats impulsifs. Prête à appliquer ce nouveau réflexe anti-achat ? N'oubliez jamais que **votre conscience observe vos pensées**. Vous voilà maintenant informée de votre possibilité de vivre en faisant de vrais choix plutôt que de vous laisser contrôler par votre programmation passée. Faire fructifier votre argent sera l'étape suivante de cette ascension financière dans laquelle vous vous êtes engagée. Pour y accéder, nous vous livrons d'autres pépites dès la prochaine séance...

MISE EN PLACE CONCRÈTE 1

Je reviens à nouveau sur l'analyse du budget que j'ai rédigée la semaine dernière. J'y ajoute les pourcentages précités et, si nécessaire, je revois mes répartitions. Si je ne suis toujours pas satisfaite, j'adapte le modèle de répartition à ma situation financière actuelle.

BÉNÉFICES

Prendre le temps d'analyser votre budget sous toutes ses coutures et de prédéfinir les montants à créditer sur vos différents comptes vous permettra de gérer achats, dépenses et investissements intelligemment.

MISE EN PLACE CONCRÈTE 2

Je prends conscience de mes achats impulsifs pour comprendre l'émotion que cela me procure. J'accepte l'idée que cela comble un ou plusieurs de mes besoins. Le(s)quel(s) ?

BÉNÉFICES

Cette seconde mise en pratique est indispensable si vous souhaitez comprendre les raisons qui vous poussent à faire des achats impulsifs. Consciente du besoin non comblé auquel ses achats répondent, vous pourrez ensuite y trouver des alternatives moins onéreuses.

MA PHRASE MANTRA

Je

Pour aller plus loin

- Livre : *L'Effet cumulé*, de Darren Hardy, éditions Success Books, 2012

À vos plumes, exercice

Pour clore cette semaine avec fluidité, nous vous invitons à tracer et compléter votre tableau de projection pour les six prochains mois.

Vous pourrez ainsi avoir une meilleure vision et organisation de vos dépenses et de vos sources de revenus.

Tableau de projection sur six mois :

Semaine n° 8

FAITES FRUCTIFIER VOTRE ARGENT

Voilà maintenant trois semaines que vous êtes investie dans ce rayon. Vous pouvez en être fière.
Il est normal que la mise en pratique prenne un peu de temps. Une période de « digestion » est souvent nécessaire.
Vous avez reçu beaucoup d'informations qui vous invitent à remettre en question certains de vos anciens schémas. Tout ceci peut avoir un aspect déstabilisant : restez indulgente et bienveillante envers vous-même.
Avancez dans cette énergie positive qui invite au changement et commencez doucement à jeter un coup d'œil dans votre rétroviseur.
Vous avez certainement déjà progressé, même d'un petit pas, sur votre chemin de développement personnel.
Continuons maintenant avec les clés qui vous aideront dans votre passage à l'action.
Avez-vous déjà entendu parler du pouvoir de la visualisation ? Êtes-vous suffisamment précise sur les objectifs financiers que vous souhaitez atteindre ? Comment faire fructifier votre argent ?
Revenus, économies, investissements : cette semaine, nous aborderons différentes notions de valeur afin de vous apprendre, entre autres, à différencier vos actifs de vos passifs.
Comparer les offres, agir malgré les incertitudes et être claire sur ce que vous désirez apprendre fera partie du programme de cette fin de séance.
Alors ? Possédez-vous les principaux attributs des personnes qui savent faire fructifier leur argent ? Sans attendre, découvrons-le ensemble.

Cette semaine, vous apprendrez à :

Comprendre le pouvoir de la visualisation (loi d'attraction).
Vous familiariser avec la notion de valeur (actif versus passif).
Passer à l'action et découvrir les attributs des personnes qui savent faire fructifier leur argent.

La puissance de la visualisation (loi d'attraction)

Vous a-t-on déjà parlé du pouvoir de la visualisation ?
Cet exercice issu du processus de la loi d'attraction est une approche qui pourrait vous sembler manquer de rationalité si vous avez un esprit très cartésien.
Et pourtant...
Démontrée dans le monde mathématique et physique par les aimants qui s'attirent ou se repoussent en fonction de leurs polarités, la loi d'attraction serait la réponse de l'univers à nos intentions si nous prenons le temps de les visualiser et de les ressentir régulièrement.
En plus d'être la somme de nos pensées et de nos émotions, nous aurions donc la capacité d'attirer à nous ce que l'on désire vraiment.

Tout serait question de vibrations.
Ceci n'étant pas l'objet principal de cette séance, nous vous recommandons de suivre de près le travail de Marcelle Della Faille si ce sujet vous intéresse particulièrement.
Un cursus spécial a d'ailleurs été mis au point spécialement pour l'Académie du développement personnel (https://cursus.academie-developpement-personnel.com/presentation-je-cree-ma-richesse). Pour l'heure, contentons-nous donc d'observer le côté logique de cette méthode.

✳ Faire fructifier son argent ✳

Plus vous saurez où vous voulez aller, plus vous réussirez à faire fructifier votre argent.
Par exemple : si vous avez besoin de 100 € de plus par mois, visualisez-le et décidez-le.
De cette manière, votre esprit sera concentré sur cette nécessité. Il sera ouvert et vous serez plus à l'écoute des bonnes idées.
Prendre conscience de votre besoin et en formuler la demande vous aidera à avancer étape par étape vers ce premier objectif.
En appliquant ce processus de visualisation, il y a de fortes chances pour que les 100 € nécessaires soient gagnés le mois suivant.

Plus votre entonnoir sera grand, plus il laissera entrer de revenus.

Posez-vous les bonnes questions :
« Que vais-je faire pour gagner plus d'argent ? Comment vais-je m'y prendre ? De quel montant ai-je besoin ? »
Mettez du sens dans vos demandes et vous réussirez à définir les actions pour y arriver. S'il y a de l'espace, l'entonnoir laissera passer l'argent.
Plus vous serez claire, plus vous obtiendrez de résultats.
Malgré votre bonne volonté, il est possible que vous ne réussissiez pas à atteindre les premiers objectifs dans les délais que vous vous êtes fixés.
Ne vous découragez pas et restez convaincue de **la puissance de la visualisation**.
Vous n'êtes pas encore arrivée à destination, mais vous êtes en chemin.
Restez en paix, ressentez votre objectif comme s'il était déjà accompli et vous serez surprise de ce que l'univers vous apportera.
« Soyez opportuniste, ouverte et curieuse ! »
En résumé, voici **les trois actions à mettre en place** dans vos formulations pour obtenir de bons résultats :

- Reconnaissez votre besoin.
- Acceptez-le.
- Affirmez-le et agissez chaque jour comme si vous aviez déjà pu répondre à ce besoin.

(Re)connectée à vos désirs profonds et partant du principe que TOUT EST POSSIBLE, vous accéderez peu à peu aux objectifs financiers que vous vous êtes fixés.
Prenez le temps de noter chacune de vos réussites, qu'il s'agisse d'une grande rentrée d'argent ou d'un petit pas vers plus de prospérité.

La célébration de chacune de vos réussites vous encouragera à poursuivre dans cette voie.
En complément, vous pourrez ensuite faire en sorte de multiplier vos sources de revenus hors exploitation à l'aide des informations que nous vous transmettrons dès le prochain point.

MISE EN PLACE CONCRÈTE

Je reconnais mon besoin d'argent actuel, j'accepte l'idée d'en gagner plus et j'agis chaque jour comme si j'avais déjà pu répondre à ce besoin.

BÉNÉFICES

Ouvrir votre esprit à de nouvelles croyances ne vous coûtera pas d'argent, mais pourra vous permettre d'en gagner énormément.

La notion de valeur

Vouloir gagner plus d'argent pour tendre vers un meilleur équilibre dans votre vie est un projet concret et stimulant.
Apprendre à le gérer deviendra peu à peu votre force, multiplier les sources de revenus le sera également.
Car, au fond, est-il indispensable d'augmenter votre temps de travail quotidien pour gagner plus d'argent ?
Certaines de vos activités ne vous permettraient-elles pas de générer de l'argent sans gros efforts ?
Avant de vous aider à répondre à ces questions, nous aimerions connaître vos propres définitions d'un actif et d'un passif.

Pour moi, un actif, c'est...

Pour moi, un passif, c'est...

En ce qui nous concerne, nous aimons particulièrement ces définitions :

« Un actif est un élément identifiable du patrimoine ayant une valeur économique positive pour l'entité. » (source : *wikipedia.org*)

« Un passif est l'ensemble des dettes et des charges, évaluables en argent, qui grèvent un patrimoine. » (source : *larousse.fr*)

✳ Actif et passif ✳

Mais dans la pratique, quelle est donc la différence entre un actif et un passif ? Selon vous, votre maison est-elle un actif ? Et votre voiture ? Non, bien sûr. Ces deux biens sont le résultat d'investissements que vous avez faits dans le passé. Ils sont passifs, car ils ne vous rapportent rien. Une exception doit cependant être soulignée en ce qui concerne votre habitation. En effet, transformer l'une des pièces de votre maison en chambre d'hôtes, par exemple, vous permettra de convertir votre bien (passif) en un bien actif. Vous pourrez en percevoir un revenu qui sera considéré comme un **revenu « hors exploitation ».** C'est-à-dire que cette rentrée sera récurrente, mais que vous ne devrez pas vraiment travailler pour la percevoir. En voilà une idée intéressante, non ? Si accueillir des hôtes régulièrement n'est pas un souci pour vous, prenez le temps de vous assurer qu'il y a un marché dans votre région et renseignez-vous sur la légalité de la sous-location avant de vous lancer dans cette aventure. Certains sites Internet spécialisés pourront ensuite vous permettre de passer à l'action.

✳ Fuite d'argent ✳

Pour combler rapidement un manque d'argent, faites en sorte de convertir au moins l'un de vos passifs en actif, qu'il s'agisse de chambres d'hôtes ou de la mise à disposition de l'un autre de vos biens. Vous réussirez ainsi à surmonter le manque et pourrez plus facilement faire fructifier vos revenus. Avez-vous réellement besoin de vous acheter une plus grosse voiture ? Ou même de changer d'appartement ? Restez **vigilante et consciente**. Faites en sorte de ne pas augmenter vos dépenses, et ce malgré la récente augmentation de vos gains. Tombez dans ce piège et vous réduirez vos possibilités d'investir. Et, bien sûr, quelles que soient vos idées, avant de passer à l'action, informez-vous bien sur la fiscalité et la législation en vigueur dans votre pays.

✳ La notion de valeur nette ✳

Voyons maintenant la différence entre le revenu et la valeur nette. Alors qu'un revenu reste plus ou moins stable, **la valeur nette**, elle, est le résultat de tout ce que vous possédez : revenus, biens matériels et immobiliers, actions, loyers d'appartements, exploitation de vos idées. Voici les quatre facteurs qui influent sur la valeur nette.

✳ Le revenu ✳

- Le revenu gagné

Il s'agit de votre salaire et de vos bénéfices. Ce que vous percevez du temps passé à travailler.
C'est ici que vous devez « conscientiser » la manière dont vous remplissez votre entonnoir.
Plus vos revenus seront importants, plus vous pourrez dépenser, économiser et investir.

- Le revenu hors exploitation

Comme indiqué ci-dessus, certains revenus viennent apporter une valeur ajoutée à votre patrimoine : biens matériels et immobiliers, actions, loyers d'appartements, exploitation sous licence d'idées, propriété sur une franchise, redevances sur un livre... Vous ne travaillez donc pas directement pour percevoir ces revenus.

Les économies

Si vous économisez de l'argent, c'est ce que vous possédez en plus comme valeur.

Les investissements

Pour pouvoir faire des investissements, vous devez commencer par faire croître vos économies.
En ce qui concerne vos investissements risqués, posez-vous la question suivante :
« Est-ce que je suis d'accord avec l'idée de ne jamais revoir cet argent ? »
Si vous n'êtes pas prête à cette éventualité, ne faites pas encore cet investissement. Certes, vous allez peut-être gagner gros. Mais il se pourrait également que ce soit cet investissement qui vous fasse perdre le plus. Préparez-vous donc à ces deux possibilités avant de vous décider.

La simplification

Pour ne pas augmenter vos dépenses malgré l'augmentation de vos revenus, nous vous invitons à vous créer un style de vie simple. Un style de vie qui vous convient, mais qui exige moins d'argent pour vivre. En réduisant légèrement votre train de vie, vous allez réussir à économiser et à investir. Lorsque vous n'achetez plus pour remplir un manque, il est facile d'acheter ce qui vous est nécessaire et d'identifier ce qui vous fait vraiment plaisir.
Votre style de vie devient alors naturellement plus simple. Dès maintenant, travaillez ces quatre points et vous deviendrez plus riche...

Vivez simplement !

MISE EN PLACE CONCRÈTE

J'identifie une source de revenus hors exploitation possible, à mettre en place dans les six mois à venir.

BÉNÉFICES

Toutes les sources de revenus hors exploitation que vous réussirez à mettre en place viendront faire gonfler le montant de vos revenus mensuels et vous permettront ainsi d'avoir une répartition de vos comptes mieux appropriée à vos besoins et à vos désirs de croissance financière.

Le passage à l'acte

Toutes ces théories sont très intéressantes et certaines de ces perspectives sont même assez excitantes. Mais que voulez-vous voir arriver dans votre vie si vous ne mettez pas en pratique tous ces concepts ? Avez-vous déjà actionné le premier levier du passage à l'action ? Revoir vos habitudes n'est pas chose simple, c'est certain. Mais avec de la motivation et de la détermination, vous réussirez à avancer dans cette direction. Pour vous y aider, voici quelques questions pratiques à vous poser :

✳ « Ai-je suffisamment comparé les offres ? » ✳

Vos projets se concrétisent et vous gagnez plus d'argent. Vous réalisez maintenant que faire appel à un conseiller financier pourra vous aider. Par habitude, votre automatisme pourrait être de consulter **votre banquier** en priorité. Sachez cependant que d'autres options s'offrent à vous. En effet, un **gestionnaire de patrimoine** aura un œil avisé et bienveillant sur l'état de vos comptes. Son travail sera de vous aider à gagner plus d'argent, car plus vous en gagnerez, plus lui aussi en gagnera. Il deviendra une sorte de coach qui pourra vous poser les bonnes questions au bon moment. Il vous faudra prendre le temps nécessaire pour trouver la perle rare. Mais une fois trouvée, la bonne personne pourra faire un bilan complet de votre patrimoine, vous accompagner et vous conseiller sur l'achat de produits finis différents de ceux proposés par votre banque.

✳ « Suis-je assez claire sur ce que je veux ? » ✳

Plus vous serez claire sur l'objectif financier que vous visez, plus vous atteindrez votre but.
Êtes-vous certaine d'avoir été suffisamment ambitieuse ? Un manque d'ambition vous réduira à placer la barre à un niveau plus bas que celui que vous pourriez atteindre. Voyez loin. Soyez ouverte et continuez toujours d'observer et d'écouter ce qui se passe autour de vous.

Vous créez votre réalité !

Répondez à la question suivante :

Quel est le revenu, l'objectif, que je souhaite atteindre avant la fin de l'année ?

Préparez votre plan, vous voilà prête à passez à l'action !

✳ « Dois-je agir malgré mes incertitudes ? » ✳

La réponse est OUI ! Avancer vers vos objectifs va vous demander une grande dose de courage. Vous devrez vous investir et sortir de votre zone de confort. Vous avez peur ? C'est normal. Nous sommes tous attachés à nos habitudes. Nous ressentons donc de la peur quand nous décidons d'en changer. La solution ? Apprendre à les dompter. Contrairement à ce que vous pourriez croire, il ne sera pas nécessaire de les « tuer ». Elles sont là, elles existent. Elles demandent juste à être observées et reconnues. Pour y parvenir, dites-vous que votre peur, aussi grande soit-elle, est là pour vous protéger, mais que vous devez réussir à la gérer. Vous avez une idée et vous avez une vision claire de l'objectif financier que vous souhaitez atteindre au travers de sa réalisation. Quel sera votre premier pas ? **Trouvez-le !** Et même si vous avez peur, allez-y... faites-le. Avec un peu d'entraînement, vous parviendrez à faire face à vos peurs, à vos incertitudes et à vos doutes. Pour progresser avec plaisir dans le chemin que vous avez emprunté, nous vous encourageons une fois de plus à travailler sur vos **accomplissements**. Pour ce faire, pensez bien à célébrer chacune de vos réussites, de la plus petite à la plus signifiante. Un pas après l'autre, vous avancez. Et ça, ça se fête !

✳ Les attributs de la personne qui sait faire fructifier son argent ✳

Mais, en fait, avez-vous les attributs de la personne qui sait faire fructifier son argent ? Pour vous aider, voici une petite liste qui vous guidera dans la bonne direction.

Les personnes qui savent faire fructifier leur argent ont les attributs suivants :

- Ce sont des gens carrés et rigoureux.
- Ce sont des gens positifs.
- Ils sont centrés sur leur but.
- Ils sont déterminés.
- Ce sont des gens qui osent.
- Ils sont persévérants.
- Ils montrent la voie aux autres.
- Ce sont des gens travailleurs.
- Ils ont une bonne énergie (leader).
- Ils communiquent.
- Ils sont assez intelligents.
- Ils sont experts dans au moins un domaine.
- Ils savent s'entourer des bonnes personnes.

Enfin, pour terminer en beauté ce rayon intense qui vous a très certainement portée vers de nouvelles remises en question, nous souhaitons attirer votre attention sur l'importance de vous entourer des bonnes personnes, celles qui ont déjà réussi, celles qui vous tireront vers le haut. Cela vous demandera parfois de changer d'entourage, mais cette étape est indispensable si vous évoluez actuellement dans un environnement où la majorité des personnes qui vous entourent sont négatives. Ne rien changer vous attirerait malgré vous, jour après jour, vers le bas. Équipée de ces nouveaux outils, vous êtes prête à vous détacher de vos craintes pour vous envoler vers de nouveaux horizons. Dès le prochain rayon, nous vous conscientiserons sur l'importance de prendre soin de l'un des autres piliers de votre vie : la santé !

MISE EN PLACE CONCRÈTE

Je rédige noir sur blanc le premier pas que je fais pour atteindre mon objectif financier :

BÉNÉFICES

Coucher sur papier votre objectif financier vous stimulera à mettre en place les actions nécessaires pour tendre vers sa réalisation.

MA PHRASE MANTRA

Je

Pour aller plus loin

- Livre : *Les Secrets d'un esprit millionnaire*, de T. Harv Eker, Éditions du Trésor Caché, 2008
- Livre : *Père riche, père pauvre*, de Robert T. Kiyosaki, éditions Un Monde Différent, 2000
- Livre : *Zéro Déchets*, de Béa Johnson, éditions Les arènes, 2013
- Site Internet pour la mise en sous-location de chambres d'hôtes : www.airbnb.fr
- Mon ancrage en musique : « Le blues du businessman », album *Starmania*, 1978

À vos plumes, exercice

Le moment est venu de refaire un bilan de vos actifs et de vos passifs. Pour ce faire, posez-vous les questions suivantes :

Qu'est-ce qui me permet de générer de l'argent ? (actifs)

Qu'est-ce qui me coûte de l'argent ? (passifs)

Quels pourraient être mes prochains actifs ?

RAYON santé

Le corps humain est une merveilleuse machine qui vous porte chaque jour. Mais connaissez-vous bien son fonctionnement ?

Dans ce rayon dédié à la santé, nous verrons ensemble que votre mental dépend en grande partie de la santé de votre corps, et inversement.

Nous vous aiderons à trouver un mode de vie incluant une alimentation équilibrée et variée qui ne nécessite pas trop de contraintes.

Vous nourrir correctement et être à l'écoute de votre organisme sera votre nouveau challenge à partir d'aujourd'hui.

Nous approfondirons certains sujets, tels que le fonctionnement et le rôle de vos glandes hormonales, et vous sensibiliserons sur l'importance d'avoir une colonne vertébrale en bonne santé.

Nous oserons également vous emmener à la découverte des sept principales roues d'énergie qui parcourent votre corps depuis la base de la colonne jusqu'au sommet de la tête : les chakras.

Grâce aux outils que nous vous transmettrons, vous serez prête à activer de nouveaux leviers pour accéder à plus de bien-être.

Semaine n° 9

COMPRENEZ LES MÉCANISMES ET FONCTIONNEMENTS DU CORPS

Avez-vous réellement conscience du fait que votre vraie résidence est celle de votre corps ?
Oui, le corps humain est incroyable et, pourtant, nous le connaissons souvent assez mal.
Pour réussir à veiller sur votre mental, il va donc vous falloir trouver du temps pour prendre soin de votre corps.
Pour vous y aider, nous découvrirons ensemble comment utiliser au mieux ce merveilleux instrument qui nous a été confié par dame Nature.
Vous observerez que tout ce qui s'y passe est lié.
Nous vous soumettrons ensuite un peu de théorie afin de vous rafraîchir la mémoire sur le rôle de vos articulations et de votre colonne vertébrale.
Qu'est-ce que le système endocrinien ? De quoi est-il composé ? Comment lui permettre de bien fonctionner ?
Cet endroit fantastique que vous habitez est similaire à une machine. Chacune de vos cellules a un rôle à jouer pour assurer son fonctionnement optimal.
Le moment est venu de lui accorder toute votre attention.

Cette semaine, vous apprendrez à :

Reconnaître que votre corps est une superbe machine.
Mieux connaître vos articulations et votre colonne vertébrale.
Comprendre le rôle joué par vos glandes et par vos hormones.

Le corps, une superbe machine

Grâce à votre corps, vous pouvez faire des choses formidables. Vous aurez du mal à prendre soin de votre santé si vous ne comprenez son fonctionnement.
Ce rayon est un passage important de notre coaching, car prendre soin de vous vous permettra de développer grandement votre niveau d'énergie.

« Un esprit sain dans un corps sain ! » *Juvénal, Satire X*

Ne vous êtes-vous jamais posé la question de savoir si les grands inventeurs s'étaient calqués sur le fonctionnement du corps humain pour créer des moyens de transport tels que l'automobile ou le train, par exemple ?

LE CORPS COMME UNE VOITURE

Pour vous aider à comprendre où nous souhaitons en venir, faisons un parallèle entre le corps humain et une automobile :

✳ **Le cerveau** est notre centre nerveux. Nos pensées fonctionnent grâce à une série de pulsions électriques.
➜ Nous pouvons le comparer à **l'électronique** d'une voiture.

✳ **Le nez** nous permet de laisser entrer l'air dans notre corps.
➜ Il s'agit de **l'arrivée d'air** de la voiture.

✳ **La bouche** est l'orifice par lequel nous allons introduire l'énergie brute (la nourriture).
➜ Nous pouvons la mettre en parallèle avec **l'ouverture du réservoir** d'essence ou de diesel. Si le carburant est mauvais, avec le temps la voiture va s'encrasser (il en sera de même pour votre corps).

✳ **Les pores de la peau** permettent d'évacuer la chaleur et la transpiration.
➜ Ils peuvent être comparés au **circuit de refroidissement** de la voiture.

✳ **Les poumons** nous servent à filtrer l'air que nous allons injecter dans notre corps*.
➜ C'est **le filtre à air** de la voiture.
* Pour les fumeurs, il est important de prendre conscience que le tabac encrasse ce filtre et qu'il n'est malheureusement pas possible d'en changer.

✳ **Le cœur** est notre pompe et permet de diffuser l'énergie dans le corps.
➜ C'est **la pompe** de la voiture (le moteur à explosion) qui permet de faire circuler le carburant dans les circuits.

✳ **Le foie et les reins** sont notre système de purification et de filtration.
➜ Ils sont comparables au **catalyseur** et au **filtre à essence**.

✳ **L'estomac et les intestins** sont nos réservoirs d'énergie et le lieu de la transformation chimique (le corps va prendre ce qui l'intéresse).
➜ C'est le **raffinage** de la voiture.

✳ **Les veines et les artères** sont le lieu où le sang va envoyer l'énergie dans le reste du corps.
➜ On peut les comparer aux **tuyaux d'arrivée d'essence** de la voiture.

✳ **Les muscles** sont notre rouage, notre transmission mécanique.
➜ Dans la voiture, cela peut être **l'essieu et l'arbre à cames**.

✳ **L'anus et l'urètre** sont les orifices d'extraction des déchets. Après raffinage, le corps évacue tout ce dont il n'a pas besoin.
➜ Il s'agit du **pot d'échappement** de la voiture.

Hormis votre système nerveux central, votre corps est donc une machine dans laquelle se trouve de la mécanique. Le savoir va vous permettre d'en prendre soin.
Enlevez une partie de votre voiture et elle cessera de rouler. Il en va de même pour votre corps.
Vous êtes-vous déjà demandé à quoi sert votre cage thoracique ?
Si vous êtes blessée au niveau du ventre, il sera possible de vous soigner.
La cage thoracique est comparable à la carrosserie de la voiture. Elle est là pour protéger vos organes vitaux, ceux sans lesquels vous ne pourriez pas survivre (le cœur et les poumons, par exemple).
Vous avez une grande capacité de développement. En prendre conscience au travers d'une activité physique, comme le yoga par exemple, pourra vous aider à vous reconnecter peu à peu à votre corps et à vous recentrer sur vos sensations.

Tout n'est qu'échange

Vous l'avez compris, dans votre corps, tout est lié. Tout n'est qu'échange.
Pour prendre soin de lui, commencez par surveiller le carburant que vous lui donnez.
Faire le choix d'aliments frais et, de préférence, issus de cultures et de productions biologiques, est la plus sage des solutions. Nous reviendrons sur ce point lors de la séance 4 de ce rayon.
Afin d'éviter une fatigue inutile de vos organes, il est indispensable de mâcher correctement les aliments. En effet, les morceaux à peine mastiqués demandent à l'organisme une forte consommation d'énergie pour les digérer, ce qui peut conduire à l'épuisement de certains de vos organes.

Mâchez bien, vous digérerez bien.

Une prédigestion s'opère au niveau de la salive avant que les aliments ne soient envoyés vers votre estomac. C'est à cet endroit qu'une fragmentation des éléments a lieu. Ceux-ci sont ensuite dirigés vers vos intestins qui filtrent ce qui est bon pour vous et envoient cette sélection dans votre sang.
Le reste sera évacué de votre corps via l'anus et l'urètre.
Le cœur, quant à lui, envoie le sang gorgé d'oxygène dans votre organisme pour alimenter vos muscles.
Vous ressentez des douleurs à un endroit précis du corps ? Soyez-y attentive dès le départ.
Gardez cependant à l'esprit que cet indicateur de souffrance est un signal envoyé par votre corps, mais qu'il est très probable que le vrai mal à traiter se situe ailleurs.

Si vous êtes déjà allée chez un ostéopathe, vous avez sûrement remarqué qu'il ne s'attarde pas sur la zone où vous avez mal.
En effet, il s'occupe souvent d'une zone un peu plus éloignée, celle responsable de votre douleur.

MISE EN PLACE CONCRÈTE

Je m'exerce à mâcher vingt fois chacune de mes bouchées lors de mes repas. Je prends note des bienfaits que je constate dans les jours qui suivent.

BÉNÉFICES

Prendre l'habitude de mâcher vingt fois chacune de vos bouchées vous permettra de faciliter le travail de vos organes (estomac, intestin...). Au fil des jours, vous constaterez les bienfaits liés à cette pratique sur votre santé.

Articulations et colonne vertébrale

Pour réussir à comprendre votre corps dans son ensemble, il est également indispensable d'avoir une vision globale du rôle tenu par vos articulations et votre colonne vertébrale. Un peu de théorie sur le sujet est inévitable... Pensez bien à y revenir de temps à autre afin d'intégrer petit à petit cette révision de vos connaissances.

✳ Les articulations ✳

Afin de maintenir votre corps en bonne santé, nous vous encourageons à pratiquer des exercices de lubrification des articulations le plus régulièrement possible.Les principaux points à travailler sont les orteils, les chevilles, les genoux, le bassin, les coudes, les poignets, les doigts et le cou.

Un peu de théorie

- **Les articulations** sont le lieu de réunion de deux ou plusieurs os.
- **Les ligaments** se situent au niveau d'une même articulation et relient les os entre eux. Ils permettent le mouvement, mais évitent aussi aux os de bouger de façon excessive.
- **Les tendons** relient quant à eux les os aux muscles.
- **Les fascias** sont des tissus conjonctifs qui forment une membrane fibreuse. Cette enveloppe recouvre nos structures anatomiques (muscles, viscères...). Ils permettent la mobilité et le tonus musculaires.
- **Le liquide synovial** se trouve au niveau des espaces articulaires. Son principal rôle est d'assurer la lubrification des articulations. Il facilite le mouvement.

LE RÉVEIL DES ARTICULATIONS

Vous désirez travailler la lubrification de vos articulations ? Voici **une pratique guidée d'environ cinq minutes** qui vous permettra d'entamer vos journées et activités sportives de la meilleure manière qui soit pour vos articulations.

- Le bout des orteils de votre pied droit posés au sol, faites de petits cercles en soulevant votre talon lors de chaque mouvement. Cela fera travailler les orteils, mais aussi la cheville. Faites la même chose de l'autre côté.
- Passez ensuite aux genoux que vous pouvez travailler ensemble. Fléchissez-les et faites osciller votre corps en faisant des cercles (avec vos genoux). L'idée est de faire circuler ce fameux liquide synovial entre vos articulations.
- Montez d'un cran pour passer au bassin. Formez maintenant de petits cercles découpés en quatre temps : une bascule du bassin en avant, une à droite, une en arrière, une à gauche, une en avant, une à droite, etc.
- Vous pouvez ensuite vous occuper de vos épaules en les faisant tourner sur elles-mêmes. Pour cela, formez de petits cercles dans un sens, puis dans l'autre. Dans un premier temps, travaillez vos épaules séparément pour un meilleur ressenti.
- Enfin, faites le même exercice avec vos coudes, vos poignets et vos doigts.
- Vous pourrez terminer par votre cou en pratiquant de la même manière que pour le bassin : découpez le mouvement en quatre temps. Dos droit, penchez la tête en avant, ensuite à droite, en arrière, puis à gauche.

Une pratique quotidienne de ces exercices vous permettra d'améliorer considérablement la santé de vos articulations. Vous en ressentirez rapidement les bienfaits.

La colonne vertébrale

Abordons maintenant une pièce essentielle du puzzle : la colonne vertébrale, le mât du bateau. Sans elle, que seriez-vous ?
Cette zone du corps est très sollicitée. Lorsqu'on porte des charges lourdes, elle est souvent mal utilisée. La santé d'une colonne vertébrale est toujours révélatrice. C'est un lieu où les émotions sont facilement stockées.
Grâce à une plus grande prise de conscience, vous pourrez atténuer les traces laissées au fil du temps par ces stockages : stress, fatigue, mauvais maintien, dépression, peur…

Un peu de théorie

- Un corps humain en bonne santé possède trente-trois vertèbres : sept cervicales, douze dorsales, cinq lombaires, cinq au niveau du sacrum (soudées), quatre au niveau du coccyx (soudées).
- Lorsque nous sommes debout ou en position statique, le mât de notre corps est tenu par nos muscles et nos ligaments.
- Lorsque nous sommes en mouvement, l'empilement alterné des disques vertébraux* (souples) et des vertèbres (dures) permet au corps de faire des rotations, des flexions, des extensions et des inclinaisons vertébrales.
- La moëlle épinière est très importante. Elle est responsable de la transmission des informations nerveuses du cerveau au corps. Elle est protégée par le canal vertébral.
- La musculature qui soutient la tête est moins volumineuse et moins puissante chez la femme. Cette dernière est donc plus sujette aux douleurs cervico-lombaires que l'homme.

* Quand vous portez quelque chose ou lorsque vous sautez, les disques vertébraux sont comme des amortisseurs. Avec l'âge, ils deviennent de moins en moins souples.

Vous avez la santé de votre colonne vertébrale.

Bouger est le meilleur moyen d'entretenir la dynamique du corps. Certains mouvements « agressifs », comme le port de charges très lourdes, usent votre colonne. Vous avez envie de préserver ce superbe capital santé ? Testez le yoga, le tai-chi, la gym douce, le Pilates, l'aïkido…
Redressez-vous et tenez-vous droite ! Une autre vision de la vie s'offrira à vous dès lors que vous respecterez votre corps et le chérirez pour toutes ses capacités.

MISE EN PLACE CONCRÈTE

Je lubrifie chaque jour mes articulations.

BÉNÉFICES

Avec un minimum de cinq minutes de pratique par jour, vous pourrez préserver le capital santé de vos articulations.

Glandes et hormones

Vous voilà maintenant un peu mieux informée sur la mécanique de votre corps, le fonctionnement de vos articulations et sur l'importance de prendre soin de votre colonne vertébrale.

Mais qu'en est-il de votre système glandulaire ? En étroite relation avec le système nerveux, il est composé de glandes et de cellules fabriquant des messages chimiques appelés « hormones » qui circulent ensuite dans le sang et dans les autres liquides corporels.

Un peu de théorie

- Les hormones sont fabriquées par les glandes. Elles jouent un rôle vital durant toute l'existence. Sans elles, aucun organe ne peut assurer correctement ses fonctions.
- La glande synthétise des éléments présents dans le sang. Une substance chimique y est ensuite sécrétée. Cette substance sera utilisée par les tissus, les organes...
- Comme toutes les glandes endocrines *, le pancréas synthétise des hormones.

* Les glandes endocrines sécrètent des hormones directement dans la circulation sanguine, alors que les glandes exocrines sécrètent des éléments destinés à être expulsés de l'organisme dans le milieu extérieur.

En quelques mots, voici la présentation des glandes les plus importantes du cops humain :

- L' hypothalamus est une glande très importante. Elle est responsable de la régulation de la faim, de la soif et de la température, mais aussi du comportement sexuel et émotionnel. Elle est le pont entre le système nerveux central et le système endocrinien.
- L'hypophyse fabrique de nombreuses hormones qui stimulent d'autres glandes de l'organisme.
- L'épiphyse est en charge de la fabrication de la mélatonine. Elle régule l'équilibre entre le sommeil et l'état de veille.
- Les ovaires sécrètent, entre autres, les œstrogènes.
- Les testicules sécrètent la testostérone.
- Le thymus * contrôle la production de globules blancs (immunitaire). Cette glande se développe vers l'âge d'un an et s'atrophie chez l'adulte.
- La thyroïde contrôle le métabolisme en régulant de nombreux systèmes hormonaux.
- Les surrénales fabriquent de l'adrénaline et de la noradrénaline. Elles permettent l'activation générale du corps dans des situations d'urgence, de stress, de danger et d'émotions.

* Vous souhaitez augmenter votre immunité et tomber moins souvent malade (rhume, angine...) ? Dans ce cas, massez régulièrement votre thymus en vous tapotant le sternum au niveau de la trachée (sous les os de votre clavicule). Les résultats vous surprendront...

Certaines pratiques, comme le yoga ou les massages, permettent aux glandes de bien fonctionner. Notez cependant que les femmes sont très sensibles au dérèglement hormonal.

Cela a une grande influence sur leur émotivité, leur sensibilité et leur anxiété.

Elles sont plus vite exacerbées, mais cela se remarque également au niveau du fonctionnement de leur corps.

Lors d'un « dérèglement », on constate une prise ou une perte de poids, une perte du sommeil, des fourmillements dans les mains, des bouffées de chaleur...

Votre corps est soumis au dérèglement hormonal à différents moments de votre vie : à l'adolescence, lors d'une grossesse, suite à un choc émotionnel...

Écoutez les messages qui vous sont envoyés par votre corps... N'oubliez pas, tout est lié.

Accordez-vous du temps, reposez-vous et réagissez avec bienveillance envers vous-même dès l'envoi des premiers signes d'une anomalie.

MISE EN PLACE CONCRÈTE

Je me redresse. Je place ma conscience dans mon dos. Je demande à mon compagnon et/ou à une amie de m'observer et de devenir mon/mes guide(s) pour un meilleur maintien de ma tête et de ma colonne vertébrale.

BÉNÉFICES

Veiller au bon maintien de votre colonne vertébrale vous permettra de voir la vie différemment et de vous soulager de vos maux éventuels. Être observée par un « guide » sera très bénéfique, car il pourra vous rappeler de vous tenir correctement quand il observera des moments de relâchement.

MA PHRASE MANTRA

Je

Pour aller plus loin

- Film : *Incroyable corps humain*, à regarder sur Daily Motion (http://dai.ly/xlvdc1)
- Livre : *Le Secret des auto-massages chinois*, de Sandra et Olivier Stettler, Éditions Jouvence, 2003

À vos plumes, exercice

Avez-vous conscience de la beauté de votre corps ?
Notez ci-dessous une ou plusieurs de ses manifestations de magnificence.

Mon corps est magnifique, car :

Semaine n° 10

ÉCOUTEZ VOTRE CORPS

Une nouvelle séance commence et c'est un programme riche et varié qui vous attend à nouveau.
Cette semaine, nous observerons en quoi votre corps, votre esprit et vos émotions sont liés.
Êtes-vous suffisamment à l'écoute des premiers signaux de douleur envoyés par votre corps ? Reconnaissez-vous les pensées négatives ? Votre attention se détourne-t-elle souvent de vos émotions ?
Plus vous serez à l'écoute des messages qui vous sont envoyés au travers de douleurs, de pensées et d'émotions, plus vous pourrez y répondre rapidement et prendre les mesures nécessaires pour un retour à l'équilibre.
Nous verrons ensuite que la douleur a toujours une signification différente en fonction de l'endroit du corps où elle se manifeste.
Pour être en forme, vous apprendrez également à conserver votre énergie. Avez-vous déjà pu identifier les situations qui en consomment beaucoup ? Comment réussir à « colmater ces fuites » ?
Enfin, au travers de l'étude des sept chakras principaux, nous vous emmènerons vers d'autres horizons et vous inviterons à une grande ouverture d'esprit.
Où se situent les chakras ? Quelles sont les répercussions d'un chakra équilibré/déséquilibré sur votre comportement, votre santé ?
Connectée à ce qui se passe en vous, vous gagnerez en qualité de vie. Équipée de nouveaux outils, vous saurez comment procéder pour recouvrer rapidement une meilleure santé… une santé à l'image de vos aspirations profondes.

Cette semaine, vous apprendrez à :

Comprendre l'union du corps, de l'esprit et des émotions.
Être attentive aux messages de votre corps.
Comprendre et identifier les sept chakras principaux.

L'union du corps, de l'esprit et des émotions

Le triangle de la santé

Grâce aux éléments d'informations théoriques que nous vous avons apportés lors de la précédente séance, vous comprenez maintenant que vos capacités mentales dépendent en grande partie de la manière dont vous vivez dans votre corps.
En vous y sentant bien, vous améliorez également votre état émotionnel. On appelle cela le triangle de la santé.
Les points du triangle sont donc le corps, la tête et les émotions.

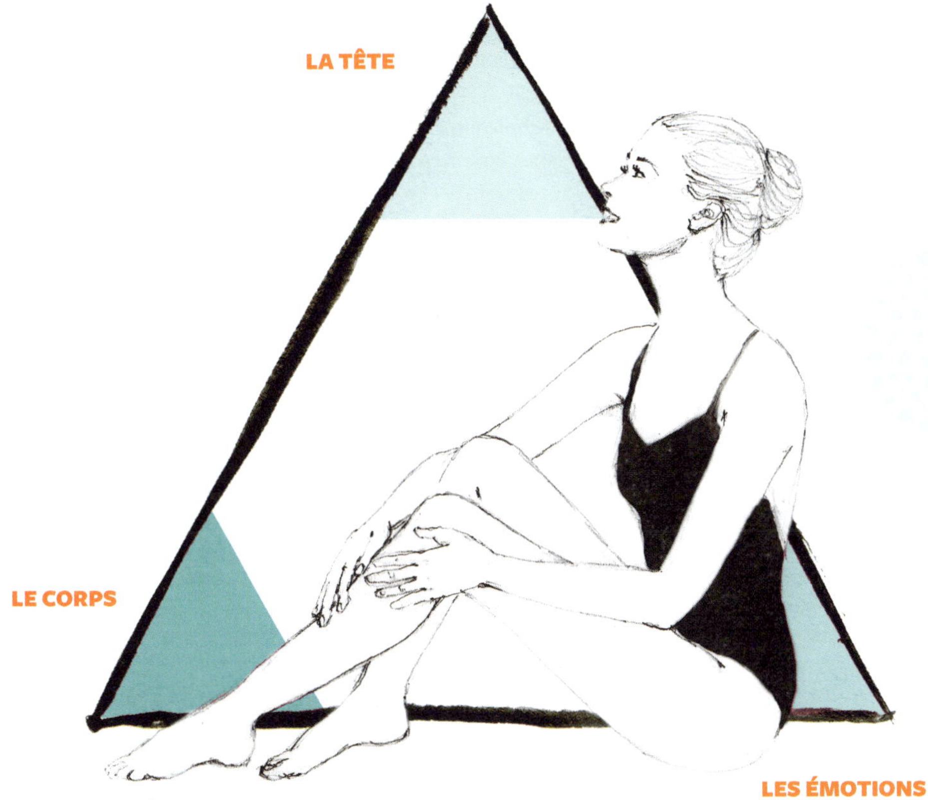

Dès lors que vous pratiquez une activité sportive pour entretenir votre souplesse, votre cerveau a la possibilité de se « recâbler » plus rapidement, de créer de nouvelles connexions.
Cela vous permet, entre autres, de mieux gérer vos émotions. Vous en ressentez immédiatement les bienfaits sur votre mental et sur votre corps.
Il en résulte une meilleure compréhension des systèmes et une autre perception du monde.
La souplesse de votre corps vous permet donc d'accéder à une certaine souplesse de votre esprit et à une bonne gestion de vos émotions.

« Faites du bien à votre corps pour que votre âme ait envie d'y rester. »

Économie d'énergie

Ne vous arrive-t-il pas fréquemment de vous mettre en colère quand vous êtes épuisée ?
La fatigue vous place dans un état émotionnel tel que vous n'arrivez plus à prendre de recul sur une situation.
Et pourtant, pour gérer au mieux votre énergie, il vous faut réussir à gérer vos émotions.
Vous réussirez à prendre de la distance par rapport aux événements à l'aide d'une pratique respiratoire simple :

- Inspirez et expirez profondément par le nez pendant une à deux minutes. Cela oxygènera votre cerveau et vous aidera à vous calmer.

Canalisez-vous et faites une meilleure utilisation du carburant que vous avez à votre disposition. Prendre du recul vous permettra de faire le choix entre ces deux options :

- **Option 1 :** je me calme, je relativise et j'accepte mon émotion. Après évaluation de la situation, je me rends compte que ça ne vaut pas le coup de m'énerver.
- **Option 2 :** je m'exprime en utilisant par exemple la communication bienveillante (dont nous parlerons dans le rayon Relations sociales, p. 149).

Dans ces moments-là, pensez bien à votre gestion des priorités. Est-ce vraiment nécessaire de vous énerver ? N'avez-vous pas autre chose à faire ?
Avec un peu de pratique et de conscience, vous pouvez à partir de ce jour faire du repérage et voir ce qui fait monter en vous la colère ou les peurs.
Par exemple : vous attendez des invités et votre chien vient de salir le carrelage de la cuisine alors que vous êtes en retard sur votre planning depuis votre réveil. Allez-vous vous énerver ou relativiser et reconnaître que ce n'est pas dramatique ?
Est-il nécessaire de vous battre contre cette chose qui éveille en vous tant d'émotions ?
Vous remarquerez que prendre un petit moment de réflexion vous permettra d'avoir un autre regard sur les choses.
Grâce à cette pratique, la vie vous semblera petit à petit plus simple.
Respirez, prenez du recul et évaluez les priorités.

Fuites d'énergie

Pour économiser de l'énergie, l'idée est donc de cesser d'en perdre inutilement.
Cependant, malgré tous vos efforts, certains éléments de votre quotidien, sur lesquels vous n'avez aucune emprise, continueront de vous perturber.
Par exemple : le bruit lors de trajets en voiture, celui de la ville, le froid, la chaleur, la pluie...
Bien sûr, vous ne pourrez pas toujours le faire, mais dans la mesure du possible, prenez des moments pour entrer quelques minutes par jour dans votre bulle.
Ces périodes de sérénité et d'apaisement vous permettront de recharger vos batteries.
Afin de conserver votre jauge d'énergie à un niveau agréable, apprenez donc à respecter votre organisme et votre rythme personnel.
Une autre fuite d'énergie possible peut venir du fait d'avoir un trop grand nombre de personnes négatives dans votre entourage proche. Cela vous videra de façon significative de toute votre énergie. Votre tante a de gros soucis personnels ? Écoutez-la se confier à vous, mais ne vous laissez pas absorber.
La négativité des autres ne vous appartient pas... Ne l'oubliez pas.

MISE EN PLACE CONCRÈTE

Je me concentre sur ce qui me coûte le plus en énergie. Je trouve la(les) cause(s) de ma(mes) fuite(s) d'énergie. Comment puis-je la(les) réduire, combler cette(ces) fuite(s) ?

BÉNÉFICES

Prendre conscience de vos fuites d'énergie pour ensuite combler ces failles vous permettra de gagner en dynamisme et de retrouver peu à peu un meilleur équilibre corps-esprit-émotions.

Les messages du corps

Écoutez-vous votre corps pour entendre ce qu'il vous dit ? Cette fabuleuse machine est un grand tableau de bord avec des voyants lumineux qui vous renseignent sur votre état émotionnel et mental.

✳ La gradation des messages ✳

De la première tension au grand traumatisme, de longs mois, voire de longues années, peuvent s'écouler. Être à l'écoute dès la première alerte, et y réagir, vous permettra de conserver une santé équilibrée.
Les messages envoyés par le corps sont graduels. Voici un détail depuis les premiers signaux jusqu'aux plus graves :

- **Les tensions :** cela peut être de petites tensions dorsales, des difficultés digestives, des cauchemars, des malaises, un mal-être, des maux de tête...
- **Les traumatismes :** ils ne se produisent jamais par hasard dans le corps et sont destinés à marquer un temps d'arrêt, à stopper momentanément sa dynamique non adaptée pour comprendre une situation et changer d'attitude (choc, coupures, entorse, fracture...).
- **Les maladies organiques :** elles représentent consciemment ou non un constat d'échec ou d'incapacité à comprendre, à admettre, voire simplement à ressentir la distorsion intérieure (cancer, sclérose en plaques...) *.

* Si ce sujet vous intéresse, n'hésitez pas à consulter les livres de Olivier Soulier (docteur) et de Michel Odoul (formateur en techniques énergétiques).
Les traumatismes et les maladies sont toujours décalés dans le temps par rapport à l'origine de la tension.
Par exemple, en ce qui concerne le stress et les angoisses, vous ressentez d'abord des tensions et faites ensuite appel à votre mental. Vous entrez en résistance au lieu de prendre du recul et de comprendre. Si vous restez en résistance, votre angoisse n'est pas traitée et les symptômes vont augmenter.
Ne changez rien et cela vous conduira très certainement au traumatisme ou à la maladie organique. Vous comprenez donc qu'il est essentiel de répondre aux premiers appels de votre corps et de traiter les causes et non les symptômes, sans tomber dans l'hypocondrie, bien sûr !
Plus vous serez alignée avec vous-même, moins vous ressentirez de tensions.

✳ Quelles sont les significations des douleurs ? ✳

En fonction du côté

Selon Michel Odoul, fondateur de l'Institut français de shiatsu, le côté droit du corps est plutôt lié à tout ce qui touche au féminin, c'est-à-dire l'entreprise, la mère, les amies...
Le côté gauche, quant à lui, concerne le masculin, c'est-à-dire le père, le chef, le frère...
Si ce sujet vous interpelle, nous vous invitons à lire les deux ouvrages écrits par M. Odoul dont les références sont indiquées dans la section « Pour aller plus loin » de cette semaine de coaching.

En fonction du niveau du corps

Pour trouver la cause de la douleur, l'endroit où elle se situe est également déterminant.
Alors qu'une douleur dans le haut du corps (du ventre à la tête) concerne votre état actuel par rapport aux actions, le bas de votre corps (des pieds aux hanches) vous informe, quant à lui, de soucis liés à vos relations.
Voici quelques exemples de douleurs ainsi que leurs significations en fonction du niveau du corps concerné :

- **Les maux de pieds :** ils expriment les tensions que nous ressentons par rapport à nos positions face au monde.
- **Les maux de genoux :** ils représentent l'acceptation d'une émotion, d'un ressenti, d'une idée qui émerge du non-conscient depuis le conscient.
- **Les maux de la main :** ils signifient que notre rapport au monde extérieur est un rapport de maîtrise, de pouvoir, de possession ou d'avidité.

MISE EN PLACE CONCRÈTE

Chaque soir, allongée sur mon lit ou sur le canapé, je ferme les yeux et je fais mentalement un scan complet de mon corps. Pour cela, je me concentre sur chacun de mes membres, de haut en bas, et de droite à gauche. Ai-je des points de tension ? Mes épaules, mon dos, mes seins, mon ventre, ma tête... ?

BÉNÉFICES

Cet état des lieux quotidien de votre corps vous permet de vous reconnecter à lui petit à petit. Grâce à cette bienveillance envers vous-même, vous pourrez concentrer votre attention sur les premiers signaux de douleur.

Les chakras

D'autres points de repère vous permettent de comprendre la santé de votre corps mental, physique et émotionnel.
Ces roues d'énergie situées le long de votre colonne, de l'entrejambe jusqu'en haut du crâne, sont appelées chakras.
Mais à quoi vous servent-ils vraiment ? Pourriez-vous les situer ? Avez-vous connaissance de leurs pouvoirs sur votre bien-être lorsqu'ils sont à l'état « équilibré » ? Que faire quand ils ne le sont pas ?
L'outil que nous allons vous transmettre ci-après va peut-être vous sembler curieux si vous ne vous êtes jamais vraiment questionnée sur le sujet.
Gardez l'esprit ouvert et appréciez ce moment de partage vibrant...

Les sept chakras

Les sept chakras principaux correspondent aux sept glandes principales du système endocrinien. Il s'agit de points d'énergie qui se trouvent dans un état équilibré ou déséquilibré.
De bas en haut, voici le détail de ces sept roues d'énergie.

CHAKRA RACINE
- confiance en soi, sagesse, stabilité -

Emplacement : il se situe entre le pubis et l'anus.

Quand ce chakra est équilibré : confiance en soi et en la vie, vitalité physique, stabilité, sentiment de bien-être, sentiment d'être ancré, sentiment d'être centré, sexuellement affectueux et maître de soi-même.

Quand ce chakra est déséquilibré :

- **Sur le plan physique :** problèmes de colonne vertébrale, de circulation sanguine surtout dans les jambes, de troubles testiculaires, d'hémorroïdes, de force physique, de réflexe...
- **Sur le plan comportemental :** difficultés à donner ou à recevoir, agressivité, domination, égotisme, inhibition sexuelle, peu de résistance physique et psychique, insécurité, instabilité, manque de confiance, dépression, volonté déficiente, baisse de l'intérêt pour la sexualité, affaiblissement du sentiment d'ancrage.

Pour l'équilibrer : se promener, faire de l'exercice physique, être en contact avec la nature, faire du sport dans la nature, méditer sur la nature...

CHAKRA SACRÉ
- créatif/sexuel -
capacités créatrices et inspirantes

Emplacement : il se situe trois doigts sous le nombril.

Quand ce chakra est équilibré : en contact avec ses émotions, confiance aux autres, adaptation à la mouvance de la vie et des sentiments, naturel et ouvert face à autrui et surtout face aux personnes du sexe opposé, sentiments spontanés et actions créatrices.

Quand ce chakra est déséquilibré :

- **Sur le plan physique :** troubles rénaux, vésiculaires, intestinaux, problèmes circulatoires, respiration superficielle et irrégulière, énergie faible, perturbations du système nerveux central, migraines et mauvais fonctionnement des organes sexuels, système immunitaire affaibli.
- **Sur le plan comportemental :** timidité, ressentiment, méfiance, culpabilité, froideur sexuelle. La vie semble triste, ne valant pas la peine d'être vécue.

Pour l'équilibrer : se promener près de points d'eau, de rivières, de cascades, regarder une mer calme, prendre un bain, prendre soin de soi (coiffure, vêtements...), faire des choses qui nous plaisent, créer, peindre, écrire un poème, chanter, innover, partager avec quelqu'un des ressentis profonds.

CHAKRA PLEXUS SOLAIRE
- accomplissement -
paix et satisfaction

Emplacement : il se situe au milieu des côtes flottantes.

Quand ce chakra est équilibré : respect pour soi et pour les autres, ouvert, joyeux, détendu, spontané, sensation de paix et d'harmonie intérieure, capable de respecter les sentiments et les qualités d'autrui, sans complexes, chaleureux, goût pour l'activité physique, capacité à achever/accomplir des actions.

Quand ce chakra est déséquilibré :

- **Sur le plan physique :** raideur musculaire, tensions nerveuses, troubles de l'estomac, mauvaise digestion, diabète, hypoglycémie, faible vitalité, problèmes hépatiques, à la rate, dans le haut des intestins, à la vésicule, au foie.
- **Sur le plan comportemental :** peut vous pousser à vous ériger en juge, fait de vous un drogué du travail, perfectionniste et amer envers l'autorité. Manque de calme intérieur, difficulté à se détendre, refoulement des sentiments « gênants » et indésirables. En conséquence, vos émotions sont bloquées.

Pour l'équilibrer : faire une pause et faire le point sur soi et sur sa vie, faire une introspection sur ce qui a besoin d'être changé en soi, écrire sur son comportement, demander pardon aux autres ou à soi, se pardonner et pardonner, choisir sa liberté de pensée et respecter la liberté des autres, s'ouvrir aux autres, aller vers les autres, contempler un feu ou une flamme douce et harmonieuse, partager sa joie ou la joie des autres, contempler le soleil du matin ou du soir.

CHAKRA DU CŒUR
- acceptation de soi, des autres et des situations -
courage et sécurité

Emplacement : il se situe au niveau du cœur.

Quand ce chakra est équilibré : compassion, serviabilité et chaleur naturelle, désir de s'occuper d'autrui, développement vers un amour inconditionnel, joie de vivre, ouverture, cordialité, empreint d'amitié, en contact avec ses sentiments.

Quand ce chakra est déséquilibré :

- **Sur le plan physique :** hypertension, maladies cardiaques et pulmonaires, asthme, douleurs dans la zone thoracique.
- **Sur le plan comportemental :** vulnérabilité, dépendance à l'amour des autres, tristesse, déprime, déséquilibre et états dépressifs, paranoïa, indécision, désir de s'accrocher aux objets ou aux gens, peur du rejet et besoin d'être constamment rassuré.

Pour l'équilibrer : exprimer ses sentiments sincères à quelqu'un, faire quelque chose qui nous tient à cœur, partager un moment avec des animaux, se projeter dans l'avenir heureux et empli d'amour, prendre de la hauteur et contempler, ou tout simplement faire une accolade à quelqu'un que l'on aime ou que l'on apprécie sincèrement.

CHAKRA DE LA GORGE

- communication -

Plus nous sommes épanouis, plus ce chakra rayonne.

Emplacement : il se situe au niveau de la gorge.

Quand ce chakra est équilibré : centré, combatif, sincère, don d'écouter les autres avec le cœur, bon orateur, fidèle à lui-même, attirance pour la méditation et la sagesse spirituelle, pouvoir de transmettre sagesse et vérité.

Quand ce chakra est déséquilibré :

- **Sur le plan physique :** troubles thyroïdiens, des amygdales (inflammations, maux de gorge, angines...), du larynx, de la langue, douleurs du cou et de la nuque.
- **Sur le plan comportemental :** peureux, timide, silencieux et introverti, peu fiable, manipulateur, effrayé par la sexualité, n'a pas d'accès aux messages de l'âme (maître intérieur), arrogant, autosatisfait, discours exagérés, actes irréfléchis, enfermement dans l'intellectualisme et le rationalisme, refus de laisser paraître certains sentiments par peur du jugement des autres et de son propre jugement.

Pour l'équilibrer : exprimer ses sentiments sincères à quelqu'un, exprimer les non-dits (famille, amis...) avec calme et sans faire d'accusations (comprendre les circonstances), ne parler que si cela est utile, apprécier aussi le silence en se taisant, chanter en groupe ou seul (par exemple, chant de mantras), danser, écrire ce que l'on a en soi...

CHAKRA DU TROISIÈME ŒIL

- intuition, vision du réel, choix de ses options, pardon -

Emplacement : il se situe sur le front, entre les yeux.

Quand ce chakra est équilibré : esprit vif, faculté d'abstraction mentale, bonne capacité de visualisation, compréhension intuitive de beaucoup de choses, ouverture aux vérités mystiques, pensées animées par l'idéalisme et l'imagination, détachement des possessions matérielles, disparition de la peur de la mort, don de télépathie, de clair audience, de clairvoyance.

Quand ce chakra est déséquilibré :

- **Sur le plan physique :** troubles oculaires, troubles de l'audition ou douleurs/pathologies aux oreilles, sinusite et rhume des foin au niveau du nez, maux de tête et migraines du côté du cerveau, mais aussi insomnies et déséquilibres hormonaux.
- **Sur le plan comportemental :** dominé par des désirs matériels, des besoins physiques et des émotions irréfléchies, « grosse tête », fier, refus des connaissances spirituelles parce que non scientifiques et irréelles, essaye d'influencer les autres par la force de la pensée pour démontrer son pouvoir ou pour satisfaire des besoins personnels.

Pour l'équilibrer : faire des exercices de respiration, faire confiance aux messages symboliques et aux belles émotions que la vie nous fait vivre (avoir l'intention de les voir et de les comprendre), obéir à sa nature profonde, à son âme, à son cœur, obéir à son intelligence supérieure.

CHAKRA COURONNE

- la conscience, idées du monde abstrait vers la forme concrète -

Emplacement : il se situe sur le haut du crâne.
C'est le siège du divin, de la conscience et de l'illumination. Il n'y a pas de blocages dans ce chakra et il est plus ou moins développé.
Il nous permet de nous émerveiller devant la beauté et l'immensité de la création.

Si vous avez envie d'approfondir ce sujet, sachez que le travail des chakras peut se faire seul ou avec l'accompagnement d'un énergéticien. Nous vous suggérons également de rejoindre notre défi gratuit intitulé « Sept jours pour équilibrer vos chakras » en vous rendant à l'adresse Internet suivante : https://defi-7jours-yoga-chakras.com.
De plus, nous vous invitons à visionner la conférence intitulée *Cinq secrets pour équilibrer son chakra cœur* que nous avons animée avec Maryse Lehoux (professeur de yoga) et disponible sur le site Internet de l'Académie du développement personnel (http://www.academie-developpement-personnel.com/project/5-secrets-pour-equilibrer-son-chakra-du-coeur-avec-maryse-lehoux/).
Une autre piste à suivre est la pratique du yoga en vous mettant dans la posture Shavasana qui pourra aussi vous aider à travailler sur l'écoute de vos chakras. En effet, cet exercice permet une prise de conscience du corps via une méditation guidée qui se pratique allongée sur le dos, immobile.
Pour vous sentir bien dans votre corps, dans votre tête et avec émotions, d'autres aspects de votre santé sont également à prendre en considération.
Maintenant que vous êtes préparée à l'écoute de ce qui se passe en vous, nous pourrons dès la prochaine séance aborder de nouveaux sujets tels que le sommeil, la respiration, le mouvement, les activités sociales et l'écoute des émotions.

MISE EN PLACE CONCRÈTE

J'observe mes chakras pour voir si l'un d'entre eux est déséquilibré. Si oui, j'essaie d'ouvrir ce chakra grâce au support ci-dessus.

BÉNÉFICES

Un bon équilibre des sept chakras principaux permet de vivre le quotidien avec fluidité, sagesse et plaisir.

MA PHRASE MANTRA

Je

Pour aller plus loin

- Livre : *L'Harmonie des énergies*, de Michel Odoul, éditions Albin Michel, 2002
- Livre : *Dis-moi où tu as mal, je te dirai pourquoi*, de Michel Odoul, éditions Albin Michel, 2002
- Site Internet : libération psychoémotionnelle, origine psychosomatique des symptômes et maladies (www.estelledaves.com)
- Pratique du yoga en shavasana : écouter les sept chakras un par un. Exemple de chanson à écouter pour aider à cette pratique : sur www.youtube.com, rechercher « Chakras Reiki Music ».
- Spécialiste des maux du corps à Lille (rendez-vous, stages, séminaires…) : Olivier Soulier (www.lessymboles.com)

À vos plumes, exercice

Prête à jouer le jeu ?

Nous vous invitons cette semaine à vous inscrire à une séance d'essai dans un cours de yoga, de tai-chi, de qi gong, de gym douce, de Pilates…

Dès votre retour à la maison, notez ci-dessous vos sensations et impressions à chaud :

Semaine n° 11

TROUVEZ LES LEVIERS POUR VOUS SENTIR BIEN

Voilà maintenant deux semaines que nous explorons ensemble ce rayon clé de votre développement personnel.
Comment prétendre à une vie meilleure, plus saine, plus équilibrée, plus en réponse à vos réelles aspirations si vous ne prenez pas soin de votre santé ?
La théorie était indispensable à une meilleure compréhension du fonctionnement de votre corps. **Être à l'écoute des premiers signaux** qu'il vous envoie est le point de départ de votre chemin de « guérison ». Jour après jour, vous prenez conscience de vos fuites d'énergie et, doucement, vous y remédiez. Prête à vous remettre en cause et à revoir, si nécessaire, votre rythme de vie ? Voyons ensemble d'autres leviers qui vous aideront à vous sentir mieux.
En effet, cette semaine, il sera question de **prise de conscience**.
Comment vous soignez-vous lorsque vous êtes malade ? Dormez-vous assez ? Respirez-vous correctement ?
Que représente le mouvement dans votre vie ? Êtes-vous plutôt une adepte du canapé ou une grande sportive ?
Quel carburant fournissez-vous à votre corps ? Où l'achetez-vous ? Vous sentez-vous prête à faire quelques efforts ?
Enfin, nous reviendrons un moment sur l'écoute des émotions et en particulier de la colère avant de vous ouvrir une fenêtre sur l'axe spirituel de votre vie, qui fait lui aussi partie de votre développement personnel.

Cette semaine, vous apprendrez à :

Comprendre la notion de soins et l'importance de bien dormir et respirer.
Comprendre la nécessité de bouger et manger sainement.
Comprendre l'intérêt d'avoir des activités sociales et d'être connectée à vos émotions et votre spiritualité pour une meilleure santé.

Les soins, le sommeil et la respiration

Se soigner

Vous avez la chance de vivre dans un pays privilégié où les systèmes mis en place vous permettent l'accès à des soins de santé à la carte.
Non seulement vous avez droit à des soins de santé, mais, qui plus est, vous pouvez prétendre au remboursement de ces soins.
Pour la plupart, conditionnées à avaler des petites pilules magiques, vous êtes certaines que ce fonctionnement est normal.
Sans elles, vous ne pourriez jamais aller mieux. N'est-ce pas ce que vous pensez ?
Pourquoi en est-il ainsi ? Pourquoi agir sur les symptômes d'une maladie plutôt que sur sa cause ?

Est-ce faire preuve de bon sens ? Blessures, maladies... fidèles compagnons de route dont vous avez parfois du mal à vous défaire. Peut-être même vous est-il déjà arrivé de tomber malade pour que l'on prenne soin de vous ? Une forte prise de poids pendant l'enfance, par exemple, peut être liée à un appel au secours de l'enfant. Prendre du poids est sa façon inconsciente d'exprimer son mal-être, de rechercher l'attention de ses proches, de ses amis, de ses professeurs.

Il est très probable que votre fonctionnement actuel ne soit pas en accord avec vos envies, votre quête de sens, votre chemin de vie.

Y avez-vous déjà réfléchi ?

Vous n'avez actuellement aucun souci de santé en particulier ? Bravo. Mais que cela ne vous empêche pas d'y attacher de l'intérêt dès à présent...

✳ Dormir ✳

Dormir suffisamment est important. Oui, mais pourquoi au juste ?

Le sommeil répare le corps, lave la tête et permet de se défendre face aux microbes.

Chaque être est différent.

Là où certains ont besoin de longues heures de récupération, d'autres ont un métabolisme qui leur permet de se contenter de quelques heures de moins. Découvrir son cycle personnel est crucial.

À quelle heure avez-vous sommeil ?

Quel est votre minimum d'heures de sommeil
pour pouvoir être performante et en forme le lendemain ?

Après avoir réussi à répondre à ces deux interrogations, nous vous recommandons vivement de **mettre en place un petit rituel du coucher**.

Sans vous en apercevoir, vous le faites peut-être déjà.

Par exemple, aller aux toilettes, vous brosser les dents, boire un verre d'eau, lire quelques pages de votre livre préféré...

Ces répétitions sont idéales, ce sont elles que nous appelons le « petit rituel ».

Vous avez accumulé beaucoup de stress en journée ? Dans ce cas, pensez à nouveau à votre respiration. Fermez les yeux, connectez-vous à votre ventre, ressentez le point situé sous votre nombril et respirez profondément pendant deux à trois minutes.

La sieste est également une solution qui peut permettre à certains de gagner quelques heures de sommeil. Pour cela, nous recommandons de la pratiquer quinze à trente minutes. Pas plus !

Cette demi-heure pourra réduire de deux heures votre prochaine nuit.

Au-delà, vous rentrerez dans un cycle de sommeil plus profond qui sera moins réparateur.

Certains corps de métier, comme les médecins-urgentistes par exemple, ont pour habitude d'avoir

un sommeil polyphasique, c'est-à-dire que leur temps de sommeil est divisé en plusieurs périodes au lieu d'être regroupé en une nuit.
Bien dormir est le premier secret d'un bon niveau de vitalité.

Respirer

En vous préparant au sommeil via la respiration ventrale, vous prenez conscience de son intérêt et de ses bienfaits. Notre civilisation vit dans l'urgence. Nombreuses sont les personnes qui entretiennent tout naturellement une respiration thoracique (respiration haute). Toujours en alerte, prêtre à réagir et à bondir à la prochaine demande de votre patron, de vos enfants, du téléphone... vous n'osez même plus explorer le bas de votre buste.
Maintenant que vous avez testé la **respiration ventrale**, conservez soigneusement cet outil dans votre « boîte à idées détente ». Il a une valeur inestimable. C'est le premier à dégainer en cas de situation de panique ou de perte de confiance en soi.
Respirer vous ouvre la voie, vous permet de vous recentrer.
Le yoga pranayama propose diverses respirations que nous jugeons très intéressantes.
Vous avez un coup de mou ? Le pranayama vous invitera à la respiration dynamisante appelée Kapalabhati.
C'est un mal de crâne qui vous dévore de l'intérieur ? La piste à suivre sera Nadi Shodana.
Les principaux bienfaits de ces pratiques sont les suivants :

- la régénération du corps ;
- l'équilibre émotionnel ;
- le calme mental.

Si vous désirez en apprendre plus et pratiquer une séance de respiration ventrale en notre compagnie, nous vous invitons à visiter le lien suivant : www.jetesteleyoga.fr

MISE EN PLACE CONCRÈTE

Je pratique la respiration de centrage indiquée ci-dessus. Je fais cela chaque soir et à chaque fois que j'en ressens le besoin.

BÉNÉFICES

Connectée à votre ventre, vous pourrez écouter le calme s'installer doucement. Peu à peu vous (re) gagnerez en zénitude et en confiance en vous.

Bouger et manger sainement

Bouger

Vous l'avez déjà entendu dire tellement de fois : bouger, c'est la santé ! Et pourtant...
Vous pouvez compter sur nous aujourd'hui vous le rappeler une fois de plus !
Choisissez une activité sportive qui vous fait du bien. Que ce soit la marche en forêt, le yoga, la course à pied, la natation, le tai-chi, le qi gong, la danse, le tennis...

Bougez, bougez, bougez !

L'essentiel est de trouver la discipline qui vous correspond et qui respecte le mieux les capacités actuelles de votre corps.
Le mouvement permet la libération de « bonnes » hormones, les hormones de l'équilibre, les hormones du bonheur.
Ces hormones sont au nombre de trois :

- **La dopamine,** grâce à laquelle vous êtes moins fatiguée et plus productive ;
- **L'endorphine,** qui est un puissant antidouleurs et un remède efficace contre les coups de blues (production accrue lors de la pratique de sport où le travail cardiovasculaire est important) ;
- **La noradrénaline,** qui vous permet de déstocker le stress.

Les avantages du sport sont multiples et variés. Il renforce le système immunitaire et les os, draine le système lymphatique et les muscles et permet un nettoyage de l'intérieur du corps.
Bouger vitalise le corps au sens large.

Manger sainement

Pour que votre corps puisse se dépenser au mieux, il est important de lui offrir le meilleur des carburants.
« Manger comme un roi le matin, comme un seigneur le midi, comme un pauvre le soir. » Ce dicton n'a rien de faux.
S'il y a bien un endroit où vous pouvez dépenser sans complexes dans une bonne qualité de produit, c'est dans un **supermarché bio**.
Mieux encore, si cela vous est possible, pensez à revenir à l'achat chez le petit producteur.
Sélectionnez-les en veillant à favoriser ceux qui sont convertis à la production biologique ou qui travaillent à l'ancienne (aucune pulvérisation, arrachage des mauvaises herbes à la main).
Quelques **réseaux de distribution de produits locaux** tels que les Amap ou La Ruche qui Dit Oui ont récemment vu le jour en France. Les drives fermiers ont quant à eux de plus en plus la cote.
Réduire le nombre d'intermédiaires entre un producteur et un consommateur est un acte qui va au-delà du « manger mieux ».
En effet, ce mode de consommation permet une réduction de votre empreinte carbone sur notre belle planète terre. Une goutte d'eau dans l'océan, un geste important pour l'avenir de vos enfants.
Mais quel que soit votre choix, gardez à l'esprit de **toujours acheter les produits les moins transformés possible**.
Oméga 3, vitamine D, antioxydants et magnésium doivent être fournis en grande quantité à votre organisme pour le maintenir en bonne santé.
Nous reviendrons en détail sur l'importance d'une alimentation équilibrée dans le coaching de la prochaine semaine de ce rayon dédié à la santé.

MISE EN PLACE CONCRÈTE

Je teste une nouvelle activité sportive dans les prochains jours. Si cela ne me convient pas, je m'accroche et je m'informe sur une activité qui répondra mieux à mes attentes et aux besoins de mon corps.

BÉNÉFICES

Franchir le pas d'une nouvelle discipline sportive sera une réelle victoire personnelle. (Re)goûter au plaisir ressenti par le corps lorsqu'il est sous l'effet de l'endorphine vous motivera à réitérer l'expérience.

Activités sociales, émotions et spiritualité

✳ Avoir des activités sociales ✳

Que dire de plus ? Avoir des activités sociales fait également partie de votre équilibre. Cela vous nourrit, vous remplit et vous permet de vivre de bons moments. Avec certaines de vos fréquentations, vous installez des relations de complicité. Quel bonheur de rire et de partager !
Dans une relation saine, vous offrez autant que vous recevez. Les activités sociales sont indispensables à votre épanouissement. Sans elles, vous ne résisterez qu'un temps.
Le temps… le temps… le temps… Vous en manquez ? Trouvez-le et imposez-le dans votre agenda.

✳ Vivre avec ses émotions ✳

Un aspect de votre santé auquel nous vous avons sensibilisée lors de la séance précédente est la gestion des émotions.
Les accueillez-vous bien lorsqu'elles se présentent à vous ? Acceptez-vous de les laisser s'exprimer ? Soyez souple avec vous-même.
Plus vous pratiquerez l'écoute profonde, mieux vous pourrez gérer les situations qui, par exemple, vous mettent en colère.
Vous savez comment éviter d'en arriver là, à vous de ne plus vous laisser envahir.
Que ce soit en développement personnel ou dans d'autres disciplines, personne n'est parfait.
Au contraire, la colère est même une réaction plutôt normale. Tout comme vos peurs, elle existe.
Parfois, vous réussissez à les observer, à vous raisonner et à adapter votre réaction face à telle ou telle situation.
Cette pratique est-elle infaillible ? Bien sûr que non.
Bien que de grands sages y soient parvenus, leur chemin fut long et laborieux.
Prenez donc bien garde de ne pas refouler cette émotion qui se présente à vous et qui a besoin de s'exprimer.
La nature est un cadeau qui vous est offert par l'univers. Être à son contact vous aidera à réduire vos fuites d'énergie.
Libérez-vous. Exprimez-vous. Faites ce qui vous nourrit le plus, vous soulage, vous aide à vous construire.
Écouter de la musique, chanter, écrire, peindre, faire de la couture, bricoler… sont autant d'activités qui permettent aux émotions de s'exprimer.

Et vous ? Comment aimez-vous libérer les vôtres ?

✳ Être en lien avec sa spiritualité ✳

La **pratique de la gratitude** est un autre levier simple et accessible à tous qui vous aidera à augmenter votre sentiment de bien-être.
Vous a-t-on déjà parlé de ce sentiment intérieur qui vous permet d'être reconnaissant face aux événements de la vie ? Le pratiquez-vous suffisamment ?
Vous êtes-vous déjà demandé ce que serait votre vie si vous ne pouviez pas même vous offrir de quoi manger chaque jour à votre faim ou une paire de chaussures ?
Avez-vous conscience de votre chance d'être en vie ? D'avoir un toit au-dessus de la tête ? De pouvoir respirer, voir, entendre ?
Oui ! Vous êtes chanceuse !
Cultiver la gratitude est une gymnastique du cœur et de l'esprit. Nous vous en apprendrons plus sur ce sujet dans le onzième rayon de ce coaching, celui sur la spiritualité.
En attendant, commencez déjà par vous remercier de ce que vous faites pour vous-même et pour les autres au quotidien. Pour grandir spirituellement, nous vous encourageons à vous nourrir d'informations qui vous éveilleront, vous ouvriront l'esprit, vous feront grandir.
Vivez dans la compassion, l'amour et la joie.

Grâce à une plus grande conscience des piliers de votre santé, vous voilà prête à passer à l'étape suivante. Celle de l'alimentation.
Pour vous permettre d'être au top de votre forme et de bénéficier de toute l'énergie dont vous avez besoin pour progresser chaque jour un peu plus dans votre développement personnel, nous vous livrerons dans la prochaine séance les secrets d'une alimentation équilibrée.

MISE EN PLACE CONCRÈTE

Afin de réussir à être en lien avec ma spiritualité, j'arrête le fast-food du cerveau (écouter les nouvelles, regarder de trop nombreuses émissions de divertissement...). J'arrête aussi les commérages, les médisances et les rancunes.

BÉNÉFICES

Arrêter de nourrir votre esprit de ragots et cesser le fast-food du cerveau, qui vous déconnecte de vous-même et de vos propres besoins, vous libérera d'une grande charge émotionnelle. Cela vous permettra de gagner en temps et en énergie positive.

MA PHRASE MANTRA

Je

Pour aller plus loin

- Livre : *4 heures par semaine pour un corps d'enfer,* de Timothy Ferriss, éditions Michel Lafon, 2012
- Livre : *Petit cahier d'exercices de stimulation des forces de guérison par l'amour*, de Marie-Claire Barsotti, éditions Jouvence, 2012
- Livre : *Petit cahier d'exercices pour être sexy, zen et happy*, de Christine Michaud, éditions Jouvence, 2016
- Livre : *Vivre en pleine conscience : aimer,* de Thich Nhat Hanh et Stéphanie Chaut, éditions Belfond, 2016
- Site Internet (produits locaux) : http://www.reseau-amap.org, https://laruchequiditoui.fr et www.drive-fermiers.fr
- Formation yoga Pranayama, Energy Yoga : www.yoga-week-end.info et www.yoga-on-top.fr

À vos plumes, exercice

Maintenant que vous avez pu identifier les leviers à actionner pour vous sentir bien, observez dans votre entourage les personnes qui vous semblent être en lien avec ces leviers. Vous êtes-vous déjà demandé ce qui vous plaît et vous inspire tant chez ces personnes que vous aimez/admirez ?
Quel est leur nom ?
Remarque : cette personne peut faire partie de votre entourage, il peut s'agir d'un sportif de haut niveau, d'un homme d'affaires, d'un sage homme... Vous êtes tout à fait libre de votre choix.

Le(s) nom(s) de la (des) personne(s) à qui je souhaite ressembler est (sont) :

Pour quelles raisons souhaiteriez-vous lui (leur) ressembler ?
(vitalité, force, intelligence, sagesse, humour...)

Que pourriez-vous mettre en action pour être dans cette vitalité, cette sagesse, cette force... ?

Semaine n° 12

APPRENEZ LES SECRETS DE L'ALIMENTATION POUR UNE ÉNERGIE AU TOP

Nous vous en parlons depuis trois semaines maintenant : pour que votre corps soit au top de sa forme, le carburant que vous lui fournissez a besoin d'être de bonne qualité.
Le sujet de l'alimentation est complexe. Il est d'ailleurs parfois difficile de savoir ce qu'il faut en retenir.
Notre but aujourd'hui est de vous présenter les bases sur lesquelles sont d'accord tous les spécialistes de la nutrition.
Nous avons donc pris comme références différentes observations scientifiques, d'où ressortent les mêmes conclusions.
Quels sont les aliments à sélectionner pour avoir la pêche ? Consommez-vous suffisamment de fruits et légumes ? Leurs couleurs ont-elles une signification ?
Quels huiles et corps gras choisir pour varier et équilibrer votre alimentation ? Se pourrait-il que vous soyez en carence ? Quels sont les compléments alimentaires à favoriser ? Buvez-vous suffisamment d'eau ? Le lait et le gluten sont-ils nécessaires et conseillés pour une bonne santé ?
Voilà autant de questions auxquelles nous allons répondre sans plus attendre.

Cette semaine, vous apprendrez à :

Observer et bien choisir vos légumes, vos fruits, vos huiles et vos corps gras.
Comprendre la cause de vos carences éventuelles et y remédier à l'aide d'une alimentation équilibrée et de compléments alimentaires.
Choisir l'eau que vous buvez, réduire votre consommation de lait et de gluten.

Légumes, huiles et corps gras

Avez-vous réussi la mise en pratique qui consiste à mâcher au moins vingt fois chacune de vos bouchées ? En avez-vous perçu les bienfaits ?
Pour rappel, la salive prédigère les aliments que vous ingérez. Les dents, quant à elles, les réduisent en morceaux.
En prenant le temps de mâcher, vous gagnez en qualité de digestion. Vous réduisez les remontées d'acide, évitez bien des aigreurs d'estomac et laissez à votre corps le temps d'assimiler, via vos intestins, tous les vitamines et minéraux dont il a besoin.
Il faut vingt minutes (au minimum) à votre cerveau pour adresser à votre estomac un message de satiété. Le saviez-vous ?
Si votre souhait est de manger mieux, vous apprendrez dès le départ à consommer beaucoup de légumes et d'aliments frais non transformés de façon industrielle.
Vous souhait est de vivre légère ? Mangez sainement, mangez doucement, mangez dans le calme.

Les légumes

Mangez des légumes au quotidien et vous réduirez considérablement vos risques de tomber malade.

Ces pépites que vous offre dame Nature ont un pouvoir protecteur contre le surpoids, le diabète, les maladies cardiovasculaires, les cancers, l'ostéoporose et la dégénérescence de votre cerveau.

Ils sont riches en fibres, en magnésium, en antioxydants et en acide gras oméga-3.

C'est avec enthousiasme que nous souhaitons partager avec vous quelques-unes de nos découvertes relatives à l'organisation et à l'intelligence de ces végétaux.

Voici quelques codes couleur qui vous aideront à remplir au mieux votre caddie :

- Les **légumes verts** contiennent beaucoup de chlorophylle et sont riches en magnésium. Cette chlorophylle est le pigment photosynthétique le plus commun du règne végétal (source : Wikipedia).
- Les **légumes oranges, jaunes et rouges** fournissent du bétacarotène en grande quantité (carottes, citrouilles), de la lutéine (maïs) et du lycopène (tomates). Ces pigments sont antioxydants et donc excellents pour vous protéger des radicaux libres et mettre ainsi votre peau à l'abri du vieillissement prématuré.
- Les **légumes secs** apportent beaucoup de minéraux et sont une source de phytœstrogènes *.

* Source végétale proche des hormones féminines qui peut bloquer partiellement les effets négatifs d'une trop grande production d'œstrogènes par l'organisme ou combler une partie des besoins s'il y a une déficience.

- Les **légumes violets** sont quant à eux riches en flavonoïdes * (aubergine, myrtille, ail).

* Molécules aux vertus antioxydantes, anti-inflammatoires, protectrices des vaisseaux et veinotoniques.

- Les **légumes racines** procurent à votre corps glucides et sucres lents (patate douce, pomme de terre, panais...) et vous apportent de l'énergie à long terme.

Si vous en avez la possibilité et le temps, nous vous recommandons d'acheter vos légumes chez des petits producteurs locaux. En plus de consommer des produits de saison, vous contribuerez à l'économie de votre région et limiterez votre empreinte carbone sur la planète.

Enfin, nous attirons votre attention sur l'importance de **sélectionner des produits issus de l'agriculture biologique** (aux normes européennes de préférence).

D'un point de vue pratique, vous pouvez également opter pour l'achat de légumes bio surgelés. Vous aurez ainsi les avantages des légumes frais sans avoir à les éplucher ou à les couper en dés.

Côté cuisine, cela représente également un gain de temps intéressant si vous avez un emploi du temps très chargé.

À titre d'information, voici un petit tableau des fruits et légumes issus de productions conventionnelles les plus pollués par les produits chimiques *.

Les 12 fruits et légumes les plus contaminés	Les 15 fruits et légumes les moins contaminés
Pêche	Oignon
Pomme	Avocat
Poivron	Maïs doux
Céleri	Ananas
Nectarine	Mangue
Poire	Petit pois
Fraise	Kiwi
Cerise	Chou
Chou frisé	Aubergine
Laitue	Papaye
Raisin (importé)	Pastèque
Carotte	Tomate
	Asperge
	Patate douce
	Brocoli

* Source : étude menée par l'Environmental Working Group (EWG), une ONG environnementale basée à Washington qui a publié une étude sur la contenance en résidus de pesticides de 47 fruits et légumes, fondée sur 87 000 tests réalisés entre 2000 et 2007.

Huile et corps gras

Manger des légumes, oui, mais sans sauce s'il vous plaît !
Bon, nous ne sommes pas en train de vous suggérer un régime drastique... Cependant, nous tenons à attirer votre attention sur les effets néfastes de certaines matières grasses sur votre organisme.
En effet, il est important de distinguer les acides gras d'origine animale et ceux d'origine végétale. La seconde catégorie est plus intéressante pour votre santé.
Beurre, crème fraîche, charcuterie, fromage, margarine (utilisée dans l'industrie alimentaire) sont à éviter.
Ces matières sont des graisses insaturées et donc difficiles à éliminer. Elles peuvent amener le corps à des inflammations ou à un surpoids, mais aussi l'exposer à des risques cardiovasculaires.
Les consommer en excès est mauvais, voire dangereux pour votre santé.
Mais les lipides restent essentiels au bon fonctionnement de l'organisme. Ils apportent de la chaleur au corps et sont aussi des messagers cellulaires qui entrent dans la composition des membranes qui entourent vos cellules.
Il est donc préférable et recommandé de **favoriser les acides gras d'origine végétale**.
L'huile d'olive est à conseiller pour la cuisson. Elle contient des oméga-3, des flavonoïdes, et est un antioxydant reconnu.
En revanche, veillez bien à ne jamais la laisser « fumer » lors de sa montée en température. Ceci altèrerait sa composition et pourrait même la rendre assez mauvaise pour votre santé.
Les huiles d'avocat, de colza, de noisette (mais aussi d'olive) sont à privilégier pour l'assaisonnement. C'est à froid que les trois premières offriront la plus grande quantité d'oméga-3.
D'un point de vue général, les **oméga-3** ne sont pas assez consommés. Et pourtant, deux à trois cuillerées à soupe par jour de ces huiles suffisent à assurer votre apport quotidien.
Pour votre corps, il est assez facile de les brûler. Elles vous permettent aussi d'augmenter votre énergie.
Les poissons gras tels que la sardine ou le saumon sont à privilégier chez votre poissonnier si vous cherchez à combler une carence.

Lors de l'achat de vos huiles, **soyez attentive aux critères suivants :**

- Choisissez des huiles bio.
- Prenez de préférence des huiles de première pression à froid.
- Favorisez le conditionnement en bouteille en verre marron qui permet de protéger l'huile.

MISE EN PLACE CONCRÈTE

Je fais le tri dans mes placards afin d'y voir plus clair. Si nécessaire, je réorganise ma cuisine.

BÉNÉFICES

Réorganiser vos placards est indispensable si vous désirez faire de la place pour de nouveaux produits, meilleurs pour votre santé. Cette activité vous permettra de prendre conscience de la quantité d'aliments mauvais et inutiles que vous avez tendance à acheter.

Carences et compléments alimentaires

✳ Pourquoi êtes-vous en carence ? ✳

Malgré une bonne alimentation, vous pouvez être carencée en vitamines et minéraux. Pourquoi ?
Les habitudes de l'homme ont évolué avec le temps. Alors qu'auparavant il était toujours en mouvement, aujourd'hui il est devenu plus sédentaire. En 1900, il avait besoin de 4000 calories par jour contre seulement 2000 aujourd'hui. **Vos ancêtres avaient donc besoin de plus de calories que vous pour pouvoir faire face à leurs journées.**
La nourriture qu'ils consommaient était riche en végétaux et en fruits et légumes du jardin. Les aliments étaient moins gras, moins sucrés, non sulfurisés, moins pollués. Le nombre de calories assimilées a été revue à la baisse, et de cela résulte un apport moindre de vitamines et minéraux. Mais les raisons de votre carence peuvent être multiples.
Vous vivez à cent à l'heure et ce rythme effréné vous stresse. Ce stress est la cause de nombreuses maladies. Il est responsable de l'élimination rapide des vitamines et des minéraux que vous tentez de fournir à votre corps.

✳ Les carences ✳

Afin de vous aider à cibler au mieux vos éventuelles carences actuelles et à comprendre en quoi cela pourrait vous porter préjudice sur le long terme, voici un petit **détail des principales vitamines et du rôle qu'elles jouent dans l'organisme :**

- **La vitamine D** est nécessaire pour l'absorption du calcium et est indispensable pour le maintien d'un bon capital osseux.
- **La vitamine E** joue un rôle important pour lutter contre les cancers, le vieillissement et pour maintenir en forme le système cardiovasculaire.
- **Le zinc** est actif dans la défense bactérienne et consommé pour la régénération des muscles.
- **La vitamine B6** joue un rôle primordial dans l'assimilation des protéines de l'aliment. Elle contribue également à la formation des globules rouges, à la régulation du taux de sucre dans le sang et au maintien d'un bon système immunitaire.
- **La vitamine B1** libère l'énergie de la nourriture, aide à garder les nerfs et les tissus musculaires en bonne santé et assure le bon fonctionnement des enzymes.
- **Le magnésium** est quant à lui une source d'énergie indispensable à la gestion du stress.

Malgré la meilleure des alimentations, les besoins en magnésium sont rarement comblés.
Êtes-vous actuellement concernée ?
Jetons un coup œil aux **principaux symptômes liés à une carence en magnésium :**

- manque d'énergie, fatigue, troubles musculo-squelettiques, spasme des vaisseaux, des organes, des muscles…

Pour remplir votre réservoir à magnésium, voici une petite **liste de produits à consommer en grande quantité :**

- les légumes verts, les légumes secs, les céréales complètes, le soja, les oléagineux, les bananes, les fruits de mer, les poissons et l'eau.

Bien choisir votre alimentation est d'une grande valeur. Est-il encore nécessaire de vous le rappeler ? Un homme a besoin d'environ 2000 calories par jour. Mais en ce qui vous concerne, 1700 sont tout à fait suffisantes.

Vous avez besoin d'un apport quotidien de magnésium de 400 mg/jour. En dessous, vous êtes en carence. Le **processus d'élimination du magnésium** est en réalité assez simple à comprendre. Pour l'illustrer, nous avons pensé qu'un petit exemple serait plus parlant :
Vous êtes en ville. Il y a du monde, beaucoup de bruit, des coups de klaxon. Vous êtes agacée et cela vous conduit peut-être même à un état de frustration. Résultat, vous ressentez assez rapidement des tensions musculaires, voire des palpitations ou des soucis de digestion. Tout cela ne rime à rien, mais ces petites sources de stress cumulées « mangent » votre énergie.

Car, pour que vos muscles fonctionnent, vous avez besoin de calcium. Sous l'effet du stress, ce calcium entre massivement dans vos cellules et chasse le magnésium dans votre sang. Ce surplus de magnésium arrive dans vos reins qui le renvoient dans vos urines. Vous voilà épuisée et vidée... de votre magnésium.

Les compléments

En plus d'une alimentation équilibrée, des compléments alimentaires sont à ajouter à votre régime quotidien si vous désirez optimiser vos chances de ne pas vivre en carence.
Nous nous sommes longuement attardés sur le magnésium. Les formes que nous avons identifiées pour être les plus efficaces et les mieux assimilées par le corps sont le **glycérophosphate** et le **bisglycinate**. N'hésitez cependant pas à prendre conseil auprès de votre médecin ou de votre pharmacien.
Nous suggérons également un complément complet. Il ne devra contenir ni fer, ni cuivre, ni manganèse, dont vous disposez probablement déjà en suffisamment grande quantité.
Un complément en **vitamine D** est également intéressant en hiver (période où vous manquez le plus de lumière). Que cela ne vous empêche pas, bien sûr, de continuer à vous alimenter correctement...

MISE EN PLACE CONCRÈTE
Je prends rendez-vous chez mon médecin pour un bilan sanguin.

BÉNÉFICES
Faire un bilan sanguin vous permettra d'avoir une vue globale sur vos éventuelles carences actuelles et de prendre ensuite les mesures nécessaires pour les combler via votre alimentation, mais aussi à l'aide de compléments alimentaires.

L'eau, le lait, le gluten

L'eau

Saviez-vous que votre corps est composé à 70 % d'eau ? En buvez-vous suffisamment ?
C'est le premier pilier de votre alimentation. Il est important de renouveler quotidiennement votre apport afin de maintenir votre organisme à un bon niveau d'hydratation et de bénéficier d'un fonctionnement optimal de vos organes.
Laquelle choisir ? Et en quelle quantité la consommer ?
Idéalement, vous devez en boire **au minimum un litre à un litre et demi par jour**. L'eau du robinet est bien évidemment consommable. Mais est-elle pour autant intéressante pour votre métabolisme ?

De nos jours, nous sommes confrontés à des eaux courantes de plus en plus polluées. Résidus de médicaments, de pesticides, d'aluminium... Rien de bien sympa là-dedans.
À choisir, il est donc préférable de **cibler des eaux en bouteille** qui contiennent le plus de magnésium, de calcium et de bicarbonate possible, et le moins de sodium, de fluor et de nitrate possible.
Les enfants ont quant à eux besoin d'apports bien spécifiques. Pour eux, privilégiez des eaux faiblement minéralisées.
Un point de vigilance doit cependant être souligné concernant les eaux conditionnées dans des bouteilles en plastique.
La plupart contenant du bisphénol A (qui est un perturbateur endocrinien), veillez bien à ne pas les exposer à la chaleur ni à la lumière.
Actuellement, il n'y a malheureusement pas de solution optimale pour allier santé et respect de l'environnement.

✳ Le lait ✳

Nous sommes les seuls mammifères à consommer du lait à l'âge adulte. Pourquoi ? La vache ne produit-elle pas du lait pour nourrir ses veaux ?
De plus en plus d'intolérances au lait sont pointées du doigt. Il est devenu une source fréquente d'allergie. La graisse contenue dans le lait est difficile à brûler et peut donc conduire au surpoids. Oui, mais pourtant, ne vous a-t-on pas toujours répété de boire votre lait pour avoir des os costauds ?
Sachez que pour le renforcement de vos os, l'exercice physique ainsi que le silicium (que vous pouvez trouver dans les céréales et dans les fibres alimentaires) sont à prescrire.
Certains produits sont aussi riches en calcium que le lait. **Par exemple :** les eaux minérales, le lait de soja ou de riz enrichi en calcium, le tofu, les sardines entières, les amandes et produits à base d'amandes, les olives, les épinards, les poireaux, les crucifères, les algues et les aromates.
Bien sûr, vous ne pourrez pas modifier toutes vos habitudes de consommation du jour au lendemain, mais n'hésitez pas à **tester d'autres sources de calcium** et à observer la réaction de votre corps.
Tous ces conseils sont là pour vous aider à prendre du recul sur vos habitudes de consommation, à réfléchir et à prendre conscience de ce qui est bon ou pas pour vous.
Pourquoi ne pas conserver quelques aliments plaisir, par exemple ? Les fromages bio peuvent tout à fait être consommés en quantité raisonnable.
Idéalement, **choisissez les productions d'été.** À cette période de l'année, les bêtes passent une grande partie de leur journée en pâturage. La quantité de graisses saturées présentes dans le produit se voit ainsi fortement diminuée...

✳ Le gluten ✳

Blé, avoine, orge, froment : tout le monde en parle. Mais quel risque représentent-ils vraiment pour notre organisme ?
Inflammation du tube digestif, ballonnement, difficulté de digestion après les repas, mal-être, insomnies... Ils rendent la paroi de votre tube digestif poreuse.
De plus, les produits céréaliers raffinés que nous consommons perdent la quasi-totalité de leurs vitamines et une très grosse majorité de leurs minéraux (à peu près 80 % du magnésium). Il est donc évident que les céréales complètes ou semi-complètes bio sont meilleures que les céréales raffinées blanches.
Et si vous changiez un peu le contenu de vos placards ? Juste pour voir. Disons que ce mois-ci, ce sera votre petite « folie »...

Osez essayer les pâtes au sarrasin, le pain de seigle ou de châtaignes, la polenta, le riz complet. Surveillez votre confort intestinal… et notez ici vos observations après quelques semaines d'expérimentations :

Mes observations sur mon confort intestinal sont les suivantes :

Omnivore ?

Pour conclure, retenez la chose suivante : **manger de tout, mais sans extrême**. Pour le confort de votre corps et pour sa santé, recherchez votre équilibre alimentaire personnel. Ne sous-estimez pas la consommation d'œufs, qui sont source d'oméga-3. **Un œuf chaque matin** est d'ailleurs recommandé par le nutritionniste Anthony Berthou. Si vous désirez découvrir le travail de cet auteur, nous vous invitons à visionner la conférence que nous avons animée à ses côtés (www.academie-developpement-personnel.com/project/10-erreurs-de-lalimentation-moderne-qui-plombent-votre-energie-avec-anthony-berthou/). Les viandes blanches vous apporteront le zinc et la vitamine B12. Les viandes rouges vous fourniront le fer (il est d'ailleurs recommandé aux enfants et aux femmes « réglées » d'en consommer deux à trois fois par semaine). Restez attentive aux aliments qui risquent de détruire les agents qui vous protègent des infections et qui accélèrent le vieillissement, tels que le pain, les confitures, les barres chocolatées… Pensez bien à **réduire cette consommation de sucres rapides**. Vous avez une fringale ? Commencez par boire un grand verre d'eau et pensez à grignoter une poignée de fruits secs si vous avez l'envie irrésistible de manger du sucré. Avec un peu de patience, de bon sens et de persévérance, vous gagnerez en énergie grâce au carburant que vous offrirez à votre corps. Cela aura un impact rapide sur votre santé et agira également sur vos capacités cérébrales. En effet, être efficace et mettre votre mémoire au profit de vos nouveaux apprentissages nécessite de bonnes ressources énergétiques. C'est sur cette voie que nous vous emmènerons dès le prochain rayon.

MISE EN PLACE CONCRÈTE

Après chacun de mes prochains repas, je note mon ressenti physique.

BÉNÉFICES

Cette pratique vous permettra de reconnaître les aliments qui vous « vont bien ».

MA PHRASE MANTRA

Je

Pour aller plus loin

- Article : « Les poissons se féminisent » (www.sciencesetavenir.fr/nature-environnement/les-poissons-se-feminisent_13553)
- Parcours Okinawa du professeur Curtay : www.parcours-okinawa.fr
- Programme spécial alimentation : https://cursus.academie-developpement-personnel.com/manger-sain-et-durable-sans-frustration
- Blog d'Anthony Berthou : www.sante-et-nutrition.com

À vos plumes, exercice

Notez ici les nouveaux aliments que vous envisagez de tester (huiles, céréales, graines, légumes, fruits…), ainsi que ceux que vous consentez à consommer moins, voire à supprimer de votre régime actuel.

Lors de mes prochaines courses, je prévois d'acheter :

Dans mon prochain caddie, je ne vais SURTOUT PAS ajouter :

RAYON apprentissage

Apprendre dans l'état d'esprit de transmettre et de se découvrir de nouvelles compétences : la vie est une école riche d'enseignements.
Au travers de la lecture de ce livre et de la mise en pratique des divers exercices que nous vous proposons au fil des séances, vous devenez en quelque sorte une éternelle étudiante.
Votre cerveau est un muscle qu'il est important de maintenir en activité.
Pour continuer notre parcours ensemble, c'est ce sujet que nous allons explorer durant les quatre semaines à venir.
Nous décrypterons plusieurs processus d'apprentissage et explorerons diverses méthodes pour vous inviter à (re)prendre goût à d'autres sources de connaissance.
Avez-vous envie de vous dépasser ? Sachez que dès lors que vous vous fixez de nouveaux objectifs, vous êtes capable de tout.
À l'aide de trucs et astuces, mais aussi d'outils de visualisation, nous vous aiderons à vous poser les bonnes questions pour apprendre.
Riche de vos précédentes expériences et équipée de quelques nouveaux procédés, vous allez exceller grâce à votre ténacité.

Semaine n° 13

DÉCOUVREZ LES DIFFÉRENTS TYPES ET NIVEAUX D'APPRENTISSAGE

Dès votre enfance, votre parcours scolaire a été conditionné par vos premières relations aux divers apprentissages auxquels vous avez été confrontée.
Ces premiers contacts ont donné une direction à votre cheminement personnel.
Mais au fond, que signifie vraiment apprendre ? Y a-t-il des étapes à respecter par celui qui désire réellement assimiler de nouvelles choses ? Quel est le raisonnement qui vous conduit au désir de vous instruire, de vous former, de lire, de rechercher de nouvelles informations ?
Cette semaine, vous verrez en quoi il est primordial d'écouter, de comprendre et de mettre en pratique vos nouvelles connaissances pour en faire de nouveaux acquis.
Car si tout être humain a une façon qui lui est propre d'apprendre, tout homme en bonne santé a au départ de sa vie les mêmes aptitudes.
Dotée de superpouvoirs dont vous n'avez peut-être même pas conscience, c'est autour de l'un de vos trois principaux canaux de communication que vous avez intuitivement réussi à vous développer.
Découvrir ce canal de prédilection vous permettra de cibler ensuite votre attention sur les deux autres afin de réussir à mieux apprendre, à mieux transmettre.
Enfin, nous vous inviterons en fin de séance à vous poser les bonnes questions, celles qui vous permettront de progresser et d'aller plus loin dans votre développement personnel, qui vous aideront à mieux communiquer et à structurer avec malice vos discours.

Cette semaine, vous apprendrez à :

Reconnaître les trois niveaux d'apprentissage.
Comprendre le processus d'apprentissage.
Découvrir les différentes préférences et approches d'apprentissage.

Les trois niveaux d'apprentissage

Les premières relations à l'apprentissage

Alors que certains étaient premiers de la classe, d'autres ont vécu leur scolarité comme quelque chose d'horrible et de compliqué. Savez-vous que ce sont vos premières relations à l'apprentissage qui ont conditionné votre parcours scolaire, et parfois même le reste de votre vie ?
Qui parmi vous se souvient encore du théorème de Pythagore qui lui a été enseigné au collège ?
Nombreux sont les procédés mathématiques auxquels vous n'avez jamais fait appel à l'âge adulte.
Et pourtant, avoir une éducation généraliste reste une approche intéressante.
Cela vous a confrontée dès le plus jeune âge à des matières que vous avez adorées, tolérées ou détestées.

« Il faut contrarier les goûts. »

Jean-Jacques Rousseau, philosophe et musicien, 1712-1778

En effet, ces heures passées sur les bancs d'école vous ont certainement permis de créer des affinités avec certaines disciplines.
Ce sont des disciplines que vous avez probablement explorées en profondeur depuis lors, que vous avez appris à maîtriser.
Mais aujourd'hui, que signifie pour vous apprendre ?

Pour moi, apprendre signifie :

En ce qui nous concerne, nous aimons particulièrement cette définition :

Apprendre, c'est changer de comportement.

Les trois niveaux d'apprentissage

Pour apprendre et donc changer de comportement, **voici les trois niveaux d'apprentissage par lesquels il vous faut inévitablement passer.**

Niveau 1 : l'information

À partir du moment où vous recevez une information, vous allez pouvoir l'utiliser pour apprendre. En rester à ce stade n'est pas de l'apprentissage.
Par exemple, vous savez que manger trop de graisses animales peut nuire à votre santé. Vous possédez cette information, mais ne passez pas à la pratique qui consiste à limiter votre consommation de ces matières grasses. Vous en restez donc au stade de l'information.

Niveau 2 : la mise en pratique

Dans cette deuxième étape, vous passez le cap de l'information pour basculer dans le passage à l'action.
Revenons à notre exemple : informée de l'impact qu'elles ont sur votre organisme, vous allez remplacer petit à petit les graisses animales par de bonnes huiles végétales riches en oméga-3.
De cette manière, vous allez faire votre propre expérience du changement.

Si vous ne mettez pas en pratique, cela signifie que vous n'apprenez rien !

Niveau 3 : l'échange avec un expert spécialiste dans son domaine et/ou un coach

Enfin, pour vous assurer qu'une nouvelle connaissance a bien été intégrée, il est important d'avoir un échange avec un expert, une personne qui a déjà réussi à changer son comportement et appris ce que vous souhaitez apprendre.

Cet expert sera une sorte de miroir et pourra reconnaître chez vous cette chose que vous venez d'apprendre.

Cette étape est essentielle et signifie que vous avez appris. Le retour d'une personne extérieure à soi est toujours plus efficace que le coup d'œil personnel jeté dans le rétroviseur.

Respectez ces trois niveaux d'apprentissage et vous **passerez rapidement au niveau supérieur.**

Peut-être pensez-vous ne pas avoir besoin du passage à l'action ? Une lecture de tous ces procédés vous suffit-elle ? Quoi qu'il en soit, retenez la chose suivante :

On retient 20 % de ce que l'on écoute, 30 % de ce que l'on voit et 90 % de ce que l'on fait.

Vous en avez envie, mais vous avez peu de temps pour les mises en pratique des exercices que nous vous proposons chaque semaine ? Fini les excuses !

Il n'y a qu'en mettant en pratique que l'on obtient des résultats. Cinq minutes par jour suffisent quand on souhaite apprendre de nouvelles choses.

Allez-y, lancez-vous et passez à l'action. Et surtout, soyez douce avec vous-même.

Au début, le changement est difficile, mais avec un petit peu de pratique vous deviendrez une « athlète » du changement.

MISE EN PLACE CONCRÈTE

Je prends un moment de recul pour observer mes émotions et mon dialogue intérieur en lien avec l'apprentissage. Qu'est-ce qui me fait peur ? Qu'est-ce qui me motive et me fait vibrer lorsque j'apprends ?

BÉNÉFICES

Cette mise en pratique vous permet de prendre conscience de vos schémas mentaux.

Le processus d'apprentissage

Avant toute chose, le processus d'apprentissage passe par une phase d'écoute. Apprendre, c'est donc écouter, comprendre, s'approprier et mettre en pratique.

Comment votre cerveau fonctionne-t-il ? Quel est le raisonnement qui vous conduit au besoin d'un nouvel apprentissage ?

Au travers d'un processus incroyable, votre intelligence naturelle vous guide.

Pour illustrer ce point, nous avons choisi de « modéliser » la façon dont nous fonctionnons tous pour trouver une solution à un problème.

✳ Observation et « modélisation » du processus d'apprentissage ✳

Au quotidien, une fois **confrontée à un problème ou à une difficulté,** vous devez statuer : que faire ? Rester bloquée à ce stade et ne pas résoudre votre problème ? Ou prendre un peu de recul et vous **préparer à le résoudre ?**
Un temps de réflexion vous est nécessaire. **Vous réfléchissez** et une fois votre plan défini, **vous agissez.**
Prête à gérer ce qui vous pose souci, **vous évaluez** ensuite vos diverses possibilités. Quelles sont vos solutions pour résoudre ce problème ?
Vous avez souvenir d'avoir déjà vécu des expériences similaires, et donc, tout naturellement, **vous piochez dans ce que vous savez déjà** ou dans ce que vous avez déjà vécu.
Vous y allez... Mais rapidement, vous vous apercevez qu'il vous manque des choses. Votre démarche, si vous souhaitez résoudre ce fameux problème ou surmonter cette difficulté, va consister à **chercher de nouvelles ressources.**
Lectures, recherches sur Internet, formations... En fonction de ce que vous cherchez comme données, vous allez approfondir un sujet et **intégrer de nouvelles connaissances.**
Équipée de vos derniers acquis, vous revenez ensuite à votre difficulté de départ et êtes capable de la résoudre.
Rapidement, vous avez le réflexe de vous **auto-évaluer** :

« Est-ce que ce que j'ai mis en place est efficace ? »

La réponse est oui ? Bravo, vous êtes contente de vous, **vous venez de résoudre votre problème.**
La réponse est non ? Recommencez en ajustant et en corrigeant vos erreurs.
Viendra ensuite **une seconde auto-évaluation,** et ainsi de suite.

C'est de cette manière que vous développez constamment de nouvelles compétences. Vous prenez ce que vous savez déjà, vous l'utilisez et venez enrichir vos connaissances de ressources complémentaires, extérieures à vous.
Sans même vous en rendre compte, vous réussissez à mettre en place vos propres stratégies.
Maintenant que vous êtes consciente de ce procédé, nous vous invitons à plus de curiosité.
Oui, soyez curieuse de tout. Explorez de nouveaux outils, lisez des livres, surfez sur le Net, assistez à des conférences, suivez des formations.
Plus vous serez curieuse, plus vous pourrez anticiper vos prochaines difficultés.
Vous remplissez vos bagages et complétez vos acquis. Au fil du temps, vous devenez et restez une éternelle étudiante...

MISE EN PLACE CONCRÈTE

Je deviens curieuse de tout et j'approfondis certains sujets qui m'interpellent, même si je n'ai pas forcément besoin de ces connaissances pour l'instant.

BÉNÉFICES

Devenir curieuse de tout est une façon de vous engager à vous ouvrir à de nouvelles connaissances.

Préférences et approches d'apprentissage

Les préférences d'apprentissage

De quelle manière apprenez-vous ?
Nous avons tous une façon personnelle d'apprendre, car nos cerveaux sont programmés de façons différentes.

Pour vous aider à améliorer vos stratégies d'apprentissage, vous avez en vous trois superpouvoirs (des canaux) qui ne demandent qu'à être exploités.

Ces principaux canaux sont les suivants :

- le canal **VISUEL** ;
- le canal **AUDITIF** ;
- le canal **KINESTHÉSIQUE**.

Pour vous développer, votre préférence a dû se porter sur l'un de ces trois canaux.

Les visuels sont des personnes qui vont tout de suite avoir des images à l'esprit lors de leurs diverses réflexions. Ce sont des gens qui, dans leur travail, ont besoin de beaucoup de tableaux, de structures colorées. Les exercices de visualisation, par exemple, sont pour eux un jeu d'enfant. Ils retiennent mieux ce qu'ils voient.
Les auditifs, quant à eux, vont plutôt être attentifs aux voix, au vocabulaire. Il n'est pas rare de les repérer à la façon qu'ils ont de tenir leur tête légèrement inclinée, l'oreille tendue. Ils retiennent mieux ce qu'ils entendent.
Enfin, les **kinesthésiques** ont besoin de toucher les choses. Il est indispensable pour eux d'être en relation avec les autres. Ces personnes-là sont dans l'affect. Ils retiennent mieux ce qu'ils ressentent.

Bien sûr, vous possédez en vous ces trois aptitudes. Découvrir votre canal de préférence va vous permettre de comprendre pourquoi certaines choses sont plus difficilement accessibles pour vous aujourd'hui que pour d'autres.
En effet, cela signifie simplement que nous n'avez pas encore développé suffisamment le canal qui vous permet d'intégrer cette connaissance, ou du moins, de l'intégrer de la manière dont elle vous est présentée.
Cette prise de conscience pourra également vous aider dans vos relations sociales.
En effet, plus attentive au vocabulaire de votre interlocuteur, vous percevrez ses habitudes de langage et pourrez vous adapter à son canal de préférence.

Par exemple, les indices à repérer dans le discours de l'autre sont :

- **Chez des visuels :**
  - « Tu as vu... », « Tu vois... », « Regarde... »
- **Chez les auditifs :**
  - « Tu as entendu... », « Écoute... », « Dis... »
- **Chez les kinesthésiques :**
  - « Tu as ressenti... », « Tu sens... »

À présent, vous pourrez décrypter plus facilement les attentes de votre interlocuteur.

Ces différents modes de représentation se reflètent non seulement dans le langage verbal, mais aussi dans le langage non verbal et dans la personnalité.

Pour vous aider à déterminer votre canal de préférence, nous vous invitons à une petite mise en situation.

Lorsque vous quittez un endroit après un entretien, de quoi vous souvenez-vous particulièrement ? Cochez votre choix :

- ❑ Des images de la rencontre, de l'endroit → Vous êtes plutôt visuel.
- ❑ Des bribes de conversation → Vous êtes plutôt auditif.
- ❑ Vous avez un souvenir de l'ambiance qui régnait à cet endroit → Vous êtes plutôt kinesthésique.

✳ Les quatre façons pour mieux apprendre, mieux transmettre ✳

Pour clôturer cette première semaine du rayon Apprentissage, voyons maintenant **les quatre façons d'apprendre, orientées autour des questions : pourquoi, quoi, comment, et qu'est-ce qui se passe si ?**
Pour mieux apprendre et pour mieux transmettre ensuite vos connaissances, ce canevas va pouvoir vous aider.
La majeure partie des gens qui veulent apprendre se posent toujours la question du **POURQUOI.** En entreprise, on retrouve par exemple dans la catégorie des gens orientés sur cette question les vendeurs et les managers. Pour être motivés pour l'apprentissage, ils doivent y trouver un bénéfice ou un problème à régler.
Dans la question du **QUOI,** on retrouve tout ce qui nous permet de manipuler des concepts : les théories, les abstractions, les conseils… Cette question est surtout exploitée par des personnes très mathématiques, comme des ingénieurs.
Les personnes qui sont dans le **COMMENT** vont choisir la bonne solution et la mettre en pratique. Ce sont des gens qui vont comprendre un concept en appliquant la procédure. Ils ont besoin de mettre les choses dans le concret. On retrouve ici les techniciens, des gens qui apprennent étape par étape.
ET QU'EST-CE QUI SE PASSE SI… ? Les personnes orientées vers cette question prennent une théorie et l'appliquent ailleurs. Elles réussissent facilement à sortir une connaissance de son contexte pour en faire bon usage à un autre moment. Elles obtiennent des solutions et les exécutent. Ici, on retrouve les entrepreneurs.

Et vous ? Quelle est votre question préférée ?

Vous possédez en vous les aptitudes et les traits de ces quatre façons d'apprendre. Vous avez des préférences, mais devez pouvoir toutes les utiliser.
En vous penchant un peu sur le sujet, vous vous apercevrez aisément qu'il y a toujours une question qui vous permettra d'aller plus loin.

Si vous souhaitez devenir un bon professeur et réussir à transmettre au mieux vos compétences, il vous faudra structurer votre contenu autour de ces quatre questions.
Plus votre compréhension de ces quatre questions sera bonne, meilleure sera votre capacité à transmettre.

MISE EN PLACE CONCRÈTE

Je me pose les questions suivantes :

Avec quel mode (visuel, auditif, kinesthésique) suis-le plus à l'aise ? Le moins à l'aise ?

Comment puis-je développer le mode dans lequel je suis le moins à l'aise ?

BÉNÉFICES

Vous prenez ainsi conscience des canaux que nous n'avez pas encore développés et pouvez travailler à les accroître pour les mettre ensuite au profit de vos prochains apprentissages.

MA PHRASE MANTRA

Je

Pour aller plus loin

- Apprendre à apprendre, ça s'apprend : université de Lille : https://rpn.univ-lille3.fr/public/crl/apprendre/index.html
- Niveaux et types d'apprentissage (autres modèles) : http://edutechwiki.unige.ch/fr (faire une recherche : « Niveaux et types d'apprentissage »)

À vos plumes, exercice

Il vous est peut-être arrivé récemment de « bloquer » sur quelque chose de nouveau.
Nous vous invitons à noter ci-dessous la difficulté que vous avez rencontrée et que vous rencontrez peut-être encore actuellement ainsi que l'émotion qui est en lien avec cette difficulté.

La chose que je n'arrive pas à résoudre est :

L'émotion qui est liée à cette difficulté est :

(suite de l'exercice page suivante)

Ensuite, reprenez votre question de départ et répondez-y à nouveau en utilisant les quatre questions :

Pourquoi : qu'est-ce que je vais y gagner ou qu'est-ce que je vais y perdre si je n'y arrive pas ?

Quoi : y a-t-il un concept, une façon de penser en lien avec cet apprentissage ?

Comment : quelles sont les étapes, quelle est la procédure ?

Et qu'est-ce qui se passe si… : est-ce que ça me rappelle quelque chose que j'ai déjà fait, vu, entendu ?

Voyez en quoi ces questions vous permettent de progresser et réutilisez cette méthode aussi souvent que possible.

Semaine n° 14

SOYEZ UNE ÉTERNELLE ÉTUDIANTE EN PROGRESSION CONSTANTE

Votre niveau d'étude actuel vous semble-t-il être suffisant pour vous permettre d'accéder à ce à quoi vous aspirez peut-être secrètement ?
Qu'avez-vous appris de l'école de la vie depuis que vous avez quitté le milieu de l'enseignement ?
Pensez-vous qu'il est nécessaire de continuer à vous instruire une fois arrivée à l'âge adulte ?
Pour entamer cette nouvelle semaine de coaching, nous souhaitons partager avec vous le parcours d'un entrepreneur hors du commun pour qui l'avenir était loin d'être tracé d'avance.
Nombreuses sont les personnes inspirantes dont nous aurions pu vous relater l'évolution, mais c'est de Taïg Khris, un sportif de haut niveau, que nous vous parlerons aujourd'hui.
Qui êtes-vous vraiment ? Quels sont vos objectifs ? Êtes-vous suffisamment ouverte et attentive à ce qui se passe autour de vous ?
Dans un monde en constante évolution, nous verrons à quel point **il est essentiel de rester curieuse et d'entretenir la souplesse de notre cerveau**.
L'un de vos défis cette semaine sera donc de revoir certaines de vos croyances et d'oser laisser s'exprimer vos désirs les plus fous...

Cette semaine, vous apprendrez à :

« Modéliser » le parcours inspirant d'un entrepreneur.
Vous poser les bonnes questions.
Devenir une éternelle étudiante qui ose et est curieuse de tout.

« Modélisation » d'un parcours inspirant

Ne vous êtes-vous jamais entendue dire : « Si tu n'obtiens pas de bonnes notes à l'école, tu ne trouveras pas de travail... » ?
L'enseignement est obligatoire et nécessaire.
Cependant, avoir échoué ou ne pas avoir récolté suffisamment de bonnes notes pour accéder à de très hautes études n'est pas une fin en soi.
Il y a quelques années, nous avons rencontré un jeune homme de plus en plus connu en France et dont le destin était loin d'être tracé.
En effet, n'ayant jamais fréquenté d'établissement scolaire, Taïg Khris (athlète de haut niveau et entrepreneur) était loin d'imaginer qu'un jour il deviendrait le meilleur dans une discipline sportive.
C'est à l'audace qu'il a progressé, en gardant courage et en faisant preuve de ténacité malgré les obstacles qui se sont présentés sur sa route. Cet homme, grâce à un certain lâcher-prise, a réussi à atteindre les plus hauts podiums sans se poser trop de questions.
Blessé à de nombreuses reprises suite à de graves chutes lors de sa pratique intensive du roller, il a mis à profit ses temps de repos forcé pour développer et créer de nouvelles idées.

Ses apprentissages lui ont permis, année après année, de relever de nouveaux challenges et de devenir un entrepreneur hors pair, tout en continuant à faire ce qu'il aime le plus.
Aujourd'hui, Taïg Khris gère des projets impressionnants dans des domaines dont il ne connaissait rien au départ et pour lesquels il n'avait aucun contact.
Mais quel est son secret pour développer ainsi de nouvelles compétences ? Il travaille, il apprend constamment de nouvelles choses, il pose des questions et surtout... il passe à l'action pour réaliser ses rêves.
La leçon que nous avons retenue de son expérience de vie et que nous souhaitons vous transmettre est la suivante :

Quand on est motivé, tout est possible !

Si vous êtes décidée et déterminée à vous dépasser, vous pouvez, si vous le souhaitez, devenir comme Taïg Khris, une réelle autodidacte. Oui, vous êtes vous aussi capable de tout apprendre.

MISE EN PLACE CONCRÈTE

Je me pose la question suivante : « Ai-je le sentiment d'être assez intelligente, assez formée, assez diplômée pour réaliser l'activité professionnelle qui me ferait totalement vibrer ? »

BÉNÉFICES

Entamer cette réflexion vous ouvrira peu à peu la voie vers une ouverture d'esprit plus large afin de réussir, dans les semaines qui viennent, à vous reconnecter à ce qui vous anime le plus, et ce, quel que soit votre niveau d'étude actuel.

Les bonnes questions

Écrire, compter, analyser, comprendre..., l'école vous donne les bases des fondations de votre vie.
Mais c'est ensuite **à vous de développer vos capacités et vos compétences**.
L'école de la vie est là pour vous apprendre à faire le pont entre vos connaissances scolaires et votre capacité à vous adapter.
N'auriez-vous pas eu tendance à penser qu'une fois sortie de l'école vous n'auriez plus besoin d'apprendre et/ou de vous former ?
C'est tout l'inverse...

Que choisir ?

Apprendre, apprendre, apprendre... Vous êtes décidée à vous lancer.
Oui, mais qu'allez-vous apprendre ? Dans un premier temps, l'idée est de pouvoir centrer votre énergie sur les enseignements qui ont une vraie importance pour vous, ceux dont vous avez besoin pour avancer.
Qui êtes-vous vraiment ? Quels sont les objectifs que vous souhaitez atteindre ?

Apprendre, c'est vous permettre de grandir, de progresser. Mais pour éviter de vous éparpiller, vous avez avant toute chose besoin de définir la destination que vous souhaitez rejoindre.

Souhaitez-vous apprendre des choses différentes ? Pas de souci. Pourquoi ne pas mener de front plusieurs études ou prendre les informations à partir de plusieurs sources ?

Prenez le temps de laisser « infuser » vos diverses lectures ou vos diverses formations, sans pour autant devenir monomaniaque.

Laissez-vous dévorer par la passion d'un nouvel apprentissage tout en restant ouverte à ce qui se passe à côté. Vous pourrez ainsi compléter un peu plus encore vos acquis et passer à un nouveau niveau plus rapidement.
Quoi qu'il arrive, respectez-vous et progressez à votre rythme. Vous profiterez par exemple de ce moment pour apprendre à transmettre vos nouveaux acquis.

✳ Pourquoi apprendre ? ✳

À quoi bon apprendre finalement ? Vous avez été obligée d'aller à l'école. Ensuite, c'est peut-être même à contrecœur que vous avez approfondi la matière qui, par élimination, vous plaisait le plus. Non, plus rien ne vous attache aujourd'hui à l'obligation d'apprendre. Si cela vous convient ainsi, pourquoi pas, finalement ?

Notre monde est en perpétuel changement. À quoi bon être attentive aux nouvelles méthodes employées, aux nouvelles compétences demandées, aux nouvelles choses susceptibles de vous plaire ? Plus sérieusement... **il est important d'apprendre de nouvelles choses** et de vous mettre à niveau régulièrement pour pouvoir, par exemple, augmenter votre employabilité ou discuter avec vos adolescents si vous êtes parents.

Rester ouverte vous permettra également de faire évoluer votre vérité personnelle.

Ce que vous pensiez être vrai il y a quelques années ne l'est certainement plus actuellement.
Des choses se passent et les mentalités changent de plus en plus vite. Le monde bouge.

Sortez de votre zone de confort et apprenez.

Gardez le contact avec cette nouvelle réalité.
Vous ne pourrez pas toujours apprendre les choses du premier coup, ce n'est pas grave. Faites appel à votre humilité.

Et si vous avez des doutes ou un moment de découragement, souvenez-vous : **un enfant tombe plus de mille fois** avant de pouvoir commencer à marcher.

Vous avez à peine essayé et vous voilà déjà munie de nouveaux acquis ? Vous êtes au top ! Bravo. Vous venez de gagner un peu plus encore confiance en vous.

MISE EN PLACE CONCRÈTE

Je me pose la question suivante :

Qu'ai-je envie d'apprendre depuis toujours et que je n'ai jamais osé apprendre ?

Ensuite, je pose au moins une action par rapport à cet apprentissage. S'il n'est pas réalisable tout de suite, je note ci-dessous :

Les actions à engager maintenant pour y arriver ensuite :

BÉNÉFICES

En exprimant des envies profondément ancrées en vous, vous vous ouvrez à la possibilité du « tout est possible ». Vous mettez en place de nouvelles stratégies et vous vous exercez au passage à l'action.

L'éternelle étudiante qui ose et est curieuse de tout

La santé mentale

Cesser d'apprendre, en réalité, c'est un peu comme si vous faisiez le choix d'arrêter de marcher. Qu'arriverait-il à vos jambes après des mois, voire des années, sans bouger ?
Vos muscles s'atrophieraient progressivement et deviendraient incapables de porter le poids de votre corps.

Votre cerveau est pareil. Ce « muscle », s'il n'est pas entretenu, perd de son élasticité.
Être une éternelle étudiante vous aide donc à entretenir la vitalité de votre esprit et de votre mémoire.

Après l'âge de trente ans, apprendre une nouvelle langue tous les cinq ans permettrait même une prolongation de la santé mentale.

Être curieuse

Chaque environnement, même s'il ne vous est pas familier, peut vous apprendre quelque chose.
Il faut pouvoir écouter, tendre l'oreille à tout ce qui se dit, à tout ce qui se fait. Rester attentive est toujours très constructif.

De façon générale, les femmes sont assez peu encouragées à prendre des risques ou des initiatives durant leur enfance.

Aujourd'hui, vous avez mûri. Vous pouvez maintenant vous placer en observatrice dans votre milieu et cesser d'avoir peur du regard des autres, de l'échec, du qu'en-dira-t-on, du changement...

Pour apprendre et progresser dans votre chemin de développement personnel, **prenez soin d'écouter, d'intégrer et de tester de nouvelles notions, de nouveaux concepts**.

Revenez ensuite quelques instants sur le test que vous avez mis en pratique et évaluez les choses. Cet essai est-il fructueux ? Que pourriez-vous faire pour vous améliorer encore plus ? N'y a-t-il pas d'autres personnes, d'autres formations, d'autres conférences qui pourraient vous permettre d'aller un cran plus loin ?

En effet, **être curieuse, c'est aussi et surtout se lier avec l'autre** de quelque manière que ce soit. Pour cela, vous entrez en communication avec vos relations en les écoutant, en les questionnant, en échangeant avec eux. Nous aborderons ce point plus en détail dans le prochain rayon de notre coaching qui sera dédié aux relations sociales.

La tentation de tester de nouvelles choses est là, mais vous craignez tout de même d'échouer ?
Plus vous serez authentique, plus belle sera votre réussite. Pour vous aider dans cette démarche, faites appel à votre enfant intérieur. Vous savez, celui qui ne cesse de se poser des questions : « Et pourquoi ci, et pourquoi ça, et pourquoi pas comme ci... »

Votre âme d'enfant n'est pas très loin, la côtoyer au quotidien vous fera beaucoup de bien et vous permettra de déployer vos ailes progressivement.

Pour mieux apprendre

Sans le vouloir, vous limitez peut-être vos apprentissages par votre comportement actuel.

Comme indiqué ci-dessus, écouter, être ouverte au changement et faire de nouvelles expériences sont les bases de tout nouvel apprentissage.

Voici **les points de vigilance à garder à l'esprit pour apprendre à mieux apprendre :**

- Tout d'abord, lorsque vous **écoutez, faites-le comme si c'était la première fois que vous entendiez parler du sujet** de la conversation. Même si vous pensez déjà tout savoir, il y a très probablement un détail que vous n'aviez jusqu'alors pas compris.

- Pour garder facilement votre esprit ouvert, **contournez également la phrase « je ne suis pas d'accord »,** qui est l'une des grandes ennemies de l'apprentissage.

- Ensuite, restez vigilante et **ne croyez pas tout ce que vous voyez ou tout ce que l'on vous dit.** Faites une liste de ces choses vues ou entendues et vérifiez ensuite leur véracité avant de vraiment les intégrer ou de les expérimenter.

- Enfin, les apprentissages sont de **nouvelles connaissances appliquées dans de nouvelles expériences.** Sans mise en pratique, il n'y a pas de nouvelle connaissance...

Les niveaux d'apprentissage

Mais peut-être vous demandez-vous tout simplement : « Mais que devrais-je savoir de plus ? »

Si tel est le cas, vous faites probablement partie des personnes qui n'ont pas encore conscience de leurs incompétences.
Est-ce le cas ?
Sur le chemin de l'apprentissage, plusieurs niveaux de conscience sont à parcourir. Voyons un peu où vous vous situez...

Ces **quatre niveaux de conscience sont :**

- **L'inconscience de l'incompétence :** vous ne savez pas ce que vous ne savez pas.
- **La conscience de l'incompétence :** vous savez ce que vous ne savez pas.
- **La conscience de la compétence :** la connaissance requiert un effort conscient de votre part.
- **Par conscience de la compétence**, la connaissance est intégrée.

Pour devenir une éternelle étudiante en constante progression, vous comprenez maintenant à quel

point il est essentiel d'autoriser votre esprit à voir et à penser différemment.
Mettre votre curiosité et votre désir de variété au profit de nouveaux apprentissages vous permettra de marier peu à peu passions, projets et dépassement de soi.

À votre service, votre cerveau (re)trouvera au fil du temps une plus grande élasticité.
Comment le développer et l'entretenir ? Quels sont les différents types de mémoires auxquelles nous avons tous accès ? Y a-t-il des trucs et astuces pour bien s'en servir et les utiliser au mieux lors de vos transmissions ?

Tel sera le sujet du programme que nous étudierons ensemble dès la prochaine séance.

MISE EN PLACE CONCRÈTE

J'observe et je prends conscience de mes apprentissages du jour :

Qu'ai-je appris de nouveau ?

BÉNÉFICES

En vous posant cette question, vous vous habituerez à retenir chaque jour de nouvelles choses et cela vous permettra d'entretenir des connexions entre vos neurones. Vous garderez ainsi une vivacité intellectuelle dont nous reparlerons plus spécifiquement dans la prochaine séance. En d'autres mots, faire fonctionner votre mémoire vous évitera de vous ramollir du ciboulot !

MA PHRASE MANTRA

Je

Pour aller plus loin

- Vidéo Always : https://youtu.be/uRjXDixe15A

À vos plumes, exercice

Je questionne trois personnes de mon entourage et je leur demande :

Quel est l'apprentissage le plus important de ta vie ?

Personne 1 :

Personne 2 :

Personne 3 :

Si tu devais mourir demain, que souhaiterais-tu transmettre ?

Personne 1 :

Personne 2 :

Personne 3 :

Semaine n° 15

DÉVELOPPEZ ET ENTRETENEZ VOTRE MÉMOIRE

Alors, comment se sont passés vos exercices de la semaine dernière ? Certains apprentissages vous stimulent-ils plus que d'autres ? Qu'avez-vous retenu des diverses questions posées à votre entourage ?
Cette semaine, c'est de votre cerveau qu'il va être question.
Nous vous aiderons à comprendre son fonctionnement, pour ensuite explorer vos différentes mémoires.
Comment certaines personnes réussissent-elles à stocker beaucoup d'informations ? Quel est le chemin à suivre pour retrouver l'accès à un mot ou à une phrase que vous étiez sur le point de dire, mais dont vous avez du mal à vous rappeler ?
Vous servir de votre mémoire pour apprendre dans l'esprit de l'enseignant qui souhaite ensuite transmettre est un réel entraînement.
Grâce à quelques trucs et astuces, nous verrons comment passer au-delà des possibles freins à l'apprentissage afin de réussir à mieux transmettre et entretenir l'élasticité de votre cerveau.

Cette semaine, vous apprendrez à :

Reconnaître les différents types de mémoires.
Apprendre dans le but de transmettre.
Bien vous servir de votre mémoire.

Les différents types de mémoires

Comment fonctionne votre mémoire ?

À l'intérieur de votre cerveau, vos neurones communiquent entre eux à l'aide de signaux électriques et chimiques. Ils sont assemblés à la façon de micro-ordinateurs interconnectés.
Les souvenirs stockés par votre cerveau sont des groupes de neurones connectés entre eux. Pour que l'un de vos souvenirs s'anime dans votre esprit, il faut qu'une cellule nerveuse ait été activée.
Stimuler un neurone active donc le groupe de neurones.
Mais votre mémoire est sélective, c'est pourquoi **90 % des informations perçues dans une journée sont effacés.**
En effet, votre mémoire n'a pas de raison de s'encombrer de tout ce que vous faites au quotidien.
Elle ne conserve donc que les informations qui peuvent vous être utiles.
Votre cerveau est à préserver précieusement. Il est irremplaçable et a une valeur incommensurable pour votre épanouissement personnel.
Installée aux commandes du principal organe de votre système nerveux, vous disposez de ressources en quantités illimitées.

À nouveau, vous constatez que l'être humain est une formidable machine. Vous possédez d'innombrables capacités à communiquer et à apprendre.
Mais avez-vous déjà observé à quel point les données stockées dans votre esprit sont bien organisées ?
Vous possédez plusieurs types de mémoires et, en fonction de votre besoin, vous faites appel à telle ou telle partie de votre cerveau.

Plusieurs mémoires

Afin de vous aider à déterminer le rôle de chacune d'entre elles, **voici un détail de ces différents types de mémoires.**

La mémoire à court terme ou mémoire de travail

Cette partie de votre cerveau est en quelque sorte votre bloc-notes de tous les jours. Elle vous sert à retenir des informations simples. On l'appelle parfois la mémoire « flash ».
Cette mémoire est capable de retenir jusqu'à sept informations basiques, et ce, pendant deux minutes maximum.
Par exemple, lorsque vous retenez un numéro de téléphone pour le composer rapidement ensuite, c'est ici qu'il sera temporairement stocké.
Pour éviter d'être submergée par le stress de l'oubli, nous vous recommandons de lister sur papier les choses que vous devez faire au quotidien. Cette pratique vous permettra de vous vider la tête et d'être plus tranquille.
Autre petit conseil : si votre travail consiste à transmettre des informations (manager des équipes par exemple), conseillez aux gens qui vous écoutent de prendre des notes. Vous aurez ainsi une meilleure garantie de la bonne réception des informations.

Les mémoires à long terme

La mémoire épisodique
Cette mémoire vous permet de retenir des faits passés de votre existence.

La mémoire sémantique
C'est elle qui vous permet de retenir les connaissances théoriques, par exemple des dates historiques, votre alphabet, le sens de rotation des aiguilles d'une montre...

La mémoire procédurale
Elle vous sert au moment de la mise en pratique, du passage à l'action.

La mémoire inconsciente
Cette mémoire, comme son nom l'indique, est votre inconscient.
Par exemple, lorsque vous choisissez de façon inconsciente un produit que vous aviez précédemment vu dans une publicité, c'est dans cette mémoire que l'information avait été stockée.

Se servir de sa mémoire

Il n'est bien évidemment pas simple de savoir à quelle région de votre cerveau faire appel pour vous remémorer telle ou telle chose.
Pour retrouver la donnée recherchée, vous devez retrouver le chemin qu'a emprunté cette information.

Votre mémoire est reconstructive

Dès lors que vous comprenez cela, vous avez connaissance du fait que vous souvenir de quelque chose ne signifie pas aller chercher l'information rangée dans un tiroir à l'intérieur de votre tête, mais bien reconstruire cette information.
Par exemple, si nous vous demandons « qu'avez-vous mangé hier soir ? », vous allez spontanément reconstruire le chemin pour accéder à ce souvenir et amener l'information à votre conscience.
C'est pourquoi le moyen le plus efficace pour apprendre reste l'examen. Mettre en pratique vous entraîne à reconstruire l'information.
Mais ce n'est pas parce que vous savez comment extraire une information que votre cerveau est capable de le faire à chaque instant.
Ne vous est-il jamais arrivé de vous retrouver frustrée par votre incapacité à revenir sur un souvenir ou une donnée à un moment T ? Avoir les choses sur le bout de la langue… cela nous arrive à tous et c'est ainsi. Parfois, nous « perdons » le chemin d'accès à l'information.
Dans ces cas-là, arrêtez-vous. Respirez, laissez-vous un temps de réflexion et, sans pression, vous réussirez à reconstruire doucement cette information.
Cette difficulté est un processus du cerveau qui permet de canaliser le flux de données. Vous seriez vite épuisée si votre mémoire vous inondait à chaque instant de tous vos souvenirs.
Si votre cerveau est bien « câblé », vous avez la possibilité d'y stocker beaucoup d'informations et il vous permet d'en reconstruire un certain pourcentage à un moment T.
N'est-ce pas une bonne nouvelle ?

MISE EN PLACE CONCRÈTE

Je m'offre un cahier et j'y indique ce que je fais de mes journées pendant sept jours. Chaque soir, je retrace dans ma tête les moments importants de ma journée. Ensuite, je relis mon carnet pour comparer.

BÉNÉFICES

Faire mentalement une rétrospective de votre journée et la comparer avec vos notes va vous exercer à retenir plus d'informations. Vous pourrez ensuite appliquer cette méthode à vos divers apprentissages.

Remarque : pour éviter d'être submergée par le stress de l'oubli, je peux aussi lister sur papier les choses que je dois faire au quotidien. Cette pratique me permettra de me vider la tête et d'être plus sereine.

L'apprentissage dans le but de transmettre

Pour apprendre mieux, nous allons maintenant vous inviter à **apprendre** en conscience, à **apprendre** dans le but de transmettre, à **apprendre** à prendre de bonnes notes.

La prise de notes

Lorsque vous avez à l'esprit le souhait de transmettre à quelqu'un d'autre une matière que vous apprenez vous-même, vous développez un degré d'attention plus élevé au moment de votre propre apprentissage. Cela augmente votre niveau de motivation et de concentration.

Si vous apprenez dans le but de transmettre, vous avez tendance à être plus précise lors de votre prise de notes, vous allez plus loin dans votre réflexion.

Grâce à ces prises de notes, vous faites circuler plus d'informations de la mémoire à court terme à la mémoire à long terme.

Prenez également l'habitude de poser des questions, d'approfondir les sujets abordés. Nous reverrons ce point en détail dans la prochaine séance de ce rayon.

Votre canal de préférence est le canal auditif ? Qu'à cela ne tienne, **prenez des notes quand même.**

L'écriture à la main reste préférable à l'ordinateur. L'intégration de la donnée ne sera pas similaire. D'un point de vue pratique, nous vous conseillons d'écrire sur la page de droite d'un cahier et de conserver la page de gauche pour y ajouter vos notes personnelles, vos commentaires, vos questions...

Pour intégrer un maximum de données, nous vous suggérons **l'exercice suivant :**

- Après un apprentissage, revenez une première fois sur ce nouvel enseignement sans relire vos notes. Vous pourrez, à ce moment-là, reconstruire mentalement (ou à l'écrit) les points importants que vous avez retenus pour ensuite les comparer avec vos notes.
Ce procédé vous permettra de faire un état des lieux rapide de ce qui vous a échappé.

MISE EN PLACE CONCRÈTE

Je m'inscris à une conférence dont le sujet m'inspire. Je l'écoute et je prends des notes dans l'état d'esprit de l'enseignant qui souhaite transmettre.

BÉNÉFICES

Approfondir un sujet qui vous inspire et prendre des notes, en sachant que vous transmettrez ensuite cette nouvelle connaissance à une personne de votre entourage, va vous stimuler à être encore plus attentive et à poser des questions. Votre motivation sera plus élevée.

L'utilisation de la mémoire

Avez-vous le sentiment d'avoir une bonne mémoire ? Êtes-vous certaine de faire appel à toutes ses facultés ?
La mémoire ne s'use que si l'on oublie de s'en servir. Plus vous l'utiliserez, plus vous augmenterez votre neuroplasticité*.
*Aptitude des neurones à se transformer pour s'adapter à des modifications de leur environnement ou à des changements internes à l'organisme (source : dictionnaire Larousse).
Vous avez un énorme potentiel. Votre cerveau est à votre disposition et vous permet de réaliser tout ce que vous entreprenez comme apprentissage. Mais pour ouvrir les portes de cette bibliothèque géante, il est parfois nécessaire d'user de quelques stratagèmes.
Pour entretenir la tonicité de votre esprit, voici quelques pistes à explorer.

Prendre le temps de manger, c'est essentiel

Des recherches sur la maladie d'Alzheimer ont été menées par le professeur Joyeux (chirurgien cancérologue à Montpellier). Il est ressorti de ces études que **travailler le goût et développer l'odorat** garantit une nette diminution de la probabilité de souffrir un jour de la maladie d'Alzheimer.
En effet, mâcher longuement ses aliments permet de leur redonner plus de goût.
Plus votre cerveau perçoit les goûts et les odeurs, plus il maintient certaines connexions actives.

Lire un livre en moins d'une heure, c'est possible !

Vous êtes submergée de choses à faire et pourtant votre esprit vous appelle maintenant à l'apprentissage ? Comment allez-vous réussir à lire tous ces ouvrages qui s'empileront bien vite sur votre table de nuit ?
Certains devront être lus de A à Z si vous souhaitez approfondir un sujet. En revanche, une méthode incroyable peut vous aider à en lire quelques-uns en moins de soixante minutes.
Pour cela, procédez de la façon suivante :

- Lisez le titre.
- Lisez le résumé à l'arrière du livre.
- Lisez la table des matières.
- Lisez les gros titres des chapitres.
- Faites un scan complet du livre en le feuilletant assez rapidement et en laissant votre regard se poser sur les informations qui ressortent le plus.
- Refermez le livre et demandez-vous : « Qu'est-ce qui est le plus intéressant ? »
- Ouvrez à nouveau le livre et retournez à la table des matières pour sélectionner les chapitres que vous désirez approfondir.

Cette façon de procéder n'est bien sûr pas valable dans le cadre de la lecture de romans.
Mais elle pourra très certainement vous aider à mettre en place une méthodologie pour puiser dans vos lectures un maximum d'informations en un minimum de temps.

Utiliser des moyens mnémotechniques, ça aide

Enfin, voici quelques astuces pour vous aider à **mémoriser encore plus facilement :**

- Faites des associations d'idées. Pour cela, **racontez-vous des histoires,** utilisez des images mentales, faites des sons, utilisez des métaphores...

- **Prenez en considération votre biorythme.** La mémoire a ses moments préférés. Êtes-vous plus performant le matin, vers 15 h 30-16 heures, ou plutôt le soir après la digestion ?
- Le sommeil permet l'ancrage des informations. **Dormez bien, vous retiendrez mieux.**
- **Développez votre concentration grâce à votre respiration.** Vous pouvez aussi écoutez des musiques douces et calmes (de méditation, par exemple). Cela vous aidera à vous détendre et donc à apprendre mieux.
- Sachez que le yoga invite à la méditation au travers de la pratique de postures et de diverses techniques de respiration. **Mieux oxygéné, votre cerveau retient mieux les nouvelles données.**

Vous voilà informée sur la manière de développer et d'entretenir au mieux votre mémoire. Grâce aux nouvelles informations et aux nouvelles astuces que vous découvrez au fur et à mesure de la lecture de ce rayon dédié à l'apprentissage, vous êtes maintenant en mesure d'apprendre sans plus attendre de nouvelles choses.
Consciente de l'aspect « normal » de certains oublis, vous êtes plus confiante et restez centrée en cas de doute sur le chemin à suivre pour reconstruire une information.
Désireuse de pouvoir transmettre vos nouveaux apprentissages, vous êtes concentrée et attentive lors de vos propres formations.
Pour compléter un peu plus encore notre propre transmission sur le thème de « comment apprendre à mieux apprendre », l'un des points que nous aborderons lors de la prochaine séance concernera les techniques à employer pour être plus efficace lors de la prise de notes.
Remarque : pour des résultats rapides, prenez soin de faire et de refaire vos exercices et vos mises en place concrètes...

MISE EN PLACE CONCRÈTE

Je m'entraîne à retenir le prénom de toutes les personnes que je rencontre. Ensuite, quand je m'adresse à elles, j'emploie toujours leur prénom en début de conversation afin de m'exercer.

BÉNÉFICES

Vous vous exercez ainsi à faire passer des informations de votre mémoire à court terme à votre mémoire à long terme.
Remarque : cette pratique « flatte » la personne à qui je m'adresse, car elle se sent reconnue.

MA PHRASE MANTRA

Je

Pour aller plus loin

- Vidéos de Mathieu Gagnon : « Apprendre et réussir » (https://youtu.be/5ECoIyWqfhg)
- Vidéo pour apprendre vite et bien : https://youtu.be/LK3LdlaTnHQ
- Vidéo sur les techniques de lecture rapide : https://youtu.be/-5sKOW45sYg
- Film sur le fonctionnement de la mémoire : *Vice-Versa*, Disney Pixar, 2015
- Entraînement : Lumosity, leader de l'entraînement cérébral (www.lumosity.com)
- Technique des trois respirations : GoYourMind (https://youtu.be/8Bvv4gxjebA)
- Pour vous inspirer, une vidéo de Idriss Aberkane, enseignant et conférencier, très bon orateur : https://youtu.be/UbLI4fgLh-4

À vos plumes, exercice

Veuillez noter ci-dessous les points que vous avez retenus à la première lecture de cette semaine de coaching.

Relisez ensuite le contenu de cette séance pour améliorer vos connaissances.

Semaine n° 16

OSEZ POSER DES QUESTIONS ET SOYEZ EFFICACE DANS VOTRE PRISE DE NOTES

Pour vous aider à développer au plus vite vos capacités rédactionnelles, nous allons maintenant vous livrer nos meilleures astuces pour une bonne prise de notes. Bien sûr, cet exercice nécessite des semaines voire des mois de pratique pour être des plus efficaces. Mais avec de bonnes bases, vous observerez rapidement une amélioration de vos compétences. Participez-vous de façon ponctuelle à des conférences, des ateliers, des formations ? Osez-vous suffisamment y poser des questions ? Vous sentez-vous à l'aise lors de ces prises de parole ? Comment dépasser vos craintes actuelles ? Sont-elles fondées ? Enfin, nous partagerons avec vous l'un des outils d'apprentissage que nous utilisons au quotidien : **la carte heuristique**. Ce diagramme, qui représente les liens entre diverses idées, vous sera à la fois très utile lors de vos prises de notes, lors de la recherche de nouvelles pistes à explorer, mais aussi lors de l'élaboration d'un plan d'action. Laisser libre cours à votre créativité au profit de vos apprentissages, voilà une perspective passionnante, non ?

Cette semaine, vous apprendrez à :

Remédier à la peur de poser des questions.
Utiliser de nouvelles astuces pour de meilleures prises de notes.
Réaliser une carte heuristique.

La peur de poser des questions

Vous est-il déjà arrivé d'avoir peur de poser des questions ? Que ce soit en cours, en formation ou lors d'une conférence, elles vous brûlent les lèvres, mais vous ne les exprimez pas toujours. Pourtant, les réponses à ces interrogations peuvent vous permettre de mieux cerner un problème, mieux comprendre les enseignements qui vous sont transmis. Combien de fois vous êtes-vous résolue au silence en pensant « je risque d'avoir l'air ridicule si je pose cette question » ? Oui, vous avez fréquemment peur de poser des questions, car vous avez tout simplement **peur d'avoir l'air bête.**
Intimement liée à la peur de l'exclusion, la peur du ridicule vous freine. Elle vous place dans une situation inconfortable, car vous redoutez de souffrir du regard des autres. Cette **peur du rejet** est ridicule en elle-même, car vous sentir exclue résonne en vous de la même manière que **la peur de mourir.** Mourir d'avoir posé une question ridicule ? N'est-ce pas cette idée qui est ridicule ?

Dépasser votre peur

Regagner peu à peu en confiance en vous va vous permettre de vous libérer de cette crainte. Sachez surtout que la peur est normale. Ne cherchez pas à la fuir ou à l'exterminer. Il ne s'agit pas d'un combat à mener, mais plutôt d'un parallèle à faire entre ce que vous désirez exprimer et ce que votre émotion vous dicte de ne pas faire. Observez cette peur et imaginez-la assise sur le haut de votre épaule. Pour l'instant, c'est elle qui s'amuse de vous. Réagissez et dites-lui avec fermeté : « Je reconnais que tu es présente, mais je m'en moque ! J'ai une question à poser, et je prévois bien de le faire ! »
Franchissez ce petit moment d'inconfort et laissez-vous guider par les mots qui sortiront de votre

bouche à ce moment-là. Vous vous surprendrez et gagnerez en estime de vous.
D'autres peurs sont à pointer du doigt. En effet, vous pouvez tout simplement **ne pas avoir compris** ce qui vient de vous être expliqué et estimer que votre question est inutile. Détrompez-vous !

✳ Écoute, compréhension et reformulation ✳

Parfois, quand on ne comprend pas, c'est le début de la connaissance. C'est là que se situe votre capacité à assimiler de nouvelles choses. Dites-vous tout simplement que si vous-même n'avez pas compris, il est très probable que ce soit aussi le cas d'autres personnes de l'assemblée dans laquelle vous vous trouvez. Poser une question vous place dans l'attente d'une réponse de la part de votre interlocuteur. Votre appréhension peut simplement être de **ne pas comprendre la réponse qui vous est apportée.** Si cette situation se présente, demandez-lui une répétition, une reformulation ou une réponse illustrée d'un exemple. Dans tous les cas, restez en recherche de « cohésion ». Pour cela, n'hésitez pas à reformuler vous aussi votre question de différentes manières si cela s'avère nécessaire. Votre enseignant, l'intervenant que vous écoutez, est là pour vous. Il adore les questions. Elles l'ouvrent à de nouvelles choses, et s'il se retrouve en difficulté face à son incapacité à vous répondre, il s'informera et vous proposera très certainement de revenir vers lui ultérieurement. Vue sous cet angle, **la peur de mettre votre professeur en difficulté** va rapidement s'évaporer. Finalement, la chose la plus importante à respecter, après avoir passé le cap et osé poser des questions, est de toujours poser des questions pertinentes qui pourront élever le débat.

✳ Sélectionner les informations et garder l'esprit ouvert ✳

Dès lors que vous serez plus à l'aise avec la prise de parole pour enrichir vos connaissances, accueillez les informations que l'on vous donne en faisant le tri. Ne croyez pas trop fort quelque chose que vous venez d'apprendre et n'hésitez pas à confronter votre point de vue avec celui de votre enseignant lors de la pause café par exemple. Vous êtes novice dans ce domaine qui vous attire tant ? Vous boirez sans condition les paroles de votre instructeur. Prenez conscience du fait que plus vous maîtrisez un sujet, moins vous êtes ouvert aux nouveaux apprentissages sur ce sujet. Nous pensons parfois tous, à tort, que nous savons tout... Pour vous aider à rester ouverte, rappelez-vous du point de vigilance que nous avons partagé avec vous dans la séance numéro 2 de ce rayon : **« Écoutez comme si c'était la première fois que vous entendiez parler du sujet. »**

✳ MISE EN PLACE CONCRÈTE ✳

Je me souviens de la dernière fois où je n'ai pas compris quelque chose lors d'une réunion, d'un cours ou d'une conférence :

Quel a été mon dialogue intérieur ?
(Que me suis-je dit intérieurement ?)

✳ BÉNÉFICES ✳

Être à l'écoute de votre dialogue intérieur va vous permettre de comprendre le(s) blocage(s) que vous pouvez avoir.

De bonnes prises de notes

Lors de la prise de notes, nous sommes tous confrontés à une série de difficultés. Il nous faut écouter notre enseignant, comprendre ce qu'il nous dit, réussir à en sélectionner l'essentiel et noter un résumé des points principaux abordés. Quel challenge ! Heureusement, grâce à quelques-unes de nos astuces, vous allez pouvoir vous entraîner en coulisse et vous préparer à être au top pour votre prochain cours, votre prochaine formation ou votre prochaine conférence.

Les sept trucs et astuces d'une bonne prise de notes

Astuce 1 : se préparer Moins vous êtes à l'aise avec le sujet et la nature d'un oral auquel vous allez assister, plus il est nécessaire de vous y préparer. Cela semble évident, et pourtant vous n'y pensez pas tout le temps. Demandez-vous : « Qu'est-ce que je sais des sujets qui seront traités ? Quelles sont mes attentes d'apprentissage ? » Être préparé à l'écoute d'un thème nécessite parfois de se familiariser au vocabulaire qui sera employé pendant la conférence ou la formation. Identifier vos attentes par rapport à cet apprentissage vous permettra de ne pas passer à côté de ce qui vous semble être essentiel.

Astuce 2 : bien écouter L'heure est à l'écoute et non à l'interprétation. Pour bien écouter, commencez par mettre de côté tout jugement personnel. Faites de votre mieux pour recevoir ce que dit l'orateur, en comprenant sa pensée. Comprendre ne veut pas dire accepter. Soyez attentive et ouverte tout en sachant que vous pourrez faire un tri de ces informations dès votre retour à la maison.

Astuce 3 : se faire confiance Plus vous notez, moins vous écoutez et plus vous vous épuisez. La prise de notes est en quelque sorte une course de fond. Pour réussir à vous économiser, il est donc indispensable de comprendre l'ensemble d'un sujet ou d'une idée avant de la noter. **Cette vue d'ensemble est l'une des principales astuces de la prise de notes.** Notez quelques phrases clés et retranscrivez le plus souvent possible les idées et concepts avec vos propres mots. Si vous ne comprenez pas l'idée qui a été développée, votre prise de notes risque d'être compliquée.

Astuce 4 : noter peu, noter utile Vous l'avez probablement déjà vécu, il est difficilement possible de tout noter. D'ailleurs, si c'était le cas, il serait compliqué d'en ressortir ensuite l'essentiel. Pour être efficace, vous devez donc **trier et sélectionner les informations** que vous allez noter. Si l'enseignant insiste sur l'importance de certaines idées, pensez bien à surligner les mots où les phrases liés à ces idées. Utilisez aussi cette méthode pour les informations qui vous touchent le plus. Bien sûr, pour réussir à mettre en pratique cette astuce, il vous faut à tout prix éviter d'avoir un wagon de retard. Si tel est le cas, n'hésitez pas à sauter une étape incomprise pour reprendre le train en marche et revenir ainsi dans le flux actuel. Il vous sera toujours possible de traiter ce point plus tard.

Astuce 5 : structurer sa prise de notes Quel est le sujet ? La date ? Le nom de l'intervenant ? Ces informations vous seront précieuses lors de vos prochaines relectures. Si l'orateur vous en fait part, vous pouvez commencer votre prise de notes par un sommaire des points qui seront abordés. Ensuite, surlignez les noms de chapitres. En un coup d'œil, vous serez capable de vous y retrouver et de restructurer mentalement le déroulé du programme écouté. Rappelez-vous : choisissez un côté pour vos notes (le droit par exemple) et gardez la page parallèle pour y indiquer vos questions, réflexions, expériences... Vous trouverez progressivement votre propre façon de prendre des notes.

Astuce 6 : transmettre les informations apprises Son importance est telle que nous y revenons une fois de plus : **apprenez en ayant à l'esprit l'objectif de transmettre.** Vous pourrez ensuite échanger avec d'autres personnes et verrez rapidement si vous êtes capable ou non d'exprimer ce que vous avez intégré. Dans cet état d'esprit, vous serez à nouveau tenue de synthétiser ce que vous avez compris et appris. Exercez-vous une première fois sans consulter vos notes. Puis relisez-les pour mettre le doigt sans tarder sur les points que vous n'avez pas compris. Cet « auto-test » vous permettra de voir où vous en êtes avec ces nouvelles notions.

Astuce 7 : revoir ses notes juste après la formation À ce moment-là, tout est encore frais dans votre tête. C'est le moment idéal pour relire vos notes et pour cibler les choses qui n'ont pas forcément été bien acquises/comprises du premier coup.

MISE EN PLACE CONCRÈTE

Je me familiarise avec les sept astuces que je viens de découvrir. Ensuite, je me prépare pour ma prochaine réunion, ma prochaine conférence ou ma prochaine formation. Le jour J, je m'applique à bien écouter et à noter peu, mais utile. Je me fais confiance et je structure au maximum ma prise de notes. Peu de temps après, je transmets les informations que j'ai apprises avant la relecture de mes notes. Ensuite, je me relis et j'identifie les notions que je n'ai pas encore intégrées.

BÉNÉFICES

Cette pratique va vous permettre de passer à l'action rapidement. Vous identifierez sans tarder les choses qui vous faisaient jusqu'à présent défaut et pourrez travailler avec plus d'insistance certaines des astuces détaillées ci-dessus.

La carte heuristique

Laissons place maintenant à un peu de fantaisie. Pour clôturer ce rayon dédié à l'apprentissage, vous allez pouvoir laisser parler votre créativité. La carte heuristique, aussi appelée *mind map*, est un outil qui va vous permettre d'avoir rapidement une vision d'ensemble sur un sujet. Ce format est très utile lors de la prise de notes, de la recherche d'idées ou de l'élaboration d'un plan. C'est un support intéressant qui permet la valorisation des idées ou d'une présentation lors de la prise de parole, par exemple. Vous n'arrivez pas à mémoriser quelque chose ? Grâce à la carte heuristique, vous ne verrez plus les révisions et l'apprentissage de la même manière. Pour commencer votre première création, vous allez avoir besoin de :

- quelques feuilles blanches ;
- des feutres, des crayons de couleur, des marqueurs ;
- éventuellement une règle, des ciseaux et quelques anciennes revues.

Comment créer une carte heuristique ?

Nous vous recommandons de **placer votre feuille sur sa largeur**, dans le sens paysage. Avec une vision plus large, il vous sera plus simple de réaliser les étapes suivantes.

Au centre de la page, venez indiquer **le titre de votre carte.** Cette phrase est un peu le cœur de votre création. Il est donc important que ce titre soit ouvert, affirmatif et créatif. **Laissez parler l'artiste qui sommeille en vous.** Depuis le centre de votre page, vous pouvez ensuite **tracer quelques branches** souples et réparties de façon harmonieuse autour du titre. De cette manière, vous créez une ouverture. À l'extrémité de chaque branche, **indiquez les mots en rapport avec le thème choisi. Par exemple :** dans le cadre d'une recette, indiquez le nom de la préparation culinaire au centre (« les galettes de Mamy ») et l'un des ingrédients au bout de chaque branche (beurre, farine, œufs, sucre...). Vous pouvez, si vous le désirez, ajouter des images, des dessins ou des pictogrammes en parallèle ou à la place des mots choisis. Et maintenant, place à votre créativité. **Utilisez des couleurs** pour une meilleure lisibilité. Cela permettra une belle homogénéisation et une différenciation facile des informations. À chaque branche sa couleur, par exemple. En réalité, la réalisation d'une carte heuristique est très personnelle. Libre à vous de choisir les matériaux qui vous plaisent le plus (papiers, crayons...).

✳ Suivre son intuition ✳

Il n'y a pas de bonne ou de mauvaise *mind map*. Celle que vous réaliserez sera celle qui vous convient le mieux. Installez-vous dans un endroit calme, dans une ambiance agréable (musique, bougies, huiles essentielles...). Et surtout, **écoutez votre intuition**. Pour cela, libérez-vous de vos anciennes croyances et ouvrez-vous à la possibilité du « tout est possible ». Une fois votre carte créée, vous pourrez venir l'afficher aux côtés de vos mantras sur l'un des murs de votre bureau, de votre maison ou de votre appartement. Regardez-la et lisez-la le plus souvent possible (au moins une fois par jour). À l'aide de cet outil, vous intégrerez de plus en plus vite les nouvelles notions, vous réussirez à réaliser de nouveaux projets, vous structurerez de plus en plus vos idées.

Après quelques mois, il vous sera très certainement nécessaire de recommencer votre carte. Votre vie aura déjà changé et vous devrez tout simplement remplacer les données que vous souhaitez visualiser. Si ce n'était pas encore fait, **ouvrez dès à présent grand la porte à l'enfant qui repose en vous**. Influencée par votre environnement, vous rencontrerez peut-être quelques difficultés à laisser s'exprimer votre vraie nature. C'est pourquoi notre prochain rayon sera entièrement dédié au thème des relations sociales dans votre vie : réussir à vous affirmer pour être mieux avec vous-même et avec les autres, apprendre à développer des relations nourrissantes et saines, comprendre le fonctionnement du réseautage... D'ici quelques semaines, les relations humaines n'auront plus de secret pour vous. Tout est lié...

✳ MISE EN PLACE CONCRÈTE ✳

Je réalise une carte heuristique (*mind map*) du rayon apprentissage.

✳ BÉNÉFICES ✳

Grâce à cet outil créatif, vous allez synthétiser plus facilement les apprentissages importants de ce mois. En visualisant chaque jour les nouveaux outils retranscrits sur votre carte, vous les intégrerez en douceur. Vous pourrez faire de vos nouvelles connaissances de vrais acquis.

MA PHRASE MANTRA

Je

Pour aller plus loin

- La carte heuristique : www.ac-orleans-tours.fr/dsden36/circ_ash/formation (aller dans l'onglet « Animations pédagogiques », puis « Les cartes heuristiques », et télécharger le PDF «Apprendre à apprendre avec les cartes heuristiques »)
- FreeMind : outil permettant de réaliser des cartes heuristiques (téléchargeable gratuitement sur Internet à l'adresse suivante : https://freemind.fr.softonic.com)
- Mindmeister : outil payant et collaboratif (www.mindmeister.com)
- Livre : *Une tête bien faite*, de Tony Buzan, éditions Eyrolles, 2011
- Vidéo : « Les tables de rappel », avec Vincent Delourmel (https://youtu.be/cPIo_kQmryE)
- Apprendre l'anglais rapidement : *La Méthode Michel Thomas - anglais débutant*, de Michel Thomas, éditions Harrap's, 2013

À vos plumes, exercice

Pour aller un peu plus loin dans la mise en pratique de la réalisation des cartes heuristiques, nous vous invitons maintenant à réaliser une *mind map* de projection sur les six mois à venir. Que projetez-vous de faire ? Quels sont les objectifs que vous souhaitez atteindre avant la fin du prochain semestre ? Respectez bien les étapes de réalisation et appliquez-vous à définir des objectifs clairs et accessibles tout en restant créative.

Affichez votre carte et mettez progressivement en place votre stratégie pour atteindre les objectifs fixés.

Trois à six mois plus tard, venez indiquer au verso de vos cartes heuristiques vos impressions sur l'utilité et l'efficacité de ces créations :

Notez ici vos commentaires :

RAYON
relations sociales

Tel un puzzle, votre vie trouve peu à peu ses pièces manquantes.
Continuons notre exploration de ses différents rayons par le développement de quelques outils et concepts qui vous aideront à améliorer la qualité de vos relations sociales.
Votre environnement influence-t-il votre vie ? La réponse est oui !
Vous découvrirez ce mois-ci que vous êtes la moyenne des cinq personnes qui vous entourent.
À l'aide d'un super détecteur de personnalité, vous améliorerez votre rapport aux autres et à vous-même.
Oui, les relations humaines n'auront plus de secrets pour vous et vous deviendrez maître dans l'interprétation des demandes de vos interlocuteurs.
Développer des relations nourrissantes deviendra votre force dès que vous aurez pu en évaluer l'importance.
Quels sont les réflexes à adopter pour faire croître votre réseau ?
Du pitch à la *flash new* en passant par le triangle dramatique, ce cinquième axe de notre coaching n'aura de cesse de vous surprendre.

Semaine n° 17

COMPRENEZ COMMENT VOTRE ENVIRONNEMENT INFLUENCE VOTRE VIE

Avez-vous déjà constaté à quel point votre environnement influence votre vie ?
Cette semaine, nous mettrons l'accent sur la nécessité de se sentir important et reconnu dans ses relations humaines.
Vous comprendrez également que pour progresser dans votre développement personnel, il vous sera parfois nécessaire de revoir vos fréquentations actuelles.
La critique alourdit souvent vos relations et provoque la rancune. Vous apprendrez à écouter, à complimenter et à comprendre l'autre.
Grâce à la technique du scénario loufoque, vous réussirez à ne plus juger les autres en émettant de multiples hypothèses.
En faisant place aux compliments, vous améliorerez la qualité de vos relations.
Enfin, nous partagerons avec vous l'outil qui nous a le plus aidés dans notre rapport aux autres et à nous-mêmes : le détecteur de personnalités.

Cette semaine, vous apprendrez à :

Comprendre les grands secrets des relations humaines.
Accepter les compliments, ne plus émettre de critique ni de jugements.
Utiliser le détecteur de personnalité.

Les grands secrets des relations humaines

Vous est-il déjà arrivé de remettre en question les relations que vous entretenez depuis des années avec les personnes de votre entourage ?
Vous êtes la moyenne des cinq personnes qui sont le plus proche de vous, et ce dans les différentes dimensions de votre vie.
En travaillant sur vous à l'aide d'outils de développement personnel, vous changez peu à peu et voyez certainement votre entourage changer lui aussi.
Si ce n'est pas encore fait, vous vous appliquerez ce mois-ci à **vous libérer de vos éventuelles relations « toxiques »** au profit de nouveaux contacts avec des personnes stimulantes et plus alignées avec la personne que vous devenez peu à peu.
Faire le deuil de vos anciennes relations est un travail de longue haleine, mais c'est une étape indispensable pour aller de l'avant.
En fonction de votre cadre de référence, vous attachez plus ou moins d'importance à ce que pensent les autres de vous.
Une personne qui se situe dans un **cadre de référence** interne sait ce qu'elle a à faire et comment elle doit le faire. Le regard des autres sur ce qu'elle accomplit lui importe peu. Si vous vous recon-

naissez dans cette tendance, vous devez admettre qu'il vous arrive très souvent de ne pas écouter ou de ne pas prendre en compte l'avis des autres.
En revanche, si vous vous situez principalement en cadre de **référence externe**, vous êtes dans la tendance inverse. Vous attachez beaucoup d'importance à ce que pensent les autres de vous et avez besoin de connaître leur avis sur ce que vous dites ou faites. Il vous est compliqué d'avoir votre libre arbitre.
Comprendre cette notion va dès à présent vous permettre d'identifier le cadre de référence de vos interlocuteurs pour éventuellement adapter votre discours ou votre comportement à leur égard.
Mais avez-vous une idée du processus à mettre en place pour amener une personne à accomplir une certaine action ?
Bien sûr, tel un parent menaçant de coup son enfant, vous pouvez tenter d'obliger cette personne à vous écouter ou à faire ce que vous lui demandez. Mais cela vous exposerait à des conséquences désastreuses.
Grâce à une approche plus douce et plus subtile, il vous est plus simple de susciter en elle le désir d'accomplir cette action.
Cette approche est également très efficace pour aider un cadre de référence interne à accepter votre regard bienveillant sur ce qu'il fait.
L'un des désirs fondamentaux de l'homme est d'être reconnu. Donnez cela à l'autre et il se sentira bien. Au fond, ce que nous recherchons tous est universel, cela s'appelle l'amour ! **Le sentiment de compter pour les autres est notre principal besoin.**

MISE EN PLACE CONCRÈTE

Je reconnais mon cadre de référence (interne/externe) et je prends conscience de l'influence qu'ont certaines personnes de mon entourage sur moi.

BÉNÉFICES

Reconnaître votre cadre de référence va vous permettre de prendre du recul dans certaines situations en acceptant l'idée que votre réaction est liée à ce cadre. Prendre conscience de l'influence qu'ont certains de vos proches sur vous va vous aider à ouvrir les yeux sur la qualité et la viabilité des relations que vous entretenez avec eux.

Vive les compliments, au revoir la critique et les jugements !

Vous le comprenez doucement : si vous souhaitez évoluer, il va vous falloir changer d'environnement direct. Telle une belle plante, vous avez besoin d'un bon terreau pour croître.
Mais parfois, c'est la crainte du changement qui vous bloque dans vos relations. Et pourtant, pour révéler votre plein potentiel, quelques changements vont être nécessaires.
Le moment est venu d'être enthousiaste et alignée avec ce que vous entreprenez. Pour y parvenir, vous devez être encouragée et soutenue. Vous aussi avez **besoin d'être reconnue.**
Si vos relations vous exposent à la critique constante, démotivée et dans le doute perpétuel, vous perdrez confiance en vous. Pire, vous pourriez devenir un « légume » et préférer la procrastination à l'action.
En revanche, si vous baignez dans un environnement bienveillant où l'on vous prodigue des compliments sincères, vous réussirez à sceller vos fondations et gagnerez en confiance et en estime de

vous. Déployer vos racines dans un bon terreau est primordial. N'ayez plus peur et acceptez de voir vos habitudes et votre entourage se modifier.
Bien sûr, ce qui est valable pour vous l'est pour les autres (conjoint, amis, enfant...).
En pratiquant l'éloge spontané et en fuyant la critique, vous construirez des relations sociales solides et durables.
En effet, les critiques mettent tout le monde sur la défensive, blessent l'amour-propre et provoquent la rancune.
Elles poussent à la justification, créent des tensions et, quand elles sont nombreuses, amènent à la démotivation.
Vous en avez probablement déjà fait l'expérience sans vous en rendre compte : on apprend et on retient plus vite avec des compliments plutôt qu'avec des critiques !
Cependant, quand la critique est constructive, accueillez-la à bras ouverts.
Pour éviter de devenir une professionnelle de la critique, la vigilance est de mise.
Que ce soit des critiques formulées envers vous-même ou envers les autres, cette pratique est un cercle vicieux qui finirait par vous enfermer sur vous-même plutôt que d'être une source d'énergie inspirante pour les autres.

« Ne juge point si tu ne veux être jugé. » *- Abraham Lincoln*

Plutôt que de les juger, essayez de comprendre les actions et les mobiles des gens qui vous entourent.
Face à une situation incompatible avec votre façon de penser ou de procéder, prenez du recul et, si nécessaire, **inventez-vous quelques scénarios « loufoques ».**
Par exemple : assise dans le métro, vous observez un homme assis, la mine défaite. Ses enfants sont au nombre de quatre. Surexcités, ils courent dans votre wagon et se roulent sur le sol sous les yeux ahuris des quelques passagers présents ce soir-là.
Vous vous dites peut-être : « Il ne sait pas s'occuper de ses enfants, à cette heure-ci ils devraient tous être au lit, quel mauvais père... »
Quelques minutes plus tard, l'homme reçoit un appel. La conversation téléphonique vous permet de comprendre qu'il vient d'enterrer sa femme et qu'il est désemparé par sa perte soudaine, qu'il va être seul pour gérer leurs quatre enfants. Vous admettez maintenant le comportement de ces enfants et changez tout à fait votre perception de la situation.
Cette histoire nous permet d'illustrer le fait que, dans de nombreux cas, notre jugement est erroné.
Vous n'auriez pas pu deviner la vérité, car vous n'êtes pas dans la tête de cet homme.
Mais nous sommes tous ainsi faits. Malgré nous, nous jugeons sans arrêt les autres jusqu'à parfois souffrir de nos propres suppositions.
Quand vous êtes dans le jugement, reprenez-vous et imaginez plusieurs scénarios loufoques.
Formulez plusieurs suppositions au lieu de créer votre propre vérité.
Une fois encore, cette pratique est une forme de gymnastique du cerveau à laquelle vous pouvez vous entraîner aussi souvent que possible.
Rappelez-vous aussi que médisances et ragots sont vos pires ennemis.
Semez du positif et vous récolterez du positif. Semez du négatif et vous récolterez... ce que vous aurez semé.
Dire du mal des autres ? Vous ? Peut-être avant, mais plus maintenant !

« Soyez le changement que vous souhaitez voir dans le monde. » *- Mahatma Gandhi*

Une personne ne se définit pas par ses succès ou ses erreurs. Entraînez-vous à voir la « lumière » qui réside en chacune de vos fréquentations. Vous apprendrez ainsi à ne pas les condamner, mais à les dissocier de leurs actes.

Lors de chaque événement de votre vie, vous ressentez des émotions. Lors de chacune d'entre elles, votre esprit interprète, suppose, imagine des scénarios. C'est un peu comme si votre mental volait au secours de vos émotions pour leur donner une bonne excuse, une raison d'être.

C'est ce processus que vous devez en quelque sorte venir troubler.

Vous savez maintenant qu'il y a un jugement dès qu'il y a une émotion. Consciente de cela, vous comprenez maintenant mieux vos propres fonctionnements et celui des membres de votre entourage.

MISE EN PLACE CONCRÈTE

Pendant sept jours, je compte les critiques journalières que je formule envers les autres ou envers moi-même, ainsi que les compliments que je formule aux autres et à moi-même.

BÉNÉFICES

Vous allez grâce à cet exercice vous entendre penser. Vous réduirez progressivement le nombre de critiques pensées ou formulées, car vous constaterez que faire plus de compliments et moins de critiques vous aide à vous sentir plus épanouie tout en améliorant la qualité de vos relations sociales.

Le détecteur de personnalité : l'ennéagramme

Dans le chemin de développement personnel que nous avons emprunté depuis quelques années, une méthode a révolutionné notre relation aux autres et à nous-même.

Cet outil que nous souhaitons partager avec vous s'appelle **l'ennéagramme.**

Ce nom vient du grec *ennea gramma* et signifie « figure à neuf points ». C'est une sorte de détecteur de personnalité à utiliser au quotidien.

Avoir connaissance des **neuf principaux comportements de la nature humaine** va vous permettre de percevoir votre entourage et vous-même avec un tout autre regard.

Reconnaître et admettre la facette dominante de votre comportement va vous aider à cerner ce qui vous bloque peut-être actuellement dans votre réalisation, votre épanouissement personnel.

Votre perception du monde, de vos valeurs et de vos croyances est venue s'installer avec le temps et s'exprime maintenant au travers d'une de ces facettes dominantes.

Bien sûr, vous pourrez vous reconnaître au travers de plusieurs profils. D'ailleurs, vous être très certainement concernée par ces neuf types de personnalités, mais pour vous construire, vous en avez développé certains plus que les autres.

Prête à être un peu remuée et à mettre en lumière certaines de vos zones d'ombre ?

Voici les neuf comportements humains

Le numéro 1 : le réformateur, le perfectionniste

Comme son nom l'indique, le perfectionniste aime que les choses soient parfaites. Il souhaite avoir raison sur tout. On le retrouve beaucoup dans tout ce qui touche aux principes de la morale, de l'éthique et de la discipline personnelle. C'est le genre de personne qui « serre les dents » pour garder une part de self-control.

Il est très exigeant envers lui-même, mais aussi envers les autres.

Le perfectionniste accepte difficilement l'échec et a une vision de la réalité qu'il pense être la meilleure.
Son côté sombre est la colère. En effet, le chaos du monde extérieur ne correspond pas à la vision parfaite qu'il a de ce que devraient être les choses.

Le numéro 2 : l'altruiste

L'altruiste fait tout ce qu'il peut pour être aimé de tous. Il est au service de tout le monde et remplit son réservoir d'amour en aidant les autres.
Cette personne est dans l'accueil. Il a besoin qu'on ait besoin de lui. Très souvent, il se sacrifie même pour les autres. Il est persuadé qu'il sera aimé pour ce qu'il fait et non pour ce qu'il est.
On retrouve dans cette catégorie beaucoup de femmes dévouées et au service de tous : enfants, mari, famille...
L'altruiste se donne corps et âme pour être apprécié et refuse très souvent les compliments qu'on lui fait en retour.
Paradoxe : il a le sentiment de ne jamais être reconnu.

Le numéro 3 : le performer, le battant

On retrouve ici celui qui est en recherche constante de succès et donc de réussite. Il adore les nouveaux challenges.
Il est dans la performance perpétuelle et a besoin d'obtenir des résultats.
C'est un grand travailleur. Comme un entrepreneur ou un athlète de haut niveau, il va toujours au-delà de ce qu'il peut vraiment faire.
Il se fixe des objectifs très ambitieux et une fois qu'il les a atteints, il en établit d'autres. Il savoure à peine sa réussite.
Le souci du performer ? C'est un menteur ! En effet, quand cela lui arrive, il ne veut pas s'avouer l'échec. Pour lui, ce n'est pas une option.
Il pense toujours pouvoir en faire plus. C'est dans ce type de personnalité que se retrouvent beaucoup de personnes en burn-out ou souffrant d'infarctus.

Le numéro 4 : l'original, l'authentique

C'est un artiste. Il est très créatif et veut être original, authentique.
Être un numéro 4, c'est avoir des sentiments profonds, être dans l'expression personnelle, avoir une grande liberté personnelle.
Il est beaucoup moins organisé que les autres. Il vit dans la passion.
En couple, ce type de personnalité supporte mal la routine du quotidien. C'est pourquoi, quand la relation n'est pas stimulante, il perd de l'engouement. Sa vie doit un peu ressembler aux *Feux de l'amour* pour être trépidante. Les relations de longue durée sont difficiles pour lui.
Son côté sombre est la mélancolie. Il est nostalgique du passé et se dit souvent que les choses étaient mieux avant. Ce rêveur imagine un monde idéal et préfère s'évader dans son monde imaginaire plutôt que de s'énerver sur les autres comme le ferait le perfectionniste.

Le numéro 5 : l'intellectuel

L'intellectuel est dans la précision. Son obsession est d'être compétent.
C'est une personne en recherche d'efficacité qui sait analyser et prendre du recul dans chaque situation. Il est très compétent et sa facette d'expert est sa force.
Son côté sombre est qu'il peut se montrer difficilement accessible car, du fait de son intelligence et

son savoir, il se croit généralement supérieur aux autres.
Il est parfois arrogant, voire égoïste, à cause de son savoir et n'a pas envie de se mettre au même niveau que les autres. On retrouve fréquemment ce type de profil chez les chercheurs et les doctorants, par exemple.

Le numéro 6 : le loyal

Le loyal est en recherche constante de sécurité. Il est très orienté « réglementation ». Ce profil est très réceptif à la loi, aux articles de loi, à la jurisprudence.
Il est très organisé, c'est un grand planificateur.
On retrouve dans ce type de profil les policiers et les juristes, par exemple.
En réalité, le numéro 6 vit dans la peur du chaos et de la déviance du monde extérieur.

Le numéro 7 : l'épicurien

C'est un bon vivant ! Il est heureux et très festif. Le numéro 7 est toujours dans le positif, dans le plaisir matériel, le plaisir sensuel.
Il vit des tas d'expériences différentes, c'est un réel épicurien.
Résultat : il a tendance à fuir le conflit et la douleur pour réussir à rester ultrapositif. À être « trop » positif, il en arrive à ne pas être réaliste face à certaines situations.

Le numéro 8 : le chef

C'est le boss ! La force, le pouvoir, l'influence. Il est à la recherche d'indépendance et du respect des autres.
Il a besoin d'être dans le contrôle, dans la survie physique parfois. Très souvent, il est dans un rapport de force.
On retrouve ici les leaders, ceux qui ont de hauts postes à responsabilités, les entrepreneurs qui ont une vision de l'entreprise et qui aiment donner des ordres pour que chacun sache ce qu'il a à faire.
Leur problème est qu'ils ne respectent pas les faibles, ne supportent pas la faiblesse.
Quand ses relations se passent mal, ce type de personnalité est dans la vengeance. Il peut en arriver à faire des choses terribles. C'est dans ce profil que se retrouvent la plupart des personnes qui commettent des crimes passionnels.
Soyez vigilante avec lui, ne vous laissez pas faire, sinon il vous mangera toute crue...
Il est en effet important de placer des barrières dès que vous l'avez cerné, car le numéro 8 vous testera pour voir jusqu'où il peut aller avec vous.

Le numéro 9 : le médiateur

Ce dernier profil correspond à celui qui souhaite être en paix avec tout le monde. On l'appelle le médiateur, car il va toujours faire en sorte de trouver des compromis. Il n'aime pas quand les gens se déchirent.
Il est en constante recherche d'harmonie, à la différence de l'altruiste qui lui, pour rappel, est dans le service. Il est doué pour créer les « scénarios » et comprend les perspectives des uns et des autres.
Son souci est que, conscient du bon et du mauvais côté des choses, il a du mal à avancer car il ne réussit pas à trancher.

Bien sûr, il n'y **pas un type meilleur que l'autre.** Mais vous en avez développé un qui domine sur les autres.

Plus jeune, vous avez testé la vie sous différents angles et vous êtes ensuite fixée sur le profil qui vous convenait le mieux.
Mais pourquoi ne pas changer un peu votre jeu ? Vous disposez **de neuf cartes,** le moment est venu de (ré)apprendre à les utiliser.
En effet, toujours jouer la même carte, y compris dans des situations qui ne sont pas adaptées, finira par vous attirer des problèmes relationnels. À agir ainsi, vous vous déséquilibrez.

Parfois, quand on rejette un numéro, c'est parce qu'il nous met mal à l'aise.
Par exemple, si vous êtes un numéro 2 dans le don de vous-même, il vous faut parfois jouer la force face à un numéro 8, même si vous détestez être dans ce rôle.

Consciente de ces neuf profils qui sommeillent en vous, vous pouvez maintenant vous adapter à la personne qui est en face de vous.
Entraînez-vous à utiliser les cartes que vous avez laissées de côté. Prenez le temps d'écouter les gens qui vous entourent et vous réussirez à comprendre un nombre impressionnant de situations.
Avec le temps, vous réussirez à être de plus en plus dans la compassion et réaliserez que les gens jouent tous des rôles dont ils n'ont pas du tout conscience.

MISE EN PLACE CONCRÈTE

Je prends un peu de recul et j'identifie le profil des personnes de mon entourage. Je reconnais également les « cartes » qu'ils jouent régulièrement.

BÉNÉFICES

Vous réussirez ainsi à comprendre beaucoup de situations autour de vous : pourquoi un tel et un tel ne réussissent-ils pas à communiquer ? Comment dialoguer avec telle ou telle personne pour qu'elle comprenne mieux vos attentes et besoins ?
Peu à peu, cette pratique vous permettra également d'être de moins en moins dans le jugement de l'autre et d'avoir un regard bienveillant sur vous-même et sur les autres.

MA PHRASE MANTRA

Je

Pour aller plus loin

- Livre : *Comment se faire des amis*, de Dale Carnegie, éditions Poche, 1990
- Livre : *Guide de l'auto-coaching pour les femmes*, de Chine Lanzmann, Pearson, 2012
- Livre : *Voilà ce que j'aurais dû dire*, de Pauline Klein et Olivier Bettack, éditions Eyrolles, 2015
- Livre : *J'arrête de râler*, de Christine Lewicki, éditions Pocket, 2014
- Pour faire le test ennéagramme et essayer de décoder les personnalités des gens de votre entourage : www.eclecticenergies.com/francais (aller dans l'onglet « Ennéagramme », puis « Test d'énnéagramme »)

À vos plumes, exercice

Afin de définir avec certitude votre profil dominant, nous vous invitons à faire le test d'ennéagramme présenté ci-dessus.
Nous vous recommandons de le faire en compagnie d'une personne qui vous connaît bien et qui pourra vous aider à trancher si vous hésitez lors de vos réponses.
Ce test vous prendra environ vingt minutes et vous ouvrira les yeux sur bien des facettes de votre personnalité.

Actuellement, votre profil dominant est :

Les profils que vous allez travailler pour gagner en équilibre sont :

Semaine n° 18

AFFIRMEZ-VOUS POUR ÊTRE MIEUX AVEC VOUS-MÊME ET AVEC LES AUTRES

Pour réussir à vous épanouir dans vos relations sociales, il est essentiel d'être en paix avec vous-même.
Êtes-vous connectée à vos besoins ? Quels sont ceux qui ne sont pas comblés ?
Cette semaine, nous vous aiderons à mieux les identifier, mais aussi à reconnaître vos émotions.
Vous prendrez conscience de l'impact que la reconnaissance de vos besoins peut avoir sur vous.
Oser les exprimer au travers de la communication non violente par exemple, comme nous allons voir au cours de cette séance, est un acte libérateur qui vous aidera à gagner en confiance en vous et à vous affirmer.
Comment se passent vos relations aux autres actuellement ? Sont-elles satisfaisantes ?
Rester centrée sur vous-même et apprendre à mieux vous connaître est le point de départ de toute bonne relation.
Enfin, nous reviendrons sur l'intérêt et l'importance d'apprendre à dire non. Vous découvrirez que lorsque vous dites non à quelque chose, vous dites oui à autre chose.
OUI ! L'affirmation de soi est accessible à tous.
Observer, oser, exprimer, demander... voici le vocabulaire dont vous allez cette semaine pouvoir vous imbiber.

Cette semaine, vous apprendrez à :

Identifier et oser exprimer vos besoins/vos émotions à l'aide de la communication non violente.
Dire non : à quoi ça sert ? Comment réussir à le faire ?
Lorsque je dis non, je dis oui à quoi ?

L'expression des besoins et des émotions grâce à la communication non violente (« O.S.B.D »)

Quelle est votre définition de l'affirmation de soi ?

Pour moi, l'affirmation de soi, c'est :

En ce qui nous concerne, nous aimons particulièrement cette définition :

« L'affirmation de soi est la capacité à exprimer ses besoins avec clarté, tout en respectant ceux des autres. »

Sur une échelle de 1 à 10, où en êtes-vous dans votre affirmation de vous-même ?

…… /10

Nous sommes très souvent déconnectés de nos besoins.
En raison de leur éducation, les femmes sont particulièrement concernées, car elles ont tendance à être plus tournées vers les autres.
Ne vous est-il pas souvent arrivé de vous charger de plus de responsabilités que vous n'en aviez réellement envie ?

Vous prenez trop peu de temps pour vous ! En agissant de la sorte, vous vous sacrifiez pour la survie et l'harmonie du groupe.
Pour évoluer au sein d'un meilleur environnement , vous allez devoir **vous (re)connecter à vos besoins.**
Grâce à cela, vous réussirez à protéger votre intégrité, gagnerez en confiance et en puissance.

« Les êtres sont épanouis si les besoins sont comblés. » - *Marshall Rosenberg*

Six grandes familles de besoins ont pu être identifiées

- Besoins physiologiques : air, lumière, sommeil, nourriture…
- Besoins de sécurité : protection, réconfort, soutien…
- Besoins de lien social : amour, chaleur humaine, appréciation, confiance, respect, communication, attention, compréhension…
- Besoins d'accomplissement : sens, paix, réalisation, évolution, créativité…
- Besoins d'autonomie : liberté, décider par soi-même…
- Besoins de célébrations : apprécier ses réalisations, faire les deuils, partager…

Afin de pouvoir progresser dans ce cheminement d'une meilleure compréhension de vous-même, voici maintenant quelques questions auxquelles nous vous invitons à répondre aussi spontanément que possible.

Quel besoin vous manque le plus actuellement ? Entourez votre/vos réponse(s) :

acceptation • accomplissement • accueil • affirmation • appartenance • appréciation apprentissage • attention • authenticité • autonomie • beauté • harmonie • bien-être bienveillance • célébration • choisir ses rêves/ses valeurs/ses objectifs • clarté cohérence • commémoration des deuils et des pertes • communication concertation • confiance • confort • considération • contact • convivialité coopération • créativité • croissance • défoulement • douceur • échange • écoute empathie • épanouissement • équilibre • équité • espace • estime de soi • évolution expression • faire un bon usage de son temps • humour • inspiration • intégrité légèreté • liberté • lumière • mouvement • paix • partage des joies et des pertes participation • protection • réalisation • reconnaissance • réconfort • récréation • repos respect de son rythme • respect de soi/de l'autre • respiration • ressourcement sécurité affective • sécurité matérielle • sens • compréhension • sensibilité • sérénité simplicité • sincérité/honnêteté • soutien • spontanéité • stimulation • tranquillité

Remarque : si votre besoin principal n'a pas été cité dans les exemples ci-dessus, indiquez-le ici.

Comment vous sentez-vous par rapport à ce besoin non comblé ? Entourez votre/vos réponse(s) :

à bout • à plat • abattue • accablée • affligée • affolée • agacée • alarmée • amère angoissée • anxieuse • blessée • bloquée • cafardeuse • chagrinée • chamboulée choquée • confuse • consternée • craintive • crispée • d'humeur noire • découragée déçue • dégoûtée • démoralisée • démunie • dépassée • dépitée • déprimée déroutée • désabusée • désemparée • désorientée • écœurée • effrayée embarrassée • en rogne • énervée • ennuyée • enragée • épouvantée • épuisée éteinte • étonnée • exaspérée • excédée • fâchée • fatiguée • frappée frustrée • furieuse • gênée • hésitante • horrifiée • horripilée • impatiente impuissante • indécise • indifférente • inquiète • intimidée • irritée • lasse malheureuse • mécontente • mélancolique • morose • navrée • paniquée • pantoise partagée • peinée • perdue • perplexe • rebutée • remontée • résignée • révulsée sidérée • stupéfaite • surmenée • tendue • terrorisée • troublée • ulcérée • vidée

Maintenant, fermez les yeux un instant et imaginez votre besoin comblé. Comment vous sentez-vous ? Entourez votre/vos réponse(s) :

à l'aise • apaisée • attentive • calme • centrée • comblée • confiante • détachée détendue • épanouie • inspirée • lucide • ouverte • posée • rassérénée • reconnaissante relaxée • sensible • sereine • soulagée • tranquille • amusée • béate • contente curieuse • émerveillée • enchantée • enjouée • gaie • grisée • heureuse • joyeuse légère • pleine de gratitude • pleine de vie • ravie • séduite • transportée • vivante

Si vos besoins ne sont pas bien identifiés, vous ressentez (sans savoir pourquoi) de l'insatisfaction.

N'oubliez jamais que même si votre besoin ne peut pas être comblé immédiatement, le fait de l'identifier et de le reconnaître va vous permettre de vous sentir mieux. En effet, **en prenant conscience de ce besoin non comblé, vous pouvez maintenant prendre du recul et essayer de ne pas vous énerver** face à certaines situations conflictuelles. Par exemple : alors que la maison était dans un état impeccable avant que vous ne sortiez faire quelques courses, votre mari/compagnon ou vos enfants ont laissé traîner de la vaisselle sale dans l'évier de la cuisine plutôt que de prendre quelques minutes pour la rincer. Face à cet évier rempli de vaisselle, vous sentez naître en vous une émotion. Fermez les yeux et connectez-vous à vous-même. Respirez et demandez-vous : « Pourquoi cela m'énerve-t-il autant ? Quel est mon besoin non comblé ? » Ensuite, en fonction de la situation, demandez-vous : « Ma réaction est-elle disproportionnée ? Ai-je déjà fait part avec calme à mon mari/compagnon de l'importance pour moi de retrouver ma cuisine dans un état impeccable ? »

Il est indispensable de BIEN exprimer vos besoins !

L'idée est donc de vous inviter à « oser » mieux communiquer à l'aide de la communication non violente.

Pour vous y aider, voici un outil qui parle généralement bien aux personnes « visuelles ».

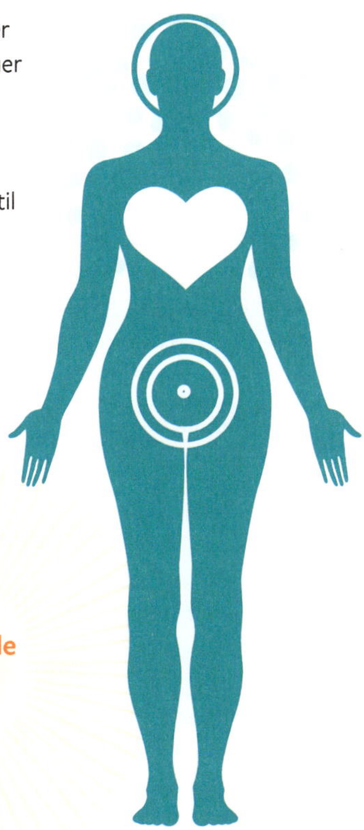

La méthode OSBD

1 O
OBSERVATION :
sans jugements, se baser sur les faits.

2 S
SENTIMENT :
je me sens X, je ressens Y.

3 B
BESOIN :
j'ai besoin de Z.

4 D
DEMANDE :
j'aimerais... ou c'est important pour moi de...

Exemple :
1. O : j'ai travaillé toute la journée de 8 heures à 21 heures.
2. S : je me sens très fatiguée.
3. B : j'ai besoin de dormir.
4. D : c'est important pour moi d'aller me coucher tôt ce soir.
Nous ne sous-entendons pas que cette approche soit simple. Mais nous pouvons en revanche vous garantir son efficacité.
Soyez-en certaine : votre mari/compagnon souhaite la paix dans votre couple. Au mieux vous l'informerez de vos besoins, au plus vous pourrez vous attendre à les voir comblés.
Autorisez-vous à « **être** » pour vous voir acceptée et respectée plutôt que de « **faire** » pour être aimée.
Plus vous êtes centrée sur vos besoins, **plus** vous retrouvez confiance en vous, **plus** vous pouvez vous affirmer et communiquer facilement vos besoins sans avoir peur de heurter les autres ou craindre de perdre leur amour.

En résumé, pour vous reconnecter à vos besoins et donc à vous-même, respectez ces trois étapes :
- Identifiez votre besoin non comblé.
- Reconnaissez l'émotion à laquelle ce besoin non comblé vous amène.
- Établissez une stratégie à mettre en place pour combler votre besoin (exemple : vous faire un petit scénario personnel, réexpliquer votre besoin régulièrement et avec patience…).

✳ MISE EN PLACE CONCRÈTE ✳

Pendant sept jours, j'identifie les tensions/frustrations que je ressens (colère, tristesse, angoisse, points de douleur…). Je recherche ensuite le besoin non comblé qui se cache derrière cette tension/frustration. Enfin, je pratique la méthode OSBD immédiatement. J'observe à nouveau mes émotions.

✳ BÉNÉFICES ✳

Mettre en pratique le processus OSBD va vous permettre de vous (re)connecter chaque jour un peu plus à votre corps et donc peu à peu à vos besoins. Cela vous aidera à vous affirmer, à vous sentir mieux et à entretenir de meilleures relations avec les autres.

Le fait de dire non

✳ Non ! ✳

Trois lettres simples à écrire et pourtant parfois si compliquées à dire. Ne vous est-il pas déjà arrivé plusieurs fois de dire oui à quelque chose et de le regretter immédiatement ?
Que ce soit à l'égard de votre mari/conjoint, de vos enfants, de votre patron, d'un vendeur, exprimer ce que vous ressentez vraiment peut ne pas être simple.
Et pourtant… **Savoir dire non et poser les limites** à ne pas franchir est en quelque sorte une façon pour vous de « marquer votre territoire ».

Oui, vous aussi avez le droit de vous affirmer. Mais êtes-vous prête à dire au revoir à la petite fille sage pour oser laisser s'exprimer la femme qui bouillonne en vous ?
Dans l'imaginaire collectif, une femme qui dit oui est une femme dévouée, douce, une bonne assistante.
Aux yeux de certains, une femme qui s'affirme est, quant à elle, considérée comme caractérielle, dure et méchante.
Cette perception que les autres ont d'elle renvoie la femme à un sentiment de frustration et de non-reconnaissance.
Dans un tel contexte, il n'est donc pas simple pour elle de choisir entre passer pour « la bonne poire » et risquer d'être perçue comme une femme castratrice et trop sûre d'elle.

À dire toujours **OUI**, vous avez le sentiment d'être peu respectée et de ne pas être reconnue. À dire toujours **NON**, vous bloquerez vos relations.
Si vous souhaitez réussir à sortir de cette spirale infernale, il va être question d'un retour à l'équilibre et de justes proportions.

Souvent, lorsque vous dites oui à quelque chose, vous savez immédiatement si vous avez eu raison de le faire ou si vous vous êtes mise dans une situation qui ne vous convient pas. Au fond de vous, le doute s'installe.
Mais pourquoi seriez-vous tenue de répondre instantanément à chacune des sollicitations que l'on vous formule ? Demandez un temps de réflexion avant de prendre votre décision !
Cela vous permettra ainsi de (ré)identifier votre besoin, de le ressentir et de faire en sorte qu'il soit comblé.
En effet, pour réussir à prendre de meilleures décisions, à faire les choix qui vous correspondent le mieux et donc apprendre à mieux vous connaître, il va être nécessaire de revoir certaines de vos habitudes.
Avant de donner une réponse et donc de vous engager, prenez le temps de vous poser la question suivante : « Ai-je bien identifié le besoin de mon interlocuteur ? »
Si ce n'est pas le cas ou si vous n'êtes pas sûre d'avoir bien compris, reformulez sa question, clarifiez sa demande.

**En demandant une reformulation à l'autre,
vous lui montrez de la considération.**

De plus, chercher à obtenir plus d'informations va vous permettre de mieux connaître son besoin. Cela vous permettra également de vous libérer de la « stratégie » et du « pouvoir » de votre interlocuteur.

Vous pourrez ainsi lui proposer des solutions adéquates, des alternatives qui seront plus en lien avec ses besoins tout en respectant les vôtres.
Une fois le délai de réflexion écoulé, revenez vers votre interlocuteur pour lui faire part de votre décision.

Vous souhaitez dire non ? C'est votre droit et vous n'avez pas à craindre de l'exprimer.
Prenez le temps de dire à l'autre que vous avez bien compris son besoin. Ensuite, faites-lui savoir ce qui, dans sa requête, n'est pas en lien avec vos besoins. Ensemble, vous pourrez tenter de trouver une solution qui pourra satisfaire tout le monde.

Les mots clés à utiliser pour entamer la conversation **avant de dire NON** sont :

« J'ai bien réfléchi…», « Je suis partagée… », « Et en même temps… »

Qu'il s'agisse de vos proches, de vos collègues, de vos supérieurs hiérarchiques ou même de vos clients, soyez à l'aise avec l'idée qu'une négociation puisse s'engager.

Peu à peu, vous deviendrez une professionnelle de l'affirmation de soi. Vous pourrez rappeler à l'autre les points qui sont importants pour vous tout en reformulant ceux qui le sont pour lui.

Ne filtrez jamais votre personnalité pour plaire aux autres. Vous êtes unique et ce sont vos choix et les décisions que vous prenez qui déterminent le comportement que les autres ont à votre égard.

Avec justesse et bienveillance, tout en étant à l'écoute de vos émotions, vous réussissez maintenant à vous affirmer pour être plus en phase avec vous-même tout en améliorant vos relations aux autres. Alors, dire non , est-ce vraiment si compliqué que ça ?

MISE EN PLACE CONCRÈTE

Je m'entraîne à reformuler les besoins des autres. Ensuite, je demande un temps de réflexion à mon interlocuteur avant de lui donner ma réponse.

BÉNÉFICES

Grâce à la reformulation, vous montrez à l'autre que vous considérez sa demande. Demander un temps de réflexion vous permettra de prendre une décision réfléchie et en lien avec vos besoins.

MA PHRASE MANTRA

Je

Pour aller plus loin

- Formation : « Leadership au féminin », de Chine Lanzmann, coach spécialisée dans les formations à destination des femmes
- Livres : ouvrages de Marshall Rosenberg, psychologue américain (1934-2015), sur la communication non violente (CNV)
- Formation : cursus d'approfondissement avec Isabelle Padovani, formatrice certifiée en CNV

À vos plumes, exercice

Vous voilà entraînée à l'écoute de vos émotions et à la reformulation des demandes qui vous sont adressées. Pour clore cette semaine, nous vous invitons donc maintenant à vous entraîner à dire non aux demandes qui ne sont pas en phase avec vos besoins. Pour vous aider, notez ci-dessous trois demandes qui vous seront formulées dans les prochains jours ou dans les prochaines semaines.

A. Qu'avez-vous répondu ?

B. Si oui, pourquoi ? Si non, auquel de vos besoins cette demande ne répondait-elle pas ?

C. Avez-vous pu trouver un compromis, engager une négociation ?

Demande 1 :

A. Oui Non

B.

C.

Demande 2 :

A. Oui Non

B.

C.

Demande 3 :

A. Oui Non

B.

C.

Semaine n° 19

DÉVELOPPEZ DES RELATIONS NOURRISSANTES ET SAINES

Comment vous sentez-vous à mi-parcours de ce cinquième rayon ? Commencez-vous à ressentir les bienfaits d'une plus grande écoute de vos émotions ?
Prendre conscience de votre environnement, redoubler d'attention envers vos besoins et vos émotions, prendre le temps de considérer une demande et oser dire non si elle n'est pas en lien avec vos besoins, quel programme ! Et vous n'êtes pas au bout de vos surprises...
En effet, pour poursuivre sur cette voie, nous allons cette semaine vous aider à comprendre comment développer des relations durables, nourrissantes et saines.
Le sourire est le message le plus positif que vous puissiez véhiculer sans difficulté. En prendre conscience et admettre son impact vous aidera à entretenir cette décision que vous avez prise d'être heureuse.
Nous verrons qu'il est important de savoir écouter les autres sans les juger. De vous intéresser à eux, de retenir leurs prénoms... tout simplement.
Êtes-vous plutôt persécuteur, sauveur ou victime ? À l'aide d'un modèle de détection appelé le « triangle dramatique », nous analyserons avec vous ces trois rôles qui composent la majorité des jeux psychologiques inconscients de votre quotidien. Ce concept simple d'analyse transactionnelle est épatant. Il vous permettra de comprendre bien des situations.
Enfin, nous prendrons également un moment pour vous transmettre un outil qui vous guidera dans votre apprentissage d'une communication calme et efficace : le DESC.

Cette semaine, vous apprendrez à :

Comprendre en quoi votre comportement agit sur vos relations.
Identifier les trois rôles du triangle dramatique.
Gérer des situations tendues grâce à la technique du DESC.

L'influence du comportement sur les relations

Venons maintenant observer nos comportements pour décrypter ce qu'ils disent de nous.
Aux yeux des hommes, l'expression qu'une femme porte sur la figure est beaucoup plus importante que ce qu'elle porte sur le dos. Le sourire dit : « Vous me plaisez, je suis contente de vous voir, votre présence me rend heureuse... » C'est tellement important et si simple d'accès. **Souriez !** Cette attitude aura un effet très positif sur vos relations. Pratiquez l'effet miroir et tout s'illuminera autour de vous : souriez et l'autre vous rendra votre sourire.
Gardez à l'esprit qu'un sourire ne coûte rien, mais qu'il crée beaucoup en retour. Il enrichit celui qui le reçoit sans appauvrir celui qui le donne. Un sourire ne dure qu'un instant, mais son souvenir peut durer toute une vie. Seriez-vous riche au point de pouvoir vous en passer ? Oui, un sourire crée du

bonheur à la maison et de bonnes relations dans les affaires. Il est le signe de l'amitié. Il est d'une valeur inestimable et ne peut être ni mendié, ni emprunté, ni volé. Ce sourire, tant qu'il n'a pas été donné, ne vous est d'aucune utilité.

« L'homme qui ne sait pas sourire ne doit pas ouvrir une échoppe. » - *Proverbe chinois*

Lorsque vous rencontrez un homme trop las pour vous donner un sourire, laissez-lui le vôtre, car nul n'a plus besoin d'un sourire que celui qui n'en a plus à offrir. Mais que faire lorsque vous n'avez pas envie de sourire et que vous vous sentez triste, par exemple ? Sachez la chose suivante : **la plupart des gens ne sont heureux qu'autant qu'ils sont résolus à l'être**. Placer un sourire sur votre visage alors même que votre tristesse vous dicte le contraire agira comme un leurre sur votre cerveau et invitera vos émotions à plus de joie. Et comme le disait Shakespeare :

« Rien n'est mauvais, rien n'est bon. C'est notre pensée qui crée le bonheur ou le malheur. »

Mais pour qu'une personne vous semble intéressante et vous donne donc envie de lui sourire, il vous faut commencer par vous montrer intéressée. Écoutez-la passionnément, donnez-lui de la sympathie et de l'admiration sincère. Vous souhaitez améliorer la qualité de vos relations ? Vous ouvrir aux autres ? **Posez des questions pertinentes.** Elles feront progresser votre interlocuteur et l'inviteront à parler de lui-même. Lors de vos échanges, réservez-lui une attention exclusive. Savoir écouter l'autre et prendre en compte ses émotions et ses revendications peut aider à réduire les tensions. Cela aide également à désamorcer certaines situations difficiles.

« Bien des gens appellent un médecin, alors qu'ils n'ont besoin que d'un confident. »

Un autre levier assez simple à activer pour tendre vers des relations sociales plus saines et équilibrées est la reconnaissance !
Se souvenir du prénom de vos interlocuteurs est LE meilleur moyen pour eux de se sentir considérés. Lorsque vous les saluez, dites-leur : « Bonjour (prénom), au revoir (prénom). » Cette pratique n'a l'air de rien, mais elle vous apportera des **résultats rapides et durables.**
Enfin, intéressez-vous également à l'environnement de la personne avec laquelle vous échangez. Quel est son métier ? De quelle origine est-elle ? Avez-vous une idée de sa situation familiale ? Vous êtes unique, mais chaque être qui vous entoure l'est lui aussi. Sourire, intérêt, écoute et considération sont pour nous tous le point de départ de toute bonne relation.

MISE EN PLACE CONCRÈTE

Dans mes relations quotidiennes, j'attache une grande importance au comportement que j'ai à l'égard de mes interlocuteurs. Je m'exerce à sourire plus, à porter de l'intérêt aux autres et à les considérer comme j'aimerais l'être moi-même. Enfin, je m'entraîne à saluer TOUS mes interlocuteurs. Je leur dis bonjour + prénom, au revoir + prénom.

BÉNÉFICES

Cette mise en place concrète est très complète. Sourire, écoute, intérêt et considération vous ouvriront chaque jour un peu plus aux autres. Vous construirez ainsi peu à peu des relations sociales solides, saines et équilibrées.

Les trois rôles du triangle dramatique

Stephen Karpman, psychologue américain spécialiste de l'analyse transactionnelle, a mis au point un outil appelé **le triangle dramatique.**

Cette approche est l'un des outils d'analyse transactionnelle les plus connus et utilisés dans le monde du travail.

Ce triangle est en quelque sorte un jeu de manipulation de la communication. Il met en scène trois protagonistes : le persécuteur, le sauveur et la victime.

Avez-vous déjà une idée du rôle principal que vous jouez dans vos relations sociales ?

Karpman met en relief le fait que nous avons une préférence, mais que nous pouvons jouer, sans nous en rendre compte, ces trois rôles en fonction des situations.

Pour vous aider à mieux comprendre, voici un détail du comportement de chacun de ces trois acteurs ainsi que les solutions qui peuvent être apportées pour vous libérer du rôle dans lequel vous vous sentez peut-être actuellement enfermée.

LE PERSÉCUTEUR : « TOUT EST DE TA FAUTE »

Depuis l'enfance, il a accumulé beaucoup de frustrations et les fait payer aux autres.

Le persécuteur critique beaucoup, sanctionne et sait mieux les choses que les autres.

La question à vous poser si vous avez le sentiment de vous reconnaître dans ce rôle est : « Qu'est-ce que l'autre s'autorise et que moi je ne m'autorise pas ? »

Par exemple : l'imperfection, le repos, du temps pour sa vie de famille...

Les solutions ?

- Se reconnecter avec ses vrais désirs.
- Réfléchir à ses choix de vie et chercher à ne plus en vouloir aux autres.

LE SAUVEUR : « JE VAIS VOUS AIDER »

Le sauveur cherche à réconforter. Il est dévoué. Lorsque son aide n'est pas remerciée ou reconnue, il rumine et peut devenir un superpersécuteur.

Vous êtes le sauveur ? Prenez conscience que vous avez un besoin maladif d'aider les autres, car cela vous fait du bien à vous. Cela soulage votre ego. Vous avez ainsi la sensation d'être indispensable, d'exister.

Les solutions ?

- Proposer votre aide, mais être prête à recevoir un refus.
- Aider si la personne vous le demande clairement.

Les cinq conditions d'une aide saine :

- La demande d'aide doit être clairement verbalisée.
- Elle doit être cadrée dans le temps et dans son contenu (« Voilà ce que je peux faire pour toi, je peux le faire jusqu'à... »).
- Cette aide doit comporter une contrepartie afin que l'autre ne se sente pas en dette.
- L'aidant ne doit jamais faire plus de 50 % du chemin et doit vérifier que la personne aidée a fait sa part.
- L'aide doit toujours avoir pour but de rendre l'autre autonome : « Offrez un poisson à un homme et il mangera un jour, apprenez-lui à pêcher et il mangera pour toujours. »

Il est donc à nouveau question de trouver un certain équilibre dans la relation. Faire comprendre à votre interlocuteur que vous être d'accord pour l'aider, mais que lui aussi peut vous aider.

LA VICTIME : « PAUVRE DE MOI »

Elle a autant besoin d'aide que de critiques et de blâmes pour se sentir malheureuse.
Pour elle-même, elle se sent irréprochable, même si extérieurement, elle paraît toujours découragée, incapable de prendre des décisions.
D'une part, il y a la **victime soumise**, qui se sent dévalorisée et faible. Elle a souvent une très forte peur de manquer d'amour.
D'autre part, il y a la **victime rebelle**, qui est agressive et lance beaucoup de revendications. Elle a souvent une très forte peur d'être abandonnée.

La solution ?

- Se faire confiance : tout est en vous pour mener à bien vos missions et être heureuse.

Sans nous en rendre compte, nous prenons des rôles. Avoir conscience de celui au travers duquel vous vous exprimez pourra vous aider à prendre un peu de recul et faire le point.
Nous naviguons régulièrement entre les trois modes suivants :

- le parent (contrôlant/nourricier) ;
- l'adulte (sage) ;
- l'enfant (soumis/rebelle).

Ces modes ont une forte influence sur le « protagoniste » que vous êtes aujourd'hui.
Le parent aura tendance à dire : « Tu sais, dans la vie... » Il émettra plus de jugements, donnera des ordres, posera un regard maternel sur l'autre. C'est le MOI persécuteur ou sauveur.
Revenir à **l'adulte** permet de dépassionner les choses, de les rationaliser ! L'adulte se fonde sur des faits, il emploie un ton neutre. Il parvient à prendre de la distance avec ses émotions et à refléter une force tranquille. L'adulte est la sagesse !
Enfin, être dans le rôle de **l'enfant** soumis, c'est être dans l'émotionnel : « Ce n'est pas moi, c'est lui. » En parallèle, être dans le rôle de l'enfant rebelle, c'est faire preuve d'une spontanéité exacerbée. C'est le MOI victime.

Dans une même journée, vous vivez de multiples situations. Vous devriez donc pouvoir passer aux exercices pratiques rapidement...

MISE EN PLACE CONCRÈTE

Je détecte chez moi et chez mes interlocuteurs les différents états : parent-adulte-enfant. Lorsque je prends conscience que je suis dans mon mode « parent » ou dans mon mode « enfant », je prends du recul par rapport à mes émotions pour basculer au plus vite en mode « adulte ».

BÉNÉFICES

Prendre conscience du parent, de l'enfant et de l'adulte qui s'expriment dans vos relations sociales est un levier charnière dans vos relations aux autres. Être à l'écoute de vos émotions sans les laisser prendre le pouvoir dans vos échanges vous permettra de rester centrée et de vous exprimer avec sagesse et justesse.

La technique du DESC

Plus à l'écoute de vos émotions, vous êtes maintenant prête à gérer toutes sortes de conflits interpersonnels.

Vous avez compris les différents comportements du triangle dramatique et vous avez conscience des trois modes au travers desquels vous les laissez s'exprimer. Vous avez donc une meilleure compréhension des situations et pouvez les aborder avec plus de **calme** et **d'intelligence.**

Bien sûr, vous avez dans votre entourage des personnes avec qui le courant ne passe pas très bien. Ils ont un comportement et/ou des réactions qui vous mettent en colère ou que vous n'acceptez pas.

Face à elles, vous ruminez et bouillonnez même parfois de l'intérieur.

Avez-vous remarqué à quel point les émotions qu'elles éveillent en vous vous pourrissent la vie ?

Sortez de ce processus d'auto-destruction et (ré)apprenez à maîtriser vos émotions !
Voyez cela comme un challenge si ça peut vous aider et faites appel à l'adulte présent en vous. Ensuite, agissez au mieux pour rétablir la communication et montrer à l'autre votre envie de régler le problème avec calme.

Savoir communiquer des messages « difficiles », émettre une critique ou tout simplement dire les choses avec sagesse est accessible à tous avec un peu d'entraînement.

Pour vous aider dans cette démarche, nous vous suggérons d'utiliser la technique du DESC :

D de décrire : description des faits (être précis et objectif)
E de émotion : exprimer son sentiment (j'utilise le « je »)
S de solution : solution concrète, actionnable et contrôlable (on peut proposer la solution ou demander si son interlocuteur en a une)
C de conséquences : conséquences positives si la solution concrète est appliquée

Exemple d'un DESC :

D Votre mari/compagnon ne répond pas au téléphone quand vous essayez de le joindre.
E Cela vous agace, vous énerve. Vous ne lui direz pas : « TU m'agaces quand tu ne réponds pas au téléphone », mais plutôt : « JE suis agacée quand tu ne réponds pas au téléphone » ou « JE suis en colère de tomber souvent sur ta messagerie. »
S Demandez-lui : « Concrètement, que pourrions-nous faire pour que je réussisse à te joindre ? »
C Expliquez-lui brièvement les conséquences négatives qui surviendront si le problème persiste, mais mettez surtout l'accent sur les conséquences positives qui découleront des engagements pris à l'étape précédente.

Un DESC ne se pratique jamais « à chaud ». Il est indispensable de le préparer. Lorsque vous en ferez part à votre interlocuteur, employez un ton ferme, mais neutre.
Pour garantir son efficacité, sachez que 80 % du résultat dépendra de votre posture (nous reviendrons en détail sur ce point dans le rayon Expression de ce coaching).
Les 20 % restants seront obtenus grâce au choix des mots employés et au respect des étapes du DESC.

Quoi qu'il en soit, respectez-vous ! Prenez le temps de vous écouter. Quels sont vos besoins, vos émotions ?

Faites preuve d'auto-empathie. Recentrez-vous et (re)prenez confiance en vous.
Si vous vous sentez bloquée, vous n'arriverez pas à prendre une décision.

Vous sentez naître un conflit intérieur ? Écoutez les deux parties qui cherchent à s'exprimer en vous. Notez ces deux discours internes et prenez un peu de recul pour prendre la meilleure des décisions et mettre en place votre stratégie.

MISE EN PLACE CONCRÈTE

Pour apprendre à communiquer calmement, je m'entraîne à me recentrer sur moi-même. Je suis à l'écoute de mes discours intérieurs et je les note lors de mes prochaines prises de décision avant de me prononcer.

BÉNÉFICES

Écouter vos besoins, vos émotions, mais aussi ces petites voix en vous qui vous font douter de la meilleure décision à prendre vous permettra de gagner en confiance et en estime de vous. En notant vos différentes options, vous vous libérez de ce « chahut » interne et réussissez plus facilement à prendre un peu de recul. Vous pouvez ainsi faire votre choix en confiance !

MA PHRASE MANTRA

Je

Pour aller plus loin

- Film : *Oui mais*, avec Gérard Jugnot et Émilie Dequenne, drame/film d'amour, 2001 (www.la-voie-du-couple.com/sequence-du-film-oui-mais/)
- Livre : *Voilà ce que j'aurais dû dire*, d'Olivier Bettach et Pauline Klein, éditions Eyrolles, 2015
- Programme gratuit : « 18 jours pour cultiver sa confiance en soi » (https://defi-18jours-confiance-en-soi.com)

À vos plumes, exercice

À l'aide des indications notées ci-dessus, je prépare un DESC pour m'aider à résoudre une situation relationnelle compliquée.

Quand je me sens prête, j'utilise ce DESC et j'observe en quoi cette méthode m'a aidée dans ma communication.

Mon DESC :

-D : ....

-E : ....

-S : ....

-C : ....

Mes observations :

Semaine n° 20

DÉVELOPPEZ VOTRE RÉSEAU

Nous vous l'avions annoncé, travailler sur l'axe de vos relations sociales vous permet de devenir un maître dans l'interprétation des demandes de vos interlocuteurs.
Peu à peu, les relations humaines n'ont plus de secrets pour vous.
Mais voyons maintenant comment développer et entretenir de bonnes relations avec votre réseau.
Pour avoir un bon réseau, il va vous falloir travailler sur l'image que vous renvoyez aux autres et donc sur votre comportement.
Comment éviter les auto-sabotages ? Pourquoi afficher son réseau ? Vous mettez-vous suffisamment en valeur ?
Une bonne réputation est indispensable dans le milieu du travail. Vous le savez, bien sûr ! Mais y êtes-vous suffisamment attentive ?
En six étapes, nous verrons comment adopter les réflexes du bon « réseauteur » et vous comprendrez l'intérêt et la manière de profiter avec intelligence de sites Internet tels que Facebook, Youtube ou Linkedin.
Pour vous aider à vous mettre en valeur, nous vous initierons à la rédaction de vos premières *flash news* dont vous serez l'actrice principale.
Enfin, nous terminerons ce rayon avec audace et vous inviterons à anticiper vos prochains pitchs.
Comment croître dans un milieu qui vous fait totalement vibrer ? Quelles sont les pistes à exploiter pour vous faire repérer ?
Cette semaine, prise de notes hautement recommandée à toute personne souhaitant exceller dans son secteur d'activité !

Cette semaine, vous apprendrez à :

Bannir certains comportements pour développer votre réseau.
Adopter les réflexes d'un bon « réseauteur ».
Créer une *flash new* et construire votre pitch.

Les comportements à bannir pour développer son réseau

Au fil des ans, vous vous êtes tout naturellement créé un réseau d'amis, de connaissances, de supérieurs hiérarchiques, de clients et peut-être même d'employés, d'ouvriers.
Cette structure relationnelle qui s'est formée au fil de vos expériences et de vos rencontres est d'une grande valeur.
Pour l'entretenir et la développer, certains de vos comportements sont à observer à la loupe.
Tout d'abord, nous attirons votre attention sur le fait que beaucoup de gens essaient de rentrer en communication au travers du négativisme, que ce soit sur les réseaux sociaux (Facebook par exemple) ou au bureau pour converser sur le dos du patron pendant la pause café.

Soyez-y attentive et ne vous laissez pas entraîner par cette dynamique.
En effet, pour construire **un réseau solide et de qualité,** le moment est venu de bannir plusieurs de vos éventuelles mauvaises habitudes.

Que pensez-vous des gens qui se plaignent ? De ceux qui râlent et gémissent constamment ?
Oui, vous avez raison : ces personnes renvoient une image négative d'elles-mêmes. Elles ont l'air tristes et toujours insatisfaites.
Vous n'en faites pas partie ? Bravo.
Bien sûr, si pour une raison quelconque vous ressentez le besoin de dire que quelque chose ne vous convient pas, faites-le !
Mais agissez avec assurance, confiance, bienveillance et adressez-vous directement à la personne concernée.
Si cette action vous semble vraiment difficile d'accès, demandez conseil à une personne compétente. Adressez-vous à des coachs en développement personnel, par exemple.
Notez donc de **toujours exprimer ce que vous ressentez à la personne concernée** afin d'éviter qu'il l'apprenne de la bouche d'un autre.

Retenez également que certains mots sont à l'origine de vos propres auto-sabotages.
Par exemple, pourquoi dire « je suis responsable d'une **petite** équipe », alors que vous pourriez préférer l'option « je suis responsable d'une équipe de cinq personnes » ?
L'adjectif « petit » est réducteur. Bannissez-le à tout prix de votre vocabulaire.
Soyez vous-même : fière de vous et sans complexes.

Osez être dans la lumière.

Une personne visible inspire la confiance.
Vous avez des ambitions ? Osez en parler aux autres. Faites savoir autour de vous que vous souhaitez arriver à tel ou tel endroit.
Parlez de vous, de vos attentes, de vos aspirations.
À coup sûr, quand un poste se libérera, quand on cherchera quelqu'un avec vos compétences, les gens sauront et penseront à vous recommander, à vous contacter.

MISE EN PLACE CONCRÈTE

À partir d'aujourd'hui, je suis attentive à mon comportement et j'observe celui de mes interlocuteurs. Suis-je négative ? M'arrive-t-il de m'auto-saboter au travers du vocabulaire que j'utilise ? Je prends conscience que mon attitude a une forte influence sur la qualité de mes relations sociales.

BÉNÉFICES

Prendre le temps de vous écouter et d'écouter d'une autre oreille les personnes en face de vous va vous permettre de progressivement modifier vos habitudes de langage, d'inviter vos interlocuteurs à une autre dynamique, mais aussi de prendre conscience que certaines personnes agissent peut-être négativement sur vous. Consciente de ce que cela implique, vous pouvez modifier votre comportement, voire influencer positivement celui des autres.

Les réflexes d'un bon « réseauteur »

Le réseautage vous semble compliqué ? Il ne l'est pas tant que ça en réalité.
Devenir un bon « réseauteur » est quelque chose qui s'apprend. En respectant quelques étapes, vous réussirez à maîtriser les bons automatismes.
Mais quels sont donc les six réflexes à adopter pour devenir un bon « réseauteur » ?

1. LA DISCIPLINE

→ Si vous souhaitez développer au mieux votre réseau, commencez par y consacrer du temps régulièrement : mettez à jour votre profil Linkedin avec soin, prenez le temps de dîner au restaurant avec une personne influente de votre entourage, adressez quelques e-mails pour garder le contact... Y consacrer trente minutes à une heure par semaine semble être une bonne moyenne.

2. LA STRATÉGIE

→ Être stratège n'est pas une mauvaise chose en soi si cette pratique est utilisée à bon escient. De quoi avez-vous besoin pour vous développer ? Mieux encore, de QUI avez-vous besoin ?
Coûte que coûte, faites en sorte d'intégrer ces personnes à votre réseau.

3. L'ANTICIPATION

→ Si vos attentes sont claires, vous pourrez actionner dès à présent les leviers nécessaires pour entretenir des contacts avec des personnes influentes qui pourront vous apporter une aide précieuse à un moment ou à un autre.
L'idée est donc de développer votre réseau quand vous n'avez pas encore vraiment besoin des gens qui le constituent.

4. LA RÉPUTATION

→ « Que dit-on de moi quand je ne suis pas là ? »
La « théorie des six degrés de séparation » (aussi appelée « théorie des six poignées de main »), établie par le Hongrois Frigyes Karinthy, évoque la possibilité que, sur la planète, six degrés nous séparent de tous les êtres.
Ce concept, vieux de presque un siècle, est d'autant plus actuel à l'heure du boom des réseaux sociaux tels que Facebook et Twitter. Grâce à ces technologies, nous serions d'ailleurs maintenant à trois degrés de séparation.
Il n'y aurait donc que trois à six poignées de mains entre vous et votre idole...
Pour entretenir une bonne réputation, soyez vigilante avec les informations que vous diffusez sur vous.
Votre vie privée regarde-t-elle vraiment vos futurs employeurs ? Ce qui est sur Internet est très souvent accessible à tous... ne l'oubliez pas.
Inutile, donc, de vous rappeler que parler en mal des autres vous attirerait, tôt ou tard, des ennuis et une mauvaise réputation.

5. L'OMNISCIENCE

→ Pour devenir un bon « réseauteur », il est important d'être informé des nouveautés. Soyez curieuse. Informez-vous sur TOUT !
Gardez également un œil sur ce qui se dit de vous. L'outil Google Alert* pourra vous être utile dans cette démarche.

* À l'aide de certains mots clés tels que votre nom, le nom de votre entreprise, celui de vos concurrents, vous pouvez y planifier des alertes quotidiennes, hebdomadaires ou mensuelles.

6. LA RECOMMANDATION

→ Enfin, maintenant que votre réseau est solidement construit, vous pouvez le solliciter pour une éventuelle recommandation.
L'un de vos contacts ne peut-il pas vous recommander auprès d'un futur employeur ? L'un de vos clients peut-il vous introduire auprès d'un autre ?

Appliquez-vous à vous **constituer un BON réseau**, cohérent avec vos aspirations, vos compétences et votre personnalité.
Peu à peu, il deviendra votre force.
Prenez le temps de répondre aux demandes formulées par les membres de votre réseau et ils vous seront en quelque sorte redevables. Au moment voulu, cette « dette » pourra vous servir.
Soyez éclectique et vivez avec votre temps. Facebook, Youtube, Twitter, Linkedin et Viadeo sont autant d'outils à votre disposition pour vous permettre de diffuser, de vous informer et de réseauter.

MISE EN PLACE CONCRÈTE

Je dresse une liste des personnes que j'aimerais rencontrer et de celles qui pourraient être utiles à mon parcours.

BÉNÉFICES

Dresser ce type de listes va vous permettre de vous projeter et d'activer certains leviers. Cela prendra peut-être du temps, mais petit à petit vous construirez votre réseau à l'image de ces listes.

La *flash new* et le pitch

Vous et vos contacts constituez peu à peu une chaîne solide. Vous comprenez maintenant comment en devenir un maillon actif. Cet atout pourra faire la différence pour accéder à la réalisation de vos projets futurs.
Voyons maintenant un outil simple et efficace qui vous aidera à donner une image positive de vous et de ce que vous réalisez : la *flash new*.
Vous avez une bonne nouvelle à partager ? L'envie de susciter l'intérêt de vos interlocuteurs ? Pensez à la *flash new*.
Elle vous permettra de parler de vous et de ce qui vous fait vibrer au travers de quelques phrases **percutantes, courtes et claires** que vous pourrez rapidement échanger lors de vos rencontres.
Pour être infaillible, votre *flash new* doit **TOUJOURS être positive.** Et pour vous, et pour les autres.
Ces quelques phrases vous permettront de partager vos succès, ce qui vous anime.
Vous venez de signer un nouveau contrat ? De réussir un challenge personnel que vous vous étiez fixé ? De vivre une situation positive qui résonne en vous comme un succès ?

Soyez fière de vos réussites et osez les partager.
Échangez avec vos interlocuteurs sur ce que vous réussissez à concrétiser au quotidien.

Votre pudeur vous retient ? Vous ne souhaitez surtout pas être perçue comme une vantarde ?
Se vanter, c'est dire « je suis la meilleure », « je suis la plus belle »... Ce n'est bien sûr pas ce que nous vous recommandons de faire.
Non, il est ici question de **vous mettre en valeur.** En parlant de faits concrets et de vos succès tout en laissant de la place à l'autre pour qu'il puisse lui aussi s'exprimer.
Une fois entraînée à la rédaction de vos premières *flash news*, vous pourrez les **tester en temps réel** partout où vous irez : dans l'ascenseur, au bureau, à la machine à café, dans les couloirs, mais aussi au téléphone, sur Internet, dans vos e-mails...
Chaque moment informel est pour vous l'opportunité de diffuser une *flash new*.

Un autre outil, utile lorsque vous échangez avec des gens que vous ne connaissez pas, est **le pitch.**
Le pitch est une phrase accrocheuse qui vous permet de dire en une seule phrase ce que vous faites. Une sorte de carte de visite. C'est un peu l'art de donner, en quelques minutes, envie à la personne qui est en face de vous de vous écouter, de s'intéresser à ce que vous faites.
En trois étapes, voyons comment structurer et préparer un bon pitch.

La réflexion

Voici quelques questions à vous poser lorsque vous préparerez votre pitch en amont :
- Quel est mon objectif ?
- Quels sont les deux ou trois points importants que je souhaite exprimer ?
- Comment exprimer mon message clé ?
- Quels sont les problèmes de la personne en face de moi ?
- Qu'est-ce que je me permets ?
- Qui est mon public ? *

* En fonction du public auquel vous vous adressez, il vous sera nécessaire d'adapter la structure de votre pitch.

La structure

Dès aujourd'hui, commencez à travailler sur différentes constructions de pitchs.
« Je suis... j'aide... à faire (problème client)... pour leur permettre de (objectif)... »
Pour vous aider, voici un exemple de pitch qu'il nous arrive d'utiliser :
« Nous sommes Peggy & Jeff, nous aidons les femmes entre 35 et 55 ans à faire sauter leurs blocages et leurs auto-sabotages pour leur permettre de s'épanouir et de rayonner. »

Le problème de la légitimité

En France, mais aussi dans de nombreux autres pays, il faut avoir un diplôme pour être reconnu. Mais que vaut vraiment ce bout de papier ? Représente-t-il réellement vos compétences actuelles ? L'experte que vous devenez au fil de vos expériences ? Libérez-vous du syndrome de l'imposteur ! N'ayez pas peur de vous auto-proclamer. Personne ne le fera à votre place et vous n'avez pas à craindre le jugement des autres.
Osez ! Allez de l'avant ! Cherchez à devenir une meilleure version de vous-même ! Agissez ainsi et chaque jour qui passera deviendra une occasion pour vous d'inspirer les autres, de vous montrer sous un nouvel angle.

Sortez de votre « petit » bureau et faites-vous connaître. Bien travailler, c'est bien. Mais communiquer clairement sur ce que l'on sait BIEN faire, c'est mieux. En résumé, pour être un membre inspirant de votre réseau, apportez de la valeur à vos interlocuteurs.
Soyez informée et posez-leur des questions pertinentes. Prenez-vous suffisamment de temps pour aller dans des événements en lien avec ce vers quoi vous souhaitez vous diriger (professionnellement parlant) ?
Vous n'osez pas ? Emmenez-y une amie ou votre mari/compagnon. À deux, il est souvent plus simple de faire le premier pas.
Vous vous sentez prête et avez l'âme d'un speaker ? Foncez ! Faites preuve d'audace et contactez les organisateurs. Avant cela, informez-vous bien de la thématique de la conférence, du séminaire, de l'événement. Qui sera présent ? Quels sont leurs centres d'intérêt ? Et bien sûr, profitez de ces occasions pour expérimenter vos premières *flash news*, votre premier pitch.
Vous débordez d'énergie et êtes bien ancrée, confiante en vous ? Dans ce cas, vous êtes prête à passer à l'étape suivante : **l'influence magnétique.** En effet, si vous avez autour de vous des gens influents, on va vous assimiler à eux. Interviewez des personnes connues, organisez un événement en étant entourée par des influents, affichez-vous avec eux. Vous seule placez les limites.
En chemin vers plus d'amour pour vous et pour les autres, vers un retour à une vie plus équilibrée et à un ancrage durable, vous êtes capable de déplacer des montagnes.
Bravo pour ce chemin déjà parcouru... Bravo pour ces longs moments de remise en question... Bravo pour cet engagement que vous avez pris envers vous-même et que vous vous appliquez à respecter au travers de votre investissement personnel dans ce coaching.
Vous jonglez maintenant avec de nouveaux outils, de nouveaux concepts et accédez pas à pas à une vie plus en phase avec vos aspirations. Gardez vos objectifs en tête et préparez-vous à de nouvelles avancées, car, dès le prochain rayon, il sera question de vos projets, de vos rêves et de passage à l'action.

MISE EN PLACE CONCRÈTE

Cette semaine, je laisse s'exprimer ma créativité. Je laisse parler mon vrai moi pour rédiger mes premières *flash news*.

BÉNÉFICES

Travailler vos *flash news* avec liberté et assurance va vous permettre d'exprimer correctement ce que vous ressentez vraiment.

MA PHRASE MANTRA

Je

Pour aller plus loin

- La formation de Jeff sur le réseautage professionnel : www.reseautage-pro.com
- Livre : *Réussir avec les réseaux sociaux*, de Jean-François Ruiz, éditions l'Express, 2011 (www.reseaux-sociaux.net)

À vos plumes, exercice

Nous vous encourageons à diffuser rapidement vos premières *flash news*, mais aussi vos premiers pitchs. En cette fin de rayon, prenez un peu de recul pour travailler sur quelques phrases accrocheuses qui donneront envie à vos interlocuteurs de vous écouter et de s'intéresser à ce que vous faites. Exercez-vous ci-dessous à la réalisation de plusieurs pitchs qui s'adresseront à des publics différents. Vous pourrez ensuite utiliser les meilleures versions de vos créations lors de vos prochaines rencontres, dans les prochains événements que vous fréquenterez, et les adapter en fonction du public auquel vous vous adresserez.

PITCH 1 :

Je suis ...., j'aide ....

pour leur permettre de ....

PITCH 2 :

Je suis ...., j'aide ....

pour leur permettre de ....

PITCH 3 :

Je suis ...., j'aide ....

pour leur permettre de ....

PITCH 4 :

Je suis ...., j'aide ....

pour leur permettre de ....

RAYON projets

En quête de nouveaux horizons, poursuivons ce voyage d'introspection et de dépassement de soi.

Êtes-vous connectée à vos rêves ? Avez-vous des projets ? Êtes-vous prête à vivre sans regret ?

Envies et désirs ardents sont les moteurs principaux de votre réussite.

Bien des peurs vous freinent. Comprendre leurs origines et conséquences risque bien de faire jaillir en vous un torrent d'émotions.

Mais c'est avec bienveillance envers vous-même que vous êtes maintenant apte à canaliser ce flux de pensées qui vous submergeait auparavant.

Vous aimeriez voir vos projets se réaliser, mais vous manquez de disponibilité pour les concrétiser ? Décidés à vous apporter des solutions, nous vous divulguerons les secrets d'une meilleure gestion du temps.

Capitaine de votre vie, vous embarquerez ce mois-ci vers l'île aux succès où prises de décision et passages à l'action seront vos meilleurs alliés.

Semaine n° 21

DÉCOUVREZ QUELS SONT VOS RÊVES

Outillée et avisée de l'intérêt d'être entourée de personnes qui vous correspondent mieux et qui pourront vous aider à croître, vous voilà maintenant prête à ouvrir une fenêtre sur vos rêves.
Mais qu'est-ce qu'un rêve ? Est-ce un projet ? L'envie de faire quelque chose est-elle suffisante pour être considérée comme un projet ? Comment ne pas s'y perdre dans ces diverses formulations ? Nous commencerons cette semaine par identifier les principales différences qui résident entre projets, rêves et envies.
Nous vous guiderons ensuite vers un voyage au plus profond de vous-même.
Quel est ce feu qui bouillonne en vous, cette force que vous avez et qui vous permettrait de déplacer des montagnes pour atteindre, si vous vous en donniez les moyens, un objectif qui vous fait totalement vibrer ?
Comprendre et (re)découvrir votre désir ardent sera un pas de géant. Ressentir ce bien-être, retrouver cette confiance en vous, vous souvenir de ce que ressentait la petite fille que vous étiez hier face à son idole... Nous agirons ce mois-ci comme un GPS qui vous permettra de vous reconnecter à cette flamme qui est tarie en vous.
Enfin, nous verrons ensemble comment passer du statut de « doux rêveur » à celui de « rêveur épanoui ».

Cette semaine, vous apprendrez à :

Différencier projets, rêves et envies.
Comprendre ce qu'est le désir ardent.
Vous reconnecter à vos rêves.

Les différences entre projets, rêves et envies

Afin de vous inviter au mieux à la réalisation de vos projets, il nous semble indispensable d'entamer ce rayon par une différenciation rapide et concise de ce que sont des rêves, des envies et des projets.

Quelle est votre définition d'un projet ?

Pour moi, un projet c'est :

Voici maintenant la définition que nous avons retenue :

« Un projet, c'est un but que l'on se propose d'atteindre. » - *http://www.larousse.fr*

En tant qu'être humain, nous avons la chance de pouvoir nous projeter. Enfants, nous vivions tout simplement le moment présent sans trop nous soucier du lendemain. C'est en grandissant que la notion de temps est venue compliquer notre équation. Les idées qui nous viennent à l'esprit peuvent être concrétisées dans le temps si nous nous en donnons les moyens. Nous appelons ces idées sur lesquelles nous travaillons des projets.

« Un homme sans projets est l'ennemi du genre humain. » - *Roger Nimier (1925-1962)*

Le rêve est une représentation idéale ou chimérique de ce que l'on souhaite réaliser, de ce que l'on désire. Il est à la source de tout projet. C'est le fait de laisser aller librement son imagination : un rêve éveillé.

« Nous vivons une vie, nous en rêvons une autre, mais celle que nous rêvons est la vraie. »
- *Marcel, dit Jean Guéhenno (1890-1978)*

L'envie, en ce qui la concerne, peut aussi avoir plusieurs significations :
- C'est le désir d'avoir ou de faire quelque chose. C'est le désir que cette chose arrive.
- Mais l'envie peut aussi être la convoitise, mêlée ou non de dépit ou de haine, à la vue du bonheur ou des avantages de quelqu'un. Elle peut être synonyme de jalousie (par exemple : « Regarder un gagnant avec envie. »).
- Enfin, l'envie est aussi un besoin organique soudain de faire quelque chose (par exemple : être pris d'une envie soudaine de vomir).

« Pour juger de ce que les hommes ont vraiment envie de faire, il est toujours imprudent de s'en rapporter à ce qu'ils font. »
- *Louis Farigoule, dit Jules Romains de son pseudonyme littéraire (1885-1972)*

Même si le rêve est une représentation idéale de quelque chose, il est pourtant fréquent de le confondre avec le projet.
Vous comprenez également maintenant que l'envie n'est pas un projet.
Nous verrons dans le prochain point comment réussir à identifier ce qui vous anime et donc à savoir ce qui pour vous constitue une simple envie, un rêve ou un projet.

MISE EN PLACE CONCRÈTE

- A. Je fais mon autoportrait. Je rédige quelques lignes sur la personne que je souhaite devenir dans les trois à cinq ans.
- B. Ensuite, je me pose la question suivante : « Est-ce que ma vie d'aujourd'hui va me permettre d'être la personne que je souhaite être dans trois ou cinq ans ? (qu'est-ce que je fais actuellement, de qui je m'entoure...) »

BÉNÉFICES

Vous poser la question de savoir qui vous souhaitez être dans trois ou cinq ans et déterminer si votre vie d'aujourd'hui peut vous permettre de devenir cette personne va vous aider à prendre conscience des actions à mettre en place pour soit poursuivre dans cette voie, soit vous engager dans une autre direction.

Le désir ardent

Vouloir et avoir envie de quelque chose sont finalement les points de départ de toute réflexion. Ces étapes sont nécessaires, bien sûr, mais pas suffisantes. Nous vous suggérons maintenant de partir en exploration au plus profond de vous-même, de vous diriger lentement, mais sûrement, vers votre feu ardent. Le **FEU ARDENT** est ce besoin absolu que vous ressentez d'accomplir quelque chose, cette force motrice qui vous accompagne dans votre quotidien, ces flammes qui vous donnent **motivation, volonté, énergie et endurance.** Découvrir votre désir ardent va vous aider à savoir si la vie que vous menez aujourd'hui peut vous apporter de la satisfaction sur le long terme.
Ce désir profond peut concerner un objectif personnel, d'affaire, financier, physique ou même spirituel. Un désir ardent d'être et de faire est le point de départ à partir duquel le rêveur doit décoller. Car non, les rêves ne sont pas le fruit de l'indifférence, de la paresse ou du manque d'ambition.

Le désir ardent est donc un rêve qui se concrétise en projet grâce à une mise en œuvre, un passage à l'action.

Pour que l'un de vos projets puisse tenir dans le temps, il est indispensable qu'il soit étroitement lié à votre désir ardent. Si le feu ardent n'est pas là, à la moindre contrariété, tout « s'éteindra ». Bien sûr, il est normal de subir des périodes de turbulences, voire de vivre une traversée du désert. Mais si c'est votre feu ardent qui vous guide vers la réalisation d'un projet, vous trouverez en vous les ressources nécessaires pour continuer encore et encore dans cette voie, quitte à revoir ce projet de départ si sa réalisation semble inaccessible.
Ce qui nous a réellement donné l'énergie de changer de vie et de devenir acteurs de notre réussite est la prise de conscience de notre passage limité dans le temps sur terre. Pour clore ce second point et vous laisser ensuite à vos réflexions et à une introspection personnelle, nous souhaitons donc partager avec vous les cinq regrets* les plus souvent exprimés par des personnes en fin de vie.
* *Les Cinq Regrets de personnes en fin de vie*, de Bronnie Ware, voir rubrique « Pour aller plus loin ».

- « J'aurais aimé avoir le courage de vivre ma vie comme je le voulais, et non pas comme les autres l'entendaient. »
- « J'aurais aimé ne pas travailler aussi dur. »
- « J'aurais aimé avoir le courage d'exprimer mes sentiments. »
- « J'aurais aimé rester en contact avec mes amis. »
- « J'aurais aimé chercher à être plus heureux. »

Et vous ? Que ressentirez-vous lorsque vous arriverez au bout du chemin si vous ne changez pas certaines choses dans votre vie ?

MISE EN PLACE CONCRÈTE

Jusqu'à ce que j'obtienne la réponse, je me pose chaque jour cette question : « Qu'est-ce que j'ai toujours rêvé de faire et que je pourrais concrétiser en projet ? »

BÉNÉFICES

Ce questionnement profond vous bouleversera peut-être. Il a pour but de vous ouvrir les yeux et de vous permettre de vous reconnecter à ce feu ardent que vous avez sagement rangé au fond de votre cœur, de votre esprit, de vos tripes.

Du doux rêveur au rêveur épanoui !

Il vous est peut-être compliqué d'admettre que rêver est quelque chose de POSITIF.
Être un doux rêveur a en effet une connotation assez négative. C'est un peu comme si la personne n'avait pas les pieds sur terre.

Mais alors, faut-il choisir entre être rêveur ou être dans le concret ? Ne serait-il pas plus juste de simplement choisir le meilleur de ces deux mondes ?

Rêver vous permet d'imaginer ce qui n'existe pas encore. Le passage à l'action vous permet quant à lui de réaliser votre rêve. Les deux sont donc indissociables.

« Le meilleur moyen de réaliser ses rêves est de se réveiller. » - *Paul Valéry*

Vos rêves profonds sont singuliers et très personnels. Il est important d'attacher une grande attention à ne pas vivre ceux des autres (par exemple : ceux de vos parents, de votre compagnon, de vos amies...).

Rêvez-vous suffisamment grand ? Voyez-vous suffisamment loin ? Soyez à l'écoute de vos rêves... Cela ne vous coûtera pas plus cher.

Il est difficile pour vous de vous reconnecter à vos rêves ? Plusieurs facteurs sont à mettre en cause.

Dès l'enfance, vos rêves ont été mis à rude épreuve. Il est très probable que le principe de réalité vous ait forcé à revenir « sur terre », avec sa définition de ce qui est possible et de ce qui ne l'est pas.

Peut-être vous êtes-vous aussi suradaptée à votre environnement ? Avez-vous oublié qui vous êtes vraiment pour vous conformer à la norme et être appréciée ?

Nous sommes tous conditionnés ! Parfois, c'est un voyage, une maladie ou un décès qui nous permet de nous reconnecter à nos rêves.

Pour vous aider à traduire ce que vous ressentez, la question que nous souhaitons vous poser aujourd'hui est la suivante : **pensez-vous que tout est possible ?**

Pensez-vous pouvoir être la personne que vous voulez vraiment être ? Pouvoir faire ce que vous avez vraiment envie de faire ?

Ceux qui sont convaincus que quelque chose est impossible ne cherchent même pas. Ceux qui trouvent un chemin pour arriver à accomplir leurs projets sont ceux qui cherchent.

Cette deuxième catégorie de personnes, soit sait qu'il est possible de trouver ce chemin d'accès, soit ignore si c'est possible, mais cherche quand même.

Utopiste, cette perception des choses ? Et alors ? Nombreux sont les utopistes qui devancent le réel en l'imaginant avant de le créer.

Par exemple : Martin Luther King va, dès le début du xxe siècle, agir pour lutter contre la ségrégation. Il fera passer ce rêve du fantasme à la réalité.

En résumé, pour avoir des projets, il faut connaître vos rêves et vous y connecter.
Agir de la sorte vous donnera de la force, car vous serez en connexion directe avec votre désir ardent. Cela vous rendra **vivante.**

Vos yeux pétillent quand vous parlez d'un sujet ? Explorez cette piste, il y a de fortes chances pour que vous en ressortiez avec des réponses à vos questions.

Comment savoir que vous êtes déconnectée de vos rêves ? C'est simple, vous avez aujourd'hui le sentiment que votre vie n'a pas de sens. Chaque jour qui passe est un jour de plus, mais vous n'avez pas le sentiment d'être pleinement satisfaite.

Reconnaissez vos rêves, assumez d'être différente, et ce au risque de passer pour une illuminée.
Derrière vos rêves se cachent vos valeurs, vos idéaux, le sens de votre vie, vos besoins.
Fermez les yeux, respirez profondément et centrez-vous... Petit à petit, et à l'aide de vos mises en pratique, vous réussirez à vous (re)connecter à vos rêves.

MISE EN PLACE CONCRÈTE

Pendant une semaine, je prends note de tous mes rêves : ceux que je fais endormie, mais aussi ceux que je fais éveillée.

BÉNÉFICES

Il y a parfois des choses que nous ne souhaitons pas voir. Prendre note de TOUS vos rêves va vous permettre de constater qu'il en ressort une sorte de trame. Cela pourra vous aider à découvrir votre vrai feu ardent.

MA PHRASE MANTRA

Je

Pour aller plus loin

- Livre : *Les Cinq Regrets des personnes en fin de vie*, de Bronnie Ware, éditions Guy Trédaniel, 2013
- Livre : *Riches et influentes. La puissance de la pensée féminine*, de Sharon Lechter, Aska Éditions, 2015
- Livre : *Réfléchissez et devenez riche*, de Napoléon Hill, éditions J'ai Lu, 2011
- Livre : *Tremblez mais osez ! Menez la vie dont vous rêvez*, de Susan Jeffers, éditions Marabout, 2013
- Livre : *Petit cahier d'exercices pour oser réaliser ses rêves*, de Hervé Magnin, éditions Jouvence, 2016

À vos plumes, exercice

Nous pensons que les exercices les plus simples sont souvent les plus efficaces.
Notez ci-dessous la réponse à ces trois questions :

1 Quelles sont vos principales valeurs ?

2 • Qui sont vos héros, vos personnages préférés, les personnes qui vous inspirent (fictifs ou réels) ?
• Qu'est-ce qui vous plaît tant chez ces personnes ? (caractère, qualité, passion…)

Héros	Valeurs en lien avec ce héros	Rêve actualisable

3. À quoi rêviez-vous lorsque vous étiez petite fille ?

Semaine n°22

COMPRENEZ QUELS SONT VOS FREINS ET VOS PEURS

Vous reconnecter à vos rêves n'est pas aussi simple que vous l'auriez souhaité. Pourquoi ?
Osez-vous seulement y croire un instant ? Quelles sont les choses qui vous freinent ? Les peurs qui vous paralysent ?
Cette semaine, nous ferons avec vous un tour d'horizon des peurs les plus fréquentes.
Nous vous donnerons quelques astuces complémentaires qui pourront vous aider, si vous n'y parvenez pas encore, à observer vos peurs sans les laisser vous envahir.
Nous reviendrons sur votre dialogue intérieur pour mettre une fois de plus en relief l'importance de cesser de vous auto-saboter.
Vous pourrez établir une estimation personnelle des conséquences de vos peurs et reconnaître qu'il suffit parfois de les mettre en lumière pour en réduire la taille.
Ensemble, nous observerons que **le succès vient après la peur**. Qu'il est fréquent de devoir essuyer plusieurs échecs avant d'accéder à une première réussite. Que, dans bien des cas, c'est votre persévérance qui pourra faire la différence.
Souhaitez-vous réellement quitter vos peurs ? Êtes-vous prête à les écouter et à en faire vos principaux compagnons de route ?
Que ne souhaiteriez-vous pas regretter ?
Les raisons que vous évoquez quand vous cessez de vous battre pour un projet sont-elles les bonnes, ou est-ce une liste de prétextes sur laquelle vous vous reposez pour ne pas avoir à franchir le seuil de votre zone de confort ?
Une fois encore, ce rayon Projets vous emmènera loin hors des sentiers battus pour vous aider à retrouver vos rêves, là où vous ne vous êtes pas encore autorisée à regarder.

Cette semaine, vous apprendrez à :

Démystifier la peur.
Reconnaître les prétextes et les mauvaises raisons qui vous empêchent de passer à l'action.

Démystification de la peur

Démystifier. En voilà un mot intrigant.
La peur est un peu pareille. Un mot simple à lire, facile à taire, mais complexe dès qu'il s'agit d'analyser plus profondément ce qu'il englobe.

Quelle est la définition que vous lui donneriez ?

Pour moi, la peur c'est :

De notre côté, nous avons bien sûr retenu la définition qui nous semble être la plus juste, la plus appropriée :

« La peur est un sentiment d'angoisse éprouvé en présence ou à la pensée d'un danger, réel ou supposé, d'une menace ; cette émotion éprouvée dans certaines situations (par exemple : trembler de peur). »

- http://www.larousse.fr

Ces peurs qui vous pèsent tant sont un peu comme des sacs de lest attachés à une montgolfière dont vous êtes la passagère.

Pour atteindre vos rêves qui se situent au niveau des nuages, le ballon est là pour vous aider à passer à l'action.

Mais réussirez-vous à quitter le sol sans avoir coupé les liens entre la nacelle et vos sacs de lest ?

Plus tôt vous allégerez votre « charge », plus vite vous pourrez vous envoler.

Mais, au fond, de quoi avez-vous peur ? Du changement ? De l'échec ? Du succès ? De ne pas être capable ? Peut-être avez-vous aussi peur du ridicule, de ne pas être comprise, ou même d'être rejetée ?

« Où serait le mérite si les héros n'avaient jamais peur ? » *- Alphonse Daudet (1840-1897)*

Pour réussir à apprivoiser votre plus grande peur, **nous vous invitons à lui trouver un joli nom ridicule**. Le temps de laisser venir à vous l'inspiration, nous l'appellerons Gluglu.

Observez votre Gluglu et visualisez une fois de plus votre peur sans la refouler. Gluglu est là, elle existe et elle vous en fait voir de toutes les couleurs.

Elle vous souffle à l'oreille : « Tu ferais mieux de ne rien changer à ta vie, il n'y a rien ailleurs pour toi, tu n'y arriveras jamais toute seule… »

Mais est-ce toujours elle qui aura le dernier mot ? Bien sûr que non ! Car vous êtes maintenant prête à lui tenir tête.

Fermez les yeux, respirez et dites-lui à voix basse : « C'est bon Gluglu, je sais que tu es là, mais tu es ridicule. »

Vous seule nourrissez votre Gluglu de vos monologues intérieurs. Et pourtant, vous êtes tout à fait capable de vous libérer de cette petite voix qui vous dit : « Ça ne sera jamais assez bien. » Cette voix qui agit sur vous comme de l'auto-sabotage. Cette voix qui vous freine dans vos actions.

Car, bien sûr, lorsque l'on passe à l'action, cela génère chez nous des peurs, mais aussi souvent beaucoup de stress.

Par exemple : reprendre des études, prendre une décision, changer de métier, se faire de nouveaux amis, s'engager dans une relation amoureuse, mettre fin à une relation amoureuse, s'affirmer en société, décider de suivre un régime, subir un entretien d'embauche, conduire, téléphoner, parler en public…

La peur est normale. Vous êtes tout à fait normale. L'être humain s'exprime au travers de ses émotions, et la peur en fait partie.
Plus vous observerez vos peurs, plus vous pourrez vous amuser de certaines de vos craintes et plus vite vous réussirez à vous reconnecter à vos rêves.

L'idée même de vous libérer de vos peurs vous fait peur ? Sachez que ne pas vous offrir la chance de vous épanouir en réalisant vos rêves aura des conséquences sur votre vie : indécision, doute, inquiétude, perte de créativité, manque d'ambition, perte d'initiative, procrastination...
Admettez-vous que certaines de vos peurs sont irrationnelles ?
Il ne s'agit pas de nier le fait que parfois il y a danger. Mais il s'agit en revanche de remplacer la frayeur par de la prudence.
Avec prudence, bienveillance et compréhension envers vous-même, vous toucherez bientôt ce rêve du bout des doigts.
Le succès est derrière la peur. Restez dans la peur et vous bloquerez tout le reste.
Accrochez-vous ! Vous allez y arriver !

« Ce n'est pas ce que nous sommes qui nous empêche de réaliser nos rêves, c'est ce que nous croyons que nous ne sommes pas. » *– Paul-Émile Victor*

MISE EN PLACE CONCRÈTE

Pour me libérer de mon Gluglu, je commence par l'imaginer mentalement. Je laisse ensuite parler ma créativité et je le représente sur papier. Enfin, je lui trouve un joli nom ridicule que j'emploie le plus souvent possible pour m'adresser à lui.

BÉNÉFICES

Exprimer votre créativité vous permettra de transcrire en image l'aspect « stupide » de vos peurs et de vous libérer d'une part de ce poids qui pèse tant sur vous.

Le passage à l'action : échecs, regrets et prétextes

Vous attachez maintenant une grande attention à l'écoute de vos peurs. Vous comprenez qu'il est indispensable de ne pas les laisser vous dévorer si vous souhaitez réussir à vous reconnecter à vos rêves, à ressentir votre feu ardent.
Dans un premier temps, explorer de nouvelles pistes ne va pas vous sembler naturel.
Vos yeux pétillent. Vous sentez cette envie profonde et vous choisissez de poser les fondations de vos nouveaux passages à l'action.
Autant vous le dire tout de suite : quel que soit ce projet que vous développerez, il y a de fortes chances pour qu'il ne fonctionne pas tout de suite.
Au contraire, il est souvent nécessaire de recommencer de nombreuses fois avant d'atteindre les premiers objectifs fixés.
Dites-vous la chose suivante : **« Soit je réussis, soit j'apprends ! »**

Afin de vous aider à structurer vos pensées et à définir si vous êtes sur la bonne voie, voici un petit tableau que nous vous invitons à compléter avant de réellement passer à l'action :

Mon rêve	Que dois-je tenter concrètement ?	Combien de fois suis-je prête à tenter ?

Cet exercice pourra vous aider à auto-évaluer vos capacités à vous remettre d'un échec pour vous autoriser à essayer encore.
Car si l'échec est présent, il n'est pas une finalité.
L'échec existe, car vous avez fait le choix d'essayer. Il existe, car vous avez compris que vous regretterez plus durablement quelque chose que vous n'avez pas osé entreprendre.

L'échec est une étape, une escale sur cet envol vers votre accomplissement et votre épanouissement personnel.

C'est votre persévérance qui fera la différence. D'ailleurs, dites-vous bien que si vous n'échouez pas de manière régulière, c'est que vous n'êtes pas à votre maximum.
Ne confondez cependant pas persévérance et obstination. Revoyez vos paramètres et étudiez d'abord les faits avant de réessayer.

Qu'est-ce qui n'a pas marché dans ce que vous avez entrepris ? Pourquoi cela n'a-t-il pas fonctionné ? Que pouvez-vous faire différemment pour que vos actions portent leurs fruits la prochaine fois ? Dans ces moments-là, une pause réflexion est à privilégier : analysez, observez et revenez ensuite vers votre projet.

« Seul l'arbre qui a subi les assauts du vent est vraiment vigoureux, car c'est dans cette lutte que ses racines, mises à l'épreuve, se fortifient. » - *Sénèque*

Il serait tellement plus simple de rester là où vous êtes, de ne rien tenter, de ne pas chercher à accéder à cet état de plénitude que vous ressentirez quand vous serez en chemin vers votre réussite personnelle.
Êtes-vous certaine que ces excuses que vous vous donnez aujourd'hui pour vous rassurer sont bonnes ? Ne s'agirait-il pas plutôt de prétextes ?

Voyons un peu ce que pourra révéler ce second tableau. Pourra-t-il vous aider à mettre en lumière votre bonne foi ?

Ce que j'aurais aimé faire et que je n'ai pas fait...	Les raisons pour lesquelles je ne l'ai pas fait...	Est-ce un prétexte ou une bonne raison ?

Sérieusement, pensez-vous que vos peurs finiront par vous laisser tranquille ? Non, personne n'y échappe ! Tant que vous serez confrontée aux réalités du monde, tant que vous mettrez vos capacités à l'épreuve et tant que vous sortirez de votre zone de confort, vous ressentirez de la peur et de l'appréhension. Voilà pourquoi nous vous recommandons vivement d'apprendre à en faire dès à présent votre meilleur compagnon de route. Il n'y a qu'en passant à l'action et en prenant des décisions qui vous engagent que vous pourrez vaincre votre Gluglu.

Acceptez votre peur, surmontez-la et agissez malgré tout !

Ayez toujours une bonne estime de vous et soyez convaincue de vos capacités à réaliser vos projets. Allez-y ! Osez ! Testez de nouvelles choses ! Est-ce votre vie qui est en jeu ? NON. Avez-vous tout intérêt à vous reconnecter à vos rêves pour être plus heureuse ? OUI ! Dès la semaine prochaine, nous vous aiderons à mettre en place les meilleures conditions pour accéder au succès de ce superbe projet qui en train de germer en vous. En attendant, continuez d'arroser cette graine et prenez garde à rester centrée et ancrée.

✳ MISE EN PLACE CONCRÈTE ✳

Ce soir, allongée dans mon lit, je me souviens d'un ancien projet (aussi petit soit-il) que j'ai mené à bien. Quelle est l'émotion que je ressens lorsque je me connecte à ce moment-là ?

✳ BÉNÉFICES ✳

Prendre du recul et vous souvenir du bien-être que vous avez ressenti lors de vos précédentes réussites va vous permettre de vous reconnecter à cette émotion et de retrouver le chemin pour y accéder.

MA PHRASE MANTRA

Je

Pour aller plus loin

- Le coaching complet du Soleil de l'énergie : https://soleildelenergie.com/je-rayonne-jour-apres-jour-soleil-de-lenergie
- Livre : *Petit cahier d'exercices pour oser réaliser ses rêves*, de Hervé Magnin, éditions Jouvence, 2016

À vos plumes, exercice

On dit toujours jamais deux sans trois...

Pour aller encore plus loin dans ce travail d'introspection, voici un autre tableau sur lequel vous pouvez travailler.

Ce que j'aurais aimé faire et que je n'ai pas fait...	Les raisons pour lesquelles je ne l'ai pas fait...	Est-ce un prétexte ou une bonne raison ?	Quel est mon niveau d'amertume ? (sur une échelle de 1 à 10)

Il vous forcera à éveiller en vous certains souvenirs, qu'ils soient désagréables ou non.

Cet exercice a pour but de vous faire prendre conscience de l'importance d'agir MAINTENANT pour ne plus vivre avec des regrets.

Vous pourrez également réaliser que lorsque vous allez au bout des choses, votre niveau d'amertume est généralement inexistant.

Semaine n° 23

IDENTIFIEZ LES ACCÉLÉRATEURS DE PROJETS

Grâce à votre ténacité et à votre détermination à progresser dans votre développement personnel, vous réussissez à vous (re)connecter chaque jour un peu plus à vos rêves et à imaginer les projets que vous pourriez concrétiser.
Mais sortir de votre rêve pour accéder au succès ne vous semble pour autant pas évident.
Comment allez-vous passer à l'action ? Que pourriez-vous faire pour rendre ce succès inévitable ?
Vous donnez-vous suffisamment les moyens pour atteindre les objectifs que vous vous fixez ?
En plusieurs étapes clés, nous développerons cette semaine les principaux accélérateurs de succès tels que **les stratégies à mettre en place** ou **l'importance d'être bien entourée**.
Plus vous serez précise sur la vision que vous avez de votre projet, plus vous réussirez à prendre du plaisir en chemin.
Car même si succès est synonyme de résultat heureux, réussite ne rime pas avec souffrance.
Entreprendre de nombreuses actions pour atteindre cet objectif ambitieux que vous êtes sur le point de vous fixer pourrait bien vous épuiser si vous ne prenez pas des moments de repos, des moments de recul.
Nous terminerons donc en attirant votre attention sur l'importance de recharger vos batteries et de ralentir un peu votre course afin de rejoindre votre but ultime plus rapidement.
Ralentir pour aller plus vite ? En voilà un paradoxe. Bienvenue dans cette nouvelle réalité où accomplissement et plaisir seront bientôt faciles à concilier pour vous.

Cette semaine, vous apprendrez à :

Reconnaître et développer vos différents accélérateurs de projets.

Les cinq clés pour accéder au succès : les accélérateurs de projets

Vous êtes-vous déjà demandé pourquoi certaines personnes arrivent plus vite et plus facilement à accéder au succès que d'autres ?
Est-ce une question de pistons ? De chance ? De moyens financiers ?
NON ! Pour réussir, ces personnes-là ont simplement **fait en sorte que le succès soit inévitable.**
Elles ont mis toutes les chances de leur côté pour être prêtes au moment de se lancer.
Par exemple : si votre plus grand rêve est de créer votre propre studio de yoga, commencez par suivre des cours une fois par semaine, tester la pratique de cette discipline avec plusieurs professeurs, faire des stages, passer une certification, discuter avec les propriétaires des salles, demander les prix de location, évaluer vos capacités d'emprunt avec votre banquier...
Au moment du passage à l'action, vous serez équipée de vos nouvelles connaissances et sûre de vous dans ce que vous entreprendrez.

Bien sûr, au travers de votre projet, vous souhaitez véhiculer une idée précise, laisser une trace de votre passage sur cette planète, transmettre quelque chose qui vous fait vibrer.
Réussir ce que vous avez visualisé, atteindre les objectifs fixés et couronner vos efforts de succès ne se concrétisera facilement que si vous êtes suffisamment claire.

« Tout ce que l'esprit humain peut concevoir et croire, il peut le réaliser. »

Pour atteindre quelque objectif que ce soit, votre première démarche sera donc **d'être la plus précise possible sur le but à atteindre.** De cette manière, vous serez plus attentive à vos réussites (aussi petites soient-elles). Vous pourrez célébrer, être fière de vous et cultiver votre estime personnelle. Ce type de comportement est indispensable. Il vous permettra d'aboutir à un résultat heureux quel que soit le projet entrepris. Les femmes ont souvent plus de difficultés que les hommes à passer à l'action. Elles se contentent parfois de vivre dans une sorte de rêve éveillé, dans l'idéalisation qu'elles se font de leur vie. Nous vous le rappelons donc une fois de plus : **sans passage à l'action, il n'y a pas de succès.** Pour vous aider à tendre de plus en plus vers la réussite de votre projet, voyons maintenant en détail les cinq étapes considérées comme étant des accélérateurs de projets.

1 La vision

Les visions que vous avez vous aident à vous projeter et à avancer dans votre vie. Celles que vous aviez à 15 ou 18 ans ne sont pas les mêmes que celles que vous avez aujourd'hui. En chemin, parfois, vos visions changent, car vous vous rendez compte qu'elles sont restrictives ou même toxiques (par exemple : imaginer de gagner le SMIC quand on a 18 ans donne difficilement accès à une vie de milliardaire...). **La vision que vous avez se doit d'être plus grande que vous.** Elle doit vous paraître immense. Quel but cherchez-vous à atteindre ? Pourquoi est-ce important pour vous ? À quelle date votre but sera-t-il atteint ? Quels sont les critères qui vous indiqueront que vous avez réussi ? En parlez-vous suffisamment autour de vous ?

MISE EN PLACE CONCRÈTE

Je m'installe dans un endroit calme. Je ferme les yeux pour voir cette vision et ressentir tout ce qui est en lien avec elle. Pour y parvenir, je respecte les étapes suivantes :

- Je visualise mon but.
- J'imagine qu'il est atteint, que c'est déjà fait.
- Je me connecte à mes sensations : « Qu'est-ce que je ressens ? Qu'est-ce que j'entends ? Qu'est-ce que je vois ? Y a-t-il des goûts qui me viennent en bouche ? Des odeurs que je sens ? »
- Je me connecte aux émotions qui me viennent.

BÉNÉFICES

À mi-parcours de notre séance, cet exercice va agir sur vous comme un ancrage. Il éveillera en vous des choses que vous ne prenez pas forcément le temps d'écouter en temps normal.

2 La stratégie

Qu'est-ce qui va vous permettre d'atteindre votre objectif le plus rapidement possible, le plus simplement possible et avec le moins d'effet possible ? Sans vous en rendre compte, il vous arrive peut-être parfois de vous inventer des difficultés, car le chemin vous semble trop simple. Évitez de vous compliquer la vie inutilement et **posez-vous les grandes questions**, celles qui vous permettront de faire de grands choix.

Voici quelques exemples :

- Vous souhaitez devenir maman : souhaitez-vous porter votre enfant, adopter, faire un bébé à deux, faire un bébé toute seule ?
- Vous souhaitez vendre un produit : allez-vous le vendre vous-même, avoir un distributeur ?
- Vous devez financer un projet : allez-vous utiliser des fonds propres, contracter un crédit bancaire, emprunter de l'argent à un membre de votre famille ou à vos amis ?
- Vous souhaitez apprendre un nouveau métier : allez-vous suivre une formation en présentiel ou sur Internet, prendre un coach, lire des livres, suivre un cursus court ou long ?

Le piège de la stratégie est d'y rester et de ne pas aller jusqu'à la mise en pratique. Soyez donc vigilante.

Un autre levier à mettre en action dans cet accélérateur de projets est la **modélisation des stratégies qui ont déjà fonctionné** dans votre domaine d'activité.
Pour cela, vous pouvez par exemple interviewer des personnes qui ont réussi. En plus de vous apporter des réponses, cela vous permettra de développer votre réseau et de modéliser votre réussite personnelle.
Cette modélisation combinée à votre imagination vous mènera à une solution unique qui n'appartiendra qu'à vous.
Prendre le temps de découvrir les stratégies d'autres personnes vous semble laborieux ? Soyez-en certaine, agir de la sorte vous fera perdre moins de temps et d'énergie que l'échec qui résulterait d'une entreprise trop rapide.

Quelle est ma vision précise ?	Quelle est ma motivation ? (note sur 10)	Quels sont les résistances/ les freins ? (note sur 10)	Quel est mon ordre de priorité ?

MISE EN PLACE CONCRÈTE

Pour progresser vers la réalisation de ma(mes) vision(s), je priorise mes projets à l'aide du tableau de la page précédente.

BÉNÉFICES

Cet exercice va vous permettre d'auto-évaluer votre motivation à mettre en œuvre les actions nécessaires à la réalisation de ce(s) projet(s). Vous pourrez ensuite plus facilement sélectionner celui sur lequel vous pouvez vous concentrer en priorité.

3 Le plan précis

Avoir un plan précis permet d'être organisé, de gagner du temps et de pouvoir anticiper. **La gestion de votre projet nécessite un plan précis.** Vous récolterez de nombreux bénéfices à procéder étape par étape, avec discipline.
Le chemin parfait n'existe pas et le plan d'action parfait non plus. Ne serait-ce pas trop simple s'il en était ainsi ? Vous n'êtes pas certaine de votre stratégie ? Pas très sûre de votre plan d'action ? Lancez-vous quand même ! Il sera encore temps d'ajuster les choses en cours de route. Nous vous fournirons d'autres outils nécessaires à la réalisation de cette étape cruciale lors de notre prochaine semaine de coaching.

MISE EN PLACE CONCRÈTE

Sous la forme d'un grand tableau, j'établis un plan d'ensemble des différentes missions que je dois accomplir pour réaliser mon projet (par exemple : pour devenir enseignant yoga, je dois me former, m'entraîner, créer mon entreprise, définir qui sont mes clients, quelle est mon offre, le type de prospection...). Pour chacune des missions, je rédige en détail des actions et des tâches à effectuer.

BÉNÉFICES

Prendre quelques heures pour extraire de votre esprit toutes les actions à entreprendre pour un même projet vous aidera à mieux évaluer vos capacités à les mener à bien et à établir le plan précis qui vous convient le mieux.

4 L'entourage

Nous vous en avons déjà longuement parlé dans le rayon des relations sociales : pour progresser, **il est indispensable de bien vous entourer.**
Allez à la rencontre de nouvelles personnes en fréquentant des séminaires, inscrivez-vous à des salons en lien avec votre projet, discutez sur des forums via Internet. Dites au revoir à votre timidité pour oser demander aux personnes qui ont « réussi » comment elles ont fait pour y arriver.
Ne serait-il pas nécessaire de vous faire accompagner par un expert pour la partie stratégie de la réalisation de votre projet, par exemple ? Fréquenter un groupe de personnes qui est dans la même dynamique que vous et qui a des objectifs similaires ou supérieurs aux vôtres pourra vous permettre de croître plus vite. Pour cela, pensez aux groupes de partage Facebook, par exemple, ou aux Mastermind.

MISE EN PLACE CONCRÈTE

Ce mois-ci, je lis la biographie de personnes qui m'inspirent.

BÉNÉFICES

Cet exercice est très efficace pour l'ancrage, le retour à vos valeurs. Il vous permettra de rester en totale adéquation avec votre feu ardent.

5 Le leadership

Le leadership est la capacité que vous avez à emmener les autres dans votre projet .
Pour être dans cet état d'esprit, apprenez à parler avec enthousiasme de votre vision ! À coup sûr, les gens qui vous entourent auront tous envie de vous suivre.

Soyez claire dans ce que vous dites ! Soyez souriante, confiante et déterminée !
Travailler cette attitude vous aidera à attirer à vous les ressources nécessaires à l'accomplissement du projet : trouver une équipe, des financements, des clients, des partenaires... Pourquoi ne pas utiliser votre pitch pour résumer votre vision ? Répétez-le partout où vous irez.

Enfin, rappelez-vous toujours que **la JOIE fait partie de votre chemin.** N'oubliez donc jamais de prendre du temps pour vous, de ne pas vous laisser aspirer par ces milliers de choses que vous faites au quotidien.

Qu'est-ce qui vous fait du bien ? Vous balader en forêt, faire du sport, prendre un repas avec vos copines, méditer, faire la sieste, vous offrir un soin en institut de beauté, sortir votre chien ?

Sans culpabilité, **déconnectez-vous régulièrement de tout pour vous ressourcer.**
Au fil du temps, vous découvrirez que ralentir et prendre du recul vous permettra paradoxalement d'avancer plus vite.

MISE EN PLACE CONCRÈTE

Je planifie des temps de « recharge énergétique » dans mon agenda.

BÉNÉFICES

Pour pouvoir être performante au quotidien, vous devez vous habituer à être votre première priorité. Intégrer des rendez-vous détente dans votre agenda vous évitera de vous oublier en chemin.

MA PHRASE MANTRA

Je

Pour aller plus loin

- Livre : *Lean Startup*, de Eric Ries, éditions Penguin Portfolio, 2011
- Livre : *La Semaine de 4 heures*, de Tim Ferris, éditions Vermilion, 2011
- Livre : *The Art of the Start*, de Guy Kawasaki, éditions Unabridge, 2015

À vos plumes, exercice

Où en êtes-vous ? Avez-vous le sentiment d'avoir progressé ?

Si ce n'est pas le cas, nous vous invitons à refaire encore et encore les mises en pratique des semaines 22 et 23.

D'un point de vue stratégique, nous vous suggérons de dresser un listing complet des ressources qui sont à votre disposition pour la réalisation de votre projet (temps, argent, personnes, compétences, technologies...).

Semaine n° 24

PASSEZ À L'ACTION

Les semaines se succèdent et vous n'en finissez plus de vous surprendre. Peu à peu (re)connectée à vos rêves, vous éveillez une part de vous qui avait été oubliée.
Ce sentiment de renaissance vous apporte déjà une forme de légèreté. Mais c'est à l'aide du passage à l'action que vous pourrez entretenir ces moments de satisfaction.

Une autre question se pose à vous maintenant : « Comment vais-je gérer mon temps ? »
Les journées ne sont pas élastiques. Vingt-quatre heures par jour, sept jours par semaine, 365 jours par année... Ces chiffres sont les mêmes pour nous tous.
Partant de ce constat, quelle organisation pourriez-vous suivre pour mener à bien quotidiennement l'ensemble de vos missions ?
Certaines actions donnent plus de sens à votre vie que d'autres, vous reste-t-il encore du temps lorsque vous avez accompli ces tâches importantes ?
À l'aide de l'illustration du bocal, nous verrons cette semaine qu'il est primordial de planifier vos journées au maximum, et du point de vue de vos performances, et du point de vue de votre auto-évaluation.
Ensemble, nous comprendrons l'intérêt de **faire de votre agenda votre meilleur ami**.
Comment le remplir ? À quelle fréquence ? Certaines sources de distractions sont-elles pour vous chronophages ? Risquent-elles de mettre en péril votre emploi du temps ?
Enfin, nous refermerons les volets de ce sixième rayon par une pêche aux questions.
Qu'a-t-il fallu pour que l'un de vos projets fonctionne ? Pourquoi tel objectif n'a t-il pas pu être atteint ?
Grâce à une bonne gestion de votre temps, vous maîtriserez bientôt avec brio l'art du passage à l'action.

Cette semaine, vous apprendrez à :

Mieux gérer votre temps grâce à l'illustration du bocal.
Établir votre plan d'action concret et à l'organiser dans votre agenda.

La gestion du temps : illustration du bocal

Quel que soit votre âge, le reflet du miroir vous rappelle chaque matin que vous n'êtes pas éternelle.
Nous disposons tous du même temps sur terre : une vie.
Une vie plus ou moins longue en raison de facteurs héréditaires, des circonstances qui l'animent, de l'énergie que nous consacrons à la préserver.
Ce temps qui nous est accordé n'est pas perçu de la même manière par tous les êtres.
Vous arrive-t-il de ne pas avancer, car vous ne savez pas trop quoi faire, car vous ne visualisez pas encore la direction vers laquelle vous allez vous diriger ?

Cette procrastination ralentit vos projets. C'est un peu comme si vous n'utilisiez pas le bon mode d'emploi.
Et pourtant, vous seule avez la possibilité de **décider de ce que vous ferez de tout ce temps**.
Cette décision de meubler vos journées d'actions qui vous permettront d'atteindre pas à pas votre but n'appartient qu'à vous.
Vous êtes (re)connectée à votre feu ardent et à l'écoute de vos peurs, il serait dommage de vous arrêter en si bon chemin, n'est-ce pas ?

Voyons en quoi l'illustration du bocal pourra vous aider à ranger et à organiser les missions que vous avez à accomplir au quotidien.

Prenez un bocal et remplissez-le jusqu'en haut de gros cailloux. **Votre bocal est-il plein ?**

OUI NON
(j'entoure mon choix)

Avez-vous remarqué les espaces restants entre vos gros cailloux ?

OUI NON
(j'entoure mon choix)

Que pourriez-vous venir ajouter dans ce bocal ?

En réalité, il reste encore beaucoup d'espace dans votre bocal.
Vous pourriez y ajouter de petits cailloux et ensuite venir y glisser un peu de sable. Cela laisserait même de l'espace pour quelques millilitres d'eau.
Vous constatez donc que les apparences sont parfois trompeuses. Votre vie est identique à ce bocal. **Vous bénéficiez de plus de temps que ce que vous pensez.**

Voyons cependant ce qu'il se serait passé si vous aviez commencé par remplir votre bocal avec les grains de sable.
Auriez-vous pu déposer vos gros cailloux à l'intérieur ?

OUI NON
(j'entoure mon choix)

Non. Bien sûr. Avec un bocal rempli de sable, il vous aurait été impossible d'ajouter vos petits et gros cailloux.

Vos gros cailloux sont les actions qui donnent du sens à votre vie (par exemple : travailler sur un projet qui vous plaît, passer du temps avec votre famille, entretenir de bonnes relations avec vos amis, vous divertir...).

Viennent ensuite les tâches « secondaires ». Elles font elles aussi partie de votre quotidien, mais n'ont pas une grande valeur ajoutée. Elles sont ici représentées par de petits cailloux, puis par des grains de sable et enfin par de l'eau.
Ce bocal représente votre journée. Votre semaine. Votre année. Votre VIE.

Apprendre à remplir vos journées avec la même logique que celle que vous utiliseriez pour remplir au mieux ce bocal vous permettra d'accomplir quotidiennement de nombreuses tâches.
Vous allez maintenant voir comment installer un autre rythme dans votre quotidien grâce à une mise à jour régulière de votre agenda. Traiter vos cailloux dans l'ordre de priorité et d'intérêt que vous leur accordez vous offrira des bénéfices rapides et durables.

MISE EN PLACE CONCRÈTE

À l'aide du tableau de mise en place que j'ai fait la semaine dernière, j'améliore ma vision des « missions relatives à mon projet » pour définir, cette fois, mon plan d'action concret* (exemple de tableau à retranscrire hors de mon cahier).

Actions (listes des tâches/ grandes actions à réaliser)	Pilote(s) (Suis-je la personne responsable de cette action ?)	Délais (pour réussir à mieux planifier/ organiser ensuite)	Coût	Avancement (noter de 1 à 10 où j'en suis dans la réalisation)	Quand cela a-t-il été fait ?

* Plan libre => possibilité d'ajouter des colonnes !

BÉNÉFICES

Traduire votre projet en liste d'actions sera pour vous un accélérateur pour le passage à l'action. Passer du projet à cette liste d'actions va permettre au projet d'aboutir.

Mon agenda, mon meilleur ami

Pour vous aider à déterminer la manière dont vous allez organiser les gros cailloux que vous avez tout intérêt à traiter en priorité dans votre journée, posez-vous la question suivante : « **Quels sont les 20 % d'actions quotidiennes qui sont suffisants pour voir naître 80 % de mes résultats ? »**
Mettez en application cette loi, appelée la loi de Pareto (80 % de résultats pour 20 % d'efforts) et vous gagnerez en temps et en efficacité.
De quoi votre agenda est-il rempli aujourd'hui ? Y avez-vous noté tout ce que vous aviez à faire du lever au coucher ?
Peut-être y avez-vous simplement griffonné l'heure de quelques rendez-vous ? Cette page est peut-être même vierge ? Pas de panique.
D'un agenda 100 % dégâts à un agenda zéro tracas, il n'y a qu'un pas. Nous vous invitons à le franchir immédiatement et à considérer cette tâche comme la première action de votre plan.

Étape 1

Commencez par remplir votre agenda avec ce qui est le plus important pour vous (vos gros cailloux). Pour cela, observez l'année à venir et prenez note de vos prochaines vacances, des dates des prochaines fêtes, des anniversaires, de vos week-ends en amoureux...
Cette première étape est indispensable pour planifier dès le départ vos temps de recharges énergétiques, ceux qui vous permettront de prendre un peu de recul.

Étape 2

Ensuite, repérez les récurrences mensuelles ou les événements à venir (conférences, formations, garde alternée d'enfants...).
Ces récurrences sont essentielles pour vous garantir une certaine stabilité, un bon ancrage et une progression constante.

Étape 3

Concentrez-vous maintenant sur le remplissage hebdomadaire. C'est ici que vous pouvez indiquer vos cours de sport, les activités extra-scolaires de vos enfants, votre après-midi de repos, la visite chez votre grand-mère...

Étape 4

Terminez par l'étape du remplissage à la journée. Dans un souci d'efficacité, placez toujours au minimum deux gros cailloux avant midi. Cela vous donnera une vraie force d'action.
Vous pouvez en revanche garder pour la fin de journée les tâches les moins importantes.
La solution pour ne jamais être submergée de travail et dépassée par un retard incessant dans les tâches que vous avez à accomplir consiste à définir des **« créneaux d'action » de cinquante minutes**.
Après avoir estimé le temps nécessaire à la réalisation d'une tâche, vous pouvez venir l'indiquer dans votre agenda en précisant le nombre de créneaux dont vous aurez besoin.
Il est toujours préférable de prendre pour référence des créneaux de cinquante minutes plutôt que d'une heure. En effet, dix minutes de pause entre deux créneaux sont indispensables au bon déroulement de vos journées : cinq minutes pour reposer votre esprit et cinq pour changer de contexte.
Vos moments de pause sont ainsi planifiés et vous n'avez pas d'autre choix que de prendre le temps de boire un thé, de sortir respirer un peu d'air frais, d'apprécier un moment de silence...
Prête à commencer la tâche suivante, vous êtes performante dès le début de la réalisation de votre mission, car vous venez de recharger vos batteries.
Une fois vos créneaux organisés, vous êtes équipée pour bien commencer votre journée.
Prête à passer à l'action ?

Pour vous préserver des « fuites de temps » qui résultent des multiples interruptions qui viennent souvent bouleverser votre emploi du temps, coupez vos e-mails. Ne répondez pas au téléphone, fermez les onglets qui ne sont pas en rapport avec la tâche que vous effectuez sur votre navigateur Internet, oubliez les réseaux sociaux pendant quelques heures.
Pourquoi ne pas prévoir un créneau multitâche, un temps pour répondre aux imprévus, aux e-mails et messages divers, aux messages téléphoniques ?
Chaque journée est synonyme de temps et d'opportunité. Saisissez-en chacune !

Connectez-vous à vos rêves, définissez vos projets, détaillez les ressources dont vous avez besoin pour atteindre votre but, établissez une liste des différentes missions que vous aurez à accomplir, faites de votre agenda votre meilleur ami et **passez à l'action !**
Bien sûr, il arrivera que les choses ne se passent pas comme vous les aviez prévues. C'est pourquoi nous vous recommandons de prévoir dès le départ un plan B, un plan C, un plan D...
Rappelez-vous que, parfois, ce n'est juste pas encore le moment. Gardez votre plan A en tête et revenez-y plus tard si c'est nécessaire.
Restez ouverte à la critique constructive et à tous les points d'amélioration que vos amis, vos coachs, vos associés, votre compagnon pourront soulever au sujet de vos diverses entreprises.
La route sera longue, mais passionnante. Faites en sorte d'être en amélioration continue et attentive aux actions qui fonctionnent comme à celles qui ne fonctionnent pas dans ce que vous entreprenez.
Soyez persévérante en réessayant de faire les choses de différentes manières, mais pas obstinée en vous entêtant à les faire et à les refaire de manière identique avec l'espoir que cela finisse par fonctionner.
Souriante, motivée, confiante, passionnée : vous êtes capable de tout.

« Les grands accomplissements sont réussis non par la force, mais par la persévérance. »

- Samuel Johnson

MISE EN PLACE CONCRÈTE

Je complète mon agenda à une semaine, un mois, une année.

BÉNÉFICES

Cette action sera considérée comme la première de votre plan. Dès sa réalisation, vous serez donc dans le passage à l'action.

MA PHRASE MANTRA

Je

Pour aller plus loin

- Refaire les exercices du mois, encore et encore !

À vos plumes, exercice

Avez-vous déjà voulu réaliser un projet ou une action qui n'a pas fonctionné ?
Afin de vous permettre d'analyser et de comprendre le POURQUOI, nous vous invitons à utiliser ce diagramme en arête de poisson en vous appuyant sur des faits réels (pas sur des suppositions).
En parallèle, complétez un second diagramme pour analyser un projet qui, pour vous, a fonctionné. Dans celui-ci, demandez-vous : « Qu'a t-il fallu pour que cela fonctionne ? »
Cet exercice va vous permettre de visualiser la façon de reproduire un processus qui a déjà fonctionné pour vous en le transposant à un autre de vos projets.
Idéalement, nous vous recommandons de faire cet exercice à plusieurs sous la forme d'un brainstorming. Bonne résolution.

Pourquoi l'un de mes projets n'a-t-il pas fonctionné ?

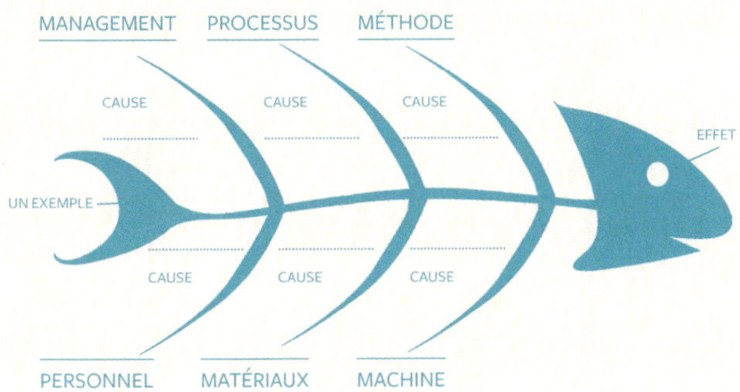

Qu'a t-il fallu pour que l'un de mes projets fonctionne ?

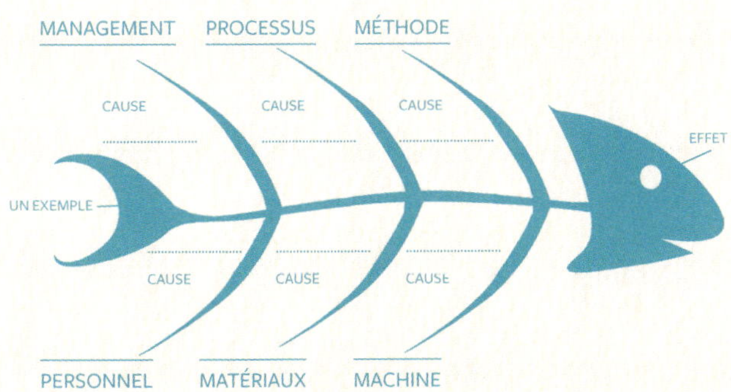

RAYON passion

Quelles sont les activités qui vous font vibrer ? Celles qui vous permettent d'ouvrir votre cœur et de remplir votre réservoir d'amour ? Y consacrez-vous suffisamment de temps ?
Pour vous aider à rayonner de mille feux, nous verrons ce mois-ci que passions et talents sont étroitement liés.
Prendre conscience de vos faiblesses et mettre en lumière vos aptitudes constitueront votre défi dans les prochains jours.
À l'aide de plusieurs exercices, nous vous emmènerons à la rencontre de vos superpouvoirs afin de sublimer la multipotentielle qui repose en vous.
Ressentez-vous de la culpabilité à l'égard de vos proches lorsque vous êtes à 100 % investie dans une activité qui ne les concerne pas ? Ces auto-punitions que vous vous infligez ternissent vos projets et vous font perdre de l'énergie.
Une fois encore, nous vous aiderons à gravir marche après marche cette ascension qui s'est ouverte à vous.
Parce que vous vous aimez, vous oserez bientôt exprimer vos qualités et le résultat de vos visualisations fera vite des étincelles.

Semaine n° 25

COMPRENEZ QUE VOS PASSIONS SONT LIÉES À VOS TALENTS

Pour entamer au mieux ce nouveau rayon, observons en quoi prendre du temps pour vos passions est VITAL. Disposez-vous d'aptitudes spécifiques ? Ne pourriez-vous faire de l'une de vos passions un talent en particulier ? Souvent, les activités que nous exerçons cachent de réels talents que nous n'exploitons que trop rarement. Jusqu'à présent trop peu connectée à votre être profond, vous n'aviez pas conscience de vos dons. Cette puissance intérieure que vous développez progressivement va de plus en plus influencer votre avenir. Pour qu'un talent puisse être reconnu, il doit répondre à cinq caractéristiques. Nous vous les détaillerons afin que vous puissiez y reconnaître certaines de vos prédispositions.

Quelle place accordez-vous à vos talents ?
Pour y voir plus clair, nous vous soumettrons plusieurs exercices qui vous permettront de prendre conscience des choses du quotidien que vous n'aimeriez pas changer et qui vous servent d'ancrage. Identifier ce que vous faites de bien et voir comment vous le faites sera le trajet à parcourir cette semaine.

Cette semaine vous apprendrez à :

Identifier vos passions et vos talents et comprendre en quoi ils sont liés.

Avoir des passions vous permet de garder l'équilibre. Cela vous remplit de bonheur et vous aide à développer vos compétences dans divers secteurs d'activités. Elles sont idéales pour remplir votre réservoir d'amour, il est donc important de leur consacrer suffisamment de temps.
La passion est cet état affectif intense qui domine quelqu'un. C'est ce penchant vif et persistant éprouvé à l'égard de quelque chose.
Lorsque vous disposez d'une aptitude particulière dans un domaine artistique ou littéraire, par exemple, cela s'appelle avoir **du talent**. Le talent est cette capacité, ce don remarquable à faire quelque chose qui vous connecte au plaisir, quelque chose qui est inné chez vous, quelque chose que vous pouvez faire avec beaucoup d'aisance. La distance qui sépare votre passion de votre talent est donc proportionnelle aux compétences que vous développez.

En résumé, consacrer du temps à vos passions vous permet donc de :
- équilibrer votre vie ;
- développer vos compétences ;
- remplir votre réservoir d'amour ;
- cultiver votre estime personnelle.

PASSIONS ET TALENTS

Les identifier et comprendre en quoi ils sont liés.

Avez-vous des passions ? Si oui*, notez-les ci-dessous.

Mes principales passions sont...

Quelles émotions ressentez-vous à la simple pensée de ces passions ?

À la pensée de ces passions, je ressens...

*Si non, qu'est-ce qui vous en empêche ?

Je n'ai pas de passions, car...

Vos passions vous donnent du plaisir et de la satisfaction. Derrière elles se cachent vos talents. Ces deux compères sont donc étroitement liés. Mais avez-vous seulement conscience de ces talents qui vous sont propres et qui vous rendent unique ? Pour vous aider à les pointer du doigt, voici une liste de talents que nous vous invitons à lire lentement (entourez ceux dans lesquels vous vous reconnaissez) :

aimable • aime relever des défis • ambitieuse • amicale • appliquée • articulée artiste • assurée • attentionnée • autonome • bonne résistance au stress calme • compétente • compréhensive • consciencieuse • conséquente créative • curieuse • délicate • déterminée • dévouée • digne de confiance diplomate • douée • efficace • enthousiaste • esprit d'analyse • esprit d'équipe esprit de compétition • esprit scientifique • fiable • honnête • imaginative ingénieuse • innovatrice • inventive • logique • loyale • méticuleuse • minutieuse novatrice • optimiste • organisée • originale • ouverte • patiente • persévérante perspicace • persuasive • polie • ponctuelle • positive • pratique • précise • prévenante prévoyante • prudente • réfléchie • responsable • s'adapte facilement • sens de l'humour sérieuse • sincère • sociable • souple • spontanée • stable • sympathique • tenace

Vous le constatez peu à peu, vos talents sont déjà en vous. Vous les possédez naturellement. Quelle place leur accordez-vous dans votre quotidien ? Vous appuyez-vous sur eux pour vous réaliser ? Utilisez-vous pleinement votre potentiel ? Ce que vous pensez être un talent en est-il d'ailleurs vraiment un ?
En réalité, il vous est souvent difficile d'identifier vos talents, car ces actions que vous réalisez vous semblent faciles. C'est un peu comme si tout le monde savait faire telle ou telle chose que vous maîtrisez à merveille. Parfois, nous avons juste besoin du retour des autres pour nous apercevoir de notre talent. Mais quoi qu'il en soit, **pour qu'un talent soit reconnu comme tel, il lui faut répondre à cinq caractéristiques** :

- **La faisabilité :** il s'agit de quelque chose que vous avez toujours su faire. Ce n'est pas une compétence que vous avez acquise, elle est innée chez vous. Même développé ou découvert tardivement, ce talent est en vous.
- **La facilité :** vous faites cette chose avec facilité. Quand vous le faites, vous le faites bien à chaque fois, avec aisance.
- **La reproduction :** c'est quelque chose que vous savez reproduire. Il ne s'agit pas d'une réussite isolée.
- **Le plaisir :** cela vous procure du plaisir. Ce plaisir est lié à la facilité que vous avez à réaliser cette action. Dès lors, l'effort que vous pouvez avoir à faire ne consomme pas toute votre énergie. Quand vous le faites, vous n'avez pas de doute. Au contraire, vous ressentez de la satisfaction.
- **La reconnaissance :** cette chose est reconnue par les autres. Votre talent dans un domaine précis signifie que vous avez une facilité dans ce domaine et que les autres le reconnaissent. Le talent est quelque chose de vu, de ressenti et d'entendu par les autres avec évidence.

Vous avez répondu oui aux cinq caractéristiques ci-dessus ? Bravo !
Vous venez de vous reconnaître un talent.

Identifier vos talents va vous permettre de toujours être en quête d'amélioration, de pouvoir compter sur eux pour avancer, d'évoluer dans votre zone de plaisir tout en obtenant de meilleurs résultats. Agissez de la sorte et vous gagnerez plus encore en confiance en vous. Votre quotidien vous semblera plus léger et vous ferez rayonner davantage votre vie.
Pour y voir encore plus clair, terminons cette séance par la liste des actions quotidiennes que vous aimez faire et que vous ne voudriez pas changer :

1 ....

2 ....

3 ....

4 ....

5 ....

6 ....

7 ....

8 ....

9 ....

10 ....

Ces rites qui rythment vos journées sont à répartir dans deux catégories :

- Les **rites d'apaisement** : cela vous plaît de les faire, vous n'aimeriez pas en changer, mais vous pourriez les remplacer.
- Les **rites vitaux** : si vous en étiez privée, vous en seriez affectée et basculeriez dans une zone d'inconfort déplaisante.

Ces rituels vous permettent de rester en équilibre. **Ils sont votre force, vos points d'ancrage.** Soyez-y attentive et veillez toujours à ne pas laisser votre emploi du temps vous en priver.
Découvrir vos talents et consacrer du temps à vos passions vous permet de vous aligner avec bienveillance à la personne que vous avez toujours rêvé de devenir.
Votre enfant intérieur vous aidera dans cette mission, et ce malgré vos éventuels défauts et faiblesses. En effet, dès la prochaine séance, nous verrons en quoi vos points faibles pourraient bien atteindre vos talents si vous manquiez de vigilance.

MISE EN PLACE CONCRÈTE

J'interroge les cinq personnes qui me connaissent le mieux dans mon entourage et je leur demande quels sont les trois talents et/ou compétences qu'ils me reconnaissent.

Nom		Talent
....	→	....
	→	
....	→	....
	→	
....	→	....
	→	
....	→	....
	→	
....	→	....

BÉNÉFICES

Avoir le retour de personnes de votre entourage familial, amical et professionnel va vous aider à reconnaître certains de vos talents

MA PHRASE MANTRA

Je

Pour aller plus loin

Livre : *Petit cahier d'exercices pour découvrir ses talents cachés,* de Xavier Cornette de Saint Cyr, Éditions Jouvence, 2015

À vos plumes, exercice

Depuis votre naissance, quelles sont les dix plus grandes réussites de votre vie dont vous vous souvenez ? Voici votre ligne du temps :

Naissance — Maintenant

1 2 3 4 5 6 7 8 9 10

Ci-dessous, dressez votre liste de réussites et observez ensuite les points communs entre elles :

1 ....

2 ....

3 ....

4 ....

5 ....

6 ....

7 ....

8 ....

9 ....

10 ....

Semaine n° 26

SACHEZ QUE FAIRE DE VOS POINTS FAIBLES

Vos points faibles affectent-ils vos talents ? Pensez-vous nécessaire de transformer tous vos défauts en qualités ? Et si vous étiez multipotentielle ?
Voilà autant de questions auxquelles nous allons tâcher de répondre au mieux cette semaine. Prendre conscience de vos défauts et de vos faiblesses est une étape cruciale dans la réalisation de vos divers projets.
Souvent, vous avez tendance à attacher beaucoup trop d'intérêt aux choses que vous ne savez pas faire correctement. Ces actions ou sujets dont vous n'avez pas la maîtrise vous handicapent et vous gênent dans votre progression. Chercher à les faire disparaître serait pour vous une perte de temps et d'énergie.

Ne serait-il pas plus intéressant de mettre en place une stratégie pour les empêcher de porter préjudice à vos points forts ?

Cette semaine, vous marquerez également une pause pour jeter un coup d'œil dans votre rétroviseur. Quel chemin avez-vous déjà parcouru ? Avez-vous conscience de tous ces petits pas que vous avez déjà faits dans la direction du but que vous vous êtes fixé ? Et si ne pas être une experte dans un domaine signifiait tout simplement que vous êtes multipotentielle ? Curieuse de tout, en constante découverte, de nombreux sujets vous interpellent-ils ?
Vous disposez très certainement de superpouvoirs dont vous avez à peine conscience. Frissons et révélations seront-ils au rendez-vous cette semaine ?

Cette semaine vous apprendrez à :

Identifier vos points faibles pour qu'ils n'affectent pas vos talents.
Reconnaître les superpouvoirs d'un multipotentiel.

L'identification des points faibles

Lorsque nous parlons de talents, nous pensons également défauts et/ou points faibles.
D'ailleurs, ne vous est-il pas plus facile de vous trouver des défauts que de vous reconnaître un talent ? Que faire lorsque vous vous trouvez face à l'un de vos défauts ? Vous embêter à l'étudier dans

l'idée de le voir se transformer en qualité ? Non ! Prendre conscience de vos faiblesses ne signifie pas que vous devez ensuite à tout prix les transformer en qualité ou en talent.
Pour rayonner, nous vous encourageons plutôt à mettre cette énergie au profit des talents que vous possédez déjà. Bien sûr, cela ne veut pas dire que vous ne pouvez rien tenter en matière d'amélioration ! Une fois encore, il s'agira de trouver le juste équilibre.
Construire votre avenir en favorisant le développement de vos points forts plutôt que dépenser de l'énergie dans la transformation de vos points faibles : la voilà, la solution !

Voici maintenant la première question à vous poser à chaque fois que vous êtes confrontée à l'une de vos faiblesses.

Au regard de ma vie et de ce que je recherche, ce point faible est-il :

- indispensable ?
- important ?
- vital ?
- nécessaire ?
- sans intérêt ?
- inutile ?

La réponse à cette question vous donnera déjà une indication sur l'énergie éventuelle que vous pourrez consacrer à travailler sur ce défaut. Si ce point faible est handicapant dans votre vie de tous les jours, alors vous pouvez réfléchir à la façon de vous améliorer. Par exemple : ne pas savoir prendre une décision, ne pas savoir dire non, ne pas prendre de temps pour soi, avoir peur de prendre la parole en public...

Même si vos talents doivent bénéficier de toute votre énergie, atteindre votre objectif en transformant l'un de vos points handicapants en point fort est tout à fait accessible et envisageable si cette nécessité est justifiée.

Travailler trop longtemps sur des faiblesses sans obtenir de résultats significatifs est épuisant. Cela reflète une mauvaise conscience de la situation, une mauvaise estime de soi. **L'important n'est donc pas de rendre forts vos points faibles, mais juste de les mettre à niveau pour qu'ils n'affectent pas vos talents.**

Quel que soit le projet dans lequel vous avez fait le choix de vous aventurer, il se peut également que votre évolution soit lente et à peine perceptible. Depuis quand n'avez-vous pas fait une pause pour observer le chemin déjà parcouru ? Votre réalisation est un peu comme un précipité en chimie : ce n'est qu'à partir d'un certain nombre de gouttes dans une solution qu'une réaction différente se produit. Mais ce n'est pas parce que vous ne voyez rien qu'il ne se passe rien. Chaque petit pas que vous faites vous rapproche chaque jour un peu plus de votre objectif.

« Qui veut gravir une montagne commence par le bas. » – *Confucius*

Complimentez-vous ! Faites-le, même si ces petits pas vous semblent être peu de choses par rapport au but que vous souhaitez atteindre. Repensez-y et dites-vous bien que, jusqu'à présent, vous n'avez jamais été aussi proche du résultat recherché. Regardez dans votre rétroviseur : **vous avancez et c'est ce qui compte le plus**.

MISE EN PLACE CONCRÈTE

Dans le tableau ci-dessous, j'indique de 1 à 5* pour chacun de mes points faibles et/ou gênants (* au maximum). Ensuite, je réponds aux autres questions du tableau.

Quels sont mes points faibles ?	Je juge ce point faible indispensable, important, vital, nécessaire, sans intérêt, inutile ?	Ce que je voudrais atteindre...

BÉNÉFICES

Ce tableau vous aidera à mettre en lumière les points faibles sur lesquels vous devriez travailler et ceux sur lesquels il est préférable de ne pas vous attarder.

Les superpouvoirs d'un multipotentiel

Ressentez-vous des difficultés à basculer du statut de la personne qui sait faire quelque chose à celui de la personne qui devient experte dans un domaine ? Dans notre société actuelle, beaucoup de personnes ont un seul emploi, un seul talent exploité. Mais qu'en est-il des autres, ceux qui s'intéressent à beaucoup de choses différentes ? Curieux de tout, ces individus sont souvent de vrais artistes dans l'âme, des êtres très créatifs. Leur différence de fonctionnement est souvent incomprise des autres, car ils ne saisissent pas leurs motivations à agir de la sorte. Ces personnes sont dites **multipotentielles.** Peut-être êtes-vous vous-même multipotentielle ?
Décortiquons le schéma dans lequel évoluent ces personnes aux **potentiels** souvent méconnus. Lorsqu'il découvre une nouvelle matière qui l'intéresse, le multipotentiel se donne à 100 %. Il y investit pas mal de temps et pas mal d'énergie. Il s'en sort d'ailleurs plutôt bien. Mais une fois le challenge de la découverte relevé, il commence à s'ennuyer. À chaque changement de matière, le multipotentiel pense avoir trouvé sa voie, son truc à lui. Mais rapidement, le même schéma se reproduit. Cette reproduction incessante du même schéma éveille en lui beaucoup d'anxiété.
« Comment est-il possible de transformer certaines de mes passions en un seul métier ? », se demande-t-il. Alors que notre culture nous demande de sélectionner une seule voie dans laquelle nous devons ensuite nous engager pour toute notre vie, le multipotentiel, lui, ne peut pas trancher.
Vous avez le sentiment d'être multipotentielle ? Qu'est-ce qui ne va pas chez vous ? Avez-vous peur de vous engager ? Peur de vous disperser ? Peur de ne pas être à la hauteur de vos propres talents ?
Nous avons une grande nouvelle à vous annoncer : vous êtes PARFAITE et à 200 % en accord avec votre siècle. Cependant, avoir une « dominante » pourra vous aider à vous sentir bien dans notre

société. Allez vers ce qui vous attire le plus ! Allez vers ce feu ardent auquel vous vous (re)connectez depuis peu ! Continuez à explorer vos passions et hobbys, mais faites de votre mieux pour emmener l'un de vos talents au niveau d'expert. Vous détenez les superpouvoirs d'un multipotentiel, ce qui n'est pas donné à tout le monde.

Multipotentiels, voici vos superpouvoirs :

- **Synthèse des idées :** vous avez la possibilité d'utiliser les connaissances des différents domaines que vous avez déjà explorés pour créer votre propre spécialité, quelque chose de nouveau, grâce à toutes vos expériences précédentes, tous ces sujets que vous avez déjà approfondis lors de recherches sur Internet, de lectures, de conférences ou même au travers de ce coaching.
- **Apprentissage rapide :** vous êtes absorbée par ce que vous décidez d'apprendre. Vous avez cette capacité de vous sentir à l'aise dans la peau du débutant, car vous l'avez déjà fait à de nombreuses reprises. Sortir de votre zone de confort est assez habituel pour vous.
- **Adaptation en fonction de la situation donnée :** vous êtes plus adaptable que la majorité des gens. Notre monde change tellement vite que ce talent est d'une grande valeur lorsque l'on souhaite réussir au XXIe siècle.

En conclusion, si vous êtes une multipotentielle, **allez vers ce qui vous attire le plus !** C'est dans ce domaine que vous serez la meilleure. Votre chemin sera certainement semé d'embûches. Rappelée par la peur d'être déçue, vous pourriez avoir le sentiment de ne pas avoir de passion, de talent. Déstabilisée par un manque de confiance en vous, égarée dans la croyance que tout est toujours plus facile pour les autres, il vous arrivera peut-être même de vous juger inintéressante, incapable de réussir... Détendez-vous ! Rappelez-vous que ces pensées négatives ne sont pas des vérités. Ce sont simplement vos auto-sabotages qui essaient de vous rattraper. Gardez l'équilibre en toutes circonstances, sans vous laisser empoisonner par la culpabilité qui vient fréquemment vous habiter. Voilà le nouveau challenge auquel vous pouvez dès à présent vous préparer.

MISE EN PLACE CONCRÈTE

Si j'ai le sentiment de ne pas avoir de passion ni de talent, je pratique l'exercice suivant : installée au calme, je ferme les yeux et je respire. Pendant trois minutes, je ressens mon ventre se gonfler à l'inspiration et se dégonfler à l'expiration. Peu à peu, je sens mon anxiété s'éloigner de moi.

BÉNÉFICES

Prendre du recul et vous autoriser à prendre du temps pour vous recentrer va vous permettre de vous reconnecter à votre intuition et de retrouver le chemin d'accès à votre feu ardent.

MA PHRASE MANTRA

Je

Pour aller plus loin

- Vidéo sur les multipotentiels, de Emilie Wapnick : www.ted.com (aller dans l'onglet « Rechercher » et taper « Why some of us don't have one true calling »)
- Livre : *La Grenouille qui ne savait pas qu'elle était cuite*, d'Olivier Clerc, éditions Marabout, 2013
- Livre : *Petit cahier d'exercices pour découvrir ses talents cachés*, de Xavier Cornette de Saint Cyr, éditions Jouvence, 2015
- Livre : *Techniques de visualisation créatrice*, de Shakti Gawain, éditions 84, 2003
- Documentaire inspirant : *La Puissance de l'intention* (https://youtu.be/7oXgocclf5Q)

À vos plumes, exercice

À mi-chemin de votre coaching, nous vous invitons à écrire ci-dessous un résumé de la rétrospective de vos six derniers mois.

- Quels sont les outils que vous utilisez le plus dans votre quotidien ? Comment vous sentez-vous aujourd'hui ?
- Quelles sont vos petites ou grandes réussites du semestre ?
- Remarquez-vous des points sur lesquels vous devriez davantage travailler ? Votre entourage a-t-il remarqué le changement qui s'opère en vous ?
- Avez-vous fait de nouvelles rencontres (professionnelles, amicales, amoureuses…) ?

Ouvrez votre cœur et (dé)livrez-vous !

Semaine n° 27

ARRÊTEZ DE CULPABILISER

Ne vous êtes-vous jamais sentie coupable de travailler plutôt que de passer du temps avec votre mari/compagnon et/ou avec vos enfants ? De vous sentir partagée entre deux activités que vous devez ou aimeriez mener à bien ? L'une des préoccupations constantes chez la femme est sa recherche d'équilibre. Plus sujettes au sentiment de culpabilité que les hommes, **96 % des femmes ressentent l'inconfort de la culpabilité au minimum une fois par jour** (*Femmes qui se réinventent*, de Monique Grande, voir rubrique « pour aller plus loin »). Cette émotion négative agit sur elles comme un poison. En effet, ce dilemme incessant leur fait perdre du temps et ces pensées récurrentes les vident d'une bonne partie de leur énergie. Depuis votre enfance, vous évoluez dans un cadre cloisonné à l'intérieur duquel **vous reproduisez les valeurs qui vous ont été inculquées par vos parents** lors de votre éducation.

**Que diriez-vous de changer un peu de mode de fonctionnement ?
De faire avec plaisir les tâches que vous avez à accomplir en décidant
de vous consacrer à 100 % à chacune d'entre elles ?**

Vous êtes une seule personne, vous possédez une seule vie ! Vos diverses activités quotidiennes sont liées et interagissent entre elles. **Ne rêvez-vous pas de pouvoir tout concilier ?** Comment réussir à unir vos passions à votre couple ? Est-il nécessaire de privilégier la quantité de temps passé en famille au détriment de la qualité des moments passés ensemble ? Cette semaine, nous vous invitons à vous libérer de ces états de culpabilité qui vous freinent. Être claire sur les objectifs que vous souhaitez atteindre et faire les choses en conscience est une gymnastique à laquelle vous allez peu à peu vous habituer.

Cette semaine vous apprendrez à :

Arrêter de culpabiliser et faire les choses en conscience.

Le processus de déculpabilisation

La culpabilité

Vous êtes-vous déjà débattue entre des priorités opposées ? Éprouvez-vous de la culpabilité à ressentir du plaisir dans vos occupations professionnelles alors que vous avez peu de temps à consacrer à votre mari/partenaire et/ou vos enfants ? Inversement, vous est-il inconfortable de profiter de moments en famille alors que vous avez encore des dossiers qui vous attendent au boulot ? Des clients qui vous couvrent de demandes ?

À nouveau, nous allons vous parler d'équilibre. Quelle en est votre définition ?

Pour moi, l'équilibre, c'est...

Voici maintenant la définition que nous avons retenue :

L'équilibre, c'est la capacité que nous avons à rester dans une position sans perdre le contrôle ou sans tomber.

Depuis toujours, l'être humain est prêt et habitué à être en déséquilibre.
À l'excès, **les perturbations extérieures peuvent vous conduire au burn-out**, au « pétage de plomb » ou à la crise cardiaque si vous ne vous protégez pas.
Vous sentir bien par rapport à ce que vous avez déjà fait plutôt que culpabiliser par rapport à ce que vous n'avez pas encore fait est le début de ce processus de déculpabilisation auquel nous vous invitons.
En effet, pour maintenir l'équilibre, il est impératif que vous puissiez vous libérer de ces états de culpabilité et d'inquiétude dans lesquels votre motivation et votre énergie se laissent dévorer.
Cela signifie-t-il pour autant qu'il vous faille rester dans une seule et unique « position » pour rester équilibrée ? Bien sûr que non.

À longueur de journée, vous vous déplacez en permanence. Vous faites des choix sur la façon dont vous allez gérer votre temps, sur les personnes avec qui vous allez le passer, et ce tout en gardant à l'esprit les autres tâches que vous avez à réaliser. Cela s'appelle être **MULTITÂCHE !**

Cependant, si ces choix que vous posez ne sont pas faits en conscience, il vous arrive très régulièrement de ressentir de la culpabilité.
Ce sentiment pesant est impalpable, mais vous cause de la souffrance. Il pourra vous ensevelir si vous ne réagissez pas très vite.

Pourquoi vous adressez-vous autant d'auto-accusations ? N'avez-vous pourtant pas l'impression que vous avez fait de votre mieux avec les moyens qui vous étaient donnés ?
Votre éducation vous a forgée en vous indiquant ce qui est bien et ce qui ne l'est pas. Il est très probable qu'elle soit la source de votre culpabilité d'aujourd'hui.
Combien de temps encore prévoyez-vous de laisser ce négativisme vampiriser votre énergie et votre temps ?

Le regard des autres est peut-être la source de vos contrariétés : « Pourquoi préfère-t-elle travailler plutôt que de s'occuper de ses enfants ? Elle devrait avoir honte de vouloir vivre sa passion plutôt que d'être avec son mari/compagnon. Quelle égoïste ! »

Plus vous laisserez les interventions de votre entourage vous culpabiliser, plus vous serez désaxée. Certes, toutes ces remarques sont perturbantes et parfois même blessantes. Elles vous amènent à vous remettre sans arrêt en question sur les décisions que vous prenez.
Mais n'y attachez pas vraiment d'importance. Écoutez-les et évaluez-les si ces remarques sont constructives, mais n'en faites rien si ce n'est pas le cas.
Il est très probable que la réflexion faite par votre ami, votre parent, votre compagnon soit simplement le reflet de quelque chose auquel votre action le renvoie.
Nous aborderons ce point en détail dans le rayon Expression de notre coaching.

Nous sommes tous différents, mais équilibrer notre vie est une quête « inespérée » pour nous tous !

✳ Vivre sereinement ✳

Quelle est donc la solution pour vivre sereinement vos passions, pour être en phase avec la mise en place concrète de vos projets, vos temps de repos, vos moments passés en familles et/ou entre amis ?
Lorsque vous êtes au travail, soyez au travail ! Lorsque vous êtes avec vos enfants, soyez avec vos enfants ! Lorsque vous décidez de vous divertir, faites-le avec passion !
Engagez-vous à être présente dans tout ce que vous faites. **Soyez à 100 % investie dans chacune de vos actions** et faites-les avec plaisir.
Faire les choses en conscience changera non seulement votre perception du temps, mais vous permettra également de gagner en productivité sans avoir à fournir de gros efforts.

S'il s'agit d'une tâche que vous n'avez pas envie d'accomplir, faites-la quand même en conscience et acceptez l'idée que vous devez de toute façon mener cette action à bien.
Cependant, pour être plus présente et en accord avec vos obligations quotidiennes, pensez à dresser une liste des choses que vous pourriez choisir de cesser de faire (voir « À vos plumes », exercice en fin de séance).
Par exemple : ne plus faire le repassage et déléguer cette tâche à une aide ménagère ou inviter votre mari/compagnon ainsi que vos enfants (s'ils sont suffisamment grands) à contribuer à cette tâche.

Pensez à ce qui vous prend du temps et de l'énergie.

Une autre manière de mieux vivre certaines de vos obligations quotidiennes, si elles ne nécessitent pas une grande concentration, est d'écouter des formations en faisant le ménage, de repasser en musique, d'appeler votre meilleure amie en préparant votre souper… Cela développera par la même occasion vos talents de multitâche.

Être présente pour tous, ce n'est pas être en équilibre. **Apprendre à ne pas être sur tous les fronts est bon pour soi, mais aussi pour les autres.**
En résumé, si vous souhaitez réussir à vous détacher de votre sentiment de culpabilité et à vivre plus sereinement, concentrez-vous à vivre au mieux le moment présent et réservez-vous des moments de recharge énergétique.
Vous avez décidé de prendre une demi-journée de repos pour vous faire chouchouter ? Parfait ! Mais dans ce cas, faites-le en conscience et prenez du plaisir à vivre lentement vos moments de détente.

Passion et couple, mode d'emploi

Vivre ses passions sans culpabilité et entretenir une relation de couple épanouissante est possible. Où en êtes-vous actuellement dans votre relation amoureuse ? Partagez-vous des passions en commun avec votre mari/compagnon ? Vous intéressez-vous suffisamment à ce qu'il aime ?
Pour une relation de couple harmonieuse, il est important que les deux partenaires puissent entretenir leur petit jardin secret. Leurs activités personnelles, leurs moments de détente, leurs passions. Cependant, être curieuse et intéressée par les projets et passions de votre mari/compagnon pourrait bien vous permettre de constater des points communs avec ce que vous aimez.
Ces échanges valent de l'or. Ils vous permettent de créer ensemble de nouvelles idées, de **voir en chacun une source d'inspiration**.
Au travers de ce comportement bienveillant, vous remplirez rapidement le réservoir d'amour de votre mari/compagnon.
Soyez pédagogue et expliquez-lui ce que vous faites de vos journées et la façon dont vous vous y prenez.

Communiquez un maximum et rassurez-le ! **Vous rayonnez très probablement de plus en plus**, ces changements peuvent l'effrayer si vous le maintenez trop à l'écart de ce chemin de développement personnel que vous avez entamé sans lui.
Vous développez vos talents et vous aimeriez qu'il en fasse de même ? Devenez sa source d'inspiration... Cela prendra le temps qu'il faudra, mais il y a de fortes chances pour qu'il vous emboîte le pas.

MISE EN PLACE CONCRÈTE

Cette semaine, je liste les moments/situations où je ressens de la culpabilité. Dès que je commence à culpabiliser, je me demande : « Qu'est-ce qui est important pour moi ? » Enfin, je fais mon choix et je reste concentrée et 100 % en accord avec la décision que j'ai prise.

BÉNÉFICES

Observer les moments où vous culpabilisez va vous permettre d'une part de voir à quel point ce poison vient souvent envahir votre esprit, et d'autre part d'y réagir en posant vos choix en conscience.

MA PHRASE MANTRA

Je

Pour aller plus loin

- Livre : *Femmes qui se réinventent*, de Monique Grande, éditions Le Souffle d'Or, 2006
- Livre : *Riches et influentes. La puissance de la pensée féminine*, de Sharon Lechter, Aska Éditions, 2015

À vos plumes, exercice

Veuillez répondre aux questions ci-dessous.

Quelles sont les choses que vous pourriez choisir de cesser de faire afin d'alléger votre quotidien ?

1 ....

2 ....

3 ....

4 ....

5 ....

Comment vous sentiriez-vous si vous cessiez de les faire ?

1 ....

2 ....

3 ....

4 ....

5 ....

Quelles sont les actions à mettre en place pour vous soulager de ces choses (tâches/missions/obligations...) ?

1 ....

2 ....

3 ....

4 ....

5 ....

Dans votre agenda, définissez un ou deux créneaux au cours desquels vous prendrez les mesures nécessaires pour ne plus avoir ensuite à faire ces choses que vous choisissez de ne plus faire.

Semaine n° 28

PARTEZ SUR LA PISTE DE VOS PASSIONS ET DE VOS TALENTS

Vous avez le pouvoir de faire de grandes choses, de créer votre propre réussite. Ne vous arrive-t-il pourtant pas souvent de ne pas exploiter vos talents par crainte du qu'en-dira-t-on ? Ou parce que les autres ne croient tout simplement pas en vous ? Au travers de la métaphore de l'aiglon qui aurait aimé être une poule, nous illustrerons cette séance pour comprendre le schéma dans lequel vous évoluez actuellement. **Pourquoi n'osez-vous pas réussir ?** Êtes-vous vraiment la personne que vous pensez être ? Nous ferons ensuite un petit retour dans le passé ! À l'aide de plusieurs exercices, nous réveillerons les sensations que vous avez eues en menant à bien diverses activités pour lesquelles vous avez éprouvé une grande fierté. Que se passerait-il si vous vous découvriez de nouveaux talents ? Êtes-vous certaine que ces choses dont vous n'avez pas la maîtrise vous sont inaccessibles ? Quelles sont-elles ? Que disait-on de vous quand vous étiez petite ? Pourrez-vous vous reconnecter à ce petit boute-en-train qui animait les soirées familiales, à cette petite danseuse étoile qui faisait fondre ses parents, à cette petite rédactrice en herbe qui écrivait des cartes postales à toutes ses copines de classe ? **Oser affirmer vos qualités et reconnaître en quoi vous êtes vraiment douée** viendra refermer ce chapitre dédié à vos passions. Enfin, grâce à une liste des différents talents liés au monde de l'entreprise, vous réaliserez que certaines choses ne sont tout simplement pas faites pour vous et qu'il est souvent indispensable de savoir s'entourer des bonnes personnes.

Cette semaine, vous apprendrez à :

Détecter vos talents et ceux des autres.

Dans quel schéma de réussite évoluez-vous ?

Il était une fois un œuf d'aigle tombé d'un nid. Cet œuf, par chance, ne s'était pas brisé. Il atterrit dans un poulailler, une poule le prit pour l'un de ses œufs et le couva jusqu'à l'éclosion. Rapidement, l'aiglon s'aperçut qu'il était différent de ses frères et sœurs.
Un jour, observant ses jeunes sœurs picorer dans la basse-cour, il demanda :
– Maman, pourquoi suis-je différent de mes sœurs et de mes frères ?
Maman poule lui répondit :
– Je ne sais pas mon fils. C'est la nature qui t'a fait ainsi !
Bien sûr, l'aiglon ne savait pas qu'il était en réalité un aigle. Il croyait tout simplement être une poule comme les autres, et ce malgré sa constitution différente. Un jour, il aperçut dans le ciel bleu des oiseaux magnifiques. Il s'agissait d'aigles royaux.
– Wahou ! hurla-t-il. Il demanda ensuite à sa mère :
– Est-ce que je pourrai moi aussi voler comme eux un jour ?
Déterminée, sa mère lui répondit alors avec sarcasme :
– Non, mon fils, tu ne voleras jamais comme ces oiseaux. Tu n'es qu'une poule et les poules ne s'élèvent pas comme ça dans les airs.

L' aiglon, triste et découragé, ne sortit jamais de sa basse-cour. Jamais même il n'essaya de s'envoler de toute sa vie. Croyant qu'il était une poule et convaincu que cela le cantonnait à son poulailler, il mourut dans sa basse-cour sans jamais avoir essayé de voler.

Le récit de cette histoire a pour but de vous faire prendre conscience des limites que vous vous imposez. Qu'il s'agisse des conséquences de votre éducation ou de l'influence de votre entourage actuel, vous agissez peut-être comme cet aiglon. **Vous possédez le potentiel de vous élever et de voler comme un aigle.** Peut-être n'y croyez-vous pas ? Convaincue du contraire, vous n'essayez pas. Prenez du temps pour explorer vos propres convictions, car ce n'est pas ce que vous êtes qui vous empêche de réussir dans la vie, mais plutôt ce que vous croyez être.

MISE EN PLACE CONCRÈTE

Je médite sur l'histoire de l'aiglon. Est-ce que je me reconnais dans ce récit ? Est-il vraiment impossible pour moi d'accéder à ce rêve que j'ai de devenir telle personne ou de réaliser telle chose ?

BÉNÉFICES

Prendre conscience que c'est la personne que vous croyez être qui vous empêche d'avancer et de réussir dans la vie déverrouillera votre accès à vos passions, si ce n'est pas encore fait.

Vos talents et ceux des autres

Le souvenir de vos meilleures performances

Poursuivons notre route sur la piste de vos passions et de vos talents. Avez-vous souvenir d'activités que vous avez réalisées et pour lesquelles vous avez éprouvé une grande fierté ? Afin de pouvoir réitérer quelque chose qui a fonctionné pour vous, il est important de **reconnaître ces petits moments de gloire et/ou de satisfaction personnelle.** Souvenez-vous de ces activités, de cette bonne énergie qui vous a envahie lorsque vous avez réalisé vos meilleures performances. Quelle a été votre estime de vous à ce moment-là ? Quelles ont été vos sensations ? Votre discours intérieur était-il positif ? Fermez les yeux et concentrez-vous sur l'une de ces prouesses. Remémorez-vous le contexte dans lequel s'est déroulée cette activité. Restez connectée quelques minutes aux sensations que vous procure ce souvenir et rouvrez ensuite les yeux pour venir compléter le tableau ci-dessous. Ensuite, réitérez cet exercice avec quatre autres de vos performances.

Mes cinq meilleures performances * !	1	2	3	4	5
Niveau d'énergie					
Niveau mental					
Niveau physique					
Confiante					
Satisfaite du résultat					
Aimeriez-vous recommencer ?					

* Notez vos sensations sur une échelle de 1 à 10.

Ce retour sur vos meilleures performances vous permet de monter en énergie. Vous avez déjà réussi de grandes choses, et ce sont ces souvenirs qui aujourd'hui vous donnent la force et la détermination de poursuivre la réalisation de votre projet.

Vous possédez de nombreux talents, à vous de les utiliser pour arriver à vos fins.

À la découverte de nouveaux talents

Par habitude, vous imaginez certainement ne pas savoir faire telle ou telle chose. Mais que se passerait-il si vous saviez faire cette chose ? Êtes-vous vraiment certaine que vous ne pourriez pas apprendre à la faire ? Pensez-vous qu'il soit possible de vous découvrir un nouveau talent ?
Complétez le tableau ci-dessous.

Selon vous, qu'imaginez-vous ne pas savoir faire ?	Que se passerait-il si vous saviez le faire ?	Êtes-vous certaine de ne pas savoir le faire ?

Parfois, les choses nous semblent plus inaccessibles qu'elles ne le sont vraiment. Vous pourriez être surprise par certains de vos talents cachés.

Si vous désirez apprendre à faire quelque chose, consacrez-y un peu de temps avant de tirer vos conclusions.

À nouveau, ne confondez pas persévérance et obstination. Certaines activités ne seront jamais faites pour vous… Il faudra vous y résoudre !

Devenir un être d'exception

Enfin, pour vous accompagner au mieux dans cette exploration de vos talents cachés, revenons quelques instants à votre enfance. Avez-vous souvenir de ce qu'on pouvait dire de vous ? Pour lequel de vos talents étiez-vous reconnue ? Étiez-vous plutôt un petit picasso ? Une oratrice intrépide ? Une vraie aventurière ? Une stratège au jeu de l'oie ?

Notez ci-dessous les souvenirs qui vous reviennent (maintenant et dans les prochains jours).

Retrouvez-vous des points communs entre ces talents d'enfance et ces petites choses qui frémissent par moment au creux de votre ventre ?
Vous appuyer sur TOUS vos talents va vous permettre de devenir un être d'exception.
Restez attentive à ce que disent les autres de vous et acceptez les compliments qu'ils vous formulent.
Plus à l'écoute de vos sensations, ouverte à de nouveaux talents et (re)connectée à la petite fille émerveillée qui est toujours en vous, vous gagnez peu à peu en confiance et en estime de vous.
Pour réussir, **concentrez-vous sur vos points forts et sur vos qualités**.

✳ Activer votre détecteur à talents ✳

Prendre conscience de vos difficultés dans un domaine en particulier sera pour vous un indicateur des compétences à rechercher autour de vous. En effet, pour atteindre les sommets, il vous faudra vous entourer de personnes qui vous seront complémentaires.
Avant d'entreprendre vos premières recherches, référez-vous à l**a liste des principaux talents du monde de l'entreprise** ainsi qu'à leurs qualités principales :

✳ **L'hyperactif** (types ennéagramme* 3 et 7) : il a toujours besoin de faire quelque chose pour créer, avancer, booster les autres. Il excelle dans le lancement des projets.
✳ **Le flexible** (types 7 et 9) : il est tout en souplesse et en adaptation. Il accueille facilement l'imprévu, même si les choses se passent autrement que ce qui était programmé.
✳ **Le structuré** (types 1 et 6) : spécifique, ayant le sens du détail, il décompose ses projets en étapes et mini-objectifs. Il a besoin d'évoluer dans un univers prévisible pour bâtir ses projets.
✳ **Le vérificateur** (types 1 et 5) : analyste, logique et rationnel, il aime les faits et veut la preuve de ce que l'on avance. Il prend son temps et vérifie. On dit de lui qu'il est fiable.
✳ **Le précis** (types 1, 3 et 6) : une fois qu'il a pris une décision, il reste centré sur l'objectif et y met toute son énergie jusqu'à ce qu'il soit atteint. On peut le comparer à une torpille.
✳ **Le leader** (type 8) : il sait et aime diriger, donner les directives, prendre les situations en main. La confrontation n'est pas un problème pour lui.
✳ **L'organisateur** (type 7) : il fonctionne en multitâche et gère plusieurs variables en même temps pour optimiser les résultats.
✳ **L'enthousiaste** (type 7) : il voit le verre à moitié plein et le bon côté d'une situation, mais avec lucidité. Il excelle pour recadrer et mettre en lumière ce qui est positif.
✳ **Le responsable** (type 6) : son sens de la responsabilité et des valeurs fait qu'il ne promet et ne s'engage que sur ce qu'il peut. Honnêteté, intégrité, loyauté sont les fondements de sa réputation.
✳ **Le communicant** (types 7 et 9) : comme un conteur, il fait passer un message en le rendant captivant. Il met de la forme sans se contenter d'énoncer les faits.
✳ **Le convainquant** (types 3 et 8) : il sait convaincre les autres, les rallier à son point de vue, séduire et vendre.
✳ **Le rassembleur** (types 8 et 9) : générant un haut niveau de confiance, il sait intégrer les gens dans un groupe, fédérer, fidéliser.
✳ **Le négociateur** (type 9) : il établit des relations de partenariat et met en œuvre sa créativité pour envisager des situations selon des points de vue différents en générant de l'harmonie autour de lui.
✳ **L'empathique** (type 2) : il sait se mettre à la place de l'autre et ressentir ce qu'il ressent tout en gardant la distance nécessaire pour ne pas être envahi par ses émotions.
✳ **Le compétiteur** (type 3) : il compare son niveau de performance à celui des autres et a besoin de cela pour avoir énergie et motivation. Comme son objectif est d'être le meilleur, il parvient à faire toujours plus et toujours mieux.

✳ **Le révélateur de talents** (types 8 et 9) : il détecte le potentiel autour de lui, il sait voir ce qui est unique et spécifique chez l'autre afin de l'épauler et de l'aider à évoluer.
✳ **L'optimisateur** (type 3) : il sait où est le gisement. Il trouve les opportunités, il fonctionne avec son flair et tire le meilleur parti d'un système pour faire encore mieux avec ce qui marche déjà bien.
✳ **Le visionnaire** (types 5, 7 et 8) : il capte les courants et détecte avant les autres ce qui va arriver. Souvent pionnier, il a une forte vision du futur.
✳ **Le créatif** (type 4) : il aborde le monde avec des yeux neufs, il aime jongler avec les idées et les concepts. Il se demande : « Comment cela se passerait-il si... »
✳ **Le stratège** (type 5) : il trouve rapidement les options possibles en fonction de son but et de la situation présente, il sait poser un diagnostic fiable et choisir les meilleurs angles d'approche.
✳ **Le collectionneur** (type 7) : avec une curiosité en éveil, il aime apprendre et engranger de l'information. Cela peut toujours servir. Mais il ne cherche pas forcément à développer une expertise dans un domaine précis.
✳ **L'intellectuel** (type 5) : il est parfois coupé de ses émotions, il aime creuser, décortiquer, approfondir et ne reste pas à la surface des choses.
✳ **Le résilient** (types 3 et 8) : il est convaincu qu'il rebondira toujours, la critique n'entame pas son assurance et sa confiance en lui.
* Voir semaine 17 (rayon Relations sociales).

Unir vos talents aux compétences de tierces personnes est une option à creuser. Mais que cela ne vous empêche pas d'avancer dans la réalisation de votre projet. Restez attentive. Sur votre route, vous rencontrerez très probablement les personnes qui pourront au mieux contribuer à sa bonne réalisation. Lancez-vous dans vos passions, croyez en vous et en vos talents. Ils n'attendent que vous pour se développer et vous permettre de rayonner davantage.

✳ MISE EN PLACE CONCRÈTE ✳

La liste des principaux talents liés au monde de l'entreprise m'a-t-elle permis de prendre conscience de mes faiblesses ? Y a-t-il dans mon entourage privé/professionnel/amical des personnes talentueuses auxquelles je pourrais soumettre mon projet ? Si oui, je les contacte et je leur expose mon projet (à l'aide de mon pitch).

✳ BÉNÉFICES ✳

Souvent, nous sommes entourés de personnes qui nous sont complémentaires. Sous réserve d'une bonne communication, ensemble, vous pourrez avancer plus loin.

MA PHRASE MANTRA

Je

Pour aller plus loin

- Livre : *Petit cahier d'exercices pour oser réaliser ses rêves*, de Hervé Magnin, éditions Jouvence, 2016
- Livre : *Petit cahier d'exercices pour découvrir ses talents cachés*, de Xavier Cornette de Saint Cyr, éditions Jouvence, 2015

À vos plumes, exercice

Osez affirmer vos qualités...

Listez au moins cinq qualités ou dix situations/activités :

- que vous faites bien ;
- où vous apprenez rapidement ;
- dans lesquelles vous êtes à l'aise ;
- dans lesquelles les choses vous paraissent faciles.

1 ....

2 ....

3 ....

4 ....

5 ....

6 ....

7 ....

8 ....

9 ....

10 ....

RAYON contributions

Quel souvenir aimeriez-vous laisser de votre passage sur terre ?
Les êtres humains contribuent tous à des niveaux différents. Le vôtre vous semble-t-il être suffisant ?
Y a-t-il un décalage entre ce que vous aimeriez faire et ce que vous faites actuellement ?
Enfant, vous avez appris à vous juger et à juger les autres. Ensemble, nous verrons comment sortir de ce conditionnement au profit d'une meilleure contribution.
Prendre conscience, voir grand et agir : voici l'aventure à laquelle nous vous convions ce mois-ci.
Comment vous libérer du syndrome de l'imposteur ? Êtes-vous à la bonne place ? Quelles pourraient être vos différentes façons de contribuer ?
Là où votre esprit ira, votre énergie suivra !
Passer du mode passif au mode actif en trouvant la thématique qui vous correspond le mieux sera le cap à tenir ce mois-ci.
Parce que c'est ce que nous maîtrisons le mieux, nous vous guiderons sur l'utilisation des outils d'aujourd'hui au profit d'une contribution digitale.

Semaine n° 29

DÉCOUVREZ CE QUE VOUS ALLEZ LAISSER AU MONDE

Le travail d'introspection dans lequel nous vous accompagnons depuis plusieurs semaines maintenant vous guide vers une vie plus paisible. À votre rythme, vous progressez sur ce chemin et ouvrez les yeux sur vos multiples talents. Plus en accord avec vos aspirations profondes, vous réalisez que nourrir vos passions tout en vous réservant des temps de recharge énergétique fait partie des fondations de votre développement personnel. À l'aide d'une meilleure organisation, vous détenez les clés du passage à l'action. Seule ou entourée d'experts, vous avez peut-être même déjà activé les premiers leviers indispensables à la bonne réalisation de votre projet.
Avant de poursuivre ce coaching, posez-vous la question suivante :

« Quel est mon niveau de contribution actuel ? »

Qu'aimeriez-vous qu'on dise de vous à votre mort ? La personne que vous êtes aujourd'hui est-elle en décalage avec celle que vous aimeriez être ?
Agissez-vous suffisamment pour vous, pour votre entourage, pour votre région, pour le monde ?
Signer des pétitions, dénoncer des pratiques immorales ou vous morfondre face à la pollution atmosphérique fait-il de vous un être qui contribue ?
Devenir le changement que vous souhaitez voir dans le monde : que pensez-vous de cette nouvelle option ?

Cette semaine vous apprendrez à :

Comprendre ce qu'est la contribution et prendre conscience de votre niveau de contribution actuel.

Votre niveau de contribution actuel

Avant de vous engager dans l'exploration de ce huitième axe de votre vie, prenez un moment de recul et demandez-vous en quoi vous contribuez actuellement.
Pour vous aider dans cette réflexion, merci de noter ci-dessous votre définition de la contribution.

Pour moi, contribuer signifie :

En ce qui nous concerne, voici la définition que nous avons retenue :

« La contribution, c'est l'action de contribuer à quelque chose, c'est la part apportée à une œuvre ou à une dépense commune. » Larousse.fr

Avez-vous le sentiment de contribuer suffisamment ? Pour vous, votre entourage, votre région, le monde ? L'histoire amérindienne que nous allons vous raconter nous a beaucoup inspirés.

L'HISTOIRE DU COLIBRI

« Un jour, un incendie se déclara dans une forêt.
Impuissants et terrifiés, tous les animaux observèrent ce désastre.
Seul un petit colibri, aussi frêle que déterminé, s'activa en allant chercher quelques gouttes d'eau dans son bec, qu'il jeta sur le feu, recommençant son manège sans relâche.
Au bout d'un moment, le toucan, agacé par cette activité à ses yeux inutile, lui dit :
– Colibri ! Ne serais-tu pas un peu fou ? Penses-tu que c'est avec ces gouttes d'eau que tu vas éteindre le feu ?
Étonné, le petit colibri vida son bec pour lui répondre :
– Je ne sais pas si je vais l'éteindre, mais moi, au moins, je fais ma part. »

Pour illustrer en quoi l'histoire du colibri a un impact sur nos vies, voici maintenant un résumé de l'histoire de notre propre contribution.

✳ C'est l'histoire d'un blog... ✳

« En 2004, Jeff se lança dans le blogging en ouvrant son premier blog. Son niveau d'anglais étant à l'époque assez limité, très vite il abandonna ce site Internet qui lui semblait trop difficile à alimenter. Prêt à réitérer sa démarche, il créa en 2005 son second blog (en français) intitulé webdeux.info sur lequel il partageait ses connaissances avec ses collègues de promotion. C'est à ce moment-là que **la magie de la contribution digitale** a commencé à opérer. Après quatre ans, Jeff réussit à convaincre sa compagne, Peggy, d'ouvrir à son tour un blog sur Paris. Elle finit par se laisser convaincre, et ParisParis.in, le journal des amoureux de Paris, vit le jour. Trois ans plus tard, ce blog contenait déjà six cents articles ! Cette expérience permit à Peggy de développer des compétences rédactionnelles et de **garder quotidiennement son esprit en alerte**, à l'affût de nouveaux sujets d'articles. Ce blog leur a permis de travailler sur un premier projet commun et de resserrer les liens qui les unissaient déjà en stimulant leur relation. En 2010, décidée à changer de vie, Peggy convainquit Jeff d'investir dans l'achat d'un appartement dans lequel elle avait pour projet d'ouvrir une chambre d'hôtes. Jeff se laissa guider dans cette nouvelle aventure, et le nouveau revenu généré par la location de la chambre d'hôtes leur donna la possibilité de financer leurs premiers cours particuliers de yoga. Voici la genèse de leurs aventures d'entreprise chez Time To Relax (leur entreprise actuelle).
Après quatre années de travail, ils permettent à plusieurs millions de personnes d'accéder à des **vidéos liées au bien-être et au développement personnel** en les suivant sur les réseaux sociaux et Internet en général (www.academie-developpement-personnel.com). »

Au travers de ces deux histoires, nous souhaitons vous ouvrir les yeux sur les multiples possibilités que nous avons tous de contribuer à des niveaux différents. En effet, il y a **plusieurs façons de contribuer**. À notre époque, les schémas éducatifs ont évolué. Avant, l'enfant devait obéissance à ses parents, la femme à son mari, le mari à son responsable en entreprise, l'entreprise à l'institution… Aujourd'hui, nous progressons dans un monde collaboratif où la co-construction est préconisée. Nous avons tous notre libre arbitre et sommes capables de nous auto-discipliner. Les enfants sont invités à partager leurs émotions, l'homme et la femme sont au même niveau. À vous de définir ce qui correspond le mieux à vos attentes.

Quelle est votre voie de contribution ?

Nous comprenons qu'il ne soit pas simple de savoir comment trouver votre voie de contribution. C'est pourquoi nous vous invitons à répondre spontanément au questionnaire ci-dessous afin de vous aider à progresser dans votre raisonnement.

- Quel souvenir voulez-vous laisser de votre passage sur terre ?
- Le jour de votre enterrement, qu'aimeriez-vous entendre sur vous ?
- Y a-t-il un décalage entre ce que vous imaginez et votre vie d'aujourd'hui ?
- Si oui, comment pourriez-vous combler ce décalage pour vivre sans regrets ? (voir semaine 22, rayon Projets)

Nous avons tous une mission de vie, un but pour lequel nous sommes ici sur terre. Avez-vous le sentiment d'y être connectée, dans votre comportement et dans les actions que vous menez ?

- Qu'avez-vous fait aujourd'hui/ ce mois-ci/cette année qui vous a rapprochée de votre mission de vie ?

- Aujourd'hui :

- Ce mois-ci :

- Cette année :

À choisir, préférez-vous vous morfondre, critiquer le monde et être révoltée ou lâcher prise pour accueillir ce qui se présente à vous tout en agissant à votre niveau ? Pour voir la magie opérer et des changements se produire sur votre environnement, commencez par modifier votre vision, votre perception, votre comportement et vos réactions face aux événements du quotidien.

Le changement doit venir de vous !

Des tas de sujets vous touchent et vous aimeriez pouvoir agir sur tous les plans ? C'est impossible. Vous ne pouvez pas porter le fardeau de la planète entière. Vous pouvez en revanche **apporter votre pierre à l'édifice**. Quelle est la thématique qui vous touche le plus ? Qu'il s'agisse de la famine dans le monde, de la pollution atmosphérique, du bien-être de l'homme ou même de la cause animalière, c'est dans cette voie que nous vous conseillons d'apporter votre contribution.

✳ Est-il suffisant de dénoncer ? ✳

À quoi bon diffuser trop de pétitions, colporter les mauvaises nouvelles entendues au journal télévisé, passer des heures chaque jour à critiquer nos politiciens ? Si vous passez vos journées à être en colère et à être critique, **vous deviendrez aigrie et vidée de votre énergie positive.** Vous ne pourrez changer ni les autres, ni les lois, ni la pollution, ni les faits d'actualité... Autant en prendre conscience dès à présent. Bien sûr, il est important de continuer à vous exprimer, à partager vos ressentis. Sachez cependant qu'à l'excès, cette habitude augmente votre niveau de stress et vous conditionne à devenir une râleuse professionnelle. Préserver votre bonheur est la chose la plus importante pour vous. Mais dans ce cas, pourquoi râlez-vous autant ? En réalité, vous faites simplement comme tout le monde. Il s'agit là de **purs automatismes**. C'est un peu comme si dire les choses était une sorte de « solution ». Que décidez-vous de faire maintenant ?

- Ne rien changer.
- Vous rebeller et vous révolter.
- Agir pour un monde meilleur.

Vous faites le choix de contribuer plus ? Bravo ! Voyez grand et soyez sans peur du jugement des autres. En chemin, vous réaliserez que devenir une source d'inspiration pour les autres en agissant et en contribuant n'est pas réservé qu'aux « grands » de ce monde.

« Sois le changement que tu veux voir dans le monde. » - *Mahatma Gandhi*

MISE EN PLACE CONCRÈTE

Cette semaine, j'écris mon « autobiographie inversée ». Sans placer de limites à ma créativité, sans me laisser troubler par mes pensées limitantes, je remonte ma vie en commençant pas sa fin. Décennie par décennie, je note un maximum de détails (du plus grand rêve de ma vie jusqu'à aujourd'hui).

BÉNÉFICES

Cette méthode vous permet de prendre conscience des différentes étapes que vous rencontrerez en chemin vers la réalisation de votre plus grand rêve. La sensation de réussite vous donnera la motivation nécessaire pour faire chaque jour un pas dans sa direction.

MA PHRASE MANTRA

Je

Pour aller plus loin

- Livre : *J'arrête de râler*, de Christine Lewicki, éditions Pocket, 2014

À vos plumes, exercice

Si vous n'aviez plus de contrainte et que tout était possible, que feriez-vous ?
Compléter ces deux phrases cinq à dix fois par jour pendant sept jours :

Si tout était possible, je ferais…

Je voudrais qu'on se souvienne de moi pour…

Semaine n° 30

PRENEZ CONSCIENCE QUE VOUS ÊTES À LA HAUTEUR

Dès l'enfance, vous avez été conditionnée à vous juger et à juger les autres. Mais savez-vous comment fonctionne cette spirale du jugement ? Quelles sont les solutions pour en sortir et ne pas reproduire le même schéma constamment ?
Vous aimeriez tenter de nouvelles choses, mais vos peurs vous rattrapent régulièrement. Vos auto-sabotages vous collent à la peau et vous remettez en cause vos compétences dès qu'il s'agit de sortir de votre zone de confort. Quoi que vous fassiez, vous ferez des erreurs, et quoi que vous entrepreniez, vous serez jugée par les autres.
Aller là où l'on ne vous attend pas sera synonyme d'un réel dépassement de vous.
Et pourtant, si vous n'êtes pas vigilante, vous vous laisserez atteindre par la critique non constructive. Avez-vous conscience que vos contributions renvoient peut-être tout simplement les gens qui vous entourent à leur propre immobilisme ?
Vous avez fait le choix de contribuer plus, et d'autres accepteront mal l'idée de vous voir rayonner à ce point. Cette semaine, nous vous aiderons également à identifier les symptômes du syndrome de l'imposteur.
En souffrez-vous ? Comment l'expliquer ? Quelles sont les personnes les plus concernées ? Comment en sortir ?
Pas à pas, vous ferez tomber ce mois-ci les barrières qui vous limitent encore pour laisser s'exprimer ce qui vous tient le plus à cœur au profit de votre contribution personnelle.

Cette semaine, vous apprendrez à :

Comprendre les mécanismes du jugement et de la diabolisation de la contribution.
Identifier le syndrome de l'imposteur.

Les mécanismes du jugement et la diabolisation de la contribution

Les mécanismes du jugement

Quoi que vous fassiez, ne vous arrive-t-il pas régulièrement de vous demander si vous êtes à la hauteur ? Votre peur de contribuer ne serait-elle pas dès lors liée à votre peur du jugement ? Comme la majorité des êtres humains, vous cultivez le jugement que vous avez sur vous-même, mais aussi sur les autres. Cette capacité que vous avez à vous juger et à juger les autres est-elle innée chez vous ? Bien sûr que non !
Au départ, un enfant est incapable de juger. Au fil de son enfance, ses proches/ses parents/son entourage le jugent ponctuellement. L'enfant apprend donc à son tour à se juger et à juger les autres.
Trop peu consciente de cet état de fait, vous répétez ce schéma avec vous-même en vous limitant,

avec votre entourage en les jugeant, mais aussi avec vos enfants en leur apprenant à se juger et à juger les autres.
Qu'y a-t-il donc à comprendre dans ce processus pour **réussir à le court-circuiter ?**
Lorsque vous êtes en colère, par exemple, c'est parce que votre mental vous a donné une bonne raison de l'être. C'est un peu comme si vous viviez en mode pilotage automatique.
Vous réagissez à vos émotions de façon spontanée et vous posez rapidement votre verdict.
Dans cette situation, vous vous trouvez dans une spirale où vos réactions ne sont pas posées librement. Elles sont la résultante de votre formatage. Pour parvenir à vous extraire définitivement de cette spirale, la première chose à faire est de prendre conscience que **tout jugement est le résultat d'une émotion**. Vous n'êtes pas responsable de ces réactions automatiques, mais vous pouvez décider de modifier vos schémas mentaux pour vous en libérer.
Pour y parvenir, commencez par vous poser des questions claires. Par exemple, lorsque votre peur de ne pas être à la hauteur vous empêche de concrétiser l'une de vos idées de contribution, demandez-vous : « Ne suis-je pas en train de me monter un scénario imaginaire ? »
Ensuite, afin de ne pas vous figer sur une hypothèse que vous avez mentalement formulée, **inventez plusieurs scénarios**. Par exemple : imaginons qu'un véhicule vous fasse une queue de poisson sur l'autoroute. Votre réaction automatique serait certainement de vous énerver derrière votre volant et peut-être même d'insulter ce conducteur. Son manque de prudence vous met en colère et vous réagissez immédiatement à cette émotion. Mais peut-être avait il une bonne raison de vous couper ainsi la route ? Peut-être transportait-il une femme enceinte et sur le point d'accoucher ? Peut-être était-il en train de véhiculer le président ?
L'idée consiste à vous détacher un maximum de l'émotion ressentie grâce à plus de discernement.

Réussir à voir les choses telles qu'elles sont plutôt que telles que vous les imaginez et observer ce qui se passe autour de vous sans jugement.

En appliquant ce processus sur vous-même, vous accepterez progressivement que certaines de vos propres visions puissent être inaudibles pour les autres.

En résumé, pour réussir à sortir de la spirale du jugement il vous faut :
- Prendre conscience que vous faites ce que l'on vous a appris.
- Sortir de ce mécanisme grâce une phase d'attention.
- Installer de nouveaux modes automatiques (pluralisation des hypothèses, des scénarios, etc.).

La tentation de la diabolisation

Vous ne pourrez pas empêcher les gens de vous juger. Mais vous êtes libre de vos réactions par rapport à ces jugements. Allez-vous leur donner le pouvoir de vous réduire ou allez-vous écouter ce qu'il y a à entendre et continuer votre route ?
Il vous arrivera de vous tromper, vous ferez même certainement de grosses erreurs. C'est ainsi ! Elles vous aideront à vous améliorer. Appréciez le fait que vous êtes en chemin et que vous êtes un être complexe et capable de modifier ses schémas habituels. Au début, vous contribuerez contre vents et marées, mais ce n'est rien. Peu à peu, votre ciel s'éclaircira. **Osez la folie et faites tomber une à une les barrières qui vous retiennent.**

MISE EN PLACE CONCRÈTE

À l'écoute de mes émotions, je complète le tableau ci-dessous :

Je souhaite contribuer à...	L'émotion que je ressens quand j'y pense est...	Quelles sont les histoires que je me raconte ?

BÉNÉFICES

Ce tableau vous permettra de prendre conscience de vos automatismes de jugement. Consciente de vos auto-sabotages, vous pourrez formuler plusieurs hypothèses et imaginer plusieurs scénarios pour vous détacher de l'émotion qui vous bloque.

Le syndrome de l'imposteur

Qu'est-ce que le syndrome de l'imposteur ?

Tout ce que vous entreprenez est une sorte de défi. Au regard de tous ces challenges que vous relevez, ne vous arrive-t-il pas parfois d'avoir des doutes démesurés ? De ne pas vous sentir à votre place ? De ne pas accepter la propriété d'un de vos accomplissements personnels ? Si tel est le cas, vous souffrez très probablement du **syndrome de l'imposteur**. Les personnes qui en souffrent rejettent plus ou moins systématiquement le mérite lié à leur travail et attribuent le succès de leurs entreprises à des éléments qui leur sont extérieurs (à la chance, à un travail acharné, à leurs relations, à des circonstances particulières...).
Elles se perçoivent souvent comme des « dupeurs nés » qui abusent leurs collègues, leurs amis, leurs supérieurs et s'attendent à être démasquées d'un jour à l'autre.
Elles se disent que leur qualification et leur expérience ne sont pas suffisantes pour prétendre à telle ou telle opportunité. Pour d'autres, le complexe de l'imposteur est lié à la **peur de réussir**. Cela empêche les personnes qui en sont victimes de développer pleinement leur potentiel.
Inconsciemment convaincues que leur réputation est usurpée, ces dernières fuient toute possibilité qui leur permettrait d'aller encore plus loin. Ces personnes vivent dans le doute et pensent qu'un jour elles seront démasquées parce que quelqu'un fera la preuve de leur incapacité.

« Le syndrome de l'imposteur toucherait environ 70 % des gens à un moment ou à un autre de leur vie. »
- Le Complexe d'imposture, *de Pauline Rose Clance*

Les femmes ainsi que les autodidactes et les personnes ayant bénéficié de discrimination positive seraient plus sujets à ce sentiment d'imposture. Quels sont les comportements typiques de la personne souffrant du syndrome de l'imposteur ? Deux stratégies ont été identifiées. Elles ont été nommées l'*overdoing* (en faire trop) et l'*underdoing* (ne pas en faire assez).

La première consiste à investir une très grande énergie dans une tâche à accomplir. Ceci permet à la personne d'attribuer à cette grande quantité de travail le succès de l'entreprise et non à ses compétences réelles. Dans cette situation, sa crainte de ne pas accéder à la réussite de sa prochaine tâche va augmenter, car elle sait qu'elle ne pourra pas fournir un tel effort à chaque fois.

Dans la seconde stratégie, la personne se prépare trop tard. Elle se protège ainsi de l'échec pour lequel elle a une explication toute faite. Elle se dit que si elle avait travaillé davantage, elle aurait pu réussir. S'il y a réussite, elle l'attribuera à la chance ou à un contexte particulier, mais jamais à son potentiel. Cette attitude va nourrir son inquiétude de l'avenir. Dans les deux cas, ces stratégies viennent renforcer le syndrome en augmentant chaque fois un peu plus le niveau d'anxiété et de sentiment d'imposture de la personne.

Comment se sortir du syndrome de l'imposteur ?

Pour réussir à vous libérer du syndrome de l'imposteur, **sentez-vous à votre place**, et ce quel que soit le secteur dans lequel vous avez décidé d'agir. Osez faire ce premier pas qui vous prouvera que vous êtes à la bonne place. **Vous en êtes capable !** Faites en sorte d'obtenir un maximum de retour sur ce que vous faites. Pour cela, sollicitez votre réseau. Vous ne vous sentirez jamais vraiment prête, et c'est normal. Faites simplement en sorte de vous concentrer sur vos acquis et sur vos précédentes expériences pour créer votre propre différenciation.

Enfin, dites-vous que les plus grands de ce monde ressentent eux aussi le syndrome de l'imposteur à un moment ou à un autre. Ces personnes en ont pris conscience et ont décidé d'avancer quand même. **C'est en avançant que vous progresserez.** À votre niveau, vous contribuez déjà sans même vous en rendre compte.

À l'aide de la pyramide de la contribution, vous pourrez dès la prochaine séance faire un état des lieux de votre degré de contribution actuel.

MISE EN PLACE CONCRÈTE

Je lis les biographies des personnes qui m'inspirent le plus.

BÉNÉFICES

Cet exercice vous permettra de réaliser que les personnes que vous admirez ont elles aussi commencé leur chemin par une vision et qu'elles n'étaient, au départ, ni connues ni reconnues pour ce qu'elles font aujourd'hui.

MA PHRASE MANTRA

Je

Pour aller plus loin

- Installez un logiciel gratuit de messages subliminaux sur votre ordinateur dans lequel vous pourrez enregistrer tous les mantras que vous rédigez depuis la première séance de ce coaching : www.mindofwinner.com (aller dans l'onglet « Products » puis « Subliminal messages ») ou https://sourceforge.net (rechercher « Subliminal Blaster 4 »)
- Livre : *Le Complexe d'imposture ou comment surmonter la peur qui mine votre réussite*, de Pauline Rose Clance, éditions Flammarion, 1992

À vos plumes, exercice

Dans le passé, il y a certainement des situations au cours desquelles vous avez ressenti plus ou moins fort le syndrome de l'imposteur.

Notez ci-dessous trois de ces situations « d'imposture » et les émotions que cela a éveillé en vous :

1. ....

....

2. ....

....

3. ....

....

Décidée à vous libérer de ce sentiment d'imposture, comment pourriez-vous aborder ces situations si elles se représentaient à nouveau à vous ?

1. ....

....

2. ....

....

3. ....

....

Enfin, vous serait-il possible de renouer avec ces trois situations si vous en aviez la possibilité ?

1. ....

....

2. ....

....

3. ....

....

Semaine n° 31

DÉCOUVREZ VOTRE NIVEAU DE CONTRIBUTION

À votre niveau, vous contribuez déjà. Mais à quel degré en êtes-vous exactement ?
Grâce à la pyramide de la contribution, vous comprendrez cette semaine comment s'opère le changement et découvrirez les leviers à activer si vous désirez accéder à de nouveaux paliers.
Même si une plus grande ouverture d'esprit est nécessaire pour augmenter votre niveau de contribution et progresser, il n'y a qu'un pas à franchir entre le mode passif et le mode actif.
Comment deviendrez-vous l'actrice principale de votre vie ?
Accéder à une harmonisation de vos relations aux autres et jouir d'une plus grande réalisation personnelle est notre souhait pour vous cette semaine.

Cette semaine vous apprendrez à :

Changer votre état d'esprit grâce à la pyramide de la contribution.

La pyramide de la contribution pour changer d'état d'esprit

Certains événements liés à votre enfance ont pu freiner votre audace.
La petite fille que vous étiez a peut-être manqué de chance et peut éprouver maintenant de grandes difficultés à prendre des initiatives.
Comment venir à bout de ce cercle vicieux ? Passer d'un mode passif à un mode actif ne serait-il pas plus stimulant ?
Voyons comment changer votre état d'esprit pour devenir le pilote de vos projets plutôt que de vous greffer à ceux des autres en tant que passagère.

La pyramide de la contribution

La contribution n'est pas la même en fonction des heures, des jours, des semaines, des mois, des années...
Par rapport aux différentes périodes de votre vie (maman, amante, amie...) et aux différents moments de votre journée, vous ne contribuez pas non plus de la même façon.
Votre niveau de contribution varie également en fonction de votre développement spirituel. Plus vous vous développerez spirituellement, plus vous grimperez dans les niveaux de la pyramide.
Découvrir la raison de votre existence vous aidera dès lors à avancer dans ce chemin de développement.
Vous sentez-vous prête à vous ouvrir au changement pour gravir les niveaux de votre pyramide ?

Au fil de votre vie, des changements s'opèrent :

- sur vous ;
- sur votre entourage proche ;
- sur votre entourage local (ville, entreprise...) ;
- sur votre entourage global (le reste du monde).

La pyramide de la contribution vous permettra de prendre conscience de votre degré de contribution actuel. En tant qu'êtres humains, nous sommes en perpétuel changement et sommes en mesure de nous adapter à notre environnement.

Savoir reconnaître les étapes liées à ces changements pourra vous aider à modifier vos schémas mentaux.

Où en êtes-vous actuellement ? Quels sont les leviers à activer pour évoluer et donc élargir votre champ d'action ?

Les quatre niveaux de contribution et leurs impacts

Contribution sur soi :

Contribuer sur soi, cela signifie se sentir bien, être en paix, rayonnante et centrée sur soi.

→ **Impact ?** Vous sentir bien avec vous-même constitue le haut de votre pyramide. Cette attitude vous permet de relâcher les tensions, de laisser circuler vos énergies, de vous ouvrir à ce qui arrive, d'avoir le sentiment d'une vie plus agréable...

Contribution sur votre entourage proche :

Toute cette énergie que vous allez dégager en contribuant pour vous va progressivement influencer vos proches et votre entourage.

→ **Impact ?** Ces répercussions auront un impact sur l'éducation de vos enfants, sur la relation que vous entretenez avec vos parents/vos amis/votre mari-compagnon...

Contribution locale (ville, entreprise...) :

Les choses peuvent parfois prendre du temps, mais au bout d'un moment, vos proches parleront de vous autour d'eux. Peu à peu, vous allez vous sentir plus en confiance pour parler aux autres de ce que vous faites, proposer de nouvelles choses, prendre des initiatives, innover, rejoindre une association...

→ **Impact ?** Ce nouveau degré de développement vous permet par exemple d'améliorer le cadre de vie de votre quartier, de vous intégrer à la vie locale, d'agir sur les règles internes de votre entreprise...

Contribution globale :

Grâce à cette progression de vos niveaux de contribution, vous allez peut-être révolutionner le monde et toucher de nombreuses personnes.

→ **Impact ?** Comme l'ont déjà fait de grands hommes célèbres, vous pourrez à votre tour changer les mœurs et la façon dont les gens perçoivent les choses. Peut-être même inventerez-vous de nouvelles technologies, ferez-vous évoluer les systèmes, démarrerez-vous un grand mouvement (par exemple : les Colibris, une fondation...) ?

Voici un exemple qui nous permettra d'illustrer simplement cette pyramide de la contribution.
Imaginons que vous aimiez faire de la mécanique. Au départ, vous le faites pour vous en faisant vous-même les vidanges de votre voiture **(impact sur soi)**.
Au bout d'un moment, votre sœur remarque votre talent. Vous lui proposez de vous occuper de sa voiture **(impact sur l'entourage)**.
Vous aimez tellement ça qu'un jour, vous décidez d'ouvrir un garage et donc d'avoir un impact dans votre village **au niveau local**.
Avec le temps, vous ressentez l'envie de transmettre, d'engager du personnel, de former des apprentis... Enfin, vous décidez même d'aller un cran plus loin en proposant des cours dans des écoles et sur Internet **(impact global)**.
On appelle cela la pyramide de la contribution.

Passer d'un niveau à l'autre de la pyramide nécessite une période de changement. Seule une personne ouverte et confiante en ses propres capacités peut mettre en place le changement attendu.
Quelle que soit la voie de contribution que vous choisissez, cette contribution doit débuter à votre niveau.
Elle commence par vous, votre équilibre, votre santé, vos relations aux autres.
Votre entourage, votre nourriture, votre environnement sont des facteurs qui influencent votre contribution. Soyez-y attentive !
Vos contributions commenceront toujours par quelque chose que vous maîtrisez. Peu à peu, vous apprendrez à développer ce talent pour contribuer plus.

Plus vous avancerez, mieux vous ciblerez la façon dont vous désirez contribuer et plus vous ajouterez de degrés à votre pyramide.

✳ MISE EN PLACE CONCRÈTE ✳

J'observe mon niveau de contribution actuel et je fais de mon mieux pour monter d'un degré dans ma pyramide.

✳ BÉNÉFICES ✳

Grâce à la pyramide de la contribution et à votre prise de conscience, vous pourrez amener vos talents au-delà des limites mentales que vous vous étiez fixées.

MA PHRASE MANTRA

Je

Pour aller plus loin

- Livre : *La Spirale dynamique*, de Fabien Chabreuil, InterÉditions, 2012
- Blog : article de Jacques Ferber (http://journal-integral.blogspot.be/2015/05/la-spirale-dynamique-la-premiere.html)
- Résumé de livre : blog d'Olivier Rolland (www.des-livres-pour-changer-de-vie.fr/la-spirale-dynamique/)

À vos plumes, exercice

Malgré votre volonté, vous ne réussissez pas à définir votre voie de contribution ? Dans ce cas, l'exercice ci-dessous pourra vous aider à aller plus loin dans votre introspection :

Dressez la liste de vos principaux talents (maximum 5) :

1. ....
2. ....
3. ....
4. ....
5. ....

Actuellement, utilisez-vous ces talents au profit de votre contribution ? Dans l'affirmative, veuillez préciser votre niveau de contribution actuel pour chacun de ces talents :

1. Oui - Non : ....
2. Oui - Non : ....
3. Oui - Non : ....
4. Oui - Non : ....
5. Oui - Non : ....

Lequel de ces talents pourriez-vous développer pour augmenter votre niveau de contribution ? Quelles sont vos idées ?

Semaine n° 32

CONTRIBUEZ À VOTRE FAÇON !

Après avoir identifié votre niveau de contribution actuel, voyons maintenant comment réussir à devenir rapidement influente dans le domaine de votre choix.
Contribuer signifie devenir la messagère de quelque chose que vous souhaitez transmettre.
Mais quelles sont les bonnes questions à vous poser pour trouver la thématique que vous souhaitez partager ?
Parce que c'est ce que nous maîtrisons le mieux dans notre contribution personnelle, cette séance sera assez orientée sur l'aire du digital.
Quel est l'état d'esprit du contributeur digital moderne ? Une mine d'or est à votre disposition sur Internet pour vous permettre de contribuer à un niveau très large, en avez-vous conscience ?
De la rédaction d'un blog à la mise en ligne de podcasts, en passant par la découverte de WebinarJam, vous découvrirez l'utilité de ces nouveaux outils en vogue.
Grâce à une approche différente de la contribution, vous pourrez en cette fin de rayon élargir votre champ des possibles.

Cette semaine vous apprendrez à :

Vous poser les bonnes questions pour trouver la thématique que vous souhaitez transmettre.
Reconnaître les outils d'aujourd'hui pour réussir à contribuer à l'ère du digital.

Les bonnes questions à se poser

Réflexion personnelle

Le temps que vous consacrez à votre développement personnel vous permet de rayonner chaque jour un peu plus. Cet investissement que vous faites sur vous commence peut-être même à avoir des répercussions sur votre entourage proche et local.
Cette situation doit être exaltante. Mais au bout d'un moment, il est possible que vous ayez **envie de plus !**
Petit à petit, vous ressentirez le besoin de laisser votre rayonnement toucher le monde entier. Comment pourrez-vous à ce moment-là passer d'une contribution locale à une contribution globale ? Disposez-vous des outils nécessaires pour le faire ?
Bien sûr, il est également possible que vous souhaitiez rester à votre niveau, celui de votre entourage proche ou local.
Ce choix est évidemment très personnel et pourra évoluer avec le temps.
Toutefois, posez-vous tout de même la question et demandez-vous si ce ne serait pas la conscience que vous avez de vous-même qui vous empêche d'évoluer.
L'égo peut nous jouer des tours. Considéré comme le fondement de notre personnalité, il lui arrive parfois d'être un frein à notre développement personnel.

Plus vous pétillerez de vie et d'envie, plus votre souhait de contribuer se fera ressentir.

✳ Trouver la thématique que vous souhaitez transmettre ✳

Quelle que soit la thématique que vous choisirez de véhiculer, le point de départ est la cohérence avec ce que vous êtes et ce que vous savez faire de mieux. Il est essentiel de garder les pieds sur terre tout en gardant à l'esprit que vous êtes en chemin et que par votre choix, vous vous nommez messagère d'une cause à transmettre.

Si votre action est nourrie de bonnes intentions, pourquoi vous en priver ? Prenons comme exemple l'un des auteurs avec lesquels nous travaillons à l'Académie du développement personnel (www.academie-developpement-personnel.com).

Tarisayi de Cugnac est maman solo d'un petit garçon de 5 ans. Assez rapidement, elle rencontra des difficultés à éduquer son enfant. Par hasard, elle découvrit l'éducation positive alors qu'elle patientait dans une salle d'attente. Intriguée, elle s'informa sur le sujet pour apprendre, entre autres, l'approche de la pédagogie Montessori. Elle appliqua les conseils retenus de ses lectures sur l'éducation positive et constata très rapidement une nette amélioration dans la relation qu'elle entretenait avec son fils et dans leur comportement à tous deux. Elle décida alors d'en parler à l'une de ses amies qui, à son tour, mit en pratique et fut ravie des résultats obtenus. Souhaitant partager avec plus de monde les bienfaits de l'éducation positive, Tarisayi créa ensuite son premier blog. Ce fut très vite un grand succès. Aujourd'hui, elle propose diverses formations sur Internet* et souhaite faire découvrir au monde entier ce qu'elle a appris et qui lui a permis de passer un cap dans sa vie.

* Voir rubrique « Pour aller plus loin ».

✳ Que faire à votre niveau ? ✳

Assurez-vous que **la voie que vous souhaitez emprunter est en lien avec vos passions, vos talents et vos connaissances.**

Quel est le thème que vous aimeriez développer et communiquer autour de vous ? Avez-vous le sentiment de vivre pleinement votre vie ? N'y a-t-il pas quelque chose que vous auriez aimé trouver sur Internet lorsque vous avez commencé à vous passionner pour le sujet que vous avez décidé d'approfondir ou lorsque vous avez cherché des solutions à un problème ? Voilà autant de questions à vous poser avant de vous jeter à l'eau. Avec le temps et l'expérience, votre style se précisera. Avec les retours et les questions que l'on vous posera, vous vous améliorerez. Remettez-vous dans la peau de l'étudiant qui débute et rappelez-vous : **la meilleure manière d'apprendre est d'enseigner !**

✳ MISE EN PLACE CONCRÈTE ✳

Je me pose la question suivante : « Quelle est la thématique la plus importante que je souhaite transmettre ? »

✳ BÉNÉFICES ✳

C'est au départ de cette réponse que vous pourrez décider de la thématique de votre contribution.

Les outils actuels pour contribuer à l'ère du digital

À l'ère du digital, Internet nous permet de publier à l'infini tout le contenu que nous souhaitons partager.
Avez-vous déjà mesuré la chance que nous avons en comparaison de nos parents ? Êtes-vous suffisamment informée de l'utilité de ces outils accessibles en quelques clics ?

Les différents formats de contribution numérique

Telle une bibliothèque géante, Internet déborde de ressources. Mais savez-vous comment l'utiliser au profit de votre contribution ?
Voici les principaux outils qui seront d'une aide précieuse à votre contribution si vous faites le choix du digital.

Le blog : l'un des outils incontournables du Web est le blog. Les blogs sont actuellement assez bien référencés. Il s'agit de sites Internet sur lesquels vous allez, par exemple, pouvoir publier des articles sur le thème de votre choix. Cette « carte de visite » est une bonne stratégie pour vous faire connaître.
Armez-vous de patience, car faire découvrir un blog demande beaucoup de temps et de travail.
La plate-forme que nous vous conseillons si vous désirez vous aventurer dans la création d'un blog est **wordpress.com**. Pensez bien à y choisir votre nom de domaine et à favoriser l'extension .com ou .fr.

Le podcast : le podcast est la solution préférée des auditifs. Il s'agit d'enregistrements vocaux semblables à de petites émissions de radio, que vous pouvez partager sur **itunes.com** par exemple. Il n'est pas simple d'émerger sur cette plate-forme, mais une fois que vous serez sortie du lot, votre potentiel d'audience sera énorme.

La vidéo Youtube : YouTube est de nos jours l'endroit où il faut être ! Nombreux sont les youtubeurs qui ont réussi à se démarquer grâce à leurs vidéos de contenus assez courtes.
Amour, santé, beauté, environnement, humour... Quelle que soit votre passion, voilà un moyen simple de la faire découvrir au monde entier.

L'e-book : avez-vous déjà envisagé de rédiger un livre que vous pourriez ensuite auto-publier sur **amazon.com** ? Certes, ce processus n'est pas très lucratif, mais il peut vous rapporter de la notoriété.
Vous êtes blogueuse ? Pourquoi ne pas regrouper vos articles pour en faire une compilation ? Ici, pensez bien à soigner votre couverture, car c'est ce qui décidera le client à investir dans l'achat de votre œuvre ou non.

Le webinaire : le webinaire est à notre connaissance la meilleure manière de rendre vivant le digital tout en créant des contenus à forte valeur ajoutée.
Webinarjam.com vous permet d'organiser des conférences en direct depuis l'endroit du monde de votre choix. Une fois inscrits, vos clients ou prospects pourront vous suivre depuis leur canapé et

disposeront même de liens leur permettant de visionner vos conférences en *replay*.
Sans le savoir, vous disposez de **pépites accessibles vingt-quatre heures sur vingt-quatre et sept jours sur sept**. Certains en ont déjà compris le maniement et bénéficient maintenant d'une grande notoriété. Pourquoi pas vous ?
Il est vrai qu'au départ, contribuer sur Internet est un peu comme jeter une bouteille à la mer.
Vous manquerez certainement de trafic, n'aurez pas de visibilité, pas de consommation de contenu et donc pas de contribution.
Autant vous y préparer dès le départ : cette phase est assez démotivante et décourageante.

Prête à passer à l'action ?

Quelle que soit la voie que vous choisirez d'emprunter, qu'elle soit digitale ou non, attendez d'avoir votre premier client avant de constituer une structure.
Vous pourrez alors faire votre choix entre association, entreprise, fondation...
N'oubliez pas de préparer votre plan d'action avant de vous lancer et de vous entourer de personnes qui pourront vous conseiller dans vos démarches.
Si c'est ce que vous souhaitez, du bout des doigts et sans grandes contraintes, vous pourrez bientôt faire découvrir vos passions au monde entier grâce aux outils Internet d'aujourd'hui.

MISE EN PLACE CONCRÈTE

Je crée ma première contribution sous la forme de mon choix.

BÉNÉFICES

Grâce au passage à l'action, vous allez avancer et pourrez jour après jour progresser dans la voie qui vous fait vibrer, tout en contribuant au niveau de votre entourage, au niveau local et, pourquoi pas, au niveau global.

MA PHRASE MANTRA

Je

Pour aller plus loin

- Vidéo sur Youtube : www.congres-infopreneurs.com (aller dans l'onglet « Vidéos 2015 » et cliquer sur « Comment faire de Youtube un atout pour votre développement ? »)
- Article « 10 conseils pour amener un blogueur à parler de vous » : www.webdeux.info (dans l'onglet « recherche », taper le terme « bloggueur » pour trouver l'article)
- Webinaire gratuit présenté par Tarisayi de Cugnac : www.academie-developpement-personnel.com/project/3-astuces-pour-eduquer-sans-crier-et-sans-chantage-avec-tarisayi-de-cugnac/

À vos plumes, exercice

Est-ce que vous faites le choix de la contribution digitale ? Dans ce cas, veuillez répondre aux questions suivantes :

Quel sera le thème de votre contribution digitale ?

Quelles sont les prochaines actions concrètes que vous allez mener à bien pour progresser dans votre contribution ?

Quelles sont les personnes de votre entourage qui pourraient vous donner un coup de pouce (d'un point de vue technologique, par exemple) ou se joindre à vous ?

Quel outil Internet désirez-vous expérimenter en priorité ?

Avez-vous déjà pensé à un nom pour votre blog, vos vidéos, vos podcasts… ?

Combien de temps par semaine pouvez-vous dès aujourd'hui prévoir de consacrer à cette contribution ?

RAYON *famille*

Qu'est-ce que la famille ? À quoi sert-elle ? Quelles en sont les règles ?
Nous observerons ce mois-ci la complexité des relations au sein de la famille et du couple ainsi que la position de l'enfant dans la famille.
Avez-vous le sentiment d'être un individu à part entière ? D'être détachée du rôle qui a été préétabli consciemment ou inconsciemment pour vous ?
Afin de vous ouvrir à des moyens de résolution de vos conflits intérieurs, nous vous emmènerons ensuite à la découverte et/ou à une meilleure compréhension des constellations familiales.
Si vous en ressentez le besoin, ces thérapies de groupe vous conduiront, entre autres, à remettre de l'ordre dans votre vie et à passer à l'action.
Afin de réussir à schématiser votre histoire familiale, à comprendre le pourquoi de vos éventuels soucis relationnels et problèmes de santé, nous poursuivrons ce rayon par une présentation de l'analyse transgénérationnelle.
Quelles ont été vos relations avec votre mère ? Et avec votre fratrie ? En quoi cela influence-t-il votre développement personnel aujourd'hui ?
Larguez les amarres ! Au programme ce mois-ci : compréhension de vos relations familiales pour un meilleur ancrage.

Semaine n° 33

COMPRENEZ CE QU'EST LA FAMILLE AUJOURD'HUI

Faisant partie des douze axes principaux de votre vie, ce rayon vous en dira long sur le statut de votre ancrage familial et sur le poids que vous portez peut-être depuis toujours à bout de bras.
Alors que la famille vous unit à vos parents par des liens « sacrés », elle est souvent **la cause de nombreux conflits intérieurs**. Pourquoi ?
À quoi sert-elle ? La vision que nous en avons tous évolue-t-elle avec le temps ? En quoi est-il utile d'avoir une connaissance suffisante de vos racines ? Quel est l'état de vos fondations personnelles ? Au sein d'une même famille, chaque être se voit confier, malgré lui, un rôle principal. Qu'en est-il du vôtre ? Avez-vous le sentiment d'y être attachée ? Vous est-il déjà venu à l'esprit qu'il ne tient qu'a vous de vous détacher de ce statut qui vous a été attribué par vos ancêtres ? De façon implicite, **vous avez depuis votre enfance été chargée d'une mission**. Consciente de cet état de fait, vous pourrez décider de vous en détacher lentement ou, au contraire, de respecter cette transmission générationnelle si elle vous nourrit et vous aide à vivre pleinement votre vie aujourd'hui. Enfin, nous observerons la complexité des relations au sein du couple. Quels sont les ajustements à apporter dans votre union pour délaisser le titre de partenaires rivaux pour celui d'amoureux égaux ?
Posée sur votre branche et spectatrice de votre famille pendant quelques instants, vous pourrez bientôt faire une sorte de diagnostic de votre satisfaction familiale actuelle.

Cette semaine vous apprendrez à :

Comprendre ce qu'est la famille : sa définition, son utilité, ses différentes visions et votre attachement à celle-ci.
Comprendre la place de l'enfant et du couple au sein de la famille.

La famille

Définition du mot famille

Dans l'esprit collectif, la famille est un ensemble de personnes unies par un lien de parenté ou d'alliance. C'est un ensemble formé par le père, la mère et les enfants. Ce type de famille est appelé famille nucléaire. Elle correspond donc à une famille regroupant deux adultes (mariés ou non) avec ou sans enfant.
Ce thème est à l'opposé de la famille élargie qui peut quant à elle compter plusieurs générations ou ne pas être fondée sur la notion de couple. Dans notre société actuelle, **la famille nucléaire est le modèle familial dominant**. Le mot famille désigne donc également un ensemble qui évolue, change en fonction des mœurs, des sociétés et des générations.
La question qui se pose couramment à nous est : « Comment vivre ensemble ? »
Parents, enfants, grands-parents, beaux-parents, frères, sœurs, demi-frères, demi-sœurs, oncles, tantes, neveux, « fantômes familiaux »... les liens qui unissent une famille sont très forts.

✳ À quoi sert la famille ? ✳

Appartenir à une famille signifie disposer de racines. Chacun d'entre nous voyage au travers du temps avec sa propre histoire. Jusqu'à l'âge de six ans, vos relations familiales vont être les fondations de votre édifice de vie. Quand les relations y sont saines, les membres d'une même famille se communiquent un amour inconditionnel. C'est un **grand réservoir d'amour** qui permet à chacun de se ressourcer et de reprendre des forces.
Cependant, il arrive que cet amour inconditionnel ne soit pas transmis (vous pourrez retrouver la signification de l'amour inconditionnel dans le rayon Spiritualité). Que faire dans ce cas ? Reproduire le même schéma avec sa descendance ? Bien sûr que non ! Il ne tient qu'à vous de ne pas retransmettre les enseignements qui ne vous ont pas convaincue (autre exemple : l'éducation non collaborative, les croyances...).
Enfin, la famille nous renseigne également sur les points de vigilance à observer au niveau de notre santé (par exemple : nombreux membres de la famille souffrant de troubles cardiaques, de cancers du sein, d'une même maladie...).

✳ Les différentes visions de la famille ✳

D'hier à aujourd'hui, deux visions non antagonistes de la famille ont été observées : la vision historique et la vision sociologique.

✳ La vision historique de la famille (mode de transmission parent-enfant)

Elle invite à une étude verticale des générations, au travers de l'arbre généalogique par exemple.
Dans cette vision, on observe surtout la transmission des savoirs, des attitudes, des rituels, des cultures, mais aussi les mythes, les secrets, les refoulements...
Son avantage ? Elle nous permet de savoir d'où nous venons.
Son inconvénient ? Savoir peut nous « bloquer » dans notre développement personnel. Nous pouvons nous sentir tributaires et prisonniers.

✳ La vision sociologique de la famille

Contrairement à la vision historique, cette vision se concentre sur une description horizontale.
Elle permet d'observer la diversité des formes de familles qui est l'une des caractéristiques essentielles de la société. Qui est qui ? Quelle est la place de chacun ? Quelles sont les relations entre les membres de la famille ? Quelles sont les alliances qui ont été faites ?
Son avantage ? Chacun joue un rôle et développe des stratégies relationnelles qui lui sont propres.
Son inconvénient ? Il y a plus souvent des conflits entre les membres de la famille car ils sont plus proches. Leurs relations sont aussi des relations plus chargées émotionnellement.

✳ La famille d'autrefois et la famille d'aujourd'hui ✳

Nous vivons donc dans une société où les liens qui nous unissent complexifient nos relations familiales. Mais la famille d'autrefois était-elle plus simple ?
Quelques siècles en arrière, l'homme était considéré comme tout-puissant. La femme et les enfants se soumettaient naturellement à sa volonté. Il était donc question d'une domination naturelle de l'homme sur la femme, et seule la procréation charnelle était pratiquée. Le Code civil napoléonien faisait d'ailleurs état du fait que le mari devait protection à la femme, que la femme devait obéis-

sance à son mari qui avait quant à lui toute autorité sur les enfants. Les règles relationnelles au sein de la famille étaient clairement définies.

De nos jours, il n'y a plus de règles. L'homme et la femme ont les mêmes droits. La femme est libre de pouvoir s'exprimer. Leurs relations sont plus conflictuelles, car l'homme se sent perdu dans cette redistribution des rôles. La femme s'émancipe et les couples sont donc en perpétuelle négociation. Selon les familles, les rôles et les tâches sont répartis différemment. Ainsi, chaque famille invente son mode d'organisation. Qui prépare le repas ? Qui fait les machines à laver ? Qui change les couches ? Qui console les enfants ? Qui les gronde ? Même si cette évolution a de nombreux avantages pour tous, la liberté individuelle de chacun des membres perturbe l'ordonnancement de la famille. La difficulté est donc de **faire cohabiter tous les éléments qui nous constituent** : famille, société, culture, religion...

Attachée, se détacher ?

Depuis votre plus jeune âge, vos proches vous ont très certainement attribué certains qualificatifs qui peuvent avoir conditionné votre évolution personnelle. Sans l'avoir souhaité, vous êtes donc attachée à un rôle préétabli et remplissez votre mission au sein de la famille (par exemple : vous êtes l'intellectuelle, la rêveuse, le panier percé, la clown, la timide, la sage, la bavarde...). Ce rôle principal ne pèse-t-il pas lourd sur vos épaules ? Que diriez-vous de vous en détacher peu à peu ?

Le moment est venu de libérer votre parole, d'être un individu à part entière.

Vous n'êtes pas une victime. Évitez donc de rendre les autres responsables de tout ce qui vous est arrivé jusqu'à présent. Prenez simplement la liberté de ne plus être la résultante des choix et des héritages de votre famille en devenant responsable de votre propre destin. Vous avez le choix de réagir face aux choses. Et n'oubliez pas : ce que les autres projettent sur vous n'est qu'une projection, pas une réalité.

MISE EN PLACE CONCRÈTE

Je m'interroge et me pose les questions suivantes : « Quel rôle est-ce que je joue au sein de ma famille ? », « De quel rôle me suis-je libérée ? »

BÉNÉFICES

Prendre conscience du rôle qui vous a été attribué par vos ancêtres vous permettra de mieux comprendre votre comportement d'aujourd'hui. Vous pourrez ainsi faire votre choix et vous en accommoder ou vous en libérer pour un meilleur épanouissement personnel.

La place de l'enfant et du couple au sein de la famille

L'enfant idéal

Pourquoi faisons-nous des enfants ? Pourquoi passons-nous notre vie à projeter sur eux des choses que nous n'avons peut-être nous-mêmes pas réalisées ? Les enfants sont porteurs d'une mission transgénérationnelle et d'idéaux familiaux. Par exemple, dans une fratrie, l'aîné est en général celui qui reprend l'entreprise familiale, la fille est celle qui prend soin des autres, le petit dernier est autorisé à être un peu plus libre de rêver et d'exprimer son côté artiste s'il le désire...

Alors que nous devenons parents, une transmission inconsciente s'opère.

Que pourriez-vous mettre en place pour sortir de ce schéma ? Renier votre éducation ? Révolutionner vos habitudes ? La solution est tout simplement de faire à l'âge adulte ce qui vous semble être le plus juste pour vous, pour vos enfants et pour votre famille. Reconnaissez à la fois la « famille » dont vous avez hérité et celle que vous fabriquez vous-même. En êtes-vous satisfaite ? Bien sûr, les parents d'aujourd'hui savent que ce n'est pas à eux de décider de l'avenir de leurs enfants. Mais les injonctions inconscientes n'ont pas disparu pour autant (par exemple : « Tu ne peux pas réussir sans diplômes », « Tu dois être belle ma fille »...).
Au XXIe siècle, vous êtes encouragée à **devenir qui vous êtes**, au risque de mettre sans dessus dessous la norme en vigueur.

✳ Le couple serein ✳

Tous ces changements attachés de près ou de loin à l'émancipation de la femme bouleversent les couples. Les deux personnes sont indépendantes et capables de vivre seules. Alors qu'ils veulent s'aimer, se passionner l'un pour l'autre, fusionner voire même être pareils, certains se déchirent et rentrent dans des rapports de force. L'homme, sans repères, se demande : « Es-tu la mère de nos petits OU ma merveilleuse maîtresse ? Es-tu la chef de famille OU la copine des enfants ? C'est toi OU c'est moi qui décide ? »
Et si passer de c'est toi **OU** moi à c'est toi **ET** moi était la clé de tous leurs conflits ? Ensemble, l'homme et la femme peuvent choisir de passer du statut de partenaires rivaux à celui de partenaires égaux. Cela ne se fait évidemment pas sans mal. Des « micro-réglages » quotidiens sont dans ce cas nécessaires. Le couple peut dès lors créer ses propres règles afin d'éviter les conflits et se mettre à l'abri d'une séparation. À partir de leur égalité et de leur altérité, les deux amants pourront accéder à une belle complémentarité !

MISE EN PLACE CONCRÈTE

Je prends conscience de qui fait quoi au sein de mon couple. Suis-je dans l'application de l'ancien système ou plutôt en réglage constant ?

BÉNÉFICES

Une fois encore, la prise de conscience du schéma relationnel actuel de votre couple vous permettra d'inviter votre mari/compagnon à en changer. Vous pourrez chacun procéder à vos ajustements dans le respect de l'autre.

MA PHRASE MANTRA

Je

Pour aller plus loin

- Livre : *La Fabrique de la famille*, de Serge Hefez, éditions Kero, 2016

À vos plumes, exercice

Afin de vous emmener un peu plus loin dans votre réflexion, nous vous invitons à répondre aux quatre questions suivantes :

Décrivez votre famille : quelles sont les règles qui doivent être respectées ?

L'acceptez-vous ?

Quelle famille avez-vous construite ?

Avez-vous le sentiment de faire des projections sur vos enfants ?

Semaine n° 34

DÉCOUVREZ LES CONSTELLATIONS FAMILIALES

Il y a quelques années, sur notre chemin de développement personnel, nous avons découvert une forme de thérapie familiale appelée « constellations familiales ».
Cette pratique va plus loin que le développement personnel et permet à ses participants de venir à bout d'éventuels blocages restés non résolus.
Mais en quoi consistent exactement ces thérapies de groupe ? Comment nos questions peuvent-elles y trouver des réponses ?
Cette semaine, nous vous guiderons sur le fonctionnement de ces analyses familiales systémiques quelque peu hors du commun.
Certains événements forts de l'histoire de votre famille peuvent avoir un impact sur vous.
Quels sont-ils ?
Le champ énergétique qui émane de votre famille vous permet-il de vous épanouir pleinement ?
Vos aïeux ont-ils accompli des actions altruistes dont vous sentez les bienfaits aujourd'hui, ou ressentez-vous plutôt le poids de leurs mauvaises actions ?
Au travers du pouvoir guérisseur des constellations familiales, nous serions tous en mesure d'éviter bien des souffrances à nos générations futures.
Souhaitez-vous remettre de l'ordre dans votre vie ? Être en paix et honorer votre destin et celui des autres ?
La découverte de cette pratique empirique vous apportera des réponses à des problématiques ancrées au plus profond de votre être !

Cette semaine, vous apprendrez à :

Comprendre ce que sont les constellations familiales.

Les constellations familiales

Qui est Bert Hellinger ?

Prêtre allemand devenu ensuite psychothérapeute, Bert Hellinger est né en Allemagne en 1925. Toujours en vie à ce jour, cet homme n'a pas inventé les constellations familiales, mais il leur a voué sa vie et a donc apporté une grande contribution à la compréhension de ces thérapies familiales systémiques. De retour de missions en Afrique du Sud, où il découvrit des rituels et des musiques zoulous, il choisit de se former à diverses thérapies liées au corps et à la respiration, au Gestalt (thérapie du contact), à l'analyse transactionnelle, à la PNL (programmation neuro linguistique)...

Sa méthode est une méthode empirique dont l'étude expérimentale lui a permis de découvrir de nombreuses lois qui gouvernent nos vies et nos destinées.

Héritage

Pour Bert Hellinger, la famille est un champ d'énergie à l'intérieur duquel nous évoluons et occupons une place unique.
En venant au monde, nous héritons tous :

- d'une conscience familiale ;
- d'un patrimoine génétique ;
- d'un système de croyances et de schémas de comportement ;
- d'histoires familiales (religion, croyances...) ;
- d'un pays d'origine (événements nationaux, guerres, mode de vie...).

En constellations familiales, nous prenons également en compte un système familial élargi.
Par exemple : le premier mari de votre mère (partenaires précédents), le tueur de votre grand-père (le persécuteur), votre grand-mère qui a été abusée par son voisin (victime)...

Selon les théories de cet homme, vous seriez maintenue dans votre champ familial à un niveau déterminé qui entrave ou accroît votre aptitude à être heureuse, à choisir librement, à réussir ce que vous entreprenez, à faire durer les relations agréables, à vous maintenir en bonne santé, à accéder au bien-être, à souffrir de certaines maladies...
Chaque événement amène les individus à des **conséquences inconscientes**, par exemple un sentiment de ne pas être à leur place.
Les constellations permettent de comprendre ces schémas à leur niveau les plus profonds pour réussir à s'en libérer et à trouver la paix en soi.

Les événements forts de l'histoire de votre famille peuvent vous impacter

Certains événements forts peuvent influencer la vie d'une personne. Afin de vous donner quelques repères, voici quelques exemples :

- l'histoire des relations des parents ;
- l'histoire des relations des grands-parents ;
- la mort d'un enfant en bas âge ;
- une fausse couche ;
- un avortement ;
- une femme morte en couche ;
- une adoption ;
- un suicide ;
- une guerre ;
- un exil forcé ;
- un changement de religion ;
- un inceste ou autre type d'abus ;
- un aïeul coupable ou victime ;
- une trahison ;

- l'acquisition de biens de façon douteuse ;
- l'appartenance à un corps de métier meurtrier (exemple : armée) ;
- ...

Alors que les actions généreuses et altruistes de vos parents et de vos aïeux vous sont salutaires, leurs mauvaises actions altèrent quant à elles le champ énergétique familial, contraignant les générations ultérieures à en payer le prix.

Comme la majorité des êtres humains, vous ignorez certainement l'influence de ce champ magnétique qui demeure à l'extérieur de votre conscience.
Or, cette influence peut remonter à plus de trois ou quatre générations en arrière.
Entraînée dans des comportements et des attitudes qui vous dépassent, vous faites des choix que vous ne comprenez pas.

Que pouvez-vous attendre des constellations familiales ?

Lors d'une constellation familiale, vous apprendrez que votre famille est votre destinée, mais que vous n'y êtes pas irrémédiablement enchaînée.
Elles vous permettront de vous « guérir » et d'éviter des souffrances aux générations futures par la même occasion.
Inconsciemment, il y a peut-être des actes que vous souhaitez oublier, des souvenirs que vous avez laissés de côté afin d'éviter d'avoir à les assumer (**par exemple :** un avortement, une fausse couche, un décès prématuré, une ex-relation amoureuse...).
Les constellations permettent de réintégrer ces personnes qui avait été exclues du système familial, au sens proche (lien de sang) comme au sens large (relation proche avec la famille).

Autre exemple de résolution : imaginons qu'à votre naissance, votre grand-mère soit morte dans un accident de voiture. Elle manque terriblement à votre mère qui n'a pas accepté le destin de sa mère. Vous pourriez peut-être prendre la place de votre grand-mère aux yeux de votre mère, car vous la lui rappelez. À la place d'une autre, vous ne seriez donc pas à la vôtre.
Grâce aux constellations familiales, vous pourrez remettre les choses en place.
Parfois, six mois à un an sont nécessaires pour observer un impact réel sur la vie des participants (cela dépend de la capacité de la personne à se remettre en question et à intégrer de nouveaux schémas).
Les constellations familiales ont également un aspect « magique ». Non seulement elles permettent la résolution d'une problématique posée par un individu, mais elles agissent aussi sur les autres membres de sa famille.

Cette forme de thérapie pourra vous aider à honorer votre destin et à être en paix avec lui et celui des autres.

Lors d'une séance de groupe en constellation familiale, vous ne serez jamais obligée de « faire les choses ».
Selon vos désirs, vous pourrez poser une question, être actrice d'une constellation (mise en scène d'une problématique) ou observer depuis votre place dans l'assemblée.

Les principaux objectifs visés par les constellations familiales sont de :

- remettre de l'ordre dans sa vie ;
- accepter le destin de la personne qui a eu un destin difficile (par exemple) ;
- accepter son destin en se libérant des règles de la famille ;
- comprendre que lorsque l'on vit la vie d'un autre, on ne vit pas vraiment sa vie.

Comment se passe une constellation familiale ?

Pour pouvoir profiter d'une constellation familiale, il est important d'avoir à la fois un esprit logique et structuré et une certaine sensibilité aux sensations et aux vibrations.
En pratique, cela se passe dans une salle avec un animateur et un minimum de cinq à six participants qui se connaissent ou non. Les personnes sont invitées à s'asseoir en cercle.
Ensuite, une question doit être posée par l'un des participants.

Prenons l'exemple de Mme Y :

Mme Y pose **une question concrète, actuelle, personnelle, en lien avec sa place dans sa famille, une maladie, ses relations…** Les problématiques que Mme Y pourrait poser sont :

- Mon mari m'a quittée pour une femme qui a vingt ans de moins que moi.
- Je suis endettée.
- Je n'arrive pas à trouver un homme.
- Je n'arrive pas à trouver un emploi.
- Je ne trouve pas ma place avec mes amis.
- Je suis bloquée lorsque je dois faire ça.

Ensuite, elle est invitée à choisir sa représentante et à la placer à l'endroit de son choix dans la salle. Suivant la problématique, Mme Y va ensuite choisir les représentants de sa famille (père, mère, enfant, tante/oncle, frère/sœur…). Elle les place également dans la salle. Les représentants peuvent dès ce moment-là exprimer leurs ressentis et avoir des mouvements saccadés (qui ne leur appartiennent pas). On appelle cela les mouvements de l'âme.

L'intrication

Ce que Bert Hellinger a découvert est stupéfiant ! En s'appuyant sur le ressenti des individus, il s'est aperçu qu'ils étaient intriqués avec une personne de leur famille. C'est-à-dire qu'ils s'étaient inconsciemment positionnés à la place d'un autre. Dans un système familial, un individu peut souhaiter rappeler quelqu'un (a priori qui est du même sexe). Par amour, il développe inconsciemment un comportement pour le rappeler. Lorsqu'il y a intrication, la personne va prendre une place qui n'est pas la sienne et donc ne jamais se sentir vraiment à sa place.
Prenons l'exemple d'une fratrie de trois enfants dans laquelle le frère aîné est vivant, l'une des sœurs est morte et la seconde vivante.
Le frère vivant a perdu sa sœur. Inconsciemment il va donc vouloir retrouver son âme sœur. Il va, sans comprendre pourquoi, à chaque fois tomber amoureux d'une femme qui a envie de mourir. Dans ses rencontres amoureuses, il cherche à retrouver sa sœur disparue.
En réalité, il est à la recherche de sa sœur qui est morte.
En revanche, il n'y a pas de problématique au niveau de son rang, il reste premier.
La seconde sœur va vouloir prendre la place de sa sœur morte et va avoir une tendance morbide (par exemple : accidents, sabotage…). Elle prend la place de la deuxième alors qu'elle est troisième. Elle n'est donc pas à sa place.

✳ Les trois types de dynamiques familiales ✳

Trois types de dynamiques familiales ont été identifiés par les constellations familiales. En fonction du cas posé et de la dynamique familiale dans laquelle il se trouve, le participant est invité à répéter une phrase qui viendra aider au dénouement et à la résolution de la constellation. Voici ces trois dynamiques accompagnées de quelques exemples de cas.

1. Je te le/la rappelle

- Le grand-père a perdu la jambe gauche à la guerre, le petit fils a des problèmes à la jambe gauche.
- Une jeune fille dont le père n'a pas complètement fait le deuil d'une précédente relation est identifiée à cette précédente compagne. Elle peut avoir de l'eczéma ou de l'asthme (juste pour la rappeler à son père).
- L'enfant est en colère, car il y a eu un mort avant sa venue au monde (sa mère a fait une fausse couche).

→ La phrase pour être en paix est : **« Je te donne une place dans mon cœur. »**

Par exemple : la jeune fille dit « je te donne une place dans mon cœur » en pensant à la première partenaire de son père.

2. Je te suis

- La mère est morte jeune et la fille veut la suivre.
- La mère avorte et elle veut suivre l'enfant avorté dans la mort.

→ La phrase pour être en paix est : **« Je te laisse partir avec amour. »**

3. Plutôt moi que toi

- La fille anorexique veut mourir à la place de son père (elle veut disparaître et dit à son père, inconsciemment : « Je veux mourir à ta place. »).

→ La phrase pour être en paix est : **« Je te laisse partir avec amour. »**

Là où le développement personnel n'aura pas pu résoudre une problématique, les constellations familiales le pourront. Avec un regard extérieur, il doit vous être compliqué d'imaginer les bienfaits ressentis par les personnes qui participent à ce type de thérapies... C'est tout à fait normal !
Si vous rencontrez des difficultés à avancer dans votre vie, si vous vous sentez bloquée par des choses qui vous dépassent, que nous ne comprenez pas votre comportement à l'égard de votre entourage, que vous avez tout simplement le sentiment de ne pas être à votre place, vivez l'expérience d'une constellation familiale. Cependant, comme pour tout, nous vous invitons à la vigilance. Informez-vous bien sur le parcours professionnel de l'animateur et sur sa réputation avant de vous inscrire à l'une de ses constellations. Informée, allez-y confiante, mais gardez la tête froide... Émotions et ressentis seront-ils au rendez-vous de votre première constellation ?

MISE EN PLACE CONCRÈTE

Je participe au moins une fois à une constellation familiale. À cette occasion, je prépare une question personnelle concrète et actuelle.

BÉNÉFICES

Participer à une constellation familiale ne vous engagera pas à grand-chose d'autre qu'à y participer. Vous serez libre ensuite de réitérer cette expérience ou non.

Pour aller plus loin

- Livre : *Les Constellations familiales*, de Joy Manné, éditions Jouvence, 2005
- Michel Diviné (animateur de constellations sur Paris) : http://constellation-familiale.eu

À vos plumes, exercice

Nous vous invitons à aller creuser dans l'histoire de votre famille.

Y a-t-il des secrets familiaux ? Des fausses couches ? Des avortements ? Un ou des persécuteur(s) ? Un ou des persécuté(s) ?
Notez vos réflexions et le résultat de vos investigations ci-dessous :

Semaine n° 35

UTILISEZ LA PSYCHOGÉNÉALOGIE (OU ANALYSE TRANSGÉNÉRATIONNELLE)

Que diriez-vous de prendre le temps de poser sur papier les liens qui vous unissent à vos ancêtres ?
L'outil que nous souhaitons vous présenter cette semaine est une approche différente de celle de l'arbre généalogique classique.
Cette version, beaucoup plus détaillée, permet une exploration très profonde des relations et de l'histoire de vos aïeux.
À l'aide de symboles, nous vous apprendrons cette semaine à représenter chaque membre de votre tribu sur un schéma.
Que pouvez-vous y faire apparaître ? Quels sont les outils extérieurs qui peuvent vous aider à obtenir les informations qui font encore défaut à votre puzzle ?
Les traumatismes et non-dits de vos ancêtres se répercutent sur vous aujourd'hui ! En avez-vous conscience ?
L'analyse transgénérationnelle pourrait vous permettre de **faire remonter à la surface de lourds secrets de famille ou un certain nombre de traumatismes inconscients**.
Certaines forces ont un pouvoir considérable sur vous et vous touchent jusqu'au plus profond de vos cellules... Quelles sont-elles ? Comment y remédier ?
Préparez-vous à ressortir vos albums de famille et acceptez les émotions qui risquent de bouleverser votre journée. Ouvrez grand vos yeux et tendez l'oreille... Sherlock Holmes n'a qu'à bien se tenir.

Cette semaine vous apprendrez à :

Utiliser la psychogénéalogie et réaliser votre génosociogramme afin de comprendre certains événements de votre passé familial.

Psychogénéalogie : Le génosociogramme

Qu'est-ce que la psychogénéalogie ?

La psychogénéalogie (aussi appelée analyse transgénérationnelle) a été créée en France à l'université de Nice dans les années 1970 par le professeur Anne Ancelin Schützenberger.
Cette méthode repose sur l'idée que **le vécu de nos ancêtres pourrait être à la source de nos troubles psychologiques d'aujourd'hui**, de nos maladies, de nos comportements étranges...
Elle aide à comprendre le pourquoi des conflits familiaux.
L'arbre généalogique (génogramme) est l'un des outils d'analyse qui va vous permettre la schématisation des histoires et des liens familiaux pour créer votre génosociogramme.

Quelles sont les données à faire apparaître sur votre génosociogramme ?

Tout d'abord, il s'agira de représenter tous les membres de votre famille et de votre entourage

proche : amis, voisins, animaux familiers. Il y a en effet dans cette approche une notion de famille au sens large.
Prenez soin d'y indiquer les rangs de fratries, les dates de naissance, les dates de conception (éventuellement), les dates de décès.
Afin de pouvoir établir différents liens, il est aussi important de venir y indiquer les dates d'événements marquants qui ont touché les membres de votre famille (maladie grave, faillite, départ à la guerre...).
Enfin, inscrivez tous les prénoms en plaçant des parenthèses autour de ceux qui sont inusités.
Dans un premier temps, construisez votre arbre en vous référant à des choses que vous savez de votre propre famille sans avoir recours à d'autres documents. Ensuite, vous pourrez vous faire aider.
Développez d'abord votre tableau de façon verticale (place des arrière-grands-parents, des grands-parents, des parents, des enfants, des petits-enfants...) et ensuite de façon horizontale avec le déploiement des fratries.
Vous pourrez ensuite venir placer les symboles qui représentent et unissent les membres de votre famille afin de visualiser qui ils sont et quels types de relations ils entretiennent les uns et les autres.

Voici une représentation des principaux symboles :

LE SYMBOLE...	REPRÉSENTE
	UNE FEMME
	UN HOMME (PARFOIS REPRÉSENTÉ PAR UN CARRÉ)
	LA PERSONNE QUI RÉALISERA SON GÉNOSOCIOGRAMME
	UNION ENTRE DEUX PERSONNES DE FAMILLES DIFFÉRENTES (MARIAGE : ═══) OU GÉMELLITÉ ENTRE DEUX FRÈRES/SŒURS
	SÉPARATION OU DIVORCE
	FILLE DE.... FILS DE... (ADOPTION : TRAIT POINTILLÉ)
	FAUSSE COUCHE OU AVORTEMENT

Voici maintenant l'exemple d'un génosociogramme :

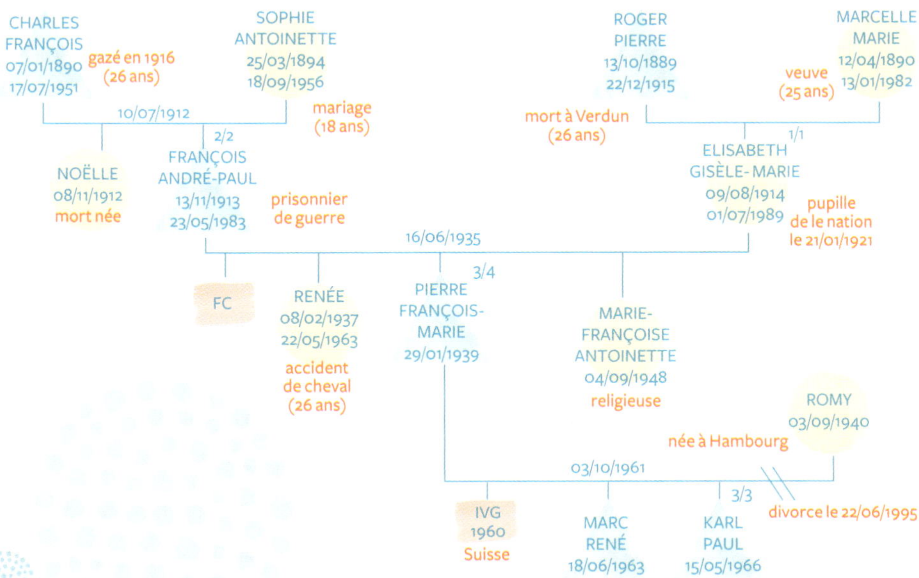

✳ Que pouvez-vous découvrir grâce à l'analyse transgénérationnelle ? ✳

Établir votre génosociogramme à l'aide du tableau des symboles vous permettra de créer des connexions, de faire des rapprochements entre divers événements, diverses répétitions de maladies dans votre famille, divers conflits...

La psychogénéalogie pourra également **vous permettre d'observer que les traumatismes et les non-dits vécus par vos ancêtres se sont peut-être répercutés sur vous**.

Ces troubles psychologiques ou physiques ont traversé les âges et vous en souffrez inconsciemment.

Les principaux faits qui peuvent remonter sont les secrets de famille, les non-dits, le syndrome d'anniversaire (par exemple : les femmes d'une même lignée toutes atteintes d'un cancer du sein au même âge ou un drame vécu par un parent au même âge...), les répétitions familiales agréables ou tragiques, les « loyautés invisibles », la mémoire du corps, le niveau d'études, le niveau économique, les alliances, les ruptures, les déracinements, les transmissions familiales...

✳ Répétitions ou correspondances ✳

Chaque famille transporte ses secrets de génération en génération.

Souvent, il s'agit d'événements tragiques ou difficiles. En général, la famille préfère taire cette douleur pour « notre bien ».

C'est ainsi que le secret d'une première génération est ignoré de la deuxième car il met mal à l'aise.

Peu à peu, **ces silences sont enfermés dans une sorte de crypte invisible** et deviennent les fantômes de la descendance.
Hantise, quête, souffrance, cauchemars, maladies graves, accidents d'anniversaires pourraient donc tous trouver leur source dans la transmission tacite du poids de notre passé familial.
Selon Didier Dumas*, les fantômes** ou secrets de famille qui hantent nos arbres généalogiques ont généralement à voir avec deux thèmes : le sexe (enfants « illégitimes », inceste, adultère...) et/ou la mort (mort inacceptable, deuil non fait, culpabilité à propos d'une mort...).
Ce sont des forces qui ont un pouvoir considérable sur nous, jusqu'au plus profond de nos cellules, car elles touchent aux principes archaïques de la vie et aux conditions de survie du clan.
* Didier Dumas, décédé en février 2010, est le fondateur de la psychanalyse transgénérationnelle et s'est intéressé à l'acupuncture, à la psychiatrie tibétaine, à l'alchimie sexuelle taoïste et au chamanisme amérindien.
** Notion de crypte (cf. Nicolas Abraham et Maria Török, *L'Écorce et le noyau*, éd. Poche, 1999).

Les répétitions ou correspondances qui vont apparaître sur ce schéma sont :
- les prénoms (surtout ceux qui sont inusités quand il y en a eu plusieurs) ;
- la position dans la fratrie ;
- les alliances et les ruptures (« trahisons », liens fusionnels, séparations...) ;
- les métiers et hobbies ;
- les symptômes (maladie, comportement, crise professionnelle, financière ou psychologique...) ;
- les situations relationnelles (affectives, sociales...).

Ce que ces répétitions ou correspondances pourront mettre en évidence sont :
- les loyautés ou fidélités familiales ;
- les enfants-symptômes ou de remplacement ;
- la coloration affective de liens (conflit, fusion, alliance, etc.).

Toute information, même subjective (anecdote, souvenir, impression fugace, etc.), qui vous viendra à l'esprit enrichira votre génosociogramme.
Que vous fassiez le choix de participer à des constellations familiales ou que vous décidiez d'approfondir l'étude de la psychogénéalogie, restez consciente du fait que, même si tel aspect de votre vie semble fortement sous l'influence de votre héritage familial, **votre histoire individuelle et votre personnalité ont des rôles encore plus déterminants**.

✳ En résumé ✳

Pensant bien faire, nous gardons parfois des secrets de famille et taisons certains événements traumatiques.
Ces silences peuvent avoir des répercussions négatives sur l'inconscient de vos générations futures.
Il serait donc préférable de vivre votre vie avec transparence et de partager les bagages que vous véhiculez au travers des ans plutôt que de risquer d'être à la source des traumas de vos enfants, petits-enfants, arrière-petits-enfants...
À l'aide de la psychogénéalogie et du génosociogramme, vous pourrez désamorcer de nombreux cas qui vous freinent aujourd'hui dans votre développement personnel, et ce grâce à une plus grande prise de conscience de vos racines.

Plus proches de vous, les relations que vous entretenez avec votre mère et avec vos frères et sœurs vous handicapent peut-être aussi. C'est donc sur cette note que nous clôturerons dès la prochaine séance ce neuvième rayon dédié à la famille.
Prête à vous soulager du poids de vos « vieilles casseroles » ?

IDÉE DE GÉNIE

Vos vieilles photos de famille en disent peut-être long sur l'histoire de vos aïeux : elles valent de l'or! En possédez-vous beaucoup ou au contraire aucune? Qui sont les personnes sur les photos ? Qui est à côté de qui ? Y a-t-il des photos retouchées ? Des personnages effacés ? Griffonnés ? Découpés ? Quels sont les regards ? Qui regarde qui ? Que vous est-il montré au travers de ces images? Une grande et belle maison? Des photos chez le photographe ?

L'album n'est pas un objet ou un support comme un autre. Ni cadre ni boîte, il s'agit d'un livre qui se construit et se remplit au cours d'un processus plus ou moins long.

Il nous permet une lecture visuelle et transgénérationnelle de notre histoire, même quand aucun récit n'a été transmis.

Oui, l'album de famille permet à chacun de donner une image visible de son ascendance et de sa descendance.

Il constitue une possibilité de représentation de votre existence sociale et une preuve de votre insertion dans le collectif.

En constituant un album, on présente en effet une image de soi et de sa famille que l'on juge suffisamment bonne pour la mettre en scène.

L'absence d'albums dans certaines familles pourra ainsi parfois s'expliquer par un problème de dévalorisation, soit sociale, soit personnelle.

Vous y découvrez vos grands-parents et vos parents enfants dans leur contexte social et familial.

Vous y percevez les liens tissés entre les uns et les autres.

Des visages inconnus semblent parfois vous regarder, et même si vous ne savez pas qui sont ces personnes et qu'aucune indication n'est apposée au dos du cliché, vous percevez qu'elles font partie de votre histoire parce qu'un ascendant a inséré leur photo à cet endroit...

Prenez le temps d'explorer cette piste intéressante qui vous permettra de répondre à certaines de vos interrogations.

Vos découvertes pourraient bien vous surprendre !

MISE EN PLACE CONCRÈTE

Je dessine mon génosociogramme sous la forme d'un arbre familial. Je le fais spontanément en écoutant mon ressenti. Ensuite, je prends du recul pour observer la manière dont je l'ai construit.

BÉNÉFICES

La réalisation de votre génosociogramme pourra très probablement vous permettre de faire des liens entre divers événements, divers ressentiments. Vous prendrez conscience de l'importance, dans la mesure du possible, de vivre votre vie avec transparence.

famille

Pour aller plus loin

Psychogénéalogie :

- Livre : *Aïe mes aïeux,* d'Anne Ancelin Schützenberger, éditions Desclée de Brouwe, 2009
- Livre : *Ces photos qui nous parlent, une relecture de la mémoire familiale,* de Christine Ulivucci, éditions Payot, 2014
- Photos :

www.youtube.com (chercher « Une femme effacée » extraits 1 et 2, de Vincent Arquillière)
www.youtube.com (rechercher « Photo de famille – Jean d'Ormesson dans Le Divan »)
http://fr.actuphoto.com/35074-les-photos-poinconnees-des-annees-1930.html
www.facebook.com (chercher la page de « Ces photos qui nous parlent », aller dans la catégorie « Photos du journal » et trouver l'article « Que racontent nos photos de famille ? »)

- Généalogie : https://familysearch.org

À vos plumes, exercice

Prenez vingt photos de vous, de l'enfance à aujourd'hui, seule (portrait, autoportrait) ou en groupe (famille, amis, travail, vacances...). Prenez celles que vous aimez, mais aussi celles que vous n'aimez pas.

Quels sont les messages véhiculés au travers de ces photos ? Certaines de ces images vous semblent-elles manquer de naturel ? Une partie de l'image a-t-elle découpée ? Y paraissez-vous détendue ?
Qu'en est-il des autres personnes présentes sur ces photographies ? Donnent-elles l'impression de bien s'entendre ? Dans quel contexte avez-vous tous été photographiés ? Y repérez-vous d'autres indices ?

Semaine n° 36

COMPRENEZ LES RELATIONS QUE VOUS ENTRETENEZ AVEC LES MEMBRES DE VOTRE FAMILLE

Avant de clore ce rayon très intense dédié à l'axe familial de votre vie, nous allons cette semaine cibler notre attention sur les premières pierres de la fondation du développement de chaque femme : les relations avec les membres de sa famille.

Alors que certaines femmes ont élevé leurs filles dans une relation de rivalité et/ou d'autorité, d'autres ont préféré jouer la carte de la bonne copine. Pourquoi tant de différences entre ces modes d'éducation ? Ressentez-vous aujourd'hui les conséquences du comportement de votre mère à votre égard ? Mais en fait, peut-être n'avez-vous pas encore coupé le cordon qui vous attache émotionnellement à votre maman ?

Découvrir en quoi ces relations influencent la vie que vous menez aujourd'hui et les choix que vous faites pourrait être pour vous une révélation.

Après vos relations avec votre mère, vos relations fraternelles ont elles aussi influé sur votre croissance.

Que vous soyez l'aînée d'une fratrie, la cadette ou même l'enfant unique, votre enfance et les projections qui ont été faites sur vous par vos parents ne sont pas les mêmes.

Rivalité, jalousie : les relations fraternelles placent les enfants dans une dualité permanente inconsciente.

Nous observerons ces relations spécifiques entre les enfants d'une même fratrie, qui sont relativement indépendantes du système adultes-enfants.

Enfin, contrairement à la croyance collective, nous verrons que l'enfant unique a lui aussi un bagage parfois lourd à porter. De l'amour à la souffrance... il n'y a parfois qu'un pas !

Cette semaine vous apprendrez à :

Comprendre les relations mères-filles.
Observer les relations au sein de la fratrie ainsi que celles de l'enfant unique.

Les relations mères-filles

Depuis la naissance

Comme de nombreuses femmes, vous avez peut-être, sans en comprendre le pourquoi, entretenu une relation ambiguë avec votre mère. En effet, à la naissance, nous tombons tous amoureux de notre maman. Même si avec le temps la fille va peu à peu se détourner de cet attachement pour aller vers l'amour qu'elle ressent pour son père, la relation à sa mère restera très intense et aura le pouvoir d'un **effet miroir** :

- dans les gestes intimes du « soi » : dans la façon de prendre soin d'elle-même et d'être ouverte à une sexualité épanouissante, par exemple ;

- dans le poids des transmissions générationnelles féminines : dans le mode d'éducation qu'elle choisira pour ses enfants et dans la position qu'elle prendra au sein de la famille, par exemple.

Au cours de leurs croissances, certaines mères vont faire le choix de reproduire le même schéma que celui dans lequel elles ont été éduquées, d'autres vont faire de leur mieux pour réparer ou encore s'inscrire en réaction à leurs propres éducations.

Où finit la complicité, où commence la fusion ?

Il n'est pas toujours facile de faire la distinction entre la complicité qui unit une fille à sa mère et une relation de totale fusion.

Souvent, les femmes très angoissées, infantiles, malheureuses en couple ou qui ont été maltraitées ou mal aimées par leur mère deviennent facilement des mères fusionnelles.

Leurs filles deviennent alors des « substituts », des « pansements », des « doubles », voire même « des souffres-douleur ». Mais qu'en est-il de leur bienveillance ?

Il est important de ne pas oublier que **la complicité ne doit pas venir combler un manque**, mais bien créer un rapprochement et une confiance suffisante avec l'enfant pour soutenir son processus de croissance. C'est ce que l'on appelle aujourd'hui l'éducation positive !

La relation que vous entretenez avec votre mère et/ou avec votre (vos) fille(s) dépend donc de vous. En prendre conscience est le but principal de cette séance.

Les différents types de relations mères-filles

Même si de fortes similitudes ont souvent été observées, chaque relation à un membre de votre famille est unique. Nous ne vous demanderons donc bien sûr pas de classer celle que vous avez entretenue avec votre mère, et peut-être même avec votre (vos) fille(s), dans telle ou telle catégorie.

Certaines étapes de la vie d'un enfant restent cependant indispensables à son bon développement. Dès lors, vous devriez pouvoir vous reconnaître dans plusieurs de ces relations ou tout au moins comprendre le pourquoi des réactions de votre mère ou même de vos propres comportements.

La complicité dans la relation à votre mère a-t-elle pu être maintenue lors de ces étapes de votre vie ?

Avez-vous le sentiment de reproduire certains schémas aujourd'hui ?

C'est ce que nous allons vous aider à découvrir...

Ma fille, mon miroir

L'effet miroir peut se jouer très tôt. Les petites filles vont vouloir porter les bijoux de leur mère, leurs robes ou leurs chaussures. Elles deviennent de vraies petites doublures.

Dans ce type de relation, la complicité ne peut exister que **si la mère laisse une place à la féminité de sa fille**. Pour qu'elle puisse s'ouvrir à sa propre féminité, il est donc essentiel pour l'enfant de ne pas être étouffée par une mère trop fusionnelle.

- **Que se passe-t-il du côté de la mère ?**

Face à ces manifestations de féminité, certaines mères peuvent avoir l'impression que leurs filles veulent prendre leur place et être dérangées, ou même choquées, par ces comportements.

Un sentiment de jalousie est dans ce cas de figure à remettre en cause. La réaction de ces mères peut simplement signaler qu'elles se sentent menacées quant à leur propre place.

- **Que se passe-t-il du côté de la fille ?**

La fille se plaît à voir le monde avec les yeux de sa mère, à imiter ses choix de vie ou son apparence.

Elle recherche sa validation ou sa reconnaissance dans tout ce qu'elle entreprend.
Son seul souhait est de satisfaire les désirs de sa mère.

La clé de la complicité est de laisser cette féminité s'exprimer pour que la petite fille puisse se construire.

Ma fille, ma rivale

Certaines étapes du développement de l'enfant vont mettre au défi la mère et son désir de complicité. **La phase œdipienne** en est l'une des plus importantes.
En effet, entre l'âge de 3 et 5 ans, la petite fille va chercher à évincer sa mère pour obtenir l'amour de son père.
D'un enfant à l'autre, cette étape peut être plus ou moins longue et plus ou moins affirmée.
Après quelques années d'accalmie, où la mère est à nouveau importante aux yeux de sa fille, survient une résurgence de cet amour pour le père. Il s'agit de **la phase de l'adolescence**.
La fille a des humeurs variées entre hostilité, amour et affection pour le père qui est placé aux devants de la scène pendant cette période mouvementée. Elle essaie tout naturellement de se placer entre ses deux parents.
À son tour, le père fait rapidement lui aussi l'objet de désillusion.
Quoi qu'il en soit, il doit veiller à ne pas trop céder à la séduction de sa fille et à placer la distance nécessaire pour que chacun puisse garder sa place.

La clé de la complicité est de faire de son mieux pour accepter ces étapes indispensables au développement de l'enfant. Ici, la mère doit s'appliquer à garder sa place de femme.

Ma fille, mon autre moi

L'un des pièges de la complicité entre une mère et sa fille est de projeter trop de soi et trop d'affects sur son enfant.

- **Que se passe-t-il du côté de la mère ?**

Ici, la mère a le sentiment que sa fille est une continuité, un prolongement d'elle-même. Inconsciemment, le message qu'elle envoie est : « Je te donne mon amour si tu réponds à mes critères. »

- **Que se passe-t-il du côté de la fille ?**

Cette complicité (ou étouffement) ne donne pas à la fille la liberté nécessaire pour construire son identité.

Cette relation révèle un fort narcissisme maternel et ne permet pas à la petite fille de se différencier. Pour une meilleure complicité, il est important pour la mère de dissocier ses projections de ses propres besoins.

Ma fille, ma copine

Certaines mères vont rechercher chez leur fille ce qu'elles n'ont pas eu dans leur enfance. Elles vont utiliser leurs relations pour « réparer » tout ce dont elles ont manqué.
L'objectif ici est de réussir à passer de bons moments de complicité sans basculer dans une complicité étouffante.
En se plaçant en tant que complice/copine, il y a une sorte d'injonction de la mère, qui entraîne à la fois des dépendances et de la confusion.
Le rôle d'une mère n'est pas de tout savoir !

La clé de la complicité : pour pouvoir construire ses propres codes de féminité, une fille a besoin de pouvoir s'opposer à sa mère. En cas de complicité imposée, cette construction sera très difficile pour la fille.

✳ Couper le cordon : une étape importante pour la jeune femme ✳

Toutes ces étapes en lien avec les relations plus ou moins harmonieuses que vous avez entretenues avec votre mère ont laissé en vous des traces.
Pour diverses raisons, vous pourriez même ne pas avoir coupé le cordon qui vous unit à elle.
Mais savez-vous que cette étape importante peut avoir une grande influence sur vos relations intimes et sexuelles d'aujourd'hui ?
En effet, par loyauté envers leurs mères, certaines filles peuvent vouloir rester « la petite fille » et ne pas s'autoriser à avoir des relations intimes épanouissantes.
Elles craignent dans le cas contraire de perdre l'amour maternel.

« La fille reste à la place de la petite fille pour faire jouir sa mère de sa position de mère. »
- *Catherine Blanc* (*sexologue et psychothérapeute*)

La sexualité de ces femmes-filles est souvent mécanique et non inscrite dans la réalité du corps et des émotions. Elles s'interdisent de la vivre ou la vivent dans la douleur pour ne pas se « séparer » de leur mère.
Elles sont trop fidèles à leur mère pour aimer autrement que sur un plan imaginaire.
Nul ne peut interférer dans leur relation, la fille ayant trop peur de perdre l'amour maternel et la mère ne pouvant se priver de son principal, voire seul pilier narcissique... : sa fille.

Avez-vous coupé le cordon ?

La réponse à cette question est assez intuitive.
Si le cordon est coupé, vous vous sentez :
- moins tiraillée entre plusieurs choix et assumez plus facilement les vôtres ;
- moins douloureusement travaillée par les conflits intérieurs ;
- plus apte à vous éloigner de votre mère ou de vous en rapprocher sans pression ni culpabilité ;
- plus disposée à accepter sereinement vos ressemblances et vos différences.

Il appartient à la fille de couper ce cordon. Il s'agit d'une rupture essentielle à son équilibre et à celui de sa mère.
Vous pensez ne pas avoir encore coupé le vôtre ? Il n'est pas trop tard pour le faire.
Soyez patiente et faites-le avec amour et bienveillance. Votre mère pourrait se sentir soudainement rejetée si vous brisez ce lien de façon violente.

MISE EN PLACE CONCRÈTE

Si je n'ai pas encore coupé le cordon qui me lie à ma mère, je prends conscience de la nécessité de le faire pour notre relation. Je planifie un moment de dialogue avec elle afin de lui faire part de mon besoin et de ma décision de m'éloigner un peu d'elle sans pression ni culpabilité*.
* Remarque : dans cette mise en place concrète, il est important de prendre le temps nécessaire au dialogue et à l'écoute. Votre mère est une femme à part entière qui a elle aussi besoin de toute votre bienveillance. Gardez toujours à l'esprit qu'elle a fait de son mieux avec ce qui lui avait été transmis.

BÉNÉFICES

Cette étape est cruciale et indispensable à votre équilibre personnel, intime et sexuel.

Les relations au sein de la fratrie

✳ Frères et sœurs ✳

À l'intérieur d'un système familial réside une entité autonome. Cette entité est appelée **la fratrie.** Les relations fraternelles sont très complexes. Elles ont souvent été considérées comme une reproduction des conflits œdipiens avec chacun des parents. C'est en quelque sorte comme si la relation d'amour-haine et la relation de rivalité entre frères et sœurs se jouaient autour de leur jalousie pour l'amour de leurs parents. Il existe donc des relations spécifiques entre les enfants, relativement indépendantes du système adulte-enfant. Les liens fraternels s'inscrivent dans ce que René Gillard (anthropologue et physicien français, 1923-2015) appelle la **« relation mimétique »**. Cette observation nous permet de comprendre que le désir d'un enfant ne se construit pas seulement à partir de l'expérience du manque, mais également dans le miroir de ce que désire l'autre. Bien sûr, le parent est là pour combler le manque, mais ce que désire le frère ou la sœur est toujours plus important que ce que l'on désire soi-même. Il y a ici une réelle confusion des réalités. **Par exemple :** une petite fille désire à tout prix un objet parce que son frère ou sa sœur le possède. Au travers de cet objet, ce qu'elle souhaite posséder est le désir de son frère ou de sa sœur, qu'elle estime plus intéressant que le sien.

L'apprentissage du « même » et de « l'autre » se joue directement dans la relation entre frères et sœurs sans qu'intervienne la relation avec les parents.

✳ Rivalité et jalousie dans la fratrie ✳

La rivalité et la jalousie sont deux choses différentes. À l'aide d'exemples, commençons par illustrer ces deux états émotionnels.

Exemple de rivalité : votre frère joue avec un jouet, et bien sûr, vous voulez ce jouet. Vous haïssez votre frère, car il est l'obstacle à votre désir de possession de ce jouet. Ce que vous désirez en réalité est son désir de cet objet. Il ne s'agit donc pas tant d'avoir ce que l'autre a, mais bien d'être qui il est parce que vous avez le sentiment qu'il est plus heureux que vous.

Exemple de jalousie : vous êtes jalouse de votre sœur, car vous savez que c'est elle l'enfant préféré de votre père.

En d'autres mots, la rivalité va à l'encontre de la différenciation progressive du « moi » et de « l'autre », elle s'appuie sur une confusion des désirs et un enchevêtrement entre moi et l'autre. Au contraire, la jalousie, elle, ne se joue pas à deux, mais à trois. C'est une situation triangulaire. Le passage de la rivalité à la jalousie est donc fondamental, car il permet la différenciation de soi et de l'autre. Il permet de reconnaître et de vivre son propre désir.

La relation fraternelle est comme une amitié, mais avec des racines inconscientes, secrètes et profondes.

✳ Chacun sa place, chacun ses épreuves ✳

Chaque enfant souffre donc de sa place dans la famille et a toutes les raisons de se sentir en rivalité avec ses frères et sœurs. L'aîné peut souffrir d'être celui qui ouvre la voie, le dernier d'être longtemps traité en bébé, et celui du milieu peut quant à lui souffrir de se sentir « coincé » entre le grand et le petit. Très tôt, la relation fraternelle confronte les enfants à une dualité. Cette dualité se définit à la fois par l'affection et le conflit, mais aussi par **la rivalité et le pouvoir**. Contrairement à la place des parents dans la famille, les rapports relationnels au sein de l'entité de la fratrie peuvent se modifier. La relation fraternelle est donc stimulante, car **elle conduit à se battre pour se différencier**. Les rapports des frères et sœurs oscillent entre exclusion (« c'est lui ou moi ») et identification (« c'est lui et moi », voire « lui est moi »). La violence des passions éprouvées conduit aussi bien l'enfant à la solitude qu'au soutien envers et contre tout.

Et l'enfant unique ?

En France, 10 % des enfants sont des enfants uniques. Dans ce schéma familial, l'enfant n'a pas à partager. Il est le seul objet d'amour de ses parents, ce qui n'est pas anodin. Malgré lui, l'enfant est surprotégé et devient peu à peu une sorte de héros familial. Cette surprotection lui procure dans la petite enfance un **sentiment de sécurité important**. Dès la puberté, elle peut par contre créer une impression d'intrusion permanente et étouffante dans la vie de l'enfant. En effet, les parents d'enfants uniques ont parfois tendance à laisser peu d'espace personnel à cet être qui a été l'objet de tout leur investissement affectif. Très entouré par ses parents qui l'accompagnent dans ses activités quotidiennes (jeux, travail scolaire, discussions...), l'enfant unique connaît lui aussi la solitude et parfois l'ennui, la tristesse. Ce paradoxe le fait mûrir plus vite. Participant directement à la vie des adultes, il se consacre tôt à des activités plus intellectuelles, comme la lecture, par exemple.

Cette **maturité précoce** peut être aussi le résultat de la charge morale et psychologique qu'imposent parfois les parents de manière inconsciente. Vos relations familiales conditionnent votre développement. Prenez-en conscience et observez en quoi elles vous handicapent peut-être aujourd'hui. Y attacher de l'attention dès à présent vous aidera à poursuivre votre route plus sereinement tout en gardant un ancrage familial sain !

MISE EN PLACE CONCRÈTE

- Si j'ai des frères et/ou des sœurs, je me pose les questions suivantes :

- Lorsque j'étais enfant, quelles ont été mes relations avec mes frères et sœurs ?
- Quelles sont-elles aujourd'hui ?
- Ai-je envie que nos relations restent ainsi ou que les choses se passent autrement ?

- Si je suis enfant unique, je me pose les questions suivantes :

- Quelle a été mon enfance ?
- Ai-je eu un(e) ami(e) en substitution d'un frère ou d'une sœur ?
- Quels sont nos relations aujourd'hui ?

BÉNÉFICES

Prendre conscience du statut de vos relations fraternelles aujourd'hui pourra vous permettre de vous alléger d'une charge émotionnelle si vous vivez encore dans une relation de rivalité entre frères et sœurs.

MA PHRASE MANTRA

Je

Pour aller plus loin

- Livre : *La Sexualité des femmes n'est pas celle des magazines*, de Catherine Blanc, éditions La Maritinière, 2004
- Roman : *Ma fille*, de Jane Shemilt, éditions Le Cherche Midi, 2016
- Programme : « Faire la paix avec maman », avec Caroline Dubois (https://cursus.academie-developpement-personnel.com/15-jours-paix-maman)
- Vidéos humoristiques sur les relations entre frères et sœurs :
www.youtube.com (chercher « Les relations entre frères et sœurs #11 »)
www.youtube.com (chercher « Avoir un frère, le rire jaune »)

À vos plumes, exercice

Revenez quelques instants sur la relation que vous entretenez (ou avez entretenue) avec votre mère et répondez aux questions ci-dessous.

Quelles ont été vos relations avec votre mère ?

Quelles relations entretenez-vous avec votre(vos) fille(s) aujourd'hui ? (reproduction, réparation, ou réaction ?)

Qu'est-ce qui a été difficile dans votre relation avec votre mère et dans votre relation avec votre (vos) fille(s) ?

RAYON travail

Nous aborderons ce rayon par une prise de conscience de votre comportement et de votre positionnement dans le monde du travail.
Y retrouvez-vous facilement votre place de femme ? Avez-vous le sentiment d'être à l'égal de l'homme ? Vous arrive-t-il de souffrir de la pression sociale ?
Chaque individu possède en lui une part de féminin (le yin) et une part de masculin (le yang). Ces deux énergies vous permettent de vivre en équilibre. En avez-vous conscience ?
Plongée dans une société où l'urgence épuise votre corps et votre esprit, le stress épice votre vie à petite dose, mais pourrait vous brûler de l'intérieur si vous n'êtes pas attentive aux premiers signaux d'épuisement.
Vigilance et bienveillance envers vous-même feront donc à nouveau partie de nos conseils ce mois-ci.
Sortie des fourneaux, la femme doit aujourd'hui apprendre à composer de nouvelles recettes si elle souhaite s'affirmer dans ce milieu d'hommes et mettre en lumière son travail avec intelligence !

Semaine n° 37

DÉFINISSEZ VOTRE PLACE DANS LE MONDE DU TRAVAIL

À la maison, aux champs, au bureau : depuis toujours, la femme travaille.
Et pourtant… cela fait quelques dizaines d'années à peine qu'elle est réellement payée en retour de tous ces services rendus.
Dans cette séance, nous observerons que, malgré sa grande émancipation et son souhait de faire partie intégrante de ce monde du travail, de grandes inégalités entre les sexes l'exposent encore à une certaine fragilité.
D'un point de vue général, qu'elle travaille ou non, la femme reste beaucoup plus impliquée que l'homme dans les tâches ménagères.
Inconsciemment apeurée d'entrevoir l'idée de dépasser la carrière de son mari, elle subit souvent la pression sociale lors des choix de sa vie de femme et/ou de mère active.
Et vous ? Où en êtes-vous aujourd'hui ? Vous sentez-vous prête à traverser les difficultés qui se dressent parfois sur votre route ? Réussissez-vous à assumer pleinement votre féminité dans le monde professionnel ?
Toujours à la recherche de ce petit quelque chose qui viendra transformer votre vie, n'aimeriez-vous pas inconsciemment que votre « subsistance » soit prise en charge par votre mari/compagnon ou par le groupe dans lequel vous évoluez ?
Comment maintenir un équilibre entre votre part de yin (féminin) et votre côté yang (masculin), et ce même dans le milieu du travail ?
Cette semaine, nous observerons la définition du travail de Jacques Salomé (psychosociologue et écrivain français), l'analyse de Pierre Bourdieu (grand sociologue français 1930-2002), mais aussi la vision de Colette Dawling (célèbre auteure américaine) afin de vous aider à comprendre le pourquoi de votre positionnement actuel dans le milieu du travail.

Cette semaine, vous apprendrez à :

Définir ce qu'est le travail.
Observer que certaines femmes n'osent pas réussir.
Comprendre ce qu'est le complexe de Cendrillon.

Le travail

Au sens économique, le travail est une activité rémunérée qui permet la production de biens et de services.
Il est essentiellement fourni par des employés en échange d'un salaire.

✳ La femme et le milieu du travail ✳

Depuis toujours, les femmes travaillent. Malheureusement, elles n'ont pas toujours été payées pour cela. Il y a quelques siècles, elles étaient agricultrices et contribuaient à l'économie rurale.
Au XIXe siècle, elles ont également travaillé comme nourrices, domestiques et ouvrières, mais le salariat était encore très peu développé, y compris dans l'industrie.
Aujourd'hui, grâce à la scolarisation, les femmes pénètrent des secteurs et des professions.
En 1960, le taux d'activité des femmes de 25 à 49 ans était en France de 40 %. Il est désormais de 85 %. Une mutation profonde est donc observée chez la femme qui, quand elle a un travail, ne s'arrête en général plus de travailler pour élever ses enfants.

« La valeur du travail d'un homme ou d'une femme ne peut se réduire à une production ou à un service qui sera payé par un salaire ou des honoraires.
Cette valeur doit inclure le fait que travailler huit heures par jour, c'est vendre huit heures de sa vie par jour. Et que le prix de cette vie est inestimable. » - *Jacques Salomé*

✳ Fragilité des femmes ✳

Plusieurs facteurs vous exposent donc aujourd'hui à une certaine fragilité dans le milieu du travail. En voici quelques-uns :

- **Le travail à « temps partiel » :** lorsque ce n'est pas choisi, la femme subit cette contrainte.
- **Le CDD (contrat à durée déterminée) et le CDI (contrat à durée indéterminée) :** par rapport aux hommes, les femmes sont plus souvent embauchées en CDD qu'en CDI (étude DARES-Direction de l'animation, de la recherche, des études et des statistiques, 2015).
- **Le chômage :** plus touchées par le chômage que les hommes, les femmes souffrent souvent d'un « surchômage » (données d'Eurostat publiées en novembre 2011).
- **Congés parentaux :** assez naturellement, les femmes prennent plus souvent ce type de congés. Ces temps de pause les éloignent du marché du travail (pendant un temps ou définitivement). Cette absence peut faire naître en elles la peur de ne plus être à la hauteur.
- **Différence de salaire :** pour un même poste, un même niveau d'études et une même expérience professionnelle, un homme va percevoir un salaire 30 % plus élevé qu'une femme.
- **Arrêt de travail :** 40 % des mères qui ont arrêté de travailler pour élever leurs enfants auraient voulu continuer. En effet, ces interruptions ralentissent leur carrière professionnelle.
- **L'horloge biologique :** à l'âge où elle a la plus grande valeur et le plus grand pouvoir d'action sur le marché de l'emploi, la femme est également en âge d'avoir des enfants.

Bien sûr, d'autres obligations et/ou contraintes viennent pimenter un peu plus encore votre quotidien.
Par exemple : en comparaison des hommes, que les femmes aient ou non un emploi, elles sont toujours les « championnes » du travail domestique.
Selon une étude du CESE (Conseil économique, social et environnement), en 2010, les femmes dédiaient en moyenne quatre heures par jour aux tâches domestiques (une heure de moins qu'en 1986), et les hommes deux heures (pas d'évolution depuis 1986).
Les mères consacraient également deux fois plus de temps que les pères aux activités parentales (une heure contre une demi-heure quotidienne).
Ces implications mères-pères dans les tâches domestiques fragilisent également la femme qui a parfois du mal à se faire entendre.

C'est pour toutes ces raisons qu'il leur arrive régulièrement de se sentir freinées dans leurs réalisations personnelles et professionnelles.

MISE EN PLACE CONCRÈTE

Je prends conscience de ma position actuelle.
Suis-je en phase avec ce que je désire réellement ? La position que j'occupe dans ma vie professionnelle me donne-t-elle pleine satisfaction ? Suis-je personnellement exposée à plusieurs facteurs « fragilisants » ?

BÉNÉFICES

Une fois encore, prendre un peu de recul par rapport à votre quotidien va vous permettre de faire une sorte d'état des lieux et de pointer du doigt les points sensibles de votre position de femme/mère/travailleuse.

La peur de la réussite

Ce que le sociologue Pierre Bourdieu appelait « la soumission enchantée » dans son livre *La Domination masculine* est en fait cette difficulté pour la femme de se libérer à 100 % de son rôle de mère et d'épouse.
Tout naturellement, elle intègre le rôle social traditionnel fondé sur l'image de la conjointe dévouée qui a été définie pour elle.
En agissant de la sorte, elle s'autocensure et **n'ose pas réussir professionnellement parlant**.
Inconsciemment, elle est apeurée d'entrevoir l'idée de dépasser la carrière de son mari alors que, souvent, ce dernier est favorable à la réussite de son épouse.
Comment apprendre à gérer tout cela ? Comment réussir à vous épanouir en dépit de cette équité qui semble si difficile à obtenir ?
Nous vivons dans un monde patriarcal. Pour vous aider à y trouver votre place et accéder à une vie plus épanouissante, nous vous recommandons d'apprendre à exprimer de manière équitable le yin et le yang qui vous caractérisent.
Sur votre lieu de travail, voici comment s'expriment ces deux polarités :

- Votre **côté yin** (le côté féminin) s'exprime dans l'accueil, l'écoute, la compréhension, l'empathie, la négociation, la sensibilité, l'intuition, la finesse, l'aide, la collaboration, l'harmonie, la communication...
- Votre **côté yang** (le côté masculin) s'exprime dans la recherche de solutions, la prise de décisions, les objectifs fixés, l'élaboration de stratégies et de plans d'action, le souhait d'être sous les projecteurs, la capacité à se tourner vers l'extérieur, l'affirmation de soi, la ténacité...

Être à l'égal de l'homme n'est pas ce qu'il vous faut rechercher.
Votre mission est plutôt de réussir à **connaître vos propres qualités de femme et de les adapter**.
Pour ce faire, il vous est indispensable de connaître les codes de conduite et les différents mondes du travail, lequel est patriarcal.
Cette mission vous semble peut-être impossible à réaliser à la vue de la conjoncture actuelle et de ce qui est physiologiquement imprimé en vous, mais harmoniser vos polarités yin et yang vous permettra de retrouver votre équilibre, et ce dans tous les domaines de votre vie.

✳ Les pressions sociales ✳

L'un des autres freins au développement professionnel de la femme est la pression sociale à laquelle elle est régulièrement confrontée. Même la femme la plus diplômée cèderait face à cette pression sociale. Submergée par les injonctions de tout ordre qu'elle reçoit, elle peut rapidement se sentir déboussolée.

Par exemple : la carrière de cadre en France est fondée sur une disponibilité totale à l'égard de l'entreprise en matière de mobilité géographique et d'horaires. Cette pression importante perturbe la femme dans ses prises de décision.

D'autre part, le **mythe de la « bonne mère »** repose lui aussi sur la grande disponibilité d'une femme pour ses enfants.

Que faire ? Essayer de plaire à tout le monde ? Se vouer corps et âme à son travail ? Se consacrer à temps plein à l'éducation de ses enfants ?

Que chacune se sente libre de ses choix !

Connectez-vous à vos besoins, à vos désirs, à votre feu ardent et organisez votre vie comme bon vous semble.

Quoi que vous fassiez, il y aura toujours quelqu'un pour vous juger et remettre en question vos choix. Vous laisserez-vous déstabiliser à chacun de vos pas ?

✳ Faire la part des choses ✳

Même si vous êtes acculée par les choix à faire, nous vous invitons à relativiser et à faire la part des choses pour réussir à vous épanouir aussi bien dans votre vie privée que dans votre vie professionnelle.

Pour ce faire, il est important que vous puissiez faire la distinction entre vos désirs réels, votre désir éventuel de vouloir réparer le mal qui a été fait à votre mère ou à vos grands-mères dans le passé, votre désir de réussite professionnelle, votre désir de vie de couple, votre désir d'élever vos enfants...

Malgré votre détermination et votre bonne volonté, certains des choix que vous ferez vous amèneront à renoncer partiellement à votre réussite professionnelle.

Mais ne vous laissez pas décourager. Restez combative et persévérez.

Valorisez votre travail, méfiez-vous de vos auto-sabotages, demandez de temps à autre de nouvelles missions si vous travaillez en entreprise, osez demander une augmentation de salaire, prétendez à une promotion...

Vous désirez faire votre place et marquer votre territoire ? Dans ce cas, prises de risques et mise en valeur personnelle sont inévitables.

MISE EN PLACE CONCRÈTE

Je prends du recul par rapport à mon quotidien et à mes désirs de réalisations professionnelles. J'identifie mon comportement actuel afin d'observer si, au travers de mon travail, je ne suis pas inconsciemment en train d'essayer de réparer la vie de ma mère ou celle de ma grand-mère, par exemple.

BÉNÉFICES

Prendre conscience de votre comportement actuel dans le milieu du travail vous aidera à savoir si vous êtes à votre place ou si, au contraire, vous avez emprunté une voie qui ne vous appartient pas.

Le complexe de Cendrillon
(écrit en 1982 par Colette Dowling)

Colette Dowling, une auteure américaine, a tout simplement découvert que toutes les femmes sont en quelque sorte des cendrillons.
Son livre, *Le Complexe de Cendrillon*, écrit en 1982, véhicule une analyse qui est toujours d'actualité aujourd'hui.
Elle nous y explique que pendant que les garçons s'adonnent à une culture du combat, les filles attendent.
Elles attendent un bonheur qui ne peut venir que de l'homme et se créent ainsi une dépendance personnelle et psychologique.
De là naît en elles le besoin profond d'être prises en charge par les autres, le besoin de se sentir accompagnées.
De leur côté, les hommes ont la conviction qu'ils peuvent atteindre seuls leurs objectifs.
Cet état de fait est la principale force qui immobilise les femmes d'aujourd'hui.
Et pourtant, chacun de ces deux êtres a en lui une force différente qui le caractérise et le rend unique.

✳ La crainte de réussir ✳

Complexée, la femme serait dans l'attente de son prince charmant pour « réussir » sa vie. Sans cette assistance, elle aurait peur de réussir.
Cette peur peut être entretenue par des messages inconscients que l'on retrouve par exemple dans la presse féminine dans laquelle on aperçoit souvent des femmes belles, intelligentes, brillantes... mais seules.
Pourquoi ? Parce qu'elles font peur aux hommes, pardi !
Mais il y a en réalité tout un réseau d'attitudes et de peurs largement refoulées qui maintiennent les femmes dans une sorte de pénombre et les empêchent d'utiliser pleinement leur intelligence et leur créativité.
Aujourd'hui encore, telle Cendrillon, les femmes attendent encore et encore qu'un élément transforme leur vie.
Avez-vous déjà remarqué comment les femmes qui osent se mettre sur le devant de la scène subissent des remarques, des questions, des commentaires ?
« Comment fait-elle pour concilier sa vie professionnelle et sa vie privée ? », « As-tu vu son physique ? », « Regarde comme elle est habillée ! »...
Se permettrait-on vraiment de poser de telles questions si elles étaient des hommes ?
Le souci est que, même lorsqu'elles surmontent ces remarques et problèmes identitaires, le « combat » n'est pas pour autant gagné.

De nos jours, les femmes recherchent un pouvoir d'action en signe de reconnaissance.

Elles demandent la possibilité de réaliser du bon travail pour prouver qu'elles sont capables.
Les hommes, de leur côté, sont plutôt à la recherche d'un fauteuil de chef.
Cette quête de légitimité de la part des femmes résonne en réalité comme un aveu de faiblesse.
C'est un peu comme si les femmes étaient entrées dans le monde du travail et dans celui des dirigeants par effraction.
Elles se condamnent seules à rester en retrait.

✳ Dépasser les obstacles ✳

Quel que soit le poste que vous occupez actuellement, il est très probable que vous souffriez vous aussi de la crainte de réussir. Face à la multitude de choix qui se présentent sur votre chemin, vous êtes peut-être en **lutte constante pour être considérée à votre juste valeur**, professionnellement parlant, tout en maintenant votre statut de femme et/ou de mère.

Avoir conscience de tous ces freins n'est pas agréable, mais il s'agit d'une étape cruciale pour comprendre les résistances éventuelles à votre ascension professionnelle. Vous avez de l'ambition ? Vous êtes prête à vous donner à 200 % pour vous épanouir et dans votre vie de femme active, et dans votre vie de femme/mère ?

Sachez que vous êtes tout à fait capable de surmonter tous ces obstacles.

Pour vous y aider, voici les sept conseils que nous vous invitons à mettre en application :

CONSEIL NUMÉRO 1
Ayez confiance en vous, en vos capacités et en vos compétences.

CONSEIL NUMÉRO 2
Ayez conscience de vos points forts et définissez vos limites.

(voir rayon Projets).

CONSEIL NUMÉRO 3
Arrêtez de vous juger « insuffisante ».

Vous n'êtes pas un imposteur et pouvez continuer à prétendre à de hauts postes à responsabilités.

CONSEIL NUMÉRO 4
Réappropriez-vous votre féminité.

Par exemple : pensez à féminiser votre titre. Vous êtes écrivain ? Devenez écrivaine.
En effet, alors que les statuts d'assistante, d'ouvrière ou de chômeuse font partie du langage courant, directrice, sénatrice, présidente posent parfois encore des problèmes d'acceptation.

CONSEIL NUMÉRO 5
Soignez votre tenue vestimentaire.

Soyez féminine. Sentez-vous bien et belle dans vos vêtements.

CONSEIL NUMÉRO 6
Utilisez votre intuition.

L'intuition est souvent assez développée chez une femme. Lorsque vous ressentez ce sixième sens, transformez votre intuition en fait. Placée dans son contexte, cette vision (cette sensation) pourra alors être valorisée et accessible aux hommes qui vous entourent.

CONSEIL NUMÉRO 7
Assumez votre féminité et ne vous calquez plus sur un modèle de réussite uniquement masculin.

En prenant le meilleur du yin et le meilleur du yang, vous réussirez à créer un modèle de réussite professionnelle qui vous est propre.

Vous êtes créative et capable de grandes choses. Votre grand challenge est maintenant d'apprendre à vous différencier et d'**assumer les décisions et choix professionnels que vous prenez** en conscience de tout ce qui compose votre vie de femme/mère.
Réussirez-vous à valoriser votre travail sans subir le stress de cette vie effrénée ? Fatigue, irritabilité, rumination... ce vocabulaire vous est-il familier ?
Dès notre prochaine séance, nous observerons la maladie du siècle sous toutes ses coutures et vous inviterons à beaucoup de bienveillance envers vous-même pour toujours rester dans la course, mais sans vous brûler les ailes.

MISE EN PLACE CONCRÈTE

Je complète cette phrase :

Si je réussis professionnellement,

BÉNÉFICES

Compléter spontanément cette phrase va vous permettre d'identifier les projections que vous faites sur la réussite professionnelle.

MA PHRASE MANTRA

Je

Pour aller plus loin

- Article « Il manquera toujours la moustache » : www.homme-moderne.org (aller dans l'onglet « Société » puis « Les pages Bourdieu » et « Entretiens »)
- Vidéos « Comme une fille – Always » :
https://youtu.be/uRjXDixe15A
https://youtu.be/YYQA8U3QlUU
https://youtu.be/h4h7AkHFUYU
- Vidéo sur le pouvoir de la vulnérabilité : www.ted.com (rechercher « The power of vulnerability »)
- Vidéo sur le pouvoir du yang : www.ted.com (rechercher « Try something new for 30 days »)
- Livre : *Le Complexe de Cendrillon*, de Colette Dowling, éditions Grasset, 1982
- Livre : *La Domination masculine*, de Pierre Bourdieu, éditions Points, 2014 (édition revue et augmentée)

À vos plumes, exercice

Listez ci-dessous le yin et le yang qui s'expriment en vous dans votre vie professionnelle :

Vos côtés plutôt yin	Vos côtés plutôt yang

Semaine n° 38

GÉREZ LE STRESS AU TRAVAIL

Nous avons tous conscience du fait que travailler est nécessaire à notre équilibre financier et à notre épanouissement personnel.
Débordés d'activités et de tâches à réaliser, nous vivons souvent à cent à l'heure, au rythme de notre société.
Pour pouvoir faire face à toutes ces sollicitations qui meublent notre quotidien, notre cerveau est donc toujours en alerte.
À petite dose, ce stress généré par nos vies trépidantes est normal, voire nécessaire.
Mais qu'en est-il d'un stress qui se prolonge ? D'un stress tellement présent qu'il en devient chronique ?
Présentez-vous les symptômes indicateurs d'un burn-out ? Quels sont les risques à long terme pour votre santé ? Quelles sont les solutions pour vous relever de cette situation émotionnelle si elle vous affecte aujourd'hui ?
Le terreau dans lequel vous vous développez dans votre entreprise joue un rôle primordial pour votre équilibre et votre bien-être.
En prendre conscience et y être attentive vous permettra de réagir rapidement et d'éviter l'accumulation éventuelle de tensions.
Zénitude et bienveillance envers vous-même seront les clés de votre succès si vous ne souhaitez pas vous laisser dévorer par votre vie professionnelle.

Cette semaine, vous apprendrez à :

Comprendre ce qu'est le stress et comment vous le subissez en entreprise.
Reconnaître les symptômes du burn-out
et trouver les solutions appropriées à ce processus.

Le stress

Qu'est-ce que le stress ?

Le stress est une réaction réflexe, tant psychologique que physiologique, de l'organisme devant une situation difficile qui demande une adaptation.
Grâce à votre cerveau reptilien, vous êtes en alerte lorsqu'il y a un danger.
Un stress ponctuel est donc « normal » car il libère de l'adrénaline (un neurotransmetteur et une hormone) qui fournit à votre organisme l'énergie dont il a besoin.
Le rythme de votre cœur augmente, vos muscles et tissus sont ainsi mieux oxygénés, ce qui facilite la libération du sucre et des graisses par votre foie.

L'adrénaline vous permet également d'améliorer votre mémoire et votre réflexion. Enfin, elle a pour effet de dilater vos pupilles, ce qui affine votre vision.
À petite dose, le stress est donc bénéfique. À vous d'apprendre maintenant à bien vous en servir.

Un stress qui se prolonge

D'un point de vue biologique, le stress agit donc comme un agent stimulant bénéfique pour votre organisme, car il lui permet de réagir pour survivre à des situations pouvant le mettre en danger.
Mais soumis à un stress prolongé, votre corps entre dans une phase de résistance.
Votre organisme se place alors en position « d'alarme » et de mobilisation pour tenter de capitaliser d'autres ressources et de retrouver son équilibre.
Pour ce faire, d'autres hormones sont sécrétées par votre corps :
- l'endorphine (aux vertus apaisantes) ;
- le cortisol (qui fournit au cerveau un apport en énergie suffisant pour vous préparer à faire face aux agents de stress) ;
- la dopamine (un neurotransmetteur impliqué, entre autres, dans le contrôle des mouvements du corps) ;
- la sérotonine (un neurotransmetteur essentiel pour ajuster l'humeur, le sommeil, l'appétit, l'apprentissage et la mémoire) ;
- les hormones sexuelles.

Un stress qui perdure

Lorsque cette situation de stress perdure, l'organisme devient peu à peu incapable de faire face à cette situation, car les dépenses énergétiques nécessaires pour maintenir l'équilibre sont trop importantes.
Devenu chronique, le stress vous amène alors vers une phase d'épuisement.
Vos défenses immunitaires sont réduites et vous devenez extrêmement sensible aux agressions extérieures.
Vous êtes sous tension et excédée.
C'est ici qu'apparaissent alors fatigue, colère, maladie, voire dépression.
Face à une même situation, chaque individu réagit différemment.
En effet, nous avons tous une sensibilité différente.
Quelque chose se passe, nous ressentons une émotion et c'est ensuite notre mental qui prend les commandes.
Pour vous préserver, prenez le temps de la réflexion.
N'oubliez pas qu'il vous est toujours possible de mettre un « fusible » entre les événements et votre réaction.
D'après les dernières études, 80 % des consultations médicales pourraient être évitées si nous étions moins stressés.
60 % des accidents du travail sont d'ailleurs liés à un état de stress.

Et vous, êtes-vous stressée ?

Afin de vous permettre d'évaluer votre état de stress actuel, voici un petit test inspiré par Lyle H. Liller et Alma Delk Smith (de l'université de Boston).

Entourez vos réponses :

✳ Je prends au moins une fois par jour un repas chaud et équilibré.	Oui	Non
✳ Je dors sept à huit heures par nuit au moins deux fois par semaine.	Oui	Non
✳ Je donne et reçois régulièrement de l'affection.	Oui	Non
✳ Je fais de l'exercice physique au moins deux fois par semaine.	Oui	Non
✳ Je fume moins d'un demi-paquet de cigarettes par jour.	Oui	Non
✳ Je bois moins de cinq verres d'alcool par semaine.	Oui	Non
✳ Je participe régulièrement aux activités d'un club ou d'une association.	Oui	Non
✳ J'ai un bon réseau d'amis et de relations.	Oui	Non
✳ J'ai un ou plusieurs amis à qui je peux faire des confidences.	Oui	Non
✳ Je suis en bonne santé.	Oui	Non
✳ Je suis capable d'exprimer ouvertement ma colère ou mes soucis.	Oui	Non
✳ Je fais quelque chose par plaisir au moins une fois par semaine.	Oui	Non
✳ Je suis capable d'organiser mon temps efficacement.	Oui	Non
✳ Je bois moins de trois tasses de café, de thé ou de Coca-Cola par jour.	Oui	Non
✳ Je me réserve chaque jour un moment de tranquillité.	Oui	Non

Vous avez obtenu 0 non ? Vous êtes au TOP de la zénitude...
Moins de 10 oui ? Votre stress est modéré.
Plus de 10 non ? Vous êtes actuellement sujette au stress... soyez vigilante !

✳ Le stress en entreprise ✳

Vous comprenez donc maintenant que le niveau de **votre stress dépend en majeure partie de votre hygiène de vie**.
Mais qu'en est-il du stress en entreprise ?
Sur le lieu de travail, certaines situations peuvent provoquer un conflit intra-personnel chez celui qui n'a pas la maîtrise d'une situation.
L'accumulation de tensions qui en résulte provoque chez l'individu du stress.
Par exemple : s'il existe une différence trop importante entre les objectifs fixés et les moyens proposés par l'entreprise, cela donne à la personne le sentiment que les insuffisances dans le résultat obtenu relèvent de sa propre responsabilité.
Si vous êtes concernée, il est important de prendre conscience de ces écarts, car lorsque le décalage entre ce que l'on vous demande d'atteindre et les moyens que l'on vous donne est trop grand, vous êtes face à un sentiment d'impuissance et d'échec.

Sans le savoir, vous remplissez alors votre « réservoir de stress ».

Mais peut-être faites-vous partie de ceux qui pensent devoir tout accepter sous prétexte qu'ils ont la chance d'avoir un travail ?
D'autres terreaux du stress ont bien sûr été observés en entreprise. En voici quelques-uns.

✳ **L'absence d'un pouvoir décisionnel adapté et cohérent pour le travailleur :** l'impossibilité de prises d'initiative ou de décision sur la façon et l'ordre de priorité dans l'accomplissement des tâches quotidiennes, les différences entre l'intention, les objectifs imposés et les moyens mis à disposition par l'entreprise pour faire les tâches.

Bien souvent, le pouvoir décisionnel ne connaît pas la réalité du terrain et ne prend des décisions qu'en fonction de la rentabilité.

✳ **La multiplication des consignes :** le manque de liberté lié au nombre de consignes qui conditionnent les différentes étapes du travail.

✳ **La perte du respect des croyances ou des valeurs personnelles.**
Par exemple : on demande à un conseiller bancaire de vendre des produits dont les personnes n'ont pas besoin.

✳ **Une atteinte à l'image de soi au travail :** devoir changer de poste alors qu'on s'y sent bien et qu'on a le sentiment d'apporter de la valeur.
Par exemple : un bon technicien à qui l'on demande de prendre le poste de commercial.

✳ **Le degré d'incompétence (principe de Peter*) :** quand des personnes sont arrivées à des postes où elles n'ont pas les compétences pour réaliser ce qui leur est demandé.
Par exemple : manager une équipe versus faire un travail technique.
*Voir rubrique « Pour aller plus loin ».

✳ **L'angoisse/la pression mal gérée de la part de la hiérarchie :** un directeur stressé et émotionnellement peu stable dépose ses angoisses sur ses subordonnés et leur transmet une part de cette angoisse.

✳ **Le sentiment d'être utilisé comme un objet :** devoir changer de service contre son gré du jour au lendemain pour aider un autre service (car une personne est absente, par exemple).

Qu'en dites-vous ? Vous êtes-vous retrouvée dans un ou plusieurs de ces terreaux ?
Aux yeux de vos supérieurs, toutes ces adaptations semblent normales. Souvent, elles ne font même pas l'objet de remerciements et pourtant... elles sont à l'origine de votre stress !

✳ MISE EN PLACE CONCRÈTE ✳

Où se situe mon niveau de stress actuel ? Suis-je exposée à un « terreau » stressant dans mon entreprise ?

✳ BÉNÉFICES ✳

Observer votre niveau de stress actuel et mettre en lumière le terreau du stress dans lequel vous vous développez au sein de votre entreprise vous invitera à réagir avant d'en arriver à des situations de stress extrême.

Les symptômes du burn-out

Mises bout à bout, toutes ces situations de stress inconfortables pourraient bien vous mener au burn-out.

Mais qu'est-ce que le burn-out au juste ?

Aussi appelé le syndrome de l'épuisement professionnel, le terme burn-out se traduit par « brûler de l'intérieur, se consumer ».
Il s'agit donc d'un processus apparenté à un **stress important et répété** et non à un état général.
Il y a différents degrés de burn-out et sa première cause n'est d'ailleurs pas psychologique, mais physiologique.
En effet, l'urgence étant devenue un mode de vie à part entière, nous sommes sur le qui-vive vingt-quatre heures sur vingt-quatre.
À ne jamais prendre de repos ni de recul, le corps s'épuise. Cette **fatigue de fond** va avoir un impact sérieux sur le moral.
L'individu qui est en burn-out doute de ses compétences et de ses qualités. Il se déprécie et devient irritable.
Très vite, **l'épuisement émotionnel vient s'ajouter à l'épuisement physique**. Il a l'impression de subir son boulot, car on lui demande de faire mille choses à la fois, d'aller le plus vite possible. Il se sent surchargé de travail et d'informations et a le sentiment de ne pas exécuter un travail de qualité.

Le processus du burn-out

En général, ni la personne ni l'entourage ne se rendent compte de ce processus.
Cela commence par un total dévouement au travail. La personne y pense sans arrêt. Elle se rend toujours disponible et prend un rythme effréné.
Ce dépassement extrême l'amène à perdre contact avec elle-même, à s'oublier jusqu'à finir par ne plus tenir compte de ses limites.

Quelques symptômes du burn-out

Les principaux symptômes du burn-out sont une grande fatigue, des troubles du sommeil, de l'irritabilité, de l'agressivité, des ruminations, une perte de la concentration, des problèmes physiques (pression respiratoire, maux de tête, maux d'estomac...).
Personne n'est à l'abri d'un burn-out. La « maladie du siècle » touche autant les hommes que les femmes, et ce indépendamment des postes qu'ils occupent.
Un profil de personnes reste cependant plus exposé que les autres : il s'agit des **idéalistes**. En général, ces personnes sont très engagées dans leur travail. Elles aiment leur entreprise et sont des personnes « pilier ».
Souvent, ce sont des **perfectionnistes en quête de reconnaissance**. Elles ne comptent ni leurs heures ni leur énergie, jusqu'au jour où tout bascule...

Les solutions

Heureusement, de nombreuses solutions existent pour permettre à la personne qui souffre d'un burn-out de retrouver cette connexion à son corps et à ses besoins.
Si vous êtes concernée, la première étape est d'**identifier vos zones d'usure**. Quelles sont les situations qui créent chez vous un sentiment d'impuissance ? Un téléphone qui sonne toutes les deux minutes ? Une tâche récurrente, mais complètement inutile ? Un collègue qui se repose entièrement sur vous ? Un chef qui vous demande toujours un travail en dernière minute ?...

Ensuite, demandez-vous s'il vous est possible de changer ces zones d'usure. La réponse est oui ? Parfait ! Vous pouvez dès à présent mettre en action vos solutions. Si, au contraire, vous estimez impossible de faire évoluer ces zones d'usure, alors la seule solution consiste à les accepter.
Apprenez le lâcher-prise au lieu de perdre votre puissance dans tout ce stress qui vous consume de l'intérieur.
Pour remonter en énergie positive et retrouver petit à petit un meilleur équilibre entre les zones d'usure et les tâches ressources, identifiez les choses qui vous font du bien.
Prenez des pauses dans vos journées de travail, étirez-vous, marchez... Cela vous permettra de rester connectée à votre corps et de réduire les tensions.
Avez-vous déjà testé les micro-siestes ? Les micro-méditations ? Les automassages ? L'EFT ?
Prenez-vous suffisamment de temps pour faire des câlins à votre mari/compagnon et/ou à vos enfants ?
Fleurs de Bach, pranayama et cohérence cardiaque sont autant de pistes à explorer pour retrouver centrage et paix intérieure. L'hydratation joue aussi un rôle essentiel. Ne négligez surtout pas ce point... **buvez beaucoup d'eau** (1,5 l à 2 l par jour).
En résumé, pour limiter le stress et ne pas vous exposer au burn-out, ayez confiance en vous, en vos compétences et en vos capacités.
Apprenez à communiquer au mieux avec vos partenaires de travail et avec votre hiérarchie. **Osez demander de l'aide** si cela s'avère nécessaire !
Prenez le temps de vous amuser le week-end et de prendre l'air.
Enfin, mettez en place de bonnes conditions pour favoriser un sommeil réparateur et privilégiez une alimentation équilibrée riche en magnésium et pauvre en excitants en tout genre (café, thé, tabac...).
À l'aide de beaucoup de bienveillance envers vous-même, vous accèderez bientôt à un meilleur ancrage, subirez de moins en moins le stress du quotidien et réussirez à vous affirmer.

MISE EN PLACE CONCRÈTE

J'identifie mes zones d'usure et mes activités recharge.

BÉNÉFICES

Identifier vos zones d'usure et vos activités recharge vous permettra un retour à l'équilibre et à une plus grande paix intérieure.

MA PHRASE MANTRA

Je

Pour aller plus loin

- Le principe de Peter : fr.wikipedia.org/wiki/Principe_de_Peter
- Livre : *Petit cahier d'exercices pour mieux s'organiser et vivre sans stress*, de Christel Petitcollin, éditions Jouvence, 2014

À vos plumes, exercice

Pour aller plus loin, veuillez indiquer ci-dessous la liste de tâches que vous devez accomplir quotidiennement en évaluant le niveau de priorité/d'urgence de chacune d'entre elles :

Tâches à accomplir	Niveau de priorité/d'urgence (sur une échelle de 1 à 10)

Semaine n° 39

SACHEZ VOUS AFFIRMER

S'affirmer, croire en soi et apprendre à dire non... Voilà en quelques mots le programme de notre séance.
Pour réussir à vous épanouir et à trouver votre place dans la société, nous verrons cette semaine qu'il est important de considérer à mesure égale vos besoins et ceux des autres.

Qu'est-ce que l'assertivité ?
Quelles sont les pensées qui vous paralysent, vous empêchent de défendre vos droits et vous poussent à vous soumettre aux volontés des autres ?
Y a-t-il des contextes particuliers ou des situations dans lesquels vous avez plutôt tendance à vous effacer ? À la maison ? Au bureau ? Dans votre cercle d'amis ?

La peur de l'affirmation de soi est souvent synonyme d'une **peur du jugement**.
Derrière toute peur et derrière tout jugement se cachent un besoin insatisfait, un désir et/ou un rêve.
Par exemple : le besoin d'être seule alors que vous voyagez en groupe pendant plusieurs jours, le rêve d'oser exprimer ce à quoi vous aspirez vraiment, le désir de vous reconvertir professionnellement...). En avez-vous conscience ?

Ensemble, nous observerons les premiers pas à faire pour réussir à vous affirmer plus.
Nous vous inviterons à identifier le profil d'une personne qui vous inspire afin que vous puissiez modéliser ce qu'elle fait résonner en vous.
Manquer d'affirmation et de confiance fait naître des émotions négatives.

À l'aide de la méthode dite des 4C de Stephen Covey (auteur, homme d'affaires et conférencier américain), nous vous aiderons à accéder à un meilleur équilibre.
Pourquoi tenter de changer des choses qui ne peuvent pas l'être ?
Comment réussir à concentrer votre attention et votre énergie sur ce qui peut bouger ?
L'objectif de cette séance est donc de vous aider à vous affirmer pour réussir à **devenir « proactive »** en vous laissant guider par vos propres valeurs internes.

Cette semaine, vous apprendrez à :

Vous affirmer.

Comprendre la méthode des 4C de Stephen Covey pour l'utiliser dans votre quotidien.

L'affirmation de soi

L'affirmation de soi et l'assertivité

Oser dire non, faire preuve d'audace, exprimer sa propre vérité : l'affirmation de soi est pour beaucoup un comportement difficile à adopter. Et pour cause... Savoir s'affirmer, c'est savoir être soi-même sans blesser l'autre, **c'est pouvoir être assertif**.

L'assertivité est la capacité de chacun à pouvoir **s'exprimer et à défendre ses droits sans empiéter sur ceux des autres**.

Être authentique et faire preuve de délicatesse afin de préserver ses relations sociales, voilà une attitude difficile et complexe à laquelle certains préfèrent dès le départ renoncer.

Le manque d'affirmation

Quelle est donc la solution ? Vivre une existence sans risque, mais terne ? Ou tenter une vie d'aventures en terrain parfois périlleux, mais dans laquelle l'être est animé d'un feu intérieur parce qu'il est fidèle à lui-même et à ses valeurs ?

La personne qui renonce à s'affirmer se déconnecte de ses élans profonds et s'éteint lentement.

Au travers d'un manque d'affirmation d'elle-même, elle pense pouvoir préserver ses relations aux autres, mais en réalité, c'est le contraire qui les conserve. Piégée dans cette spirale, ce comportement la conduit à un certain effacement d'elle-même. Cela entraîne une négativité et amène à une grande lassitude. Mais ces conséquences ne sont pas le seul prix à payer. À long terme, un manque d'affirmation de soi peut aussi déboucher sur des maladies.

La personne finit par réaliser qu'elle a trop donné ou trop subi dans ses relations aux autres. Elle peut souffrir d'un ras-le-bol général et en arriver, parfois, à la rupture de son couple.

Testez votre affirmation de vous-même

Une personne qui affirme ses opinions sans heurter quiconque est pourtant une personne inspirante ! Voyons un peu où se situe actuellement votre affirmation de vous-même. Y a-t-il des situations, des contextes dans lesquels vous vous effacez régulièrement ? Entourez vos réponses :

- Au travail : face à vos supérieurs, à vos collègues, à vos subalternes, à vos clients...
- En famille : face à votre père, à votre mère, à votre mari/compagnon, à votre fils, à votre fille...
- Dans votre cercle amical : avec vos amis proches, vos connaissances...
- En société : au sport, dans une association, en cours...
- Dans tout autre endroit : chez le médecin, avec votre coach...

Pensez maintenant à deux personnes face auxquelles vous aimeriez pouvoir vous affirmer.
Y a-t-il des similitudes entre ces deux personnes (même sexe, même génération, même contexte...) ?

Oui Non

Quel que soit le contexte, pensez toujours à prendre en considération la différence d'âge entre vous et votre interlocuteur, votre différence de sexe, vos positions sociales... Il arrive également que les personnes qui osent tout dire en famille soient de vraies carpes en société. Est-ce votre cas ?

Oui Non

Quel sentiment l'affirmation de vous éveille-t-elle ? (un sentiment de bien-être ? la peur du rejet ? la peur d'être jugée ?...)

Sachez que derrière chaque peur se cache un besoin, un désir et/ou un rêve qui sont insatisfaits. Pour trouver la force en vous de vous affirmer, il va donc falloir vous appuyer sur vos désirs les plus profonds. Êtes-vous connectée à vos rêves ? À vos désirs ? À vos besoins ?

Oui Non

Quels sont-ils ?

Pour comprendre pourquoi vous ne réussissez pas à vous affirmer, il est également intéressant de vous poser les questions suivantes :

Qu'essayez-vous de préserver lorsque vous ne vous affirmez pas ? Qu'y perdez-vous ? (par exemple : vous n'osez pas vous affirmer dans votre couple pour préserver la paix et ce que vous y perdez est votre vitalité)

Vos pensées sont donc responsables de votre manque de confiance en vous, de votre manque d'affirmation de vous-même, de votre manque d'assertivité.
Les quatre types de pensées qui peuvent vous « bloquer » sont :

- le jugement de vous-même ;
- le jugement sur l'autre ;
- la peur des conséquences négatives ;
- les idées toutes faites, les obligations, les croyances.

Ces pensées paralysantes sont à mettre en conscience si vous désirez réussir à vous affirmer !
À court ou long terme, manquer de confiance en vous aura des répercussions sur vos relations sociales, professionnelles et/ou amoureuses.
Pourquoi ? Tout simplement parce que ne pas vous affirmer fera naître en vous des émotions de déception, de frustration voire de culpabilité, et ce dès la première remarque peu sympathique qui vous sera formulée.
Vous ressentirez des sensations désagréables au niveau de votre corps, tels que des lourdeurs, des rougeurs, des membres qui tremblent... Comment vous sortirez-vous de cette impasse ? Comme toujours : via la fuite, la bouderie et/ou les ruminations.

Dans toute relation, il faut un minimum de deux individus. Nous ne pouvons pas décider de changer l'autre. À nous donc de travailler sur notre personne...

Vous affirmer

Vous prenez conscience de votre manque de confiance en vous ?
Bravo. Il en faut du courage pour remettre en question des habitudes ancrées en nous depuis des mois voire des années.
Il n'est jamais ni trop tôt ni trop tard pour commencer à s'affirmer.
Le tout va être maintenant de faire le premier pas, celui qui vous permettra d'inverser la vapeur, de vous affirmer à votre rythme et de gagner en confiance en vous.
Vous appuyer sur vos qualités relationnelles est l'une des pistes que nous vous invitons à suivre.

Pour vous aider dans cette quête, **notez ci-dessous trois de vos qualités relationnelles** (par exemple : je suis à l'écoute, je suis optimiste, je suis souriante, je suis drôle...) :

1 ....

2 ....

3 ....

Commençons maintenant un travail de modélisation.

Notez ci-dessous le nom d'une personne qui vous inspire et qui sait s'affirmer :

Identifiez chez cette personne les caractéristiques suivantes :

Quelle est sa posture ? ....

Comment est son regard ? ....

Quelle est sa gestuelle ?..

Comment est son débit de parole ? ....

Quel est son « discours » ? ....

Ensuite, fermez les yeux et, pendant quelques minutes, mettez-vous dans la peau de cette personne.
Ressentez l'effet que cela vous procure. C'est incroyable... n'est-ce pas ?
Reproduisez cet exercice de modélisation aussi souvent que nécessaire.
Peu à peu, cette pratique vous aidera à gagner en confiance en vous et à découvrir ce que vous admirez tant chez cette personne qui vous inspire.

MISE EN PLACE CONCRÈTE

Dans deux à trois semaines, je reviens sur les questions de la semaine et j'observe si mon affirmation de moi-même a évolué.

✳ BÉNÉFICES ✳

Aidée par le contenu de cette séance ainsi que par les exercices de tout ce rayon, vous gagnerez peu à peu en confiance en vous. Revenir sur les questions posées ci-dessus vous permettra de prendre conscience de vos progrès.

La méthode des 4C de Stephen Covey

Stephen Covey est un homme d'affaires américain. Il est l'auteur du livre *Les Sept Habitudes des gens efficaces*. Ces textes nous permettent de prendre conscience de la spirale négative dans laquelle nous attire le cercle dit des préoccupations.

✳ Ce cercle des préoccupations est découpé en quatre comportements appelés les 4C ✳

- La Critique : elle dirige l'énergie contre nous plutôt qu'elle ne l'attire à nous.
- La Comparaison : elle est toujours toxique, il est important de prendre conscience du fait que nous sommes tous uniques.
- La Compétition : elle dirige notre énergie au mauvais endroit. Seules les victoires que l'on gagne sur soi-même sont intéressantes.
- La Complainte : elle épuise notre entourage et fait fuir ceux qui nous écoutent.

Ces comportements nous rendent « réactifs », c'est-à-dire que nous nous rendons dépendants de notre environnement social et nous laissons guider par nos impressions.
Cette attitude nous empêche de pénétrer dans une spirale positive.
Pour basculer dans le second cercle, celui dit de l'influence, il nous faut être dans l'action et nourrir des pensées positives.

✳ Le cercle de l'influence est, lui aussi, découpé selon la méthode des 4C ✳

- Le Centrage sur soi via le yoga, la méditation, la marche, le sport, la musique, mais aussi au travers de la créativité...
- La Conscience claire de son vécu et de ses aspirations.
- Le Courage de les exprimer.
- La Compréhension du vécu de son interlocuteur (empathie).

Cette voie est le chemin à suivre pour devenir « proactif ».
Guidés par nos vraies valeurs, nous sommes dans ce second comportement moins dépendants de notre environnement.

Vous désirez passer du cercle des préoccupations au cercle de l'influence ? C'est en mettant en place de nouveaux comportements quotidiens que vous y parviendrez.

Par exemple : si votre chef vous demande de réaliser une nouvelle mission, en plus de toutes celles que vous avez déjà en charge, ne lui répondez pas immédiatement.

Oui, vous avez vous aussi le droit de prendre un moment de réflexion.
Pensez à lui demander une reformulation de sa demande afin d'être certaine de ses attentes et dites-lui que vous avez besoin de prendre un moment pour y réfléchir.
Faites-lui également connaître la date à laquelle vous reviendrez vers lui.
Une fois votre décision prise, **faites-lui part de votre réponse avec assertivité**.
Reformulez-lui sa demande et le détail de ce que cela implique pour vous (charge de travail, organisation, émotions...).
Vous souhaitez lui dire non ? Dans ce cas, écoutez-vous et affirmez avec bienveillance votre choix.
Prenez le temps de justifier votre réponse et proposez-lui une autre solution.

Un meilleur centrage, une conscience de vos aspirations, le courage d'exprimer votre ressenti et une compréhension de la demande de votre interlocuteur : voici la formule magique pour **accéder pas à pas à une plus grande affirmation de vous-même**.

Le temps est votre meilleur ami. Il vous permet d'identifier les préoccupations qui vous maintenaient jusqu'à présent aspirée dans cette spirale négative et vous autorise à glisser lentement vers une plus grande estime de vous.

En confiance, vous pourrez ensuite apprendre à mettre en lumière votre travail et oserez prendre les décisions nécessaires à votre évolution personnelle et professionnelle.

MISE EN PLACE CONCRÈTE

Pendant sept jours, je m'habitue à dire non aux demandes avec lesquelles je ne suis pas d'accord.

BÉNÉFICES

Apprendre à dire non vous permettra de gagner peu à peu en confiance et en estime de vous-même.

MA PHRASE MANTRA

Je

Pour aller plus loin

- Livre : *Petit cahier d'exercices pour s'affirmer et enfin oser dire non*, de Anne Van Stappen, éditions Jouvence, 2013
- Conférence gratuite : « La programmation neuro linguistique-PNL », animée par Paul Pyronnet (www.academie-developpement-personnel.com/project/5-leviers-de-la-pnl-qui-vont-considerablement-changer-votre-vie-quotidienne-avec-paul-pyronnet/)

À vos plumes, exercice

À vous de jouer et de commencer à vous affirmer. Choisissez une situation qui vous semble « facile ». Répondez ensuite aux questions ci-dessous :

Quelle est la situation dans laquelle vous ne vous affirmez pas ?

Qu'est-ce que vous ressentez dans cette situation ?

Quel est le besoin, le désir, le rêve qui se cache derrière votre peur de vous affirmer dans cette situation ?

De quoi avez-vous besoin pour réussir à vous affirmer dans cette situation ?

Qu'allez-vous faire pour voir cette situation évoluer ?

Reproduisez cet exercice dans chaque situation dans laquelle vous souhaitez réussir à vous affirmer plus.

Semaine n° 40

METTEZ EN LUMIÈRE VOTRE TRAVAIL

Vous voilà maintenant plus en confiance ! Comprenant que toutes les femmes sont plus ou moins touchées par cette même difficulté à trouver leur juste place dans une société patriarcale, vous pouvez apaiser votre stress et mettre en place de nouvelles habitudes.
Prendre conscience de la nécessité de ralentir votre course pour rester centrée et en paix devrait vous permettre de maintenir « M. burn-out » à bonne distance de vous. Grâce aux exercices des semaines précédentes, vous augmentez peu à peu votre niveau d'affirmation de vous-même.
Pour parfaire notre exploration de ce rayon consacré au travail, nous reviendrons cette semaine sur quelques concepts déjà abordés au cours de ce coaching. Un rappel sera fait sur l'intérêt de toujours **augmenter vos compétences pour pouvoir évoluer au sein de votre entreprise**. En effet, compléter votre bagage scolaire en vous nourrissant de diverses formations est l'une des clés de la réussite. Nous reparlerons brièvement de la **nécessité d'être bien organisée** pour gagner en efficacité et soulèverons les étapes indispensables pour se créer un réseau de contacts sociaux et professionnels, c'est-à-dire réseauter. Quel est le bon moment pour demander une augmentation de salaire ? Comment vous y prendre ?
Avant de clore cette séance, nous vous ferons part de quelques-uns de nos trucs et astuces. Enfin, pour apporter quelques éléments de réponse à vos diverses interrogations sur le sujet, nous observerons les avantages et les inconvénients liés au statut d'un salarié et à celui d'un indépendant.

Cette semaine, vous apprendrez à :

Revoir l'importance de vous former, de vous organiser, de bien réseauter.
Négocier une augmentation de salaire.
Prendre en compte les avantages et les inconvénients du statut d'indépendant et de celui de salarié.

L'importance de la formation, de l'organisation, du réseautage

Augmenter ses compétences

Autrefois, un individu qui entrait dans une entreprise à un poste à l'âge de 20 ans en ressortait souvent à l'âge de 60 ans sans avoir changé de poste ni pris de galon en ayant monté petit à petit les échelons.
Aujourd'hui, ce n'est plus le cas ! Le travailleur se remet beaucoup plus en question et change volontiers de métier si le précédent ne répond plus à ses attentes.
Vous sentez-vous concernée ? Pourquoi ne pas tenter d'évoluer au sein de votre propre entreprise ?

En avez-vous assez de surfer sur la vague du changement permanent qui nourrit votre stress ? Êtes-vous frustrée et/ou insatisfaite par le poste que vous occupez actuellement ?
Quoi qu'il en soit, **vous former deviendra l'une des clés de votre réussite**.
En tant que salariée, vous avez droit à des entretiens individuels avec votre supérieur hiérarchique. Profitez de ces moments d'échanges pour demander l'accès à une formation à votre responsable. Bien sûr, assurez-vous bien auparavant que le programme est en lien, par exemple, avec un point que vous souhaitez améliorer chez vous, car vous sentez que cela vous bloque dans votre évolution. Autre exemple : si vous avez remarqué un nouveau besoin au sein de votre entreprise, saisissez cette occasion pour suggérer une formation qui pourra vous permettre d'y répondre.
Votre demande est refusée ? Ne vous limitez pas et **investissez sur vous**.
De nos jours, pour un budget raisonnable, nombreuses sont les formations courtes accessibles en présentiel ou sur Internet.
Que vous soyez salariée ou indépendante, sortez de chez vous et allez à des séminaires, à des conférences... En fonction du secteur d'activité, du statut et de la localisation de leurs entreprises, de nombreuses aides sont également apportées aux entrepreneurs.

Vous souhaitez évoluer ? Informez-vous et formez-vous !

Bien s'organiser pour être efficace

Quels que soient votre horaire de travail et votre secteur d'activité, il vous faut être organisée pour être efficace.
Pour ce faire, la première étape est d'**apprendre à mieux vous connaître**. En quoi êtes-vous la meilleure ? Vous est-il possible de déléguer certaines de vos tâches à l'un de vos collègues, associés ou employés qui est plus doué que vous pour ces fameuses tâches ?
Chaque matin, avant d'entreprendre votre journée, soyez claire sur ce que vous avez à réaliser et notez toutes vos tâches sur une feuille pour vous vider la tête.
Rappelez-vous également que pour être performante, il est important que vous supprimiez toutes les sources d'interruptions : e-mails, téléphone, Skype, Facebook, Linkedin...
Être constamment interrompue vous fait perdre du temps, vous fatigue inutilement et augmente votre niveau de stress.
Organisez donc votre agenda de façon structurée en y intégrant des zones de liberté et de créativité. Vous y prévoirez par la même occasion des plages horaires dédiées à des « routines » : lecture de vos e-mails, écoute de votre répondeur, réponse à des clients/sollicitations de vos amis, relance de partenaires...

Réseauter

Bien organisée et en constante amélioration de vos connaissances, vous pourrez pas à pas peaufiner votre réseau afin qu'il soit à la hauteur de vos attentes et de vos compétences.
Pour rappel, avoir un bon réseau vous servira à :

- accéder à des mises en relation/mettre des gens en relation ;
- tisser des liens commerciaux, professionnels et/ou amicaux ;
- savoir à qui vous adresser si vous avez besoin d'aide ou êtes à la recherche d'une information ;
- trouver un nouvel emploi ;
- augmenter votre salaire (par le networking interne/externe).

Au quotidien, entretenir un bon réseau signifie **nourrir de bonnes relations avec les personnes du « système »** dans lequel vous évoluez.
À cet effet, prenez le temps de dire bonjour à tout le monde (en utilisant leurs noms et/ou prénoms), de sourire le plus souvent possible, d'exposer votre bonne humeur, de prendre des nouvelles, d'écouter, de poser des questions.
Faites en sorte de pouvoir apporter de la valeur ajoutée à votre interlocuteur et n'oubliez pas d'utiliser vos *flash news* (voir rayon Relations sociales, semaine 20) pour valoriser votre travail.
Veillez bien à montrer ce que vous savez faire tout en étant pro et efficace et à ne jamais parler de façon négative d'une personne à une autre.
Pas toujours évident, n'est-ce pas ?
Mais rester neutre lorsque vous êtes prise à partie (alors que vous êtes extérieure au sujet) vous évitera bien des répercussions.
On vous demande votre avis ? Débrouillez-vous pour ne pas vous prononcer en argumentant sur le fait que vous ne connaissez pas assez le sujet, par exemple.
Pour vous garantir une bonne place dans votre réseau, il vous faut donc **prendre soin de toujours parler de façon positive de vos associés/collègues/partenaires/clients/supérieurs hiérarchiques**, en restant attentive au vocabulaire que vous utilisez.
Un membre de votre réseau rencontre des difficultés ? En fonction du cas et de la personne, vous pouvez lui proposer votre aide. Si c'est lui qui vous sollicite, sentez-vous libre de lui apporter votre expertise et votre soutien, mais en tenant toujours compte de vos limites.
Mettez bien en pratique l'affirmation de vous-même en apprenant à dire non lorsque cela s'avère nécessaire.
Enfin, évitez de devenir trop « secrète ».
Vous avez des aspirations ? Faites-les connaître autour de vous sans dénigrer ce qui vous occupe actuellement.
Vous pourrez ensuite mettre en pratique ces mêmes recommandations lorsque vous réseauterez de façon externe à l'entreprise.
Avec un peu de temps et d'expérience, vous parviendrez à utiliser le réseau des prestataires et des partenaires de votre entreprise.
Vous avez bien accroché avec une personne et vous souhaitez échanger avec elle ? Invitez-la au restaurant, à aller prendre un verre, à échanger avec vous sur Skype, à faire une activité à vos côtés...
TOUT EST POSSIBLE !
Remerciez-la du temps qu'elle aura passé en votre compagnie et suggérez-lui d'aller plus loin si vous avez le sentiment qu'elle peut vous permettre de « grandir ».
Nous vous préconisons de consacrer au minimum une heure de votre temps par semaine au renforcement de votre réseau.

MISE EN PLACE CONCRÈTE

Je me pose la question suivante : « Quelles sont les personnes qui pourraient m'aider à évoluer dans l'entreprise ou le monde professionnel en général ? »

BÉNÉFICES

Idéalement, le réseau se construit en amont. Il est important de le renforcer avant même d'en avoir vraiment besoin. Intégrez-y donc dès à présent les personnes qui pourront vous aider à croître dans le monde professionnel dès que vous serez prête.

L'augmentation de salaire

L'un des moments parfois stressants de la vie d'un salarié est celui tant redouté de la demande d'une augmentation de salaire.
C'est pourquoi, pour vivre au mieux ces moments de **sorties de zones de confort**, il est essentiel de s'y préparer pour être prêt à entendre un non et savoir négocier.
Voici pour vous quelques-unes de nos observations ainsi que quelques trucs et astuces.

✳ En ce qui concerne les salariés ✳

Les meilleures augmentations sont la conséquence d'un changement de poste et/ou de catégorie de travail.
Un regard particulier doit ici être apporté sur les divers avantages en nature et sur les primes qui bonifient le package salarial même si parfois le salaire net n'est pas augmenté.
Dans tous les cas, prenez le temps de bien vous renseigner sur les salaires pratiqués pour le poste occupé dans votre domaine d'activité.
Vous ne prévoyez pas de changer de poste tout de suite ? Quel est dans ce cas le meilleur moment pour négocier une augmentation de salaire ?
Profitez d'une période où vous êtes au TOP, par exemple après avoir réussi un challenge ou terminé un projet, mais aussi après une période chargée et significative durant laquelle vous vous êtes beaucoup investie.
Lorsque vous vous lancez, l'idée est de toujours demander un peu plus que le montant vraiment souhaité.
Cela vous laissera ainsi une marge de négociation.
Renseignez-vous auparavant pour savoir ce que l'entreprise a pour habitude de faire dans ce genre de cas.
Cela vous donnera un référentiel et vous pourrez mieux vous préparer.
Vous êtes à votre poste depuis plusieurs années sans augmentation (hormis l'indexation de votre salaire), et ce malgré un bon travail.
Pourquoi ? Peut-être est-ce tout simplement parce que vous n'avez jamais osé demander ?

Commencez **par demander un entretien individuel avec votre supérieur hiérarchique**.

Ensuite, profitez de ce rendez-vous pour faire un point sur le travail que vous avez effectué durant l'année en cours ainsi que sur les projets et objectifs de l'entreprise.
Deux options : soit on vous accordera votre augmentation, soit votre responsable argumentera sur l'incapacité de l'entreprise à revoir votre salaire à la hausse.
Dites-vous que l'augmentation n'est pas forcément un objectif.
En effet, dans tous les cas, il sera informé de votre désir de croître et d'évoluer dans le monde du travail.
Vous pourrez en profiter pour lui faire savoir que vous souhaitez relever de nouveaux challenges, accéder à une diversification de vos tâches quotidiennes.
Ne manquez surtout pas l'occasion de lui rappeler à quel point vous êtes une valeur forte pour l'entreprise et que vous êtes disposée à accepter de nouveaux avantages extralégaux si cela est plus accessible à la trésorerie de l'établissement.

En ce qui concerne les prestataires de services

Parfois, un client pourra refuser de revoir à la hausse le montant que vous aviez initialement négocié avec lui. Il vous sera d'ailleurs d'autant plus difficile d'augmenter un prix bas que vous avez proposé au début de votre collaboration.

Dans ce cas, observez votre situation et posez-vous les questions suivantes : « Ce client me permet-il une certaine notoriété ? Pourra-t-il me permettre d'accéder à la signature d'autres contrats ? »

Eh oui, **il est parfois intéressant de poursuivre une collaboration avec un client pour lequel vous travaillez peut-être même à perte** ! Prenez en compte tous les aspects d'une collaboration et ne prenez jamais de décision hâtive.

À la suite d'une victoire commune, il peut être intéressant de demander à votre client si une ou plusieurs personnes de son réseau peut/peuvent aussi avoir besoin de vos services.

Profitez de cette période de questionnement pour remettre le nez dans vos contrats. Qu'avez-vous signé avec lui ? Des prestations revalorisées tous les ans ? Tous les trois ans ?

Comment pourriez-vous **rendre d'autres services à plus forte valeur ajoutée** pour ce client qui entraîneraient une rémunération complémentaire ?

Le questionnement et la stratégie à déployer sont donc un peu différents en fonction de votre statut professionnel. Seriez-vous en train de vous demander si vous travaillez sous le bon statut ?

Autant vous arrêter tout de suite : quel que soit son statut, chacun se retrouvera face à une longue série d'avantages, mais aussi d'inconvénients.

Dans tous les cas, si vous avez envie de changer de statut, c'est possible... rien ne vous en empêche. Vous accéderez à plus de détails sur ce sujet dès le point suivant.

MISE EN PLACE CONCRÈTE

Si je suis insatisfaite de mon salaire/du tarif de mes prestations de service actuel, je prends rendez-vous avec mon supérieur hiérarchique/avec mon (mes) client(s) pour négocier une augmentation de mon salaire/du tarif de mes prestations de services.

BÉNÉFICES

Oser sauter le pas et demander une augmentation de salaire et/ou une réévaluation du tarif de vos prestations de services sera très bénéfique pour vous, tant au niveau de votre affirmation de vous-même et de votre confiance en vous, qu'à celui de votre croissance professionnelle.

Avantages et inconvénients du statut d'indépendant et de celui de salarié

Être salarié ou à son compte ?

Le terreau dans lequel vous vous développez actuellement n'est peut-être plus celui dans lequel vous avez envie de croître pendant les dix, vingt, voire trente prochaines années.

Dans ce cas, pourquoi ne pas en changer ? Ce type de passage à l'action se doit d'être mûrement réfléchi.

Avoir une vue d'ensemble des avantages et inconvénients liés à chacun de ces deux statuts pourra dès lors vous encourager à suivre l'une ou l'autre de ces directions professionnelles en fonction de vos projets personnels et de votre situation privée.

Être salarié : sécurité ou illusion ?

Vu de l'intérieur, vivre sous le statut d'un salarié semble être une réelle sécurité. Cette position donne en effet accès à **certains avantages**. En voici quelques-uns :

- Le nombre d'heures effectuées est d'environ trente-cinq par semaine pour un temps plein (hors heures supplémentaires).
- Des congés payés sont attribués.
- Quel que soit le travail fourni, le salaire sera toujours le même à la fin du mois.
- Le travailleur salarié fait partie d'une équipe.
- Ce statut est rassurant pour votre banquier.
- Le salaire est assuré, même si le travailleur rencontre des soucis de santé.

Il est donc compréhensible qu'un salarié immergé dans ce système depuis des années y voit là une forme de sécurité financière. Mais a-t-il conscience des **inconvénients** liés à son statut ?

- Absence de pouvoir d'influence sur les directions et les décisions qui sont prises au sein de l'entreprise.
- Incompréhension des réorganisations éventuelles.
- Sentiment de n'être qu'un « numéro », de se sentir enfermé dans une prison dorée.
- Quasi totale impossibilité de décider de l'organisation des temps de travail, des jours de congé, des lieux de travail...
- Dès l'âge de 45 ans, un salarié est considéré comme un senior, ce qui augmente sa difficulté à se faire embaucher en cas de perte d'emploi ou de désir de changement.

Être à son compte : liberté ou illusion ?

De la même manière, perçue de l'extérieur, la vie d'un travailleur indépendant peut parfois sembler n'être que liberté. Et pourtant... Tout comme le travailleur salarié, le travailleur indépendant rencontrera de **nombreux avantages** à bénéficier de ce statut, mais également plusieurs inconvénients. En voici quelques-uns.

Avantages :

- Il décide librement de ses activités et de ses contrats de travail.
- Confronté à la nécessité de connaître beaucoup de choses, il suit de nombreux apprentissages et développe son côté multipotentiel.
- Il innove et crée pour se différencier.
- Il a la possibilité d'organiser son temps de travail (par exemple : faire le choix de ne recevoir ses clients que les après-midi ou certains jours de la semaine).
- Dès que son entreprise est stable, il peut choisir de travailler avec qui il veut.

Inconvénients :

- Pour lui, la semaine de trente-cinq heures n'existe pas (très fort engagement en temps nécessaire).
- La concurrence est parfois féroce : il doit se remettre en question de façon permanente, se « challenger » tous les jours.
- Ses revenus fluctuent en fonction de son activité : il doit anticiper les périodes creuses et les changements de saison (si cela concerne son secteur d'activité).
- Il doit pouvoir se faire connaître, se construire une bonne réputation : cela lui prend du temps et demande une énergie non négligeable.

- En cas de soucis de santé, les revenus ne sont pas garantis. Il est donc très important pour lui de prendre une bonne mutuelle ou de souscrire à une assurance santé complémentaire.
- Il peut finir par se sentir seul s'il ne s'entoure pas d'un bon réseau.
- Il doit faire face à de nombreuses responsabilités car il est 100 % responsable de ce qui lui arrive.

Alors que les salariés rêvent de la liberté des entrepreneurs ainsi que de leurs revenus, les entrepreneurs, quant à eux, rêvent de la tranquillité et de la sécurité des salariés. Vous ne savez pas quoi faire ? Pourquoi ne pas faire les deux ?

Par exemple : si vous êtes salarié, assurez-vous de la viabilité d'un projet avant de foncer tête baissée. Testez-le en temps réel tout en profitant de la sécurité de votre emploi actuel. Vous verrez ainsi s'il tient ou non la route.
Que peut-il vous arriver en fonctionnant de cette manière ? Même si vous échouez, votre expérience sera valorisée. Vous aurez évolué, augmenté votre employabilité et votre réseau aura certainement gagné en taille et/ou en qualité.
Quel que soit votre statut professionnel et quel que soit le niveau de vos revenus actuels, c'est dans la prise de conscience, l'équilibre et l'affirmation de vous-même que vous trouverez les réponses à vos questions. Animée par votre feu ardent, ouverte au changement et attentive à votre hygiène de vie, vous accèderez étape après étape à l'accomplissement de vos projets les plus audacieux. Avec intelligence et alignée avec chacun des choix que vous ferez, vous « modéliserez » chaque jour un peu mieux la vie à laquelle vous souhaitez accéder.

MISE EN PLACE CONCRÈTE

Si je souhaite changer de statut, je me pose les questions suivantes :
« Quelles sont les compétences nécessaires à obtenir pour réaliser mes projets professionnels ? »
« Comment pourrais-je tester ce(s) projet(s) en temps réel ? »

BÉNÉFICES

Prendre conscience de vos besoins d'apprentissage et suivre les diverses formations qui pourront venir parfaire vos connaissances avant d'introduire une demande pour un changement de poste ou avant de changer de statut professionnel vous permettra de gagner en crédibilité et en confiance en vous le jour J. Prendre du recul sur la stratégie que vous allez déployer pour tester votre projet en temps réel est essentiel. Le jour J, vous saurez quoi faire, car vous vous y serez déjà préparée.

MA PHRASE MANTRA

Je

Pour aller plus loin

- Conférence sur le travail : www.ted.com (rechercher « How to find work you love »)
- Livre : *Réussir avec les réseaux sociaux*, de Jean-François Ruiz, éditions L'entreprise, 2011
- Recherche sur les effets du networking sur le succès dans sa carrière : http://homepages.se.edu (dans l'onglet « Search », rechercher l'article « Effects of Networking on Career Success »)

À vos plumes, exercice

Pour aller plus loin, répondez aux deux questions suivantes.

Quelles sont les tâches quotidiennes qui vous font perdre du temps et/ou de l'énergie ?

Quelles nouvelles habitudes pourriez-vous mettre en place pour y remédier ? (réorganisation de l'agenda, activités sportives, changement de « terreau », formations,etc.)

RAYON spiritualité

Qui sommes-nous ? D'où venons-nous ? Où allons-nous ? Quel est le sens de notre vie ?

Les quatre séances de coaching qui vont suivre sont une réelle invitation au développement de vos capacités psychiques et spirituelles.

Mais qu'est-ce que la spiritualité ? Une forme de religion ? Un ensemble de valeurs ? Un mode de réflexion ?

Ensemble, nous constaterons la nécessité d'arrêter les ruminations pour réussir à vivre légère.

Remerciez-vous suffisamment la vie ? Les gens ? Vous-même ?

Cultiver sa capacité à dire MERCI malgré les insatisfactions permanentes que l'on rencontre, stopper les ruminations, mais aussi apprendre à donner sans rien attendre en retour, sont quelques-uns des secrets de l'être spirituel.

Ce mois-ci, plus encore qu'à l'accoutumée, vous serez invitée à prendre soin de votre corps pour réussir à écouter votre âme et donner la bonne direction à votre esprit.

Nous vous proposerons également de partir à la rencontre de votre guide intérieur et de vous reconnecter à votre intuition.

Yoga, nadis, chakras, aura, corps énergétiques : ce vocabulaire n'aura bientôt plus de secrets pour vous !

Semaine n° 41

DÉCOUVREZ VOTRE ÊTRE SPIRITUEL

Êtes-vous un être spirituel ? Avez-vous le sentiment que la spiritualité doit forcément être attachée à la pratique d'une religion ?
À l'aide de plusieurs définitions, nous placerons les bases de ce rayon afin de vous mettre à l'aise dès le départ avec cette notion.
Nous verrons également cette semaine que, même si toute religion est fondée sur une spiritualité, **toute spiritualité n'est pas une religion**.
Que vous ayez fait le choix ou non de vivre dans l'amour d'une divinité qui vous est chère, vous comprendrez que tolérance, amour et compassion sont des valeurs qui n'ont rien à voir avec la religion.
En effet, être épanouie et vous sentir à votre place serait déjà une forme de spiritualité.
Parce que c'est la voie que nous avons à titre personnel choisi d'explorer, nous vous ferons part de quelques-unes des bases spirituelles du yoga.
Quand l'âme souffre, le corps le ressent et l'esprit s'en voit perturbé. Mais qu'est-ce que l'âme ? N'est-ce pas une partie de votre esprit ?
Voyager au cœur de votre spiritualité vous apportera une grande paix intérieure.
Avec **amour, bienveillance et tolérance** envers chacune de vos croyances, nous vous invitons à prendre du recul sur vos certitudes d'aujourd'hui pour vous ouvrir un peu plus encore au monde imperceptible qui vous entoure et vous relier avec souplesse à votre être profond.

Cette semaine, vous apprendrez à :

Définir la spiritualité.
Comprendre le lien entre le yoga et la spiritualité.
Comprendre la différence entre l'âme et l'esprit et leur lien avec le corps.

La spiritualité

La spiritualité est une forme d'épanouissement personnel. Elle a pour but principal d'accéder à une **élévation du niveau de conscience de l'homme**.
Il s'agit donc d'une des possibilités de développement du potentiel humain.
Afin de poser au mieux les bases de ce rayon un peu particulier, nous avons souhaité nous appuyer sur quelques définitions ainsi que sur la vision de deux êtres spirituels que nous apprécions.

✳ VOICI LE RÉSULTAT DE NOS RECHERCHES ✳

• La spiritualité est la qualité de ce qui est esprit, de ce qui est dégagé de toute matérialité : la spiritualité de l'âme, de la poésie.

C'est également ce qui concerne la doctrine ou la vie centrée sur Dieu et les choses spirituelles. (source : *Le Petit Larousse*).

Elle se rattache conventionnellement, en Occident, à la religion dans la perspective de l'être humain en relation avec des êtres supérieurs (dieux, démons) et le salut de l'âme.

• Elle désigne également la quête de sens, d'espoir ou de libération et les démarches qui s'y rattachent (initiations, rituels, développement personnel...).

Elle peut aussi, plus récemment, se comprendre comme dissociée de la religion ou de la foi en un dieu, jusqu'à évoquer une « spiritualité sans religion » ou une « spiritualité sans dieu ».

Certains voient dans la spiritualité une simple expression de l'instinct de survie, voire un moyen de ne pas se confronter à la réalité de notre condition de mortels ; selon d'autres, elle révèle la mémoire intrinsèque de l'immortalité de l'âme. (source : *Wikipédia*).

**Si toute religion est fondée dans une spiritualité,
toute spiritualité n'est donc pas une religion.**

La spiritualité s'élargit à des champs nouveaux, par lesquels sont **parfois qualifiés de spirituels des actes comme :**

- offrir à manger à un SDF et ensuite manger et parler avec lui pour lui faire du bien ;
- aider des enfants en difficultés scolaires ;
- partager des moments intenses avec ses enfants, ses proches, pour être lié à eux ;
- être en harmonie avec la nature...

Le quatorzième dalaï-lama, **Tenzin Gyatso**, très attaché à la notion de « spiritualité laïque », a, selon **Matthieu Ricard**, son interprète français, déclaré :

**« La religion est un choix personnel et la moitié de l'humanité n'en pratique d'ailleurs aucune.
En revanche, les valeurs d'amour, de tolérance, de compassion prônées par le bouddhisme concernent tous les humains, et cultiver ces valeurs n'a rien à voir avec le fait d'être croyant ou non. »**

Selon **Olivier Clerc** (auteur à succès à l'Académie du développement personnel, écrivain et conférencier franco-suisse, traducteur de formation, spécialiste du pardon, des accords toltèques et des métaphores), être spirituel, c'est :

« Être en contact avec quelque chose qui nous inspire ;
être relié à autre chose que nous (à la musique, à la danse, à la lecture, aux animaux…) ;
être épanoui, se sentir VRAIMENT à sa "place" ».

Et vous ? Avez-vous votre propre définition de la spiritualité ? Merci de bien vouloir la noter ci-dessous.

Pour moi, la spiritualité c'est :

« Le plus grand voyageur n'est pas celui qui a fait dix fois le tour du monde, mais celui qui a fait une seule fois le tour de lui-même. »
- *Gandhi*

MISE EN PLACE CONCRÈTE

J'écris ma « biographie spirituelle » : « Comment se présente la spiritualité dans ma vie depuis que je suis enfant ? » (par exemple : mes passages dans un lieu de culte, mes lectures, les gens que je croise…).

BÉNÉFICES

Rédiger une courte autobiographie spirituelle vous aidera à évaluer votre niveau de spiritualité actuel. Vous pourrez repérer vos diverses sources d'influence.

Les liens entre le yoga et la spiritualité

Tout comme de nombreux êtres humains, nous sommes depuis quelques années en quête de réponses aux quatre questions existentielles que l'homme se pose depuis toujours :

Qui sommes-nous ? D'où venons-nous ? Où allons-nous ? Quel est le sens de notre vie ?

Y répondre est un chemin qui appartient à chacun. En support, plusieurs pratiques spirituelles permettent à celui qui le désire d'entamer ce voyage :

- la méditation, la prière, la lecture de textes sacrés, l'audition (lectures à voix haute), le travail manuel ou intellectuel, la lecture d'ouvrages savants ou d'autres traditions, l'écriture, le chant (musique sacrée), les « bonnes œuvres » (secours aux nécessiteux ou aux malheureux, instruction)...

Mais cela peut aussi être :

- la réflexion, l'engagement dans la société, la rencontre et le dialogue.

Certaines de ces activités sont solitaires et d'autres collectives. Elles se vivent soit dans la réclusion volontaire (monastère, ashram...) ou à l'extérieur (dans la société civile).

Ces pratiques spirituelles peuvent être soit contemplatives, soit plus pratiques.

Le choix des activités et l'importance relative donnée à chacune d'entres elles permettent à tous d'approcher la spiritualité, qui est propre à chaque courant spirituel, de différentes façons.

À l'écoute de notre curiosité, en recherche de bien-être et d'une élévation de notre niveau de spiritualité, nous avons « rencontré » le yoga. Il est arrivé dans nos vies au moment où nous en avions le plus besoin et il a totalement modifié notre perception de l'univers.

Mais qu'est-ce que le yoga ? Un sport ? Un moment de détente ? Une (re)connexion à soi ? C'est un peu de tout ça... Il est parfois perçu par les Occidentaux comme une activée zen réservée aux gens calmes. Nous avons découvert sa signification et sa raison d'être au fil de nos divers apprentissages.

En effet, bien plus qu'une pratique sportive, le yoga fait partie des huit étapes décrites dans les *Yogas Sutras* de Patanjali * (un recueil ancien de 195 aphorismes).

Ces huit étapes sont appelées ashtanga et sont le fil conducteur du yoga.

Il s'agit en réalité de **règles de vie essentielles pour atteindre le bonheur**.

Un livre ne suffirait pas à décrire ces huit étapes, mais dans le souci de vous informer et de vous apporter matière à réflexion, voici ci-dessous le nom et la signification succincte de ces huit étapes.

- **Yama :** les yamas sont les règles de conduite en société.
- **Niyama :** les niyamas concernent l'auto-discipline et donc la façon dont JE me comporte. Lorsque je me dis « je suis bête d'avoir fait ça », je ne suis pas dans le respect de moi-même.
- **Asana :** les asanas sont les postures pratiquées en yoga.
- **Pranayama :** il s'agit de la maîtrise de la respiration qui est en lien avec l'esprit.
- **Pratyahara :** c'est le retrait des sens qui nous permet de détacher notre conscience du monde tumultueux qui nous entoure.
- **Dharana :** la concentration.
- **Dhyana :** la méditation.
- **Samadhi :** l'état de bien-être ultime, l'extase.

Ces huit membres se parcourent du premier au huitième pour accéder à ce à quoi aspirent tous les êtres humains : l'**état de bien-être profond**.

Il y a dans le yoga une idée sous-jacente que quelque chose de plus grand, de plus profond et de plus pur que nous-même existe.

Nous honorons la nature, l'univers ou Dieu. Nous cherchons à cultiver cette sensation que nous sommes en fait un tout.

Dans les Upanishads (un ensemble de textes philosophiques qui forment la base théorique de la religion hindoue), on fait état d'une « **conscience collective** ».

Mais qu'est-ce que cela signifie ? Tout simplement qu'il n'y a pas une figure d'un « dieu » que nous sommes censés adorer ou auquel nous pouvons consacrer nos actions, mais plutôt une vision collective.

Il s'agit de se sentir « uni », corps et esprit, aussi bien à l'intérieur de soi qu'avec le tout, autour de soi.

C'est donc au travers de notre pratique du yoga que nous progressons aujourd'hui sur notre chemin de spiritualité.

En toute humilité, dans le respect de chaque croyance, **le yoga nous offre une ouverture d'esprit**.

Si ces quelques pépites ont réussi à titiller votre curiosité, nous vous invitons à tester la pratique du yoga et à vivre vos propres expériences.

Grâce à une plus grande prise de conscience de votre corps, vous accéderez jour après jour à une grande paix intérieure.

Vous découvrirez pas à pas que l'homme ne fait qu'un avec tout ce qui l'entoure...

MISE EN PLACE CONCRÈTE

Petite, je me suis peut-être posé la question de savoir ce qu'il s'est passé pour moi avant ma naissance. Aujourd'hui, je prends un peu de recul par rapport aux questions que l'homme se pose (que s'est-il passé avant que je viennent au monde ? Où étais-je ? Qui étais-je ? Que vais-je devenir après ma mort ? Pourquoi suis-je en vie et sur terre ?).
Je m'interroge ensuite sur les réponses que je peux apporter aujourd'hui aux quatre questions existentielles. Pour rappel, ces questions sont :
- Qui suis-je ?
- D'où est-ce que je viens ?
- Où est-ce que je vais ?
- Quel est le sens de ma vie?

BÉNÉFICES

Faire l'expérience d'apporter des réponses à ces quatre questions vous donnera également une vue d'ensemble de votre niveau de conscience actuel et de votre souhait (ou non) d'élever votre niveau de spiritualité.

La différence entre l'âme et l'esprit

✳ Différence entre âme et esprit ✳

L'âme est la perspective horizontale de l'homme avec le monde.
Elle désigne le chemin de l'homme dans le monde, au niveau matériel et immatériel.
C'est elle qui le guide et fait la connexion entre l'esprit et le corps. L'âme est le chemin d'accès que va emprunter l'esprit vers l'incarnation de l'homme.

L'esprit est donc la perspective verticale de l'homme avec Dieu.
Il est comme l'électricité, il anime le corps et le mental.
Les deux font référence à la partie immatérielle de l'humain. Lorsque l'âme souffre, le corps le ressent et l'esprit est perturbé.

✳ La spiritualité à la recherche de la paix intérieure ✳

La paix intérieure est quelque chose d'indescriptible. Pour tenter de la définir en quelques mots, nous dirions qu'il s'agit du **début de la sérénité**.

Pour y accéder, il est indispensable que vous puissiez faire un retour sur vous, que vous ayez un regard nouveau sur votre personne, que vous soyez plus attentive à vos forces, à vos atouts, à vos qualités.

Vous devez reprendre le contrôle de vos émotions, de vos valeurs, mais aussi de vos sentiments, être plus indulgente envers vous-même, vous autoriser des moments de repos et ralentir votre course dans une société où l'urgence domine notre quotidien à tous.

Pour retrouver votre paix intérieure, vous allez donc devoir prendre conscience des histoires que vous vous racontez.

Ces prises de recul vous permettront, entre autres, d'être plus en paix.

Lorsqu'on décide de créer la maison de ses rêves, on assemble briques et ciment en respectant des **plans très précis**.

Pour accéder à la paix intérieure et à la vie spirituelle auxquelles vous aspirez, il vous faut procéder de la même manière, c'est-à-dire assembler les événements que vous ne maîtrisez pas (les briques) avec les émotions de votre cœur telles que la colère, la joie, la tristesse, la peur... (le ciment) en écoutant votre mental (le plan).

Nous sommes tous libres de choisir l'assemblage que nous souhaitons pour construire la maison de nos rêves.

Être incarné, dans son corps et les pieds sur terre : voilà par quoi commence la spiritualité !
Voilà un programme intéressant auquel nous vous initierons dès la prochaine séance.

MISE EN PLACE CONCRÈTE

Chaque jour, je m'autorise des moments de repos (même de courtes durées) et des moments de recentrage (à l'aide de respirations profondes, par exemple). Je profite de ces moments pour être plus à l'écoute encore de mes émotions, mais aussi de mes forces et de mes talents.

Je fais preuve d'indulgence envers moi-même lorsque je suis insatisfaite de quelque chose que j'ai accompli.

BÉNÉFICES

Cette pratique vous emmènera chaque jour un peu plus loin sur la voie de la paix intérieure.

MA PHRASE MANTRA

Je

Pour aller plus loin

- Livre : *Yoga Sutras*, de Patanjali (il existe de nombreuse traductions de cet ouvrage)
- Livre : *Trois amis en quête de sagesse*, de Christophe André, Alexandre Jollien, Matthieu Ricard, L'Iconoclaste/Allary éditions, 2016
- Livre : *Les Sept Bonnes Raisons de croire à l'au-delà*, du docteur JJ Charbonier, éditions J'ai Lu, 2014
- Livre : *L'Âme du monde*, de Frédéric Lenoir, éditions Pocket, 2014
- Mon ancrage en musique, pour un moment de détente et/ou de méditation :

Mirabai Ceiba , «Guru Ram Das», album *Flores*, 2004 (à écouter sur www.youtube.com)
Deva Premal, « Gayatri Mantra », album *Satsang: A Meditation*, 2002 (à écouter sur www.youtube.com)

À vos plumes, exercice

Croyez-vous en une vie après ? (source : http://letarot-tresorinfini.com/la-conversation-de-2-freres-in-utero/)

Voici un extrait du livre du docteur JJ Charbonnier, *Les Sept Bonnes Raisons de croire à l'au-delà*, qui imagine la discussion de deux jumeaux flottant dans le liquide amniotique à la fin d'une grossesse :

« Appelons-les Gabriel et Léon. Léon est un matérialiste qui ne croit qu'à ce qu'il perçoit dans sa vie intra-utérine. Son frère Gabriel est spirituellement plus évolué et pense qu'une vie différente de celle qu'il subit depuis près de neuf mois est tout à fait possible. Ils communiquent par télépathie.

LA CONVERSATION DE DEUX FRÈRES IN UTERO

Léon : Tu crois qu'il existe une vie après la naissance ?

Gabriel : Bien sûr. Tout le monde sait qu'il y a une vie après la naissance.

Léon : Dans ce cas, qu'est-ce qu'on ferait ici, alors ? Cette vie intra-utérine serait stupide et complètement inutile !

Gabriel : Nous sommes ici en transit pour grandir et être assez forts. Nous nous préparons pour ce qui nous attend après.

Léon : Ouais, l'espoir fait vivre ! Tout ça, ce ne sont que des conneries ! il ne peut pas y avoir une vie après la naissance !

Gabriel : Mais pourquoi donc ?

Léon : Parce que personne n'est revenu de cet utérus après sa naissance pour nous dire qu'une vie existait de l'autre côté. Si personne n'est revenu, ça veut dire qu'il n'y a qu'une seule vie possible et que c'est celle que nous vivons ici, un point, c'est tout !

Gabriel : Mais pourtant, il existe bien des signes d'une vie après la naissance, des choses qui prouvent que des événements se passent en dehors d'ici.

Léon : Ah bon ? Alors dans ce cas, donne-moi un seul exemple de signe dont tu parles.

Gabriel : Par moments, j'entends des voix, des bruits et des sons mélodieux. Si tu es attentif, si tu écoutes bien, si tu te concentres et si tu penses que c'est possible, je suis sûr que toi aussi, tu pourras les entendre. Comme nous ne sommes que deux ici, ces sons ne peuvent venir que d'un autre monde parallèle au nôtre.

Léon : Mon pauvre vieux, je te plains, ton imagination travaille trop ! En fait, tu as tellement peur de disparaître au moment de ta naissance que tu t'inventes des trucs pour te rassurer. Et donc, tu hallucines ! Moi, je n'ai rien entendu d'autre que les bruits de nos déplacements dans ce liquide !

Gabriel : Il paraît que quand on passe de l'autre côté, on voit une grande lumière au bout d'un tunnel noir.

Léon : Ah oui, tu veux parler des NBE, les *near birth experiences*, les expériences aux frontières de la naissance qui surviennent dans les menaces de fausses couches. Foutaises que tout cela !

Gabriel : Et après avoir traversé le tunnel et rencontré la lumière, nous verrons notre mère.

Léon : Ah bon ? Parce qu'en plus, tu crois en une mère, toi ?

Gabriel : Oui, une mère qui prendra soin de nous et qui nous protégera, car elle nous aime plus que tout.

Léon : Mais voyons, réfléchis un peu, ce que tu dis est absurde ! Si cette mère débordante d'amour existait vraiment, on le saurait ! Elle viendrait nous voir dans cet utérus ! Elle se montrerait ! Elle ne nous laisserait pas souffrir comme ça, dans cet endroit si petit et si noir !

Gabriel : Tu te trompes, notre mère est partout autour de nous et nous sommes en elle. Nous vivons et nous nous déplaçons grâce à elle. Nous existons grâce à elle et à l'amour qu'elle nous porte.

Léon : Tu pètes les plombs, mon pauvre ! Tu ne vas quand même pas être comme tous ces illuminés qui croient en Mère !

Gabriel : Quand nous passerons de l'autre côté, elle sera là et elle nous prendra dans ses bras...

Léon : Mais tu n'existeras plus quand tu passeras de l'autre côté !

Gabriel : Qu'est-ce qui te fait dire ça ?

Léon : C'est ce cordon relayé à ton abdomen qui te fait vivre. Sans ce cordon, tu n'es plus rien et toute vie est impossible. Quand tu passeras de l'autre côté, ce cordon sera coupé. Tu n'auras plus aucun moyen de recevoir de l'oxygène et du glucose. Privé de ces deux éléments vitaux, tu mourras en moins de trois minutes ! Tiens, regarde, petite démonstration ; tu vas voir ce qui t'arrive si je plie ton cordon ombilical avec mes pieds, là !

Gabriel : AAArrrrrrrrrr ! Glous ! AAAAAAAAAAggggggg ! Arrêêêêêêêête ! J'étouffe ! AAAAAAAAh !

Léon : Ah, ah ! Tu vois, gros malin, ce que tu deviens en quelques secondes sans ce cordon. Tu deviens tout gris, tu meurs et tu n'existes plus, ah, ah !

Gabriel : AAAAAgggggggggggggggg !

Léon : Voilà, voilà, ne t'énerve pas, je lâche. Je n'ai pas du tout envie d'avoir un avorton à côté de moi, rassure-toi. J'ai juste voulu te donner une petite leçon pour que tu restes les pieds sur le placenta. Je viens de te prouver scientifiquement que sans ce cordon, toute forme de vie est impossible.

Gabriel : Ouf, merci.

Léon : Pas de quoi !

Gabriel : J'ai bien cru que j'allais mourir !
Léon : Alors, tu es convaincu maintenant, j'espère ?
Gabriel : Hein ? Convaincu de quoi ?
Léon : Eh bien que sans ce cordon il est impossible de vivre, tout simplement !
Gabriel : Non, pas du tout !
Léon : Quoi ???
Gabriel : Je pense que ce cordon ne nous est indispensable qu'ici ; nous n'en aurons aucunement besoin quand nous serons de l'autre côté.
Léon : Pffffff, j'abandonne, tu es vraiment irrécupérable !
Gabriel : Après notre naissance, nous pourrons nous déplacer dans des espaces infiniment plus grands que celui-ci. Nous aussi, nous grandirons. Notre vie, la vraie, ne commencera qu'à ce moment-là.
Léon : Tu es complètement dingue ! En attendant, écarte-toi un peu de moi, tu prends toute la place quand tu étends les bras.

Soudain, une violente pression s'exerce dans tout l'utérus. Léon et Gabriel sont ballottés dans tous les sens. Ils entendent nettement une grosse voix qui hurle : « Poussez, poussez, oui, oui, voilà, c'est ça, continuez, je commence à voir une tête ! » Le liquide dans lequel ils baignaient s'échappe en jets puissants.

Gabriel est heureux, il devine que ce bouleversement est le signe du départ d'une nouvelle vie qu'il pense merveilleuse. Léon est d'abord terrorisé puis, peu à peu, son visage crispé se détend et s'illumine d'un tendre sourire. Il passe l'obscurité du tunnel utérin et aperçoit une violente lumière.

Léon : Gabriel, Gabriel, tu m'entends toujours ?
Gabriel : Oui, Léon, je ne te reçois plus que très faiblement. Bientôt, nous ne pourrons plus communiquer de cette façon et nous aurons tout oublié de ce qui s'est passé dans cet utérus.

Extrait du livre du Docteur Jean-Jacques Charbonier, *Les Sept Bonnes Raisons de croire à l'au-delà* : http://jean-jacques.charbonier.fr (onglet « Livres & DVD »)

Et vous, qu'en pensez-vous ?

Semaine n° 42

FAITES LE BIEN AUTOUR DE VOUS ET POUR VOUS

Les points que nous aborderons cette semaine vous inviteront, bien sûr, à plus d'amour pour vous, mais aussi à plus de bienveillance envers les personnes qui vous entourent.
Cultivez-vous suffisamment votre capacité à remercier ? La vie, vos proches... l'univers ?
La **gratitude** est une force ancrée en vous. La mettre souvent en pratique apporte de nombreux bienfaits : pour le corps et l'esprit, mais aussi pour la santé et les relations aux autres.
Lors de votre croissance personnelle, vous avez développé un certain niveau d'exigence, envers vous-même, d'abord, et ensuite envers les autres.
Mais que se passe-t-il pour vous lorsque certaines des exigences que vous établissez ne sont plus remplies ? Ressentez-vous des crispations ? De la frustration ?
Imaginez ce que pourrait être votre vie si vous remplaciez vos exigences par de nouvelles préférences ? Vous sentir légère, au quotidien, n'est-ce pas ce à quoi vous aspirez ?
Nous vous encouragerons ensuite à user de votre baguette magique pour **devenir une magicienne du bonheur d'autrui et de vous-même**.
Les ruminations que vous alimentez chaque jour noircissent vos journées. En avez-vous conscience ? Comment vous permettre de les dissiper ?
Enfin, nous reviendrons quelques instants sur l'importance d'apprendre à donner sans rien attendre en retour (ni même de la reconnaissance).
S'aimer soi et aimer les autres au travers de **la bénédiction « nouvelle génération »**.
Un programme ambitieux, mais qui, avec un peu de pratique, vous offrira le plaisir d'accéder à encore plus d'amour de vous et des autres.

Cette semaine, vous apprendrez à :

Cultiver votre capacité à dire MERCI, comprendre la force de la gratitude.
Différencier vos exigences de vos préférences.
Découvrir comment user du don de la « bénédiction ».
Dissiper vos ruminations pour plus de bien-être.
Donner sans rien attendre en retour et comprendre ce qu'est l'amour inconditionnel.

Le pouvoir de la gratitude

Qu'est-ce que la gratitude ?

La gratitude est un peu le chant de votre cœur. C'est une sorte d'émerveillement de tout ce qui vous entoure et de tout ce qui se passe dans votre vie. C'est une forme de reconnaissance.
Jadis, nos aïeuls faisaient des offrandes à la terre pour la remercier de ce qu'elle leur apportait.

De nos jours, c'est un peu comme si tout nous était dû.
Cultiver la force de la gratitude vous permet également de sortir du jugement. En effet, il n'est pas possible de remercier et de juger en même temps.
Plus de gratitude, moins de jugement pour une plus grande paix intérieure... Voilà ce qu'il fallait démontrer.

✳ Comment cultiver la capacité à dire merci ? ✳

On sait aujourd'hui qu'un traumatisme vécu par une personne s'inscrit concrètement dans ses gènes et que cela peut être transmis aux générations suivantes via l'ADN.
Vous comprenez donc l'intérêt de « dédramatiser » au plus vite votre vie.
Cultiver la gratitude signifie être capable d'accepter ce qui vous arrive (dans les bons et moins bons moments) et de remercier les faits... sans même comprendre.
En agissant de cette manière, vous réduirez le temps de compréhension et modifierez ce qui va s'inscrire dans vos cellules.
Rappelez-vous : votre corps enregistre toutes vos émotions, les plus agréables, mais aussi **les plus déplaisantes**.
Au début, cela vous paraîtra totalement bizarre, pas naturel du tout et très peu sincère. Mais plus vous pratiquerez l'exercice de remercier quoi qu'il arrive, la vie, l'univers, les gens, plus cette pratique deviendra facile.
Dans un premier temps, concentrez-vous sur les choses qui vont bien. Dites merci à toutes les bonnes choses qui se passent dans votre vie, à tout ce qui est positif.

Par exemple : vous êtes en bonne santé ? Remerciez ! Vous avez un job ? Remerciez ! Vous avez la possibilité de manger à votre faim ? Remerciez ! Vous avez un toit au-dessus de votre tête ? Remerciez ! Vous avez eu la chance de recevoir une éducation (famille et/ou école) ? Remerciez ! Vous vivez dans un pays développé ? Remerciez !...
Dans un second temps, prenez un moment pour observer votre passé. N'y a-t-il aucune situation compliquée qui sur le coup vous est apparue comme négative et qui, avec du recul, vous a également apporté du positif ?
Vous pouvez pousser la réflexion un peu plus loin et vous demander si le hasard existe vraiment. Se pourrait-il que la vie soit faite de rendez-vous planifiés d'avance, aussi agréables ou cruels soient-ils ?
Pratiquer la gratitude vous aidera à inscrire de nouvelles données dans vos cellules, à vous reprogrammer, voire à améliorer votre santé.

Avec le temps, vous vous sentirez de plus en plus légère et **remercier deviendra un automatisme dont vous ne pourrez plus vous passer**.

✳ MISE EN PLACE CONCRÈTE ✳

Je passe une journée en mode « gratitude ». Le soir, je note mes sensations.

✳ BÉNÉFICES ✳

Mettre en pratique la gratitude est l'unique façon d'en comprendre la force et l'impact sur votre mental, vos émotions.

Exigences versus préférences

L'être humain a des exigences sur tout et sur tout le monde.
Par exemple, nous avons tous des représentations mentales de ce que doivent être un bon père, une bonne mère, un bon mari, une bonne épouse, un bon enfant...
Toutes ces préférences que nous établissons créent en nous des crispations, car notre réalité ne correspond que très rarement à nos exigences.

Imaginons le scénario suivant :
Vous avez organisé votre journée et avez établi inconsciemment une dizaine d'exigences (par exemple : être à l'heure chez le coiffeur, avoir une maison impeccable, être à l'heure à la sortie des classes, classer vos dossiers, préparer votre souper pour 18 heures, que vos enfants soient obéissants...).
Malgré tous vos efforts, une ou deux de ces exigences ne sont pas remplies. Quelle est votre réaction ? Vous sentez-vous en paix ? Avez-vous tendance à râler un peu plus qu'à l'accoutumée ?
Il y a de fortes chances pour que ces petites exigences qui n'ont pas pu être remplies vous pourrissent la vie. Il se pourrait même qu'elles vous rendent malheureuse.
Pourquoi réagir ainsi ? Comment modifier ce comportement ?

Une exigence, c'est comme un moustique !
S'il pénètre dans votre chambre à coucher, votre nuit en sera gâchée.

Et si dès aujourd'hui vous remplaciez vos exigences par des préférences ?
En effet, alors que les exigences sont contrôlées par votre mental, vos **préférences**, quant à elles, sont **guidées par votre cœur**.
Cette astuce sera efficace dans tous les domaines de votre vie, et tout particulièrement là où vous n'avez aucune influence.

Par exemple : votre train est en retard. Option 1, vous exigez qu'il soit à l'heure malgré le fait que vous n'avez pas le pouvoir d'agir sur l'heure de son arrivée. Option 2, vous établissez votre préférence qui est de voir votre train arriver à l'heure. Selon vous, laquelle de ces deux options sera la plus agréable à vivre ?

Convertir vos exigences en préférences allégera votre quotidien. Vous pourrez de cette manière concentrer votre énergie sur les sujets pour lesquels vous avez de l'influence.

MISE EN PLACE CONCRÈTE

Je passe une journée en mode « préférences ». Le soir, je note mes sensations.

BÉNÉFICES

Transformer vos exigences en préférences vous permettra de retrouver rapidement une plus grande sérénité dans votre quotidien.

Le don de la « bénédiction »

✳ Qu'est-ce que la bénédiction ? ✳

Étymologiquement, la bénédiction est l'action de dire du bien des autres et/ou des événements de la vie. À l'inverse, la malédiction est une sorte de sort maléfique jeté sur un individu ou sur une communauté.

Mieux encore, bénir signifie désirer et vouloir inconditionnellement, totalement et sans aucune réserve le bien illimité d'autrui.

Cependant, la plupart des dons passent au travers de vous sans être reconnus parce que votre esprit a déterminé à l'avance ce qu'il pense que vous devriez recevoir.
Constamment, nous recevons inconditionnellement, tant sur le plan spirituel que matériel, sans même en avoir conscience.

✳ Comment user du don de la bénédiction ? ✳

Savez-vous que vous aussi détenez le pouvoir de bénir ?
En effet, cet acte, qui pour certains est tout à fait inhabituel, n'est pas réservé qu'aux divinités et hommes de foi.
Non, bénir est à la portée de celui qui le désire.

Porter une attention particulière sur vous-même et apprécier le chemin que vous êtes en train de parcourir est déjà une manière de vous bénir, de vous honorer.
Si vous souhaitez bénir, commencez par **émettre des pensées positives à l'égard de personnes ou de situations**.

Dans un premier temps, vous pouvez tout simplement bénir votre journée qui commence.
Ensuite, vous pourrez peut-être même bénir votre ville, les industries, les transports...
Une fois à l'aise avec cette notion, vous saurez comment bénir les gens que vous croisez dans la rue, dans le bus, au travail, mais aussi les personnes qui sont malades, celles qui réussissent tout ce qu'elles entreprennent...
Bien sûr, l'idée n'est pas de poser vos mains sur eux et de réciter des prières.
Il ne s'agit d'ailleurs pas d'un acte religieux ! Il est ici question d'**amour pour soi**, d'**amour envers les autres et envers ce qui vous entoure**.
Bénir est un acte pur qui se doit d'être pratiqué de façon sincère et joyeuse.

Fermez les yeux et ressentez de la joie envers la personne et/ou l'événement que vous souhaitez bénir. Souhaitez du bien et pensez tout simplement intérieurement : « Je te bénis. »
Celui ou celle qui sera porté par votre bénédiction sera mis(e) à part, consacré(e), entier(e).
En actionnant votre baguette magique, la petite fée qui sommeille en vous pourra être fière du bien-être qu'elle apporte aux autres, sans même un mot, sans même un geste.

Il est impossible de bénir et de juger en même temps.

Bénir est la voie à suivre si vous souhaitez pas à pas sortir du jugement.
Bénir tout et tous, sans discrimination aucune, constitue la forme ultime du don, car ceux que vous bénissez ne sauront jamais d'où vient ce rayon de soleil qui soudain percera les nuages de leur ciel.
Vous serez rarement témoin de cette lumière dans leur vie... mais vous en serez à la source.

MISE EN PLACE CONCRÈTE

Je passe une journée en mode « bénédictions ». Le soir, je note mes sensations.

BÉNÉFICES

Passer du temps à bénir tout et tous vous remplira d'amour et vous éloignera de l'envie de juger les autres.

La dissipation des ruminations

Pour accéder à encore plus de bien-être, d'autres outils sont à votre disposition.
Arrêter de vous raconter des histoires à longueur de journée est celui que nous allons vous inviter à manipuler dès à présent.
En effet, certaines de vos croyances peuvent vous amener à une rumination.
Toutes ces croyances avec lesquelles vous vivez sont en quelque sorte votre carte du monde.
Chaque être humain possède une « carte » différente.

Pour dissiper la rumination en lien avec l'une de vos croyances, posez-vous les questions suivantes :
« Est-ce que c'est vrai ? »
« Est-ce que c'est vraiment vrai ? En suis-je vraiment sûre ? »

Par exemple : ma croyance est que mon père ne m'a jamais aimée.
Est-ce que c'est vrai ?
- En réalité, c'est moi qui ne me suis jamais sentie aimée. Mais cela veut-il pour autant dire que mon père ne m'a pas aimée ?
En suis-je vraiment sûre ?
- Non, je n'en suis pas sûre. Mon père m'a très certainement toujours aimée à sa façon.

Autre exemple : un chauffard vous fait peur alors que vous êtes au volant de votre voiture.
Dans ce type de situation, votre réflexe pourrait être de l'insulter, de vous énerver, de formuler une supposition qui expliquerait sa mauvaise conduite...
Pour court-circuiter ce processus de ruminations, la solution est d'émettre des tas de suppositions.
En agissant de la sorte, vous allez créer une forme de « bazar » dans votre mental.
Plus rien ne sera vrai, plus rien ne sera faux.
Vous vous incitez ainsi à vous créer une nouvelle réalité, vous ouvrant à plus de légèreté grâce à moins de ruminations.

MISE EN PLACE CONCRÈTE

Je m'applique à réduire mes ruminations. Pour ce faire, je prends l'habitude de formuler plusieurs hypothèses lorsque je suis face à l'une de mes croyances. Je me pose les questions suivantes en support :
« Est-ce que c'est vrai ? »
« En suis-je vraiment sûre ? »

BÉNÉFICES

Formuler mentalement plusieurs hypothèses vous aidera à court-circuiter le processus de rumination. Petit à petit, vous vous sentirez plus légère.

L'amour inconditionnel

Donner sans rien attendre en retour

L'amour inconditionnel sous-entend de **donner sans rien attendre en retour**.
Et pourtant, sans en avoir conscience, lorsque vous donnez autour de vous, vous attendez qu'on vous rende ce don d'une manière ou d'une autre.
Vous êtes dans l'attente qu'un autre vous délivre, qu'un autre vous aime, qu'un autre comble vos blessures.
Comme la majorité des individus, vous vous sentez vivante à travers les yeux d'un autre.
Mais que se passe-t-il lorsque cet « autre » s'en va ? Que vous reste-t-il ?
Il ne se passe plus rien ! Il ne vous reste plus rien !
Vous vous sentez encore plus vide qu'avant parce que vous avez donné à un autre un pouvoir qu'il n'a pas : celui de combler votre intérieur.

« L'amour véritable commence là où tu n'attends plus rien en retour. »
- Antoine de Saint-Exupéry

Aspiration profonde à l'amour sans condition

Vouloir atteindre l'amour inconditionnel est donc une manière de se protéger d'une douleur inévitable.

Pour y accéder, il vous faut accepter votre condition humaine, accepter vos essais, vos erreurs, vos douleurs, vos blessures...
C'est ici que réside l'inconditionnalité.

Par exemple : soyez plus à l'écoute de votre corps et de vos émotions.
Il est en vérité assez simple de se dire que l'on aime tout et tout le monde... tant que nous ne sommes pas irrités.
Cependant, dans votre quotidien, vous êtes mise à rude épreuve et êtes amenée à rencontrer beaucoup de monde.

Apprendre à donner gratuitement de votre temps, de votre amour, de votre générosité, de votre savoir, sans rien attendre en retour, vous libérera donc d'une grande souffrance inconsciente.

Détachez-vous de vos attentes et accueillez inconditionnellement ce qui vous arrive... et même ce que vous n'arrivez pas à accueillir.

À votre rythme et dans le respect de vos croyances actuelles, mettez en pratique la gratitude, le mode de préférences, la bénédiction, le contrôle des ruminations et l'amour inconditionnel.

Vous mesurerez très rapidement les bienfaits de ces actions sur l'amour que vous portez aux autres et à vous-même.

Plus en paix, vous pourrez dès la prochaine séance cultiver un peu plus encore votre niveau de spiritualité en offrant du temps à votre âme et à votre guide intérieur.

MISE EN PLACE CONCRÈTE

Je m'exerce à donner sans rien attendre en retour. J'aime « l'autre » pour ce qu'il est vraiment et pas pour ce qu'il peut ou non m'apporter.

BÉNÉFICES

L'amour inconditionnel éclairera votre chemin et vous libérera d'une grande douleur inconsciente. Plus légère, vous progresserez plus vite et plus loin sur tous les axes de votre vie.

MA PHRASE MANTRA

Je

Pour aller plus loin

- Site Internet de Pierre Pradervand pour vivre votre spiritualité au quotidien (bénédiction) : www.vivreautrement.org
- Livre : *Petit cahier d'exercices de stimulation des forces de guérison par l'amour*, de Marie-Claire Barsotti et Anne Van Stappen, éditions Jouvence, 2014
- Séminaire de Byron Katie sur sa méthode d'introspection intitulée « Le Travail » (The Work) : le travail est un moyen d'identifier et d'interroger les pensées stressantes (pour être en paix) : http://www.byron-katie-paris.com
- Vidéo : Tedx de Florence Servan Schreiber sur la gratitude : www.youtube.com (rechercher « Le pouvoir de la gratitude »)

À vos plumes, exercice

À mi-parcours de ce rayon un peu particulier, nous vous invitons à noter vos ressentis et vos émotions.

Quel est votre avis sur les différents concepts exposés ? L'un d'entre eux résonne-t-il plus en vous qu'un autre ? Quels sont les éléments que vous pouvez concrètement mettre en place dès à présent dans votre quotidien ? Ressentez-vous déjà les bienfaits de ces séances d'introspection profonde ?...

Semaine n° 43

DÉVELOPPEZ LA CONNEXION À VOTRE ÂME

Connaissez-vous la fonction principale de votre plexus solaire ? Où se situe-t-il ? Comment le ressentir ?
Cette semaine, nous observerons ses particularités pour comprendre en quoi il est en lien avec votre esprit.
En tant qu'être incarné, en fonction des situations que vous vivez et des différentes périodes de votre vie, vous évoluez spirituellement sur trois niveaux de développement.
Prendre conscience de ces trois « mondes » vous permettra de mieux comprendre en quoi ils sont proches et complémentaires.
Pour vous permettre d'accéder à plus de liberté et à une meilleure connexion à vous-même, nous vous aiderons à identifier ce que sont votre âme et votre guide intérieur.
À quoi vous servent-ils ? Pourquoi ne les reconnaissez-vous pas ? Comment vous y relier ?
Plusieurs clés vous permettront de prospérer sur cette voie de la sagesse à l'aide d'une introspection bienveillante.
Enfin, nous vous inviterons à prendre conscience de votre niveau d'intuition.
D'un point de vue général, les femmes sont naturellement plus intuitives que les hommes. Mais comment développer ce « don » de la nature ? Comment fonctionne-t-il ? Et quand survient-il ?
Voilà autant de questions auxquelles nous allons répondre au mieux en cette 43e semaine de votre coaching pour vous permettre de gagner un peu plus encore en amour et écoute de vous-même.

Cette semaine, vous apprendrez à :

Comprendre ce que sont le plexus solaire et les trois niveaux de développement spirituel.
Vous (re)connecter à votre âme et à votre guide intérieur.
Développer votre intuition.

Le plexus solaire et les niveaux de développement spirituel

Le plexus solaire

Carrefour important de votre système neurovégétatif, le plexus solaire est un ensemble de tissus nerveux situé dans l'abdomen et plus particulièrement au niveau de l'estomac.
Le terme solaire, quant à lui, vient de la disposition en rayon des nerfs qui le composent.

À l'opposé du cerveau, il a la particularité d'avoir pour fonction principale **la réception et la transmission des émotions**.

C'est donc à ce niveau que vous ressentez la peur, la colère, l'amour, la joie et une quantité d'autres émotions.

Selon Christophe Vasey (naturopathe, auteur et conférencier suisse), le rôle du plexus solaire serait de réceptionner les informations et les décisions venant de l'esprit humain pour les transmettre ensuite au corps physique.
Il serait donc « la porte d'entrée de l'esprit dans le corps ».

C'est au niveau du plexus solaire que commence la voie d'acheminement pour que les informations en provenance de l'esprit arrivent au cerveau.

C'est à cet endroit que débuterait la corde d'argent qui maintient le corps et l'âme ensemble.
Depuis le plexus solaire, l'âme vivifie le corps physique.

Si les yeux sont les fenêtres de l'âme, le plexus solaire est sa porte !

✳ Les trois niveaux de développement spirituel ✳

Pour vous permettre de comprendre ce fonctionnement, il est important de commencer par une prise de conscience des trois niveaux de développement spirituel auxquels vous êtes, depuis votre naissance jusqu'à votre mort, exposée :

✳ **Niveau 1 : le monde physique et matériel** dans lequel vous existez avec votre corps.

✳ **Niveau 2 : le monde métaphysique et spirituel** où se trouve le soi (ce qui anime le corps et le mental) ou le moi supérieur.

✳ **Niveau 3 : le monde intermédiaire et subtil** que l'on appelle **l'âme**, et qui fait le lien entre les deux premiers mondes.

En tant qu'être incarné, vous faites partie de ces trois mondes et les rencontrez dans certaines situations et périodes de votre vie :

✳ **Dans votre enfance**, vous construisez votre moi grâce à la protection et à l'amour de vos parents, grâce aux limites que vous rencontrez et qui vous sont imposées. Grâce à vos capacités et à vos compétences, vous trouvez et développez votre confiance en vous.

✳ **Lorsque votre cerveau est formé**, vous apprenez à apprivoiser votre sensibilité et prenez conscience de votre âme qui s'exprime au travers de votre intuition.

✳ **À votre maturité**, sur la base de votre moi solide, vous pouvez vous accomplir et rester en contact avec le soi en marchant sur votre sentier spirituel, à la recherche de votre être essentiel ouvert et créatif.

Le monde intermédiaire est donc indispensable, car il est la connexion entre le monde physique et le monde métaphysique qui sont inversés et qui ne peuvent pas se connecter directement.

Voici les caractéristiques de ces trois mondes

- **Le monde physique** est caractérisé par le son et le mouvement (plus ça vit, plus ça bouge).

- **Le monde métaphysique** se caractérise par le silence et l'immobilité.

- **Le monde intermédiaire** est très difficile à saisir, car il est pour nous invisible et intangible.

Avoir les pieds sur terre et la tête dans les nuages est possible par cette unification.

Pour travailler votre connexion au monde intermédiaire, voici les trois points à développer :
- la construction d'un moi solide et d'une bonne confiance en soi ;
- la connexion avec votre âme, votre sensibilité et votre intuition ;
- la relation avec votre moi qui est votre conscience supérieure, le lieu de votre créativité et de votre être essentiel.

MISE EN PLACE CONCRÈTE

Je suis sensible aux messages envoyés par mon corps (vibrations, chair de poule...). Je prends note de mes ressentis.

BÉNÉFICES

Être à l'écoute des messages subtils envoyés par votre corps vous mettra sur la voie de la (re) connexion à votre âme et à votre intuition.

La (re)connexion à l'âme et au guide intérieur

Votre âme est donc en quelque sorte votre chemin de vie. Soyez-y attentive et prenez du temps pour elle.
Pour vous y connecter, il vous suffit de prendre soin d'elle. Comme elle fait partie intégrante de votre corps, c'est de lui dont vous allez pouvoir vous occuper en priorité :
- Soignez-le et aimez-le tel qu'il est. Il est parfait pour vous aujourd'hui. Il est tel que vous l'avez créé et il répond à vos besoins.
- Aimez les maladies qu'il crée, elles répondent positivement à l'un de vos besoins, même si vous ne comprenez pas pourquoi aujourd'hui.

Écouter votre âme

Le but que vous recherchez est de réussir à vous connecter à votre âme. Jusqu'à présent, lui avez-vous laissé suffisamment de place dans votre vie ?
Le moment est venu de lui ouvrir les portes sacrées de votre intérieur.

Chaque jour, prenez du temps pour elle. Chaque jour, pensez à elle. Chaque jour, demandez-vous ce qui lui ferait plaisir.
Ayez confiance en votre chemin et en ces coïncidences que votre âme vous offre.
Voyez en chaque événement un moyen et/ou une opportunité de vous élever.

Donnez une direction à votre esprit

Votre esprit a, lui aussi, des possibilités infinies. Mais avec lui, la vigilance est de mise !
Soyez attentive à l'endroit vers lequel il vous emmène.
Vous guide-t-il vers la prison et l'enfermement de vos idées, vers la noirceur et la déception ? Ou plutôt vers la beauté de la nature des personnes, vers l'empathie envers soi et les autres, vers l'ouverture de la vie ?
Diriger votre esprit signifie donc accéder à un certain **contrôle de vos pensées**, à une prise de conscience des paroles que vous formulez, mais aussi des actions que vous entreprenez.

Voyez où votre esprit veut vous mener et arrêtez-le si vous souhaitez aller ailleurs.

Observez votre guide intérieur

En effet, votre esprit est très connecté à votre cerveau. Ce qui n'est pas le cas de votre guide intérieur qui est la partie la plus incarnée de votre âme.
Le guide intérieur peut vous guider concrètement au quotidien si vous lui posez des questions précises.
Il est **le messager qui aide et porte la parole**.
Ne ressentez-vous pas par moment cette sensation de savoir ce qui est bon pour vous ? Une sorte de connaissance supérieure ? L'impression d'une sagesse intérieure ?
Oui, il s'agit bien de votre guide intérieur !
Il est en vous et vous aide à faire les meilleurs choix, les choix les plus justes pour vous. Il vous permet de trouver les solutions dont vous avez besoin pour vous et pour les autres.
Vous pouvez le solliciter dans tous les domaines de votre vie.

Se relier à son guide intérieur

Pour être en lien avec votre guide, rien de plus simple : offrez-vous du temps pour vous !
Portez votre attention sur les aspects les plus lumineux de votre être.
Soyez **attentive, à l'écoute, ouverte et centrée**.
Stimulée par votre guide, vous réussirez à déployer vos talents, vos dons, vos qualités.

Ce comportement fonctionnera dès l'instant où votre démarche sera sincère. Il vous faudra par moment faire preuve de persévérance pour réussir à accéder à un silence intérieur.
Il est vrai que certains êtres possèdent des facultés particulières et de grandes facilités à se connecter plus vite que les autres à leur guide intérieur. Mais grâce à une pratique régulière, chaque individu a les capacités d'accéder à cette connexion privilégiée.

Rappelez-vous : votre mental ne voit que ce qu'il connaît. Pour vivre dans la croyance de l'existence de votre guide intérieur et vous y relier, il vous faut vous autoriser une vision plus large du monde qui vous entoure, mais aussi de votre monde intérieur.
Plus en lien avec vos ressentis, votre mental fera une pause et vous autorisera de beaux moments de découvertes spirituelles.

Quels sont les obstacles qui empêchent d'entendre le guide intérieur ?

Si vous êtes très connectée à votre mental, plusieurs obstacles vous empêchent peut-être de progresser dans cette quête d'accéder à plus d'écoute de votre guide intérieur.
Voici la liste des **cinq obstacles principaux** à cette unité.

Les croyances limitantes :
- Ce n'est pas possible pour moi.
- Je ne le mérite pas (car le guide est là pour vous donner le meilleur pour vous).
- Je filtre les messages que je peux recevoir (car vous pensez ne pas être prête).

Le jugement sur soi :
- la culpabilité ;
- le manque de confiance en sa propre « guidance » (vous pensez que les autres savent mieux que vous).

Les charges émotionnelles :
- La souffrance et les émotions intenses vous empêchent de vous connecter à votre guide intérieur, car votre taux vibratoire est alors trop bas.

Le lâcher-prise :
- besoin de contrôle : dans ce cas, c'est le mental et l'ego qui vous dirigent ;
- sensation d'une insécurité intérieure ;
- difficulté à ressentir : cela se produit par exemple lorsque vous êtes trop exigeante et souhaitez ressentir le guide à tout prix.

Les doutes, qui font partie du cheminement et protègent de l'orgueil :
- Est-ce mon guide ou mon mental qui me parle ?

C'est avec le temps et l'expérience que vous gagnerez en discernement.
Détendez-vous, soyez dans l'accueil et réceptive à ce qui se présentera à vous.

✳ La relation avec le guide intérieur ✳

La bonne question à vous poser est effectivement celle-ci : « Comment savoir si je suis en relation avec mon guide intérieur ? »
Pour vous aider à confirmer cette connexion, voici cinq points de contrôle qui pourront vous aider :

- Votre état d'esprit est dans l'amour et la sagesse (vous êtes détachée du jugement, de la colère, de la jalousie…).
- Votre énergie est différente. Vous ressentez une impression d'expansion.
- Vous recevez une réponse différente de ce que vous attendiez ? Il s'agit très certainement de votre guide.
- Vous recevez une réponse rapide à une question posée à votre guide ? Dans ce cas, votre mental n'a pas eu le temps de réfléchir.
- Vous avez des sensations au niveau de votre corps.

Avec le temps et l'expérience, chacun apprend à reconnaître les signes et à savoir ce qui est juste.

Pour prospérer sur cette voie de la sagesse à l'aide d'une introspection bienveillante, nous clôturerons ce chapitre par la transmission de vos sept clés d'accès à ce fameux guide intérieur.

✳ Les sept clés pour se relier à son guide ✳

- **Clé numéro 1 :** être sur la même longueur d'onde que votre guide. Pour ce faire, il vous faudra augmenter votre taux vibratoire. Eh oui, vous êtes en quelque sorte comme un poste de radio… À vous de trouver la bonne fréquence :

- Le récepteur doit être au même niveau que l'émetteur.
- Plus le taux vibratoire s'élèvera, plus il sera facile de vous détacher de vos soucis (autre regard sur votre vie, gratitude…) et de vous occuper de vos émotions.
- Être sur la même longueur d'onde que votre guide sera source de joie et de créativité, ce qui vous permettra de remplir votre réservoir d'amour.
- Recherchez un meilleur centrage (supprimez les ruminations) pour accéder à un esprit calme, apaisé.

La méditation est l'un des exercices qui permet d'augmenter le taux vibratoire et d'avoir l'esprit plus libre pour une meilleure réceptivité. Prenez du recul, créez de l'espace en vous et restez prête à accueillir les sensations et les informations.

- **Clé numéro 2 :** libérez-vous de vos attentes. Plus vous serez détendue, plus vous entrerez facilement en contact avec votre guide.

- **Clé numéro 3 :** adressez-vous au bon interlocuteur (guide intérieur) et posez la question à haute voix (ancrage).

- **Clé numéro 4 :** poser une question précise vous permettra d'obtenir plus facilement des réponses (ou début de réponses) oui/non sans trop de charges émotionnelles. Vous ressentirez quelque chose qui vous fera dire oui ou non.

Clé numéro 5 : tenez un journal et notez-y les indications données par votre guide. Cela vous permettra de vous en souvenir, car les réponses arrivent souvent étape par étape. Notez même si vous pensez qu'il s'agit d'une réponse de votre mental.

Clé numéro 6 : mettez en œuvre ce que vous avez reçu pour savoir si c'était bien la « bonne réponse ».

Clé numéro 7 : laissez-vous le temps. Pratiquez quotidiennement la connexion à votre guide intérieur pour réussir à vous y relier facilement.

Sophie Guedj (psychothérapeute, channel* et auteur à l'Académie du développement personnel) nous a beaucoup aidés dans cette découverte du guide intérieur.
* Un channel est une personne qui capte les informations « subtiles ».
Nous vous recommandons vivement le visionnage de ses vidéos accessibles sur le site Internet suivant : www.serelierasonguide.com.

MISE EN PLACE CONCRÈTE

Chaque jour, je pense à mon âme et je me demande ce qui lui ferait plaisir.

BÉNÉFICES

Peu à peu, cette pratique vous aidera à libérer votre âme de tous vos tracas. Lui attacher de l'attention lui permettra de vous offrir un plus grand apaisement, une confiance et une paix intérieure.

L'intuition

Proche du guide intérieur, l'intuition est plutôt quelque chose qui survient de façon spontanée et inattendue.
Selon **Sonia Choquette**, docteure en physique et auteur américaine, vos pensées auraient de l'énergie. Cette énergie vous permettrait une sorte de « télépathie », surtout avec les gens qui vous sont proches.
Par exemple : vous sentez qu'il vous faut rentrer plus tôt du boulot, et à peine le seuil de la porte franchi vous entendez votre mari/compagnon vous appeler au secours, car il vient de faire une chute dans la maison.
Elle suggère également que le moi supérieur est celui qui s'occupe de votre chemin de vie. Ne vous arrive-t-il pas de ressentir des choses sans savoir ce que c'est ou quel sujet cela touche ? Les intuitions sont donc **des vibrations, des énergies qui touchent votre cœur**.

Se reconnecter à son intuition signifie donc « traduire » et/ou exprimer à haute voix ce que vous ressentez.

N'essayez pas de passer par votre mental pour comprendre ce que vous ressentez. Dites-vous simplement « je sens ceci ou je sens cela ». Après avoir réceptionné l'information, vous pourrez commencer à réfléchir et vous demander de quoi il s'agit vraiment : est-ce plutôt ceci ? Ou plutôt cela ? Vous ressentirez comme une résonance et tout semblera s'ouvrir devant vous. Votre intérieur tremblera, car il saura.

✳ L'intuition, comment ça marche ? ✳

En réalité, l'intuition est telle une ampoule qui est soit allumée, soit éteinte.
Votre cœur est 5 000 fois plus fort que votre mental pour comprendre le monde qui vous entoure.

L'intuition vient du cœur

Vous souhaitez apprendre à utiliser pas à pas votre intuition ? Ralentissez votre course et veillez à ne pas toujours être dans votre tête. En effet, **l'intuition est quelque chose de très subtil**. En commençant à faire attention, ce qui est subtil deviendra de plus en plus fort. Sans vous en apercevoir, vous accéderez à une plus grande ouverture de votre cœur, à plus de gratitude et donc à une plus grande capacité de connexion à votre intuition. Mais peut-être avez-vous déjà vécu ces moments-là ? Vous savez, cette sensation qui vous dit que votre meilleure amie va vous téléphoner ? Amie qui, comme de juste, vous appelle dans les minutes qui suivent. Il y a ici une forme d'anticipation. Vous avez senti et vu cet appel avant qu'il ne se produise.

✳ À quoi sert l'intuition ? ✳

Être connectée à votre intuition vous permettra d'accéder à une autre dimension de la réalité. Plus intuitive, vous ferez moins de détours et prendrez des décisions plus rapidement. Vous ferez moins d'erreurs de parcours et appréhenderez moins votre avenir. Tout naturellement, vous attirerez à vous de meilleures choses. Une certaine fluidité s'installera peu à peu dans votre quotidien. Vous connecter à votre intuition vous ouvrira la vie d'une façon exponentielle. Accepter de remettre en question certaines de vos habitudes et quelques-unes de vos croyances vous permettra d'**élever votre niveau de spiritualité**. Vous êtes un être incarné, votre corps est un temple dans lequel votre âme, votre esprit, votre intuition et votre guide intérieur sont les maîtres des lieux. L'énergie vitale qui vous traverse anime votre être. Prise de conscience et ouverture d'esprit vous permettent maintenant de bénéficier de l'usage de plusieurs pépites qui, jusqu'à présent, étaient cachées à l'intérieur de vous.

MISE EN PLACE CONCRÈTE

Je note chaque moment/chose qui me paraît « évident(e) » (par exemple : une idée, quelque chose à faire…).

BÉNÉFICES

Noter tous ces moments et toutes ces choses qui, quotidiennement, vous paraissent évidentes vous permettra de prendre conscience de l'état de votre connexion actuelle à votre intuition.

MA PHRASE MANTRA

Je

Pour aller plus loin

- Tous les livres de Maud Séjournant
- Tous les livres de Sonia Choquette (spécialiste de l'intuition)
- Site Internet de Christopher Vasey (naturopathe): www.christophervasey.ch
- Conférence de Sonia Choquette : « Le pouvoir de l'intuition », à regarder sur www.youtube.com
- Site Internet (article pour rester connecté à son âme et à sa lumière) : http://divinelumiere.com
- Programme : « Se reconnecter à son guide intérieur » (https://cursus.academie-developpement-personnel.com/presentation-connexion-guide-interieur)
- Film : *Conversations avec Dieu* (www.conversations-avec-dieu.fr/)
- Méditation pour se relier à son guide : www.serelierasonguide.com/premiere-video-se-relier-a-son-guide-interieur

À vos plumes, exercice

Bilan de fin de séance, répondez aux questions suivantes.

Quel est votre niveau de développement spirituel actuel ?

Avez-vous le sentiment d'être déjà reliée à votre âme et/ou à votre guide intérieur ?

Souhaitez-vous apprendre à vous relier à votre âme et/ou à votre guide intérieur ?

Êtes-vous à l'écoute de vos intuitions ?

OUI NON

Si oui, veuillez noter les trois derniers messages que vous avez perçus.

Sinon, souhaitez-vous apprendre à vous y connecter plus souvent et à être à leur écoute ?

Vous sentez-vous en paix ?

Sinon, que pourriez-vous faire pour accéder à plus de paix intérieure ?

Semaine n° 44

DÉCOUVREZ LES NADIS, LES CHAKRAS ET LES CORPS SUBTILS

Savez-vous que votre corps est traversé par des **canaux qui distribuent l'énergie vitale** dans votre organisme ? Alors que la médecine traditionnelle chinoise parle de méridiens, dans la tradition hindoue, il est question de nadis.
C'est par ces observations que nous entamerons ensemble la dernière semaine de ce rayon.
Nous reviendrons ensuite sur un thème déjà abordé dans le rayon Santé : les chakras.
Vous avez conscience du fait que sept roues d'énergie sont réparties en ligne droite sur votre corps depuis votre anus jusqu'au sommet de votre crâne. Leur équilibre influence grandement votre bien-être quotidien. Mais savez-vous ce qu'est un chakra ?
Enfin, nous glisserons lentement vers la fin de cette séance en vous invitant à une profonde réflexion : notre dimension est-elle l'unique réalité dans laquelle notre corps existe ?
D'un point de vue scientifique, tout ce qui ne se voit pas est considéré comme inexistant. Et pourtant...
L'aura et les corps énergétiques ont déjà été décrits par bien des gens, et ce depuis l'an 600 avant J-C. Ils sont présentés comme une sorte de halo de lumière entourant chaque être vivant. Nous serions tous capables de nous connecter à la perception de ces corps subtils et de notre aura.
Comment réussir à les voir ? Quelle est la signification de ces lumières ?
Ouvrez votre esprit, cette semaine risque bien de remettre en question votre compréhension du monde et de vous-même.

Cette semaine, vous apprendrez à :

Comprendre ce que sont les nadis.
Comprendre ce que sont les chakras.
Comprendre ce que sont l'aura et les corps subtils.

Les nadis

Observation des nadis

Dans la tradition hindoue (védique), le corps est animé d'un système de distribution qui comporte plus de 35 millions de vaisseaux qu'elle nomme nadis. **Les nadis** parcourent l'organisme de la même manière que le système nerveux ou le système sanguin. Ces canaux distribuent l'énergie vitale dans le corps. Ils sont hiérarchisés en canaux principaux qui se ramifient en vaisseaux secondaires et tertiaires. Les canaux principaux seraient au nombre de 14 et les secondaires de 72 000.
Leur organisation peut varier d'un individu à l'autre.

Parmi les vaisseaux, il en est un qui a une fonction majeure : il s'agit du canal central, appelé sushumna dans la tradition védique.
Sushumna traverse le corps verticalement en englobant la colonne vertébrale.
Ce canal véhicule la force de vie, appelée aussi kundalini, ou force spirituelle.
C'est cette force qui anime le corps physique et fait la différence entre un être vivant et un cadavre.
Dans votre état ordinaire, la kundalini est endormie et satisfait uniquement vos besoins vitaux.
Elle s'activera si, en quête de spiritualité, vous réussissez à vous libérer de votre ego et faites place à la volonté de votre être intérieur, votre moi supérieur.

La kundalini vous illuminera alors de l'intérieur

De plus, l'univers est rempli d'une mer d'énergie, qu'on appelle traditionnellement éther, pana ou chi.
La science de la physique quantique la redécouvre sous le nom de « **champ du point zéro** ».
C'est au travers de ce système de canaux que votre corps perçoit l'énergie de l'univers.
Au sein de la structure des vaisseaux énergétiques, il y en a donc un qui charpente tout le corps (sushumna).
Ce canal central est l'axe qui traverse et alimente les chakras majeurs (voir point suivant et rayon Santé, semaine 10).

Par ailleurs, deux autres canaux montent parallèlement à sushumna en s'enroulant en spirale autour d'elle.
Ils représentent la polarité droite-gauche, ou masculin-féminin, de l'être.
L'un (appelé pingala dans la tradition) est le rayon d'or de polarité masculine, et l'autre (appelé ida) est le rayon d'argent de réceptivité féminine.

MISE EN PLACE CONCRÈTE

Afin d'activer en douceur mes nadis, je me masse (dès que j'en ai l'occasion) le bout des doigts et le bout de chaque orteil. Pour de meilleurs résultats, j'exerce de légères pressions (sur le bout des doigts et des orteils). Je pratique des séances de dix minutes au minimum.

BÉNÉFICES

Cette pratique est une invitation au DO IN (une technique d'auto-massage de points d'acupuncture). Elle vous apportera un grand apaisement et vous permettra de fluidifier le passage de l'énergie dans vos nadis (méridiens).

Les chakras

Dès le troisième rayon de ce coaching, nous avons souhaité vous parler des chakras dans le cadre de l'axe santé de votre développement personnel. Nous vous invitons donc à revisiter cette séance pour un rappel de la signification et de la localisation de ces chakras.
Les maintenir en équilibre vous permettra d'accéder à plus de bien-être (voir séance 10, rayon Santé).
Aujourd'hui, nous souhaitons vous emmener un peu plus loin dans votre prise de conscience de ces **roues d'énergie situées le long de votre colonne vertébrale** (le long de sushumna).
De l'anus au sommet de votre tête, ces sept chakras ont des fonctions différentes.
Leur qualité énergétique varie en fonction de votre état émotionnel, mental et spirituel.
Leur bon fonctionnement amène un sentiment de bien-être et la sensation d'être en forme et à sa place. Inversement, un déséquilibre psychologique détériore les chakras.
Il est donc possible, en rétablissant l'équilibre psychologique par la conscience de soi, de remédier à la perte de vitalité des chakras.
Que sont les chakras ?
Les chakras constituent des centres de « régulation » et de transformation de l'énergie de vie.
Ces roues d'énergie se situent aux endroits où se croisent les plus grands canaux d'énergie (appelés canaux subtils) de votre corps.
Ils sont donc en échange vital constant avec le canal **sushumna**, et, par son intermédiaire, avec chacun des autres canaux (notamment **ida et pingala**).
Vos chakras reçoivent et émettent aussi bien par la sushumna et les autres canaux que par leur rayonnement propre, tout autour du corps.
Aussi incroyable que cela puisse paraître, vos chakras agissent comme des antennes et des centres de communication avec les organes de votre corps. Ils vous mettent en communication avec la terre et avec le ciel.
Les sept chakras principaux sont les plus faciles à identifier et à ressentir.
Ils jouent un rôle primordial sur l'organisme, la santé et l'évolution personnelle (voir séance 10, rayon Santé).

Veiller à harmoniser vos chakras est essentiel à votre bien-être et à votre équilibre mental et spirituel. Il en existe sept primordiaux, mais il y a aussi des chakras dits secondaires et externes au corps... Nous vous laissons le loisir d'explorer ces pistes en dehors de ce coaching si vous désirez aller plus loin dans l'apprentissage des chakras.

MISE EN PLACE CONCRÈTE

Je retravaille la mise en pratique qui m'a été proposée dans le rayon Santé, c'est-à-dire que j'observe mes chakras pour voir si l'un d'entre eux est déséquilibré.
Si oui, j'essaie d'ouvrir ce chakra grâce aux indications détaillées de la séance 10 du rayon Santé.

BÉNÉFICES

Plus l'énergie circulera dans vos chakras, plus votre bien-être intérieur se situera au plus haut niveau. Attacher de l'importance à les maintenir « en équilibre » est donc essentiel à votre bien-être physique, mental et spirituel.

L'aura et les corps subtils

Voyageons maintenant au-delà de toutes vos croyances.
Laissez votre mental au repos et puisez dans ces quelques ressources ce que vous êtes prête à accepter dans votre vie d'aujourd'hui, en fonction de votre niveau de spiritualité.

Qu'est-ce que l'aura ?

L'aura est l'émanation des différents corps subtils dont vous êtes constituée.
Certaines personnes ont la capacité de la percevoir et il est possible de la photographier et de la filmer avec des appareils très sensibles.
Elle se présente comme une sorte de **halo fluide plus ou moins lumineux** entourant chaque être vivant.
Sa fonction est principalement protectrice, elle joue un rôle d'antenne qui capte et filtre les différentes influences subtiles auxquelles vous êtes exposée.

Le rayonnement de l'aura

Le rayonnement peut être qualifié en termes de couleur, de pureté, de luminosité et d'intensité.
L'aura est l'expression de votre état physique, psychique et de votre évolution spirituelle.
La distance du rayonnement de l'aura est très variable selon les individus et peut aller de plusieurs mètres à plusieurs kilomètres selon le degré d'évolution.

Que sont les corps énergétiques (ou subtils) ?

Une forme d'énergie subtile circule donc dans des circuits analogues aux circuits sanguins ou lymphatiques.

Comme eux, les chakras peuvent être « encrassés », paresseux ou rigides. Ils peuvent être réactivés par un travail spirituel. Les corps subtils sont vivants et changeants.
Ils varient en fonction de votre mode de vie physique, psychologique et spirituelle.
Chacun des corps subtils peut changer de forme, de couleur, de position et de fonctionnement.

Ils ne sont pas isolés ! Ils ont chacun leur fonction unique et communiquent entre eux.
Lorsqu'une personne tend à réaliser son être intérieur profond, des changements se produisent sur ses corps énergétiques.
Vous souhaitez découvrir ces corps subtils ? Le mieux est d'expérimenter.
En effet, c'est actuellement la seule démarche fructueuse et solide que nous pouvons vous recommander. Elle vous permettra d'intégrer cette connaissance et de modifier votre attitude dans la vie pour en tenir compte.

La science d'aujourd'hui est la science de la matière : tout ce qui ne se voit pas est considéré comme non existant.

Comment prouver l'existence des corps subtils ?

La science s'y intéresse de plus en plus et reconnaît lentement que des choses « paranormales » se passent dans la vie de nombreux individus.
Notre cerveau ne serait d'ailleurs pas capable de percevoir tout ce qui l'entoure. Nous vivons dans notre propre réalité. Et pourtant...

Nombreuses sont les personnes qui rapportent qu'elles voient les corps subtils.
Elles perçoivent des formes et des couleurs lorsqu'elles leur portent attention d'une manière particulière.
D'autres, en approchant leur main à quelques dizaines de centimètres du corps, sont capables de les sentir autour d'une personne. Elles sentent comme une résistance, une pression, des picotements ou d'autres sensations kinesthésiques.
En réalité, nous sommes tous potentiellement capables de voir ou de sentir les corps subtils. C'est une question d'entraînement et d'acceptation.

Mais alors pourquoi tout le monde ne le fait-il pas naturellement ? Tout simplement parce que nous **nous sommes coupés de nos sensations**, collectivement et individuellement.
De façon collective, ces facultés sensorielles se sont atténuées ou perdues depuis des siècles parallèlement au développement de l'intellect et de la perte de la connexion avec notre être divin intérieur.

L'exploration tactile, visuelle, auditive ou kinesthésique autour du corps physique révèle la présence d'**enveloppes de matière impalpables**.
Elles englobent le corps à la manière d'un cocon, emboîtées les unes dans les autres comme un jeu de poupées russes.
Elles reflètent directement notre état, nos qualités, nos capacités, mais aussi nos aspirations à évoluer et à nous réaliser pleinement.
Elles sont également l'indicatrice de nos difficultés, de nos limitations et de nos résistances.

La description connue la plus ancienne de ces corps subtils est rapportée par la tradition védique (Inde), dans l'ouvrage *Taittiriva Upanishad*, composé entre 600 et 500 avant J.-C.
D'après ce texte, le corps humain est composé de cinq kosha (enveloppes, étuis) à savoir le corps physique et quatre corps subtils.

Voici une présentation succincte :

Le corps physique (annamaya kosha) est l'enveloppe de matière organique. Sa nature est nourricière.

Le corps de vitalité (corps éthérique, pranamaya kosha) est l'enveloppe faite de l'énergie vitale (prana). Il véhicule la sève de vie, comme dans les plantes, et anime le corps physique. En lui se lit la santé du corps physique. Avant d'être physiques, les maladies ont leur empreinte énergétique dans ce corps (fuites d'énergie, blocages, dépression...).

Le corps émotionnel (manomaya kosha) est l'enveloppe composée des sensations et des émotions. C'est le lieu des impressions que le monde extérieur crée dans notre monde intérieur. Bien que ce corps soit présenté différemment selon les écoles, on considère souvent que la partie de notre mental composée des pensées brutes de nature psychologique (j'aime, je n'aime pas) et liées à l'expérience sensorielle est une partie du corps émotionnel.

Le corps mental, corps de l'intelligence (vijnanamaya kosha), est le monde des réflexions. C'est l'enveloppe de l'intellect et de l'intelligence objective, incluant la logique, le raisonnement, la discrimination ou le jugement. Nous avons conscience d'être un individu qui réfléchit et évolue à partir de ses réflexions. Nous réfléchissons sur les sensations et les émotions perçues par le corps émotionnel, nous en tirons des conclusions, des idées sur la vie (vraies ou fausses) et cela constitue l'expérience du moi humain. Dans le corps mental se lit la qualité des idées de la personne : fluides et souples, ou figées dans des croyances et des préjugés.

Le corps spirituel (anandamaya kosha) révèle l'orientation générale de la vie de la personne, avec en particulier ses blessures psychiques fondamentales, celles qu'elle porte dès la naissance et qu'elle est amenée à transcender et à guérir. C'est un corps de grande lumière, inaltérable, qui enveloppe et unifie tous les autres.

Les enseignants s'accordent sur l'existence et la fonction des quatre premiers corps, mais diffèrent sur la description du corps spirituel.
Certains comptent même jusqu'à sept corps énergétiques !

C'est ainsi que les corps se révèlent être multidimensionnels, c'est-à-dire qu'ils existent non seulement dans notre dimension terrestre ordinaire, mais également sur d'autres plans vibratoires où leurs caractéristiques peuvent être différentes.

Les corps subtils occupent un espace beaucoup plus vaste que le corps physique et, dans cette dimension, notre espace n'est donc pas restreint à celui de notre corps.

Le corps vital est très lié au corps physique. On considère que son épaisseur, au-delà du corps physique, est de quelques centimètres dans l'état ordinaire.
L'épaisseur du corps émotionnel et des corps supérieurs est, quant à elle, beaucoup plus grande et peut aller jusqu'à plusieurs mètres pour le corps spirituel.

C'est sur cette note que nous vous laissons finir la dernière page de ce rayon.
Nadis, chakras, aura et corps subtils ont-ils nourri votre désir de croissance spirituelle ?

À l'aide d'une pratique régulière, vous verrez vos croyances actuelles s'ouvrir à de nouvelles perspectives...

C'est un programme inhabituel pour certaines d'entre vous, mais d'une réelle valeur spirituelle pour nous tous !

À deux doigts de la fin de ce coaching, préparez-vous maintenant à aborder le dernier axe de votre développement personnel... l'expression !

✳ MISE EN PLACE CONCRÈTE ✳

Afin de commencer à sentir la pression énergétique des corps subtils, je place mes deux mains en face l'une de l'autre à quelques centimètres devant moi. Je respire profondément. Ensuite, j'éloigne et je rapproche doucement les mains (comme pour pomper et compresser l'espace entre les deux mains).

✳ BÉNÉFICES ✳

Cette pratique vous permettra de vous connecter à la sensation de pression de vos corps subtils. Avec le temps, peut-être réussirez-vous même à les apercevoir...

MA PHRASE MANTRA

Je

Pour aller plus loin

- Livre : *Développez vos facultés psychiques et spirituelles*, de Serge Boutboul, éditions Exergue, 2007
- Livre : *Maître de ses chakras, maître de sa vie*, de Marie-Lise Labonté, éditions Dauphin Blanc, 2005
- Livre : *Les Secrets de l'aura*, de T Lobsang RAMPA, Éditions 84, 2004
- Défi yoga gratuit pour équilibrer vos chakras : https://defi-7jours-yoga-chakras.com

À vos plumes, exercice

Invitez votre mari/compagnon ou une amie à faire avec vous le test de la « bulle ». Demandez à cette personne de se placer debout en face de vous et de ne pas bouger. Tenez-vous à cinq mètres d'elle et avancez ensuite vers elle, pas à pas et en douceur, en attachant une grande attention à vos sensations. Fermez les yeux si vous le désirez. Soyez très attentive, car après un certain nombre de pas, vous ressentirez une résistance (comme si vous étiez face à un mur). Vous aurez alors ressenti les corps énergétiques de cette personne ! Ici aussi, il est important de vous détacher de votre mental et de réitérer cet exercice régulièrement pour de meilleurs ressentis.

Notez ci-dessous les résultats de votre premier test :

RAYON *expression*

À force de courage et de détermination, vous voilà prête à entamer le dernier axe de ce coaching : l'expression !

Avez-vous conscience du pouvoir de votre parole ? Comment accéder à ce que Don Miguel Ruiz, auteur et chaman mexicain, appelle la parole impeccable ?

Ensemble, nous explorerons ce mois-ci les cinq accords toltèques afin d'en comprendre la puissance et l'universalité.

Avec un autre regard, nous observerons ensuite l'importance du langage non verbal sur votre communication.

Êtes-vous suffisamment attentive aux gestes de vos interlocuteurs ? Que faire pour devenir encore plus charismatique ?

Prendre la parole en public est peut-être pour vous synonyme de challenge et/ou de peur. Comment y remédier ?

Réussir à faire une bonne présentation et à préparer ses interventions pour gagner en confiance en soi sont deux des clés du bon orateur.

Que vous aimiez ou non votre voix, vous comprendrez en quoi elle influence vos relations interpersonnelles.

Redécouvrir votre timbre et apprendre à respirer pour communiquer au mieux d'une voix posée sera la dernière étape de ce chemin de développement personnel parcouru à nos côtés.

Semaine n° 45

DÉCOUVREZ LES CINQ ACCORDS TOLTÈQUES

Savez-vous que les Toltèques seraient à l'origine de toute civilisation ?
Cette semaine, nous découvrirons leurs origines ainsi que le pouvoir de leurs cinq accords de vie qui ont pour but de vous ramener à ce que vous êtes vraiment.
Avez-vous conscience du fait que nous évoluons tous dans des relations où l'amour doit en quelque sorte se mériter ?
En effet, depuis notre enfance, **nous apprenons à aimer sous certaines conditions**.
Vivant dans le contrôle de tout et de tous, souvent, il nous arrive même de ne pas réussir à nous aimer nous-mêmes inconditionnellement.
Mais **qu'en est-il de cet amour inconditionnel** ?
Vous êtes-vous déjà demandé ce qu'il se passerait si tous les individus de notre planète s'appliquaient à modifier leur façon d'aimer les autres ?
Sans conditions posées dans les relations d'amour, c'est l'humanité tout entière qui se verrait transformée.
Au travers de cette séance, nous vous résumerons donc l'essentiel des cinq accords toltèques afin de vous permettre d'accéder à cet amour absolu.
Par la mise en pratique de ces cinq principes de vie simples et puissants, vous accéderez un peu plus au bonheur et deviendrez une source d'inspiration pour votre entourage.
Tel un jardinier, vous pourrez ensuite semer des graines d'amour où bon vous semble afin d'aider notre société, vos proches, mais aussi vous-même à croître spirituellement et humainement.

Cette semaine, vous apprendrez à :

Découvrir les cinq accords toltèques.

Les cinq accords toltèques

Qui est Don Miguel Ruiz ?

Don Miguel Ruiz est un auteur mexicain né en 1952. Enseignant de formation, il est maintenant un guide spirituel et un chaman toltèque très populaire.
Il fit des études de médecine afin de devenir chirurgien, mais sa vie bascula lors d'une expérience de mort imminente qui l'aurait incité à chercher des réponses aux questions de l'existence dans la tradition toltèque.
En 1997, son best-seller *Les Quatre Accords toltèques* fut publié pour la première fois. En 2010, *Le Cinquième Accord toltèque* vint enrichir ce premier ouvrage.

✳ Les Toltèques ✳

La culture toltèque est une culture méso-américaine qui s'est développée autour de Tula, au Mexique (entre 900 et 1200 de notre ère). Ce terme provient du nahuatl (la langue amérindienne la plus parlée au Mexique) et désigne les « maîtres bâtisseurs ».
Dans les légendes nahuatl, les Toltèques sont censés être à l'origine de toute civilisation. C'est pourquoi ils sont nommés artistes ou maîtres bâtisseurs. Autrefois établis sur le plateau central, ils ont pour origine un peuple nomade qui s'est ensuite sédentarisé. Leur religion paraît avoir été de type chamanique, ne nécessitant pas de lieux de culte permanents. Leurs dieux étaient cosmiques (le ciel, l'eau, la terre).

✳ L'histoire du sage et des mots ✳

Afin de vous introduire le premier de ces cinq accords, nous souhaitons vous transmettre l'histoire du sage et des mots :

> Un jour, un villageois vint voir un sage, car il souhaitait rattraper les paroles qu'il avait émis envers d'autres personnes. Le sage lui demanda de mettre une plume sur chacun des paillassons des maisons du village et de revenir le voir une fois cette action réalisée.
> Après avoir mené à bien cette mission, le villageois revient voir le sage.
> Le sage lui demanda alors de lui rapporter toutes les plumes qu'il avait déposées sur les paillassons.
> Étonné, le villageois s'exécuta, mais ne retrouva plus aucune plume. En effet, elles avaient été emportées par le vent.
> Il revint alors voir le sage en lui disant que les plumes s'étaient toutes envolées.
> Calmement, le sage lui répondit alors : « Comme tes paroles. Une fois que les mots sont dits, ils s'envolent et ne peuvent plus être rattrapés ! »

PREMIER ACCORD TOLTÈQUE :
« QUE VOTRE PAROLE SOIT IMPECCABLE » (L'ESPRIT)

Vous le savez très certainement : la parole est une épée à double tranchant. Soit elle vous protège, soit elle vous blesse ! Quoi que vous en fassiez, elle influence grandement votre vie et celle de votre entourage.

La parole « impeccable » signifie dire les choses avec intégrité et sincérité, mais sans agressivité.

Celui qui ment, trompe, manipule, agresse, critique ou même salit, n'est pas intègre. Ce premier accord fait donc référence à la parole et au comportement que vous avez vis-à-vis des autres, mais également envers vous-même. Il vous invite à être attentive à la façon dont vous vous parlez et à prendre conscience du fait que **les ragots, les médisances ainsi que les rumeurs sont dévastateurs**.
Souvent, vous avez tendance à critiquer plus facilement les personnes qui vous sont proches, n'est-ce pas ? Qui sont ces personnes que vous critiquez régulièrement ?
Apprendre à semer des paroles bienveillantes vous permettra de cesser de causer du tort aux autres.

Notez leurs noms ci-dessous ainsi que les expressions/réflexions que vous émettez le plus souvent à leur sujet (par exemple : il n'est pas assez rigoureux, il est trop désordonné, il ne comprend jamais rien quand on lui demande quelque chose...).

En effet, lorsque vous êtes dans la critique, vous ne voyez pas vraiment les choses comme elles le sont vraiment.

Toutes les critiques ont pourtant pour origine une cause. **En voici quelques-unes :**

- Vous êtes déçue par ces personnes.
- Vous attendez d'elles des choses qu'elles ne vous apportent pas.
- Vous ne réussissez pas à exprimer vos attentes et vos exigences.
- Vous vous sentez mal dans votre peau.
- Vous éprouvez parfois de la jalousie envers ces personnes.
- Vous dévalorisez les autres (pour vous valoriser).
- Vous avez une mauvaise image de vous-même.
- ...

En conclusion

L'esprit critique est très utile, puisqu'il nous permet d'améliorer les choses. Mais il nous permet rarement d'améliorer les gens.

La solution est donc d'apprendre à l'utiliser avec précaution et amour.

Mais, au fond, d'où vous vient ce besoin de critiquer ? Pensez-vous vraiment qu'il faille être parfaite pour pouvoir être aimée ? Vous aimez-vous suffisamment ?

En réalité, les vraies causes des critiques que vous émettez sont tout autres. **En voici quelques exemples :**

- Vous avez été éduquée ainsi (plus souvent critiquée qu'appréciée).
- Vous êtes souvent déçue de vous-même.
- Vous attendez ou exigez de vous-même des choses impossibles.
- Vous avez du mal à vous accepter telle que vous êtes.
- Vous pensez ne pas devoir être comme vous êtes.
- Vous voudriez ressembler à quelqu'un d'autre.
- Vous ne supportez pas les critiques, alors vous les anticipez et les appliquez à vous-même.
- Au fond, vous avez une mauvaise image de vous.

En conclusion :
Si vous avez été jugée et/ou critiquée et/ou que vos parents se jugeaient et se critiquaient régulièrement, vous n'avez pas développé une image positive de vous.
La solution est de réussir à aller vers les gens que vous appréciez et de vous en inspirer.

MISE EN PLACE CONCRÈTE

Je note ce que j'aime chez les personnes que j'apprécie et chez celles que je n'apprécie pas du tout.

BÉNÉFICES

Cet exercice est appelé l'exercice du miroir. Il vous aidera à prendre conscience du fait que vous ne voyez pas les choses comme elles sont, mais que ce sont ces choses qui sont comme vous êtes.

DEUXIÈME ACCORD TOLTÈQUE : « QUOI QU'IL ARRIVE, N'EN FAITES PAS UNE AFFAIRE PERSONNELLE » (CŒUR)

Avez-vous parfois du mal à accepter qui vous êtes et les critiques que d'autres formulent à votre égard ? La parole qui n'est pas impeccable peut avoir le pouvoir de toucher notre ego, notre intégrité.

« Prendre les choses personnellement est l'expression maximale de l'égocentrisme, car vous supposez l'hypothèse que tout est centré sur vous. » *- Don Miguel Ruiz*

Réagir de façon personnelle signifie interpréter les événements comme si vous en étiez le centre, la destinataire, la cible. C'est supposer qu'une intention est dirigée vers vous.
Lorsque vous prenez les choses personnellement, vous remplissez votre besoin « d'être importante » aux yeux des autres en vous maintenant dans la croyance (comme dans votre enfance) que vous êtes en quelque sorte le centre du monde.
Le challenge de ce second accord est donc de réussir à comprendre pourquoi ces critiques vous touchent au cœur. De devenir observatrice de vos réactions.
Ne pas prendre personnellement ce que l'on vous dit vous donnera accès à une grande liberté. Vous réussirez à faire TOUT ce dont vous avez envie.
Petit à petit, vous deviendrez immunisée contre toute critique.
Si le jugement des autres vous atteint, c'est parce que cela active quelque chose en vous.
Mais vous êtes-vous déjà demandé ce que ces personnes qui vous critiquent projettent sur vous ou sur le monde ? Ou ce que leurs remarques peuvent vous apprendre sur eux ?

Par exemple : vous êtes touchée par la remarque que vous fait un collègue de travail qui a un bureau mieux rangé que le vôtre. Demandez-vous :

- « Qu'est-ce que sa remarque me dit sur lui ? »
- « Quelles sont ses projections sur moi ou sur le monde en général ? »
- « Quelle est ma relation avec ce collègue ? »

Votre prise de conscience pourrait être que la personne qui a un bureau mieux rangé que le vôtre est quelqu'un de maniaque ou que celui qui a un bureau moins bien rangé est donc désordonné.
Au fond, vous vous apercevrez très vite que chacun évolue à son propre niveau et que nous avons tous des niveaux de comparaison différents.

MISE EN PLACE CONCRÈTE

Je prends un peu du temps pour accueillir les critiques que l'on me fait pour comprendre pourquoi elles me touchent.

BÉNÉFICES

Cet exercice vous permettra de mieux comprendre ce que la critique fait réagir en vous. Observer vos réactions vous aidera à vous immuniser et à ne plus prendre les choses personnellement.

TROISIÈME ACCORD TOLTÈQUE : « NE FAITES PAS DE SUPPOSITIONS » (MENTAL)

En général, faire des suppositions nous guide tout droit vers la déception.
Pensez-vous vraiment que le monde et les gens soient logiques ?
Nous sommes tous en quête de vérité, et pas de suppositions.

« La meilleure façon de ne pas faire des suppositions est de poser des questions. »

- Don Miguel Ruiz

L'idée ici est donc de cesser de faire des suppositions et de transformer un « ce n'est pas logique » en un « ce n'est pas ma logique ».
Voici deux manières efficaces pour arrêter de « supposer » :

- **Dialoguer**

Parler avec l'autre afin d'éviter de construire ou d'inventer des histoires.

« Comme on a peur de demander des explications, on prête des intentions à autrui, on fait des suppositions que l'on croit vraies, puis on défend ces suppositions et on donne tort à l'autre. »

- Don Miguel Ruiz

- **Faire plusieurs suppositions**

Lorsqu'il n'est pas possible de communiquer avec l'autre, il est important **d'émettre plusieurs suppositions.**
Par exemple : vous aviez un rendez-vous au restaurant avec une amie, mais elle ne se présente pas et est injoignable. Votre supposition pourra être de vous dire qu'elle n'a même pas pris la peine de noter votre rendez-vous dans son agenda. Mais peut-être pourriez-vous aussi supposer qu'elle s'est

endormie ? Qu'elle a été retenue au boulot ? Qu'un de ses enfants a glissé sur le carrelage de sa terrasse ? Qu'elle a dû conduire son chat chez le vétérinaire ? Acceptez l'incertitude ! Vous ne connaissez ni les tenants ni les aboutissants de l'histoire.

« Je ne sais qu'une chose, c'est que je ne sais rien. » - *Socrate*

MISE EN PLACE CONCRÈTE

Je lis attentivement le texte ci-dessous (une seule fois). Je classe ensuite les affirmations selon leur catégorie : description (D), extrapolation (E) ou rien du tout (ni l'un ni l'autre). Entourez votre réponse. Enfin, je consulte les corrections sur la page suivante pour découvrir le résultat de mon test.

C. Marchand, un commercial qui travaille pour la société Unifood, avait rendez-vous à 10 heures ce jour-là dans le bureau de M. Leblois, situé à Nanteuil, pour discuter les clauses d'un contrat important. Sur le chemin, l'agent glissa sur le parquet et se blessa à la jambe. Lorsque M. J. Leblois fut informé de l'accident, C. Marchand était en route pour l'hôpital afin qu'on lui fasse des examens. Leblois téléphona pour avoir de ses nouvelles, mais la personne ne semblait pas avoir eu connaissance de l'accident ni savoir où se trouvait la victime. Il est possible que M. Leblois n'ait pas appelé le bon hôpital. D'ailleurs, l'hôpital ne rappela pas M. Leblois.

Affirmations relatives au texte :

1/ C. Marchand est un agent commercial.	D	E
2/ L'agent devait signer un contrat important.	D	E
3/ Claude Marchand avait rendez-vous à 10 heures.	D	E
4/ L'accident a eu lieu à la société Unifood.	D	E
5/ Une ambulance emmena C. Marchand à l'hôpital.	D	E
6/ L'agent Marchand voulait discuter un gros contrat.	D	E
7/ M. Leblois s'est trompé d'hôpital.	D	E
8/ C. Marchand avait rendez-vous avec M. Jean Leblois.	D	E
9/ Personne à l'hôpital n'a entendu parler de M. Marchand et de son accident.	D	E
10/ Il avait rendez-vous à l'hôpital pour des examens.	D	E
11/ Il s'est cassé la jambe en allant à son rendez-vous.	D	E
12/ Il n'est pas encore arrivé à l'hôpital.	D	E
13/ Il n'était pas à l'hôpital quand Leblois y téléphona.	D	E
14/ M. Leblois n'a pas appelé le bon hôpital.	D	E
15/ Il ne connaît qu'un seul hôpital.	D	E
16/ C. Marchand a glissé sur le parquet fraîchement ciré.	D	E
17/ Il est parti faire des examens radiologiques.	D	E
18/ M. Marchand est technico-commercial.	D	E
19/ Il y a plusieurs hôpitaux dans la région.	D	E

Réponses

Il s'agit à chaque fois d'une extrapolation. En effet, rien ne dit que...

1/ C. Marchand est un **agent** commercial.
2/ L'agent devait **signer** un contrat important.
3/ **Claude** Marchand avait rendez-vous à 10 heures.
4/ L'accident a eu lieu à la **société Unifood.**
5/ Une **ambulance** emmena C. Marchand à l'hôpital.
6/ L'agent Marchand voulait discuter un **gros** contrat.
7/ M. Leblois s'est **trompé** d'hôpital.
8/ C. Marchand avait rendez-vous avec M. **Jean** Leblois.
9/ **Personne** à l'hôpital n'a entendu parler de M. Marchand et de son accident.
10/ Il **avait rendez-vous** à l'hôpital pour des examens.
11/ Il s'est **cassé** la jambe en allant à son rendez-vous.
12/ Il n'**est pas encore** arrivé à l'hôpital.
13/ Il n'était pas à l'hôpital quand Leblois y téléphona.
14/ M. Leblois n'**a pas appelé le bon** hôpital.
15/ Il ne connaît qu'un **seul** hôpital.
16/ C. Marchand a glissé sur le parquet **fraîchement ciré.**
17/ Il est parti faire des examens radiologiques.
18/ M. Marchand est **technico**-commercial.
19/ Il y a **plusieurs** hôpitaux dans la région.

RÉSULTAT : VOTRE NIVEAU DE RECUL

- Entre 1 et 8 bonnes réponses : attention aux extrapolations.
- Entre 9 et 17 bonnes réponses : vous avez du recul, mais pas toujours.

Au-dessus de 18 bonnes réponses : bravo !

Arrivez-vous à le faire également dans votre vie ?

BÉNÉFICES

Le résultat de cet exercice vous permettra de prendre conscience de l'importance de faire plusieurs suppositions lorsque vous ne connaissez pas les tenants et aboutissants d'une situation, de ne pas extrapoler.

QUATRIÈME ACCORD TOLTÈQUE : « FAITES TOUJOURS DE VOTRE MIEUX » (ACTION)

Vous souhaitez vivre votre vie sans avoir de regrets ? Dites-vous toujours que vous faites de votre mieux ! Oui ! Faites de votre mieux pour avoir une parole impeccable. Faites de votre mieux pour ne pas faire de suppositions. Faites de votre mieux pour ne pas prendre les choses personnellement. Faites de votre mieux avec énergie et passion sans reporter au lendemain. Faites-le comme si votre vie en dépendait.

Mais une fois l'action menée à son terme, la copie rendue, la décision prise, le produit acheté... appliquez le lâcher-prise.
Arrêtez de réfléchir, de tout remettre en question, de douter de vous. Et surtout, interdisez-vous les « si j'avais su... ».
Adopter cette attitude vous permettra d'éviter d'avoir des remords, des regrets, de la culpabilité...
Certes, ce n'est pas un antidote à l'échec, mais vous aurez fait de votre mieux avec les moyens que vous aviez.

Votre mieux est le miroir de votre état mental, physique et émotionnel actuel. Il varie en fonction des heures, des jours, des années.

Les deux pièges de cet accord sont les suivants :

- Ne pas réussir à atteindre ce que vous désirez, car vous êtes en dessous de votre mieux.
- Être perfectionniste et penser que vous êtes constamment en dessous de votre mieux. En effet, pour faire mieux, parfois, il faut juste apprendre à en faire moins. Le perfectionniste ne pense pas assez à lui et en veut souvent à tout le monde.

MISE EN PLACE CONCRÈTE

Je me pose les questions suivantes :

Dans quels cas, domaines, actions ai-je le sentiment de ne pas avoir donné le meilleur de moi-même ?

Ai-je remarqué des récurrences ?

BÉNÉFICES

Être attentive aux cas, domaines, actions dans lesquels vous n'avez pas fait de votre mieux (et des éventuelles récurrences) vous permettra d'être plus vigilante lors de vos prochaines expériences.
En conscience, vous réussirez ainsi à faire pas à pas toujours de votre mieux.

CINQUIÈME ACCORD TOLTÈQUE :
« SOYEZ SCEPTIQUE, MAIS APPRENEZ À ÉCOUTER »

Soyez sceptique, mais écoutez. En effet, vous n'êtes pas obligée de croire tout ce que l'on vous dit. L'idéal est de vérifier par vous-même et d'en retenir ce qui est bon pour vous.

Ne nous croyez pas, ne croyez pas les autres, ne vous croyez pas vous-même !

Ce cinquième accord vous invite à accepter de vivre avec de l'incertitude, car vous ne pouvez pas tout savoir. Cependant, soyez vigilante, car les doutes peuvent avoir sur vous un pouvoir destructeur. Ayez-en conscience et maintenez vos certitudes à un certain niveau d'équilibre. Cesser de croire tout et son contraire aura rapidement sur vous un effet très positif.

MISE EN PLACE CONCRÈTE

Je cesse de croire tout et son contraire.

BÉNÉFICES

Devenir sceptique vous apportera rapidement de multiples bienfaits.

En résumé

Votre mental vous crée des problèmes en refusant la réalité, en imaginant que les choses, le monde, la vie, devraient être différents... **Si vous arrêtez de croire à la réalité de vos « problèmes », votre parole deviendra aussitôt impeccable** : il n'y aura donc plus rien ni personne à critiquer. Vous ne réagirez plus de façon personnelle puisque seule la réalité comptera (les faits, les choses et les gens).
Vous n'aurez plus besoin de faire de supposition, car le monde sera pour vous devenu un grand mystère. Vous ferez de votre mieux, car il n'y aura rien à attendre pour passer à l'action et pourrez reconsidérer cette action après avoir agi en votre âme et conscience avec les informations et moyens du moment. Avez-vous remarqué à quel point ces cinq accords toltèques donnent à votre vie un autre relief ? Éclairée d'une lumière différente, elle vous semblera chaque jour plus douce et agréable à vivre.

« Rappelez-vous que chaque problème porte en lui les germes de la possibilité d'apprendre, d'aimer, de vous sensibiliser davantage et à être heureux tout simplement parce que vous êtes vivant. »

– Don Miguel Ruiz

MA PHRASE MANTRA

Je

Pour aller plus loin

- Livre : *Les Quatre Accords toltèques*, de Don Miguel Ruiz, éditions Jouvence, 2016
- Livre : *Le Cinquième Accord toltèque*, de Don Miguel Ruiz et Don José Ruiz, éditions Guy Trédaniel, 2014
- Livre : *Petit cahier d'exercices des 4 accords toltèques*, de Patrice Ras, éditions Jouvence, 2011
- Site Internet : www.sechangersoi.be (aller dans l'onglet « Articles » pour lire « Les 4 accords toltèques »)
- Livre : *Le Tigre et l'araignée : les deux visages de la violence*, d'Olivier Clerc, éditions Jouvence, 2004

À vos plumes, exercice

Avec vos mots, veuillez retranscrire ci-dessous ce que vous avez retenu des cinq accords toltèques :

Semaine n° 46

INTERPRÉTEZ LES POSTURES ET LA COMMUNICATION NON VERBALE

Au-delà des mots que vous avez l'habitude d'employer, l'expression de votre corps a une grande influence sur la qualité de vos relations. En avez-vous conscience ?
Selon une étude menée par Albert Mehrabian (professeur de psychologie à l'université de Californie), votre langage verbal ne serait perçu qu'à 7 % par vos interlocuteurs.
La gestuelle et les expressions faciales, mais aussi le son et l'intonation de la voix sont donc les premiers signaux envoyés et reçus lors de tout échange.

Mais que signifient tous ces gestes ? Comment les interpréter ?
Nous vous expliquerons en quoi l'**analyse en « cluster »** pourra vous aider à ne pas faire d'erreur d'interprétation lorsque vous observerez la gestuelle de vos interlocuteurs lors de vos prochains échanges.
Pour avoir la bonne image d'une personne, vous comprendrez donc qu'il est important d'assembler les **pièces du « puzzle comportemental »** dont vous disposez avant de tirer des conclusions hâtives.
Des bras croisés devant le ventre, des mains posées derrière la tête, un buste en retrait, des va-et-vient du regard... Voilà autant d'habitudes de communication non verbales que nous allons observer et décortiquer avec vous cette semaine.

Cette semaine, vous apprendrez à :

Comprendre l'importance de la communication non verbale sur vos interactions et utiliser l'analyse en « cluster ».
Interpréter vos gestes et ceux de vos interlocuteurs.

L'importance de la communication non verbale et l'analyse en « cluster »

Quelle est l'importance de la communication non verbale ?

Albert Mehrabian, professeur en psychologie à l'université de Californie, a été l'un des premiers à mettre en évidence la différence d'impact entre les messages verbaux (c'est-à-dire les mots sur lesquels nous restons généralement focalisés) et les messages non verbaux (c'est-à-dire l'intonation de la voix, la gestuelle ou bien les expressions faciales).
Le résultat de ses études a montré que dans une communication interpersonnelle, c'est-à-dire mettant en scène au moins deux personnes, le message est perçu :

- à 7 % par le canal verbal, c'est-à-dire les mots ;
- à 38 % par le canal vocal, c'est-à-dire le son et l'intonation de la voix ;
- à 55 % par le canal visuel, c'est-à-dire la gestuelle et les expressions faciales.

Si les mots prononcés ne correspondent pas à la voix, tout naturellement nous le percevons.

Votre voix et vos expressions ne mentent pas. Ils ont une importance capitale sur votre façon de communiquer.

L'analyse de la communication non verbale aura donc pour vous deux buts principaux :

- Cela vous permettra de développer votre répertoire gestuel d'attitudes non verbales ayant un impact positif dans vos relations et donc de renvoyer une image positive de vous-même, une image charismatique, qui donnera aux autres l'envie de vous approcher et/ou de vous côtoyer.
- Vous pourrez par cette analyse identifier les gestes d'inconfort pour réussir à mettre à l'aise votre interlocuteur (empathie).

Qu'est-ce que l'analyse en « cluster* » ?

Découvrir les codes cachés du langage gestuel vous permettra d'observer sous un autre angle vos prochains échanges.

Vous réaliserez à quel point chacun de vos gestes peut être soumis à interprétation. Mais attention aux idées fausses !

En fonction du contexte et de la personne, certains gestes pourront en effet avoir plusieurs significations.

Observer en « cluster » vous est fortement recommandé si vous souhaitez bien comprendre l'état émotionnel de votre interlocuteur.

Votre mission va donc être de réussir à repérer les signaux en « grappe », et ce dans un laps de temps très court.

Tel un détective, recherchez des indices qui veulent dire la même chose dans la posture, le(s) geste(s), le ton de la voix, mais aussi dans les attitudes de votre interlocuteur.

Dès perception de trois gestes analogues, vous pouvez commencer à interpréter.

Cette façon de procéder vous permet de prendre conscience du fait que le langage non verbal est un grand puzzle dont il est important d'avoir toutes les pièces pour avoir la bonne image de quelqu'un.

Dans un premier temps, repérez un seul geste.

Ensuite, allez voir si un autre geste peut venir appuyer votre interprétation.

Si cela ne correspond pas, c'est que vous vous êtes trompée.

Pourquoi un geste devrait-il toujours vouloir dire la même chose alors qu'un mot peut à lui seul avoir plusieurs sens ?

Lorsque vous entendez le mot « vert », comment réussissez-vous à savoir qu'il ne s'agit pas des mots « verre » ou « ver » ?

Accompagné de la suite « vert ou blanc », vous comprenez tout de suite qu'il s'agit de la couleur et pas du récipient ni du lombric.

* Cluster vient de l'anglais et se traduit par « bloc de... » ou « groupe de... ».

Prenons un exemple :
Placer les mains derrière la tête est souvent signe de bien-être. Cette posture est d'ailleurs très utilisée par les hommes. Pour interpréter ce signal comme un état de bien-être, cherchez un autre signe, par exemple le sourire. Si ce dernier n'est pas là (par exemple : effet tortue, main derrière la tête et tête vers le bas), vous avez certainement dû vous tromper en imaginant cette personne dans un état de bien-être. Si le sourire est là, c'est bon signe... Continuez d'investiguer. Vous savez maintenant que votre interlocuteur a les mains derrière la tête et qu'il affiche un large sourire. Recherchez un troisième indice ! Son corps est-il ouvert ? A-t-il la tête tournée vers le ciel ? Son abdomen est-il visible ?

Retenez également que **chaque individu possède une « ligne de référence » différente**. Il s'agit en quelque sorte de son jeu de cartes habituel.
Savoir comment se comporte en temps normal votre interlocuteur vous sera donc d'une aide précieuse lors de vos interprétations.
Vous éviterez ainsi de traduire trop rapidement les gestes qu'il utilise régulièrement et serez capable de détecter une rupture (positive ou négative) dans sa ligne de référence.
Même si vous connaissez bien la personne et que toute rupture de sa ligne de référence devrait vous sauter aux yeux, **prenez toujours en compte le contexte** dans lequel évolue la situation.
En effet, l'ambiance et l'environnement jouent un rôle essentiel et permettent souvent de découvrir la cause et la raison du comportement.

Un des principes fondamentaux du langage non verbal est le suivant :

- Le corps va là où l'esprit souhaite aller !

En partant de ce principe, vous comprenez en quoi observer les pieds, le torse ou même la tête de quelqu'un deviennent quelque chose d'intéressant.
Il est aussi utile de savoir que plusieurs postures de domination sont quasi exclusivement masculines : la position assise avec une jambe en quatre, les mains sur les hanches, les mains derrière la tête, le torse gonflé...

Enfin, utiliser la méthode en « cluster » vous permet de prendre conscience de l'effet miroir. C'est-à-dire que lorsque vous êtes bien avec une autre personne et qu'elle aussi se sent bien avec vous, vous êtes en phase, en connexion et prêtes à « collaborer » ensemble...
Bien évidemment, nous ne vous invitons pas à la manipulation, mais à la simple observation dans l'intention de repérer un éventuel inconfort dans le langage non verbal de l'autre et de pouvoir ainsi réussir à le mettre à l'aise avec empathie.

MISE EN PLACE CONCRÈTE

Lors de mes prochains échanges, j'observe en « cluster » le langage non verbal de mon mari/compagnon, de mes collègues, de mes amies, de mes voisines...

BÉNÉFICES

C'est à force de pratiquer que vous deviendrez de plus en plus habile pour repérer rapidement un minimum de trois signaux vous permettant de mieux comprendre le niveau de bien-être de vos interlocuteurs.

L'interprétation des gestes

✳ Les jambes et les pieds ✳

Direction des pieds :

Saviez-vous que les pieds de vos interlocuteurs ont tendance à se diriger vers des sources présentant pour eux de l'intérêt (des personnes, des événements, des objets...) et inversement à s'orienter à l'opposé des sources d'inconfort ?
Par exemple : un jeune homme a les pieds placés vers une jolie femme alors qu'un homme pressé de quitter une pièce a déjà les pieds tournés vers la porte.

Jambes croisées, debout (contre un mur) :

Avoir les jambes croisées alors que l'on est debout est un signe de confort. Cela signifie que la personne apprécie la discussion.
Une bonne façon de retenir cette posture est de comprendre que si une personne a les jambes croisées alors qu'elle est debout, il lui sera difficile de partir vite. Elle ne craint donc pas le danger.
À observer : lorsque la personne décroise ses jambes pour mettre ses deux pieds au sol avec les jambes bien écartées, il y une prise de territoire. En revanche, si en décroisant un pied elle s'oriente vers la porte de sortie, par exemple, elle souhaite plutôt que la discussion soit finie.

Jambes croisées, assis :

La jambe au-dessus de l'autre peut constituer une barrière vis-à-vis de la personne se trouvant du côté de cette jambe.

✳ Le torse ✳

Il est intéressant de remarquer si un buste a plutôt tendance à se rapprocher de vous ou à prendre du recul à la suite d'une phrase que vous avez prononcée.
Observez son ouverture ou sa fermeture.
Face à un danger ou à une situation générant un stress, le buste aura tendance à créer de la distance, c'est-à-dire à s'éloigner de la source perturbatrice (personnes, questions...).
À l'inverse, le buste se penchera naturellement vers des sources qui suscitent de l'intérêt ou représentent une agressivité manifeste (notion de basculement).

✳ Le ventre ✳

Si la présence d'une personne ne vous dérange pas, vous ne verrez aucune difficulté à lui exposer votre ventre et à le laisser libre d'accès.
Dissimuler son ventre peut se faire de deux façons différentes :

- en croisant les bras devant soi ;
- en tournant le dos à quelqu'un.

✳ Les épaules ✳

La position des épaules a de multiples significations.
Si une personne lève les deux épaules au ciel après qu'une question lui a été posée, cela signifie qu'il

ne connaît vraiment pas la réponse. En revanche, si seule une de ses deux épaules se lève au ciel, c'est qu'il connaît sûrement la réponse.
Il est aussi courant d'observer des épaules dans la **position de la tortue**, c'est-à-dire la tête rentrée à l'intérieur du corps. Cette attitude est un signe de protection.
L'individu apparaît plus petit et son cou est lui aussi protégé (le cou est une zone sensible que l'on a tendance à préserver en cas de stress).
Plus il y a de stress et plus cette posture est visible.
De même, des épaules rentrées vers l'intérieur du corps laissent supposer que la personne se ferme et porte un poids sur ses épaules.
Lorsque les épaules sont bien ouvertes, souvent la personne affiche un large sourire et un visage détendu.

✳ Les bras ✳

Globalement, plus les bras s'étendent, plus cela signifie une prise d'espace et une présence corporelle.
Les personnes qui ont un statut social plus élevé auront tendance à prendre plus d'espace avec leurs bras.
À l'inverse, des personnes qui ont peu confiance en elles seront tentées de restreindre la mobilité de leurs membres supérieurs.
En résumé, plus les bras sont légers, plus la présence de sentiments positifs est là. Lorsqu'on s'anime pour une idée, on ne limite pas le mouvement de nos bras.
Lever les bras en l'air montre l'enthousiasme (voir la conférence en ligne sur la PNL avec Paul Pyronnet : www.virerlestress.com/5-leviers-de-la-pnl/).
Ces mouvements peuvent être très discrets et modérés comme exubérants en cas d'émotions ultrapositives.
Lorsque nous ressentons une émotion négative, nous avons tendance à restreindre le mouvement des bras. Ils ont tendance à ne pas vouloir s'exprimer (et donc à être lourds).

✳ Les mains ✳

Les mains derrière le dos ou dans les poches arrière du jean :
Prendre cette posture permet de gonfler le buste et permet de dégager une expression d'autorité.
Lorsque quelqu'un met ses mains et ses bras de la sorte, il clame inconsciemment qu'il a un statut supérieur : « Ne vous approchez pas de moi, je n'ai pas envie d'être touché. »
Si la personne que vous observez agrippe son bras avec l'une de ses mains, il est possible d'y noter une certaine frustration chez elle et une volonté de se contrôler elle-même.
Soyez vigilante avec l'interprétation de la position des mains, car d'un point de vue général, elles permettent de décoder autant une gestuelle d'ennui que d'intérêt, d'autorité que de soumission.

Les doigts qui se serrent mutuellement :
Ce geste traduit un certain stress, une inquiétude. Le plus important est de voir s'il y a un automassage des doigts pour se rassurer et calmer la tension nerveuse.
Il peut donc traduire de l'inconfort et peut aussi être le prétexte pour initier un geste barrière.
Plus la position des doigts en contact est basse, plus l'inconfort est présent.
Plus la position est haute, plus il faut envisager un état neutre et non pas forcément de l'inconfort.

Se frotter les mains :
Ce geste est le symbole de l'impatience face à une tâche à effectuer. Il est affiché lorsque l'on a une perspective positive de l'issue d'un événement encore non déroulé.
Faire ce geste signifie l'attente d'un épisode réjouissant. Plus le mouvement est rapide, plus l'attente est positive.

Le « steeple » (apposer ensemble les deux mains, notamment au niveau des doigts) :
Le « steeple » vous montre que tout est sous contrôle. Il illustre une confiance en soi inébranlable.
Il est intéressant de l'utiliser lorsque vous intervenez à l'oral, par exemple.

Position Akimbo (mains sur les hanches) :
Cette position est une position de prise de territoire. Il s'agit d'un geste d'autorité et de masculinité qui est très utilisé par les hommes.
Nous vous conseillons de l'utiliser lorsque vous avez besoin d'affirmer votre point de vue, de montrer que vous n'allez pas vous laisser marcher sur les pieds.

✳ La tête ✳

Acquiescer de la tête :
Ce mouvement de la tête montre de l'intérêt et de la reconnaissance de la part de l'individu pour ce qui est dit. C'est un signal fort d'engagement dans la conversation.
Vous pouvez user et abuser de cette technique. Elle vous donnera un avantage considérable dans vos relations.

Regarder dans les yeux (le contact visuel direct avec autrui) :
Regarder quelqu'un droit dans les yeux est un puissant motivateur lors d'un échange. Cela montre l'attention et l'intérêt porté à l'interlocuteur.
Si ce n'est pas encore le cas, le contact visuel direct est à intégrer dès à présent dans votre gestuelle quotidienne.

Le sourire authentique (ouverture des lèvres + pattes d'oie) :
Le sourire authentique est le meilleur illustrateur de l'émotion universelle de joie. C'est notre meilleur allié ! Il y a aussi les gestes qui apportent à la personne un effet tranquillisant :
- se frotter la paume des mains sur les cuisses (lié au stress et à l'effet mains moites) ;
- toucher son corps d'un point de vue général.

Et les gestes qui ont vocation à faire barrière au monde extérieur :
- croiser les bras (position ouverte et bras croisés) ;
- poser son sac sur ses cuisses ;
- tenir un bout de papier entre ses mains ;
- jouer avec sa montre au poignet (protection du ventre).

Enfin, et fort heureusement, certaines attitudes permettent d'afficher ou de percevoir un désir de séduction. Le toucher est l'une des sept étapes non verbales de ce processus.

Par un exemple : si vous plaisez à un homme, il y a de fortes chances pour qu'il se rapproche de vous. Il essaiera peut-être de venir frôler votre bras, de toucher votre épaule. D'une manière ou d'une autre, il cherchera à rentrer en contact avec vous de façon subtile. C'est une étape essentielle pour aller plus loin dans la relation.

Mais peut-être appréciez-vous d'être l'initiatrice ? Dans ce cas, toucher vos cheveux indiquera clairement : « Je suis intéressée, regarde-moi. » Cela attirera le regard de l'homme sur votre visage et vous permettra de lui montrer que vous êtes une vraie femme.
De son côté, l'homme peut aussi user du toucher capillaire en remettant sa chevelure en place du bout des doigts.
Un va-et-vient du regard indiquera quant à lui le signal d'intérêt par excellence. Il reflète à la fois le désir pour la personne convoitée, mais également le stress de faire une nouvelle rencontre.

Connaître la signification de ces gestes de confort, d'inconfort et de séduction peut vous aider à désamorcer bien des situations.
Attentive à ce langage trop souvent négligé, vous êtes maintenant apte à repérer un malaise pour ensuite modifier légèrement votre attitude et détendre votre interlocuteur.
Préparée et consciente du pouvoir de votre corps, vous voilà prête à vous engager dans notre avant-dernière séance où il sera question de confiance en soi lors de la prise de parole en public.

MISE EN PLACE CONCRÈTE

Je mets en pratique mon décodeur du non-verbal.

BÉNÉFICES

Vous améliorerez chaque jour un peu plus vos relations aux autres et deviendrez de plus en plus charismatique.

MA PHRASE MANTRA

Je

Pour aller plus loin

- Site Internet : www.decodeurdunonverbal.fr
- Formation « Le défi 1 jour 1 geste », de Romain Collignon : www.youtube.com (rechercher « Défi 1 jour 1 geste #0 »)

À vos plumes, exercice

Pour aller plus loin, merci de bien vouloir répondre aux questions suivantes et/ou d'entourer vos choix :

L'analyse du langage non verbal décrite dans cette séance vous a t-elle permis de prendre conscience de certaines de vos postures « récurrentes » ?

OUI NON

Avez-vous pris conscience de leurs impacts dans vos relations ?

OUI NON

Quels sont ces postures/ces gestes ?

Quels sont ceux sur lesquels vous allez travailler en priorité ?

Semaine n° 47

FAITES UN BON ORAL

Comment vivez-vous vos prises de parole en public ? Vous sentez-vous vulnérable ? Quelque chose vous empêche-t-il de vivre paisiblement vos présentations orales ? Comme de nombreuses femmes, vous redoutez peut-être ces moments. Depuis votre enfance, vous avez certainement appris à ne pas vous faire remarquer et à ne pas monopoliser la parole en public. Il vous a peut-être même été enseigné de rester discrète et dans la norme, de ne pas trop « sortir du lot » pour ne pas passer pour une prétentieuse ou une égocentrique.
Par peur du jugement des autres, vous vous êtes ainsi toujours efforcée de rester dans le moule. Les conséquences sont telles que **vous craignez probablement aujourd'hui de ne pas être à la hauteur, de ne pas pouvoir « assurer »**, car on ne vous a pas appris à transmettre avec confiance, force et conviction un message donné. Et pourtant… une fois de plus, la clé du succès est en vous !
Cette semaine, vous découvrirez que les meilleurs orateurs sont en réalité ceux qui savent **travailler leurs interventions et organiser leurs présentations**. L'anticipation de diverses solutions en cas de « pépin » et la préparation minutieuse du jour J sont leurs plus grands secrets. Comment structurer votre contenu et votre Powerpoint ? Comment construire vos *slides* ? Quelles postures adopter ? Que faire de votre voix ? À l'aide de la mise en pratique de nos divers trucs et astuces, vous deviendrez sans tarder une championne de la présentation orale.

Cette semaine, vous apprendrez à :

Préparer vos interventions orales.
Faire une bonne présentation.

La préparation des interventions orales

Quelles sont les questions à se poser avant une intervention ? Quels que soient le lieu et la raison de votre intervention, la première chose à faire est de **vous informer un maximum** sur le sujet, le public, mais aussi l'objectif recherché au travers de cette présentation.
Vous veillerez donc à commencer par trouver des réponses aux questions suivantes :

- À qui vais-je m'adresser ?

Remarque : vous pourrez adapter votre vocabulaire, votre posture, mais aussi votre tenue vestimentaire en fonction de la réponse à cette question.

- Quel est le sujet de mon intervention ?

Remarque : connaître précisément le sujet vous permettra de rester centrée lors de votre présentation et d'être attentive aux attentes de votre public, du prestataire, du client...

- Quel est mon objectif principal ? Mon intention ? Le message clé que j'ai envie de transmettre ?

Remarque : cette réponse vous permettra de définir le choix des termes à utiliser et de l'énergie à déployer. **Par exemple :** votre comportement, votre vocabulaire et votre énergie seront différents en fonction du fait que vous souhaitiez convaincre, séduire, vendre, enseigner, motiver ou tout simplement informer.

- Qui suis-je par rapport à mon auditoire ? (Ai-je une position délicate ? Suis-je attendue ? Suis-je vue comme une experte ?)

- Quel est le public (connu, inconnu, nombre...) ?

- Y a-t-il des personnes bienveillantes sur lesquelles je vais pouvoir m'appuyer ? Ou y a-t-il au contraire des personnes qui m'impressionnent et qui me « stressent » ?

Quelles sont les solutions pour préparer au mieux une intervention ?

Informée sur le sujet, le public et l'objectif de votre présentation, vous allez pouvoir commencer à imaginer divers scénarios. Dans un premier temps, contentez-vous simplement de fermer les yeux et d'**imaginer votre scénario PARFAIT !** Cela vous permettra de gagner en confiance et en sérénité. Ensuite, afin de pouvoir anticiper plusieurs solutions d'urgence, **imaginez quelques scénarios catastrophes**.

Par exemple : vous avez apporté votre ordinateur, mais un problème technique vous empêche d'accéder à votre texte.

→ La solution : prévoyez toujours une version papier de vos présentations. Transférez-la également sur une clé USB ou sur votre boîte e-mail. Idéalement, en support, gardez sous la main les coordonnées d'un de vos amis prêt à vous aider et doué en informatique. Il ne vous restera plus qu'à faire diversion le temps de mettre en application votre plan B ou votre plan C.

Autre exemple : malgré tous vos efforts, l'accueil de votre public est mitigé.

→ La solution : prévoyez quelques phrases humoristiques, quelques anecdotes touchantes en lien avec la thématique de votre présentation. Appliquez-vous à moduler votre voix, à jouer de vos talents de comédienne...

Dernier exemple : une personne de l'assemblée vous pose une question embarrassante à laquelle vous n'avez pas de réponse.

→ La solution : remerciez-la pour sa question. Dites-lui que vous trouvez sa demande très intéressante et pertinente et faites-lui part du fait que vous n'y aviez jamais réfléchi. N'ayez pas peur de lui dire que vous ne connaissez pas la réponse et que cela semble être un bon sujet d'étude. Interrogez ensuite le reste de la salle afin de savoir si quelqu'un peut lui apporter la réponse.

Pour vous préparer au mieux et gagner davantage en confiance en vous, **répétez encore et encore votre texte !** Surtout, n'essayez pas de l'apprendre par cœur. Favorisez plutôt la prise de notes de quelques points clés sur une fiche que vous pourrez garder avec vous. L'une de nos astuces préférées est... la vidéo ! **Filmez-vous** et ensuite regardez-vous ! Cet exercice vous permettra d'observer votre gestuelle, les mouvements de votre corps, votre visage, vos éventuelles manies, mais aussi le débit et le ton de votre voix. Pour obtenir des avis extérieurs de qualité, faites **appel à des personnes de confiance devant lesquelles vous pourrez répéter**. Pour un oral fluide et agréable à l'écoute, **pensez à laisser des temps de silence entre certaines de vos idées** et à appuyer et/ou répéter les mots ou phrases importants de votre présentation.

Le jour J

Pour que votre présentation puisse être à la hauteur de vos attentes et de celles de votre public, il vous faut être en forme une fois le grand jour arrivé. La veille au soir, **préparez-vous de la façon suivante :**

- Allez vous coucher tôt : une bonne nuit de sommeil est essentielle pour avoir les idées claires et avoir la mine « fraîche » le lendemain matin.
- Revoyez les points importants de votre présentation.
- Mangez léger (Si votre intervention a lieu à 14 heures, évitez de prendre un repas copieux à 12 heures sous peine d'être en chute libre d'énergie au moment de votre présentation/digestion).
- Créez-vous un petit rituel de confiance : quelques phrases, quelques gestes, une musique... tout ce qui vous redonne la pêche et confiance en vous.
- Choisissez les vêtements que vous allez porter en veillant à ce qu'ils soient suffisamment amples pour vous laisser libre de faire des mouvements (remarque : si vous prévoyez de porter un micro, évitez de porter une robe).

- Prenez soin de vous pour vous sentir belle.
- Prenez conscience de la distance qui sépare votre domicile du lieu de votre présentation. Prévoyez suffisamment de temps pour vous y rendre.

Le jour J, **prévoyez d'arriver avec un peu d'avance pour :**

- vous acclimater à la salle et à l'organisation des lieux ;
- bien connaître le contexte et/ou le cadre de l'événement, de l'intervention ;
- mentaliser votre passage devant votre public, vous concentrer ;
- capter l'énergie de la salle et/ou du groupe ;
- voir les autres intervenants et peut-être même entendre leurs présentations ;
- discuter avec les participants à la pause (pour prendre un peu la température de la salle et, éventuellement, calibrer votre oral ensuite).

MISE EN PLACE CONCRÈTE

Je m'engage par écrit envers moi-même à intervenir de plus en plus souvent en public.

Signature :

BÉNÉFICES

L'engagement que vous prenez envers vous-même vous stimulera à passer à l'action.

Le secret d'une bonne présentation

Les neuf trucs et astuces de l'orateur de haut niveau

Vous avez maintenant une vue d'ensemble de la façon de vous préparer à intervenir en public. Mais ce que vous souhaitez faire ne se limite pas à vous tenir debout devant une assemblée. Non, ce que vous visez est de devenir une championne de la présentation, une oratrice de haut niveau. Heureusement, une fois encore, nous avons conservé pour vous neuf trucs et astuces que nous partageons maintenant avec plaisir avec vous.

Pour faire une bonne présentation orale et être la meilleure, vous veillerez à :

- **vous connecter avec votre audience** : posez des questions pour lesquelles les gens vont pouvoir lever la main, cela va les mettre en mouvement et ils seront plus attentifs et connectés à votre discours ;
- **évaluer votre audience** pour ensuite vous adapter en faisant preuve de pédagogie : vous pouvez pour cela leur raconter une histoire humoristique ;
- **vous entraîner à travailler votre contenu** (pourquoi ? quoi ? comment ? et si... ?) ;
- **vous aider de votre voix et de votre gestuelle** pour travailler votre sourire, votre enthousiasme et votre conviction ;
- **faire des *patterns interrupt*** (c'est-à-dire des cassures dans le déroulé de l'intervention) : faites bouger la salle (physiquement), mettez de la musique, dites quelques phrases humoristiques pour « casser » un peu le rythme de votre discours... ;
- **interagir avec l'audience :** demandez par exemple à plusieurs personnes de vous divulguer leurs astuces pour faire un bon oral ;
- **encourager les gens à passer à l'action :** demandez-leur par exemple de noter trois choses

qu'ils vont mettre en place avant la fin du mois suite à cette conférence avec vous ;

- **surprendre votre public** en lui donnant toujours un peu plus que prévu ;
- **permettre aux gens d'aller plus loin avec vous :** laissez-leur vos coordonnées à la fin de votre oral et invitez-les à venir vous voir pendant la pause.

Le support visuel

Vous voilà prête à donner le meilleur de vous-même devant une assemblée. Ce travail de préparation en amont de votre oral vous permet de gagner en sérénité et en confiance en vous. Pour vous soutenir dans ce dépassement de vous, nous vous recommandons de **prendre le temps nécessaire à la conception de votre support visuel**. En effet, quelques *slides* dans un bon Powerpoint accrocheront rapidement le regard et l'attention de votre audience. Vous pourrez par exemple vous y présenter sous forme de photos en choisissant l'angle qui est en lien avec le sujet traité. Veillez à saisir l'intérêt de l'assistance à l'aide de **quelques questions illustrées** qui attiseront sa curiosité et lui donneront envie de vous écouter. Pour la structure, favorisez une seule phrase, une seule citation, un seul mot et/ou une seule thématique visuelle par *slide*. Prévoyez plus ou moins trois à cinq minutes par page de votre diaporama électronique.
C'est en pratiquant que vous deviendrez une experte de la présentation orale. Petit à petit, vous réussirez à manier avec souplesses tous les trucs et astuces du bon orateur, de la préparation à la présentation de votre sujet. Alors ? Quel sera le sujet de votre prochaine prise de parole en public ? 3, 2, 1... action !

MISE EN PLACE CONCRÈTE

Je prépare un exposé d'environ trente minutes. J'invite ensuite quelques personnes de confiance à venir y assister (chez moi ou dans un lieu qui peut accueillir cette occasion). Je leur demande de prendre des notes et de me faire part de leurs critiques constructives en ce qui concerne mon contenu, mes qualités d'oratrice, mes *slides*, mais aussi ma posture et mon attitude.

BÉNÉFICES

Rappelez-vous : c'est en pratiquant que vous deviendrez meilleure. Les retours constructifs des personnes que vous aurez conviées pourront mettre en lumière les points faibles sur lesquels il vous faudra un peu plus travailler, mais également les points forts sur lesquels vous pourrez vous appuyer en toute situation.

MA PHRASE MANTRA

Je

Pour aller plus loin

- Site Internet de Lorenzo Pancino : www.maxxivoice.com/exprimez-vous
- Site Internet : club de pratique international (www.toastmasters.org)

À vos plumes, exercice

Pour aller plus loin et vous inciter un peu plus encore au passage à l'action, veuillez répondre aux questions suivantes :

Quel sera le sujet de votre prochaine présentation orale ?

Quand et où aura-t-elle lieu ?

Comment allez-vous vous y préparer ?

Semaine n° 48

DONNEZ DE LA VOIX

Nous voilà arrivés à la dernière séance de ce coaching !
Lors des deux sessions précédentes, vous avez appris à identifier et à comprendre votre langage non verbal ainsi que celui de vos interlocuteurs.

Cette semaine, nous attacherons une attention particulière à votre voix.
L'aimez-vous ? Avez-vous le sentiment de savoir la maîtriser et l'utiliser au mieux ?

Même s'il ne vous est pas possible d'en transformer le grain, **apprendre à mieux respirer** vous aidera à faire un travail d'amélioration de votre voix.
Intonation, débit, articulation sont des ingrédients à employer en juste quantité si vous souhaitez diffuser un message de qualité.
Afin de vous aider à améliorer vos relations interpersonnelles, cette séance sera en majorité composée d'**exercices respiratoires** à pratiquer le plus régulièrement possible.
D'une voix calme, claire et posée, vous réussirez ainsi à impacter plus de monde lors de vos échanges et de vos diverses interventions orales.

Cette semaine, vous apprendrez à :

Comprendre l'importance de votre voix et la maîtriser grâce à votre respiration, votre intention et votre articulation.

La maîtrise de la voix

L'importance de la voix

Saviez-vous que votre voix et son intonation représentent environ 38 % du message que vous souhaitez véhiculer ?
Sous ses airs discrets, elle influence grandement vos relations interpersonnelles et reflète votre personnalité.
Votre voix véhicule votre pensée et est un instrument privilégié de votre communication.
Pour réussir à la maîtriser, il vous faudra, entre autres, travailler votre respiration.
Très vite, vous vous apercevrez que la voix sous contrôle et « respirée » d'une personne qui s'exprime avec un débit calme et maîtrisé inspire la confiance, le sérieux et l'admiration.
Dompter votre voix vous permettra donc d'accroître l'impact du message que vous souhaitez transmettre afin d'atteindre vos objectifs.

Mais en fait, que pensez-vous de votre voix ? L'aimez-vous ? La trouvez-vous trop aiguë ? Trop basse ? Trop différente de vous ?... (merci de répondre en quelques lignes ci-dessous).

Les objectifs que nous souhaitons vous voir atteindre cette semaine sont les suivants :

- mieux appréhender votre voix ;
- mieux placer votre voix (volume, intensité) ;
- respirer avec justesse et équilibre ;
- parler distinctement et sans précipitation (articulation).

Prendre conscience de sa voix

Derrière tout orateur se cache son intention ! Elle donne son pouvoir à la voix. C'est elle que nous entendons lorsque nous écoutons. En réalité, une voix ne se travaille pas. Les exercices que nous allons vous transmettre sont des techniques vocales. En effet, il est impossible de changer la tessiture et/ou le grain d'une voix. C'est l'utilisation de l'air qui passe au travers de vos cordes vocales qui en définit la tonalité. En prenant **conscience de votre voix**, vous comprendrez l'intérêt de parler moins vite et ferez plus attention au son qu'elle produit. Vous pourrez ainsi en améliorer la tonalité.

La première étape de ce chemin à parcourir est indéniable : il vous faut partir à la découverte de votre voix. Pour cela, prenez le temps de vraiment l'entendre, de l'écouter « extérieurement » comme les autres personnes l'entendent quand vous parlez. Comment y arriver ? C'est très simple : **enregistrez-vous**. Vous pourrez ensuite vous écouter.

La seconde étape sera **d'apprendre à la connaître et à savoir comment elle fonctionne**. Vous pourrez plus facilement pointer du doigt ses particularités et possibilités tout en découvrant l'ampleur de vos capacités. Jouez avec elle ! Allez dans les aigus et les graves, dans une tonalité forte et ensuite faible. Amusez-vous à changer de ton. L'articulation sera certainement à travailler. Pour cela, forcez la prononciation. Lisez des textes en employant différentes tonalités (exclamatif, informatif, interrogatif...).

Enfin, la dernière étape sera **d'apprendre à maîtriser votre voix à l'aide des exercices respiratoires** que nous allons vous proposer ci-dessous et que nous vous invitons à mettre en pratique au fur et à mesure de votre lecture. Ces exercices nous ont été inspirés par notre coach vocale Marie Verguet, dont vous pourrez découvrir le travail sur notre site Internet **(https://cursus.academie-developpement-personnel.com/presentation-gagner-en-confiance-en-soi-grace-a-sa-voix)**.

✳ Six exercices respiratoires pour apprendre à maîtriser sa voix ✳

Dans un premier temps, prenez conscience de votre corps et de votre souffle.
Allongez-vous quelques instants. Fermez les yeux et ressentez lentement chaque partie de votre corps (vos pieds, vos jambes, votre ventre, vos bras, vos mains, votre dos, vos fesses, votre tête…).
Placez votre main au niveau de votre ventre et **observez votre respiration**.
Est-elle haute (respiration thoracique) ou basse (respiration abdominale) ?
Concentrez-vous ensuite sur votre nombril et gonflez le ventre sur l'inspiration pour ensuite le dégonfler sur l'expiration.
Une fois la prise de conscience de votre corps terminée (cinq à dix minutes) et votre respiration recentrée, placez-vous debout, bras le long du corps, le bassin légèrement basculé en avant pour favoriser une posture avec un dos bien droit.
Pensez à la tonicité de votre **périnée** qui agit sur votre force, votre ancrage.
Remarque : les exercices qui suivent vous aideront à vous détendre et à « délier » votre langue.
Vous apprendrez ainsi à mieux connaître votre voix, à mieux maîtriser votre souffle.
Idéalement, ils sont à pratiquer quotidiennement et avant une prise de parole.

Exercice numéro 1 : les soupirs sonorisés

Sur l'inspiration, sentez votre ventre se gonfler.
Sur l'expiration, relâchez la pression de votre corps à l'aide d'un « ahhhhhhh… » (de soulagement).
Respirez à nouveau et recommencez cet exercice cinq fois de suite.

Exercice numéro 2 : la buée sur la vitre

Sur l'inspiration, sentez votre ventre se gonfler.
Contractez le périnée et ouvrez la bouche en imaginant que vous souhaitez faire de la buée sur une vitre.
Faites « ahhh » jusqu'à ce que vous ayez vidé l'air contenu dans vos poumons.
Répétez cet exercice cinq fois.

Exercice numéro 3 : le serpent

Prenez une grande inspiration et sentez votre ventre se gonfler.
Contractez le périnée.
Sur une longue expiration, avec un beau volume sonore, dites « sssssssss » le plus longtemps possible.
Attention cependant : arrêtez l'exercice avant de manquer de souffle ou baissez l'énergie dans l'intensité du son produit.
L'idée est de produire un son long, mais fluide.
Réitérez cet exercice cinq fois de suite.

Exercice numéro 4 : le son grave du jour

Notre son « grave » varie de jour en jour. Comment est le vôtre aujourd'hui ?
Pour le savoir, inspirez profondément et gonflez votre ventre.
Sur l'expiration, dites « mooooooooooo » en émettant un son fluide et régulier avec une belle résonance.
Pour vous aider, vous pouvez bien sûr placer une main sur la poitrine et l'autre sur votre ventre.
Reproduisez cet exercice trois à cinq fois (sans vous épuiser).

Exercice numéro 5 : le son grave du jour en mouvement

Vous allez maintenant reproduire l'exercice numéro 4, mais avec une colonne vertébrale en mouvement.

Pliez un peu les genoux et penchez-vous en avant. Placez la tête vers le sol, inspirez profondément en gonflant le ventre.

Relevez-vous petit à petit en déroulant vos vertèbres une à une et en produisant le son « moooooooooo ».

Répétez lentement cet exercice trois fois de suite.

Exercice numéro 6 : yé yi you ya

Sur l'inspiration, gonflez votre ventre.

Sur l'expiration, dites « yé yi you ya » en articulant correctement et en maintenant un bon volume vocal.

Reproduisez cet exercice trois à cinq fois.

Pour améliorer la gestion de votre souffle, ces exercices sont à répéter plusieurs fois par semaine.

Notez ci-dessous votre ressenti après ces premières mises en pratique et revenez-y les fois suivantes pour comparer :

Les cinq dernières clés pour un super oral

Quoi qu'il se passe lors de vos prochaines présentations orales, rappelez-vous bien des cinq points suivants :

- Si vous connaissez votre sujet, rien de désagréable ne pourra vous arriver.
- Soyez sincère, croyez en ce que vous dites et vous serez écoutée.
- Ne réfléchissez pas, soyez pleinement dans l'instant présent.
- Adressez-vous à votre public sans jamais l'oublier.
- Relaxez-vous et passez un bon moment.

La communication, un exercice difficile

En résumé de ce rayon dédié à l'expression dans sa globalité, il est important de retenir que la communication est quelque chose « d'automatique ».

Quel que soit le mode de communication, il y a un message, un émetteur et un récepteur.

Elle commence par votre communication interne (votre petite voix, votre monde intérieur). Faites en sorte que la vôtre soit fluide et positive.

Elle représente l'expression de vous-même.
Souvent, vous êtes en conflit intérieur. Prendre conscience que ces conflits et critiques n'existent que dans votre tête sera pour vous une réelle délivrance.
Vous retiendrez également que la communication passe par votre corps et votre voix et qu'il est essentiel que votre message soit aligné avec votre être profond.

**Pour rendre votre communication plus efficace,
ayez conscience que plus votre message sera clair, mieux il sera perçu.**

Avoir un objectif de communication clair vous permettra donc d'atteindre plus facilement vos objectifs.
Rappelez-vous également que les mots peuvent avoir une signification différente en fonction des gens (par exemple « amour » ne veut pas dire la même chose pour tous).
Pour avoir un maximum d'impact, utilisez toutes vos cartes en vous adressant aux trois cerveaux de votre interlocuteur : physique 1, émotionnel 2 et mental 3.
1 Usez d'actions, de mouvements, de sensations physiques.
2 Faites appel aux sensations, à l'émotion, à la motivation, à la relation.
3 Utilisez des symboles, des concepts, des méthodes.

Dans la position du récepteur, pensez à reformuler le message que vous émet votre interlocuteur afin de vous assurer qu'il s'approche bien de ce qu'il souhaitait vous transmettre.

✳ MISE EN PLACE CONCRÈTE ✳

Je joue avec ma voix.

✳ BÉNÉFICES ✳

Jouer avec votre voix vous permettra d'apprendre à la connaître et de savoir comment elle fonctionne.

MA PHRASE MANTRA

Je

Pour aller plus loin

- Formation sur la communication : « Clear Communication », de Eben Pagan (en anglais) : https://ebenpagantraining.com/
- Inspiration voix, site Internet de Lorenzo Pancino : www.lorenzo-pancino-academy.com
- Formation : « Gagner en confiance grâce à sa voix », avec Marie Verguet (https://cursus.academie-developpement-personnel.com/presentation-gagner-en-confiance-en-soi-grace-a-sa-voix)
- S'inscrire dans une chorale, chanter sous sa douche, faire du yoga…

À vos plumes, exercice

Pour clore ce coaching avec efficacité, veuillez définir un objectif clair dans le domaine de la santé, le domaine professionnel et le domaine relationnel :

Mes trois objectifs sont :

1

2

3

Quand souhaitez-vous atteindre ces objectifs ?

À bientôt !

Avant de nous dire au revoir

C Le chemin que vous avez parcouru depuis la première page de ce livre est fantastique. Chaque axe de votre vie a pu à son tour bénéficier de moments d'attention particuliers.

De l'amour à la santé, en passant par l'argent et la famille vous avez pris conscience de la nécessité d'être ancrée et connectée à votre être profond pour vivre une vie épanouissante, stimulante et inspirante.

Gardez l'esprit éveillé et continuez d'explorer votre monde intérieur.

Soyez ouverte à de nouvelles croyances et avancez chaque jour en étant convaincue que tout est possible.

C'est par la répétition que vous intégrerez de nouvelles idées, de nouveaux apprentissages.

Assouvissez votre curiosité d'apprendre chaque jour de nouvelles choses et soyez vigilante aux deux freins de l'apprentissage qui, pour rappel, sont « je ne suis pas d'accord » et « je sais déjà ».

Les meilleurs repas se partagent, les meilleurs livres aussi...

Recommanderiez-vous le nôtre à une amie ?

Quoi qu'il en soit, nous vous remercions d'avance des personnes que vous réussirez à votre tour à impacter.

Une seconde lecture vous apportera une nouvelle vision et vous permettra de prendre conscience du chemin déjà parcouru ainsi que des points qui nécessitent plus de travail de votre part.

Tout comme la vie, le développement personnel est un chemin sur lequel vous pourrez évoluer à l'aide du passage à l'action.

Nous vous remercions de cet engagement que vous avez pris avec vous-même et de l'intérêt que vous avez accordé à notre accompagnement.

Au plaisir de vous retrouver pour de prochaines aventures sur http://www.academie-developpement-personnel.com

À très vite...

Direction d'édition : Thierry Lamarre - Édition : Adeline Lobut - Création du programme : Peggy Tournigand et Jean-François Ruiz - Textes : Carole Pirmez - Correction : Claire Mounier
Illustrations de couverture et ouvertures des chapitres : Sarah Bochaton - Conception graphique, mise en pages et couverture : Carole Schilling - www.caroleschillingdesign.com - Autres dessins : © Shutterstock - Éditions Marie Claire - Publiées par Société d'Information et de Créations SIC - Une société de Marie Claire Album - 10, bd des Frères-Voisin 92792 Issy-les-Moulineaux CEDEX 9 France - Tél. 01 41 46 88 88 - CS Nanterre 302 114 509 - SARL au capital de 3.822.000 euros

- ISBN : 979-10-323-0135-7 - N° Éditeur : 38369 - Imprimé par G. Canale & C., Italie - Dépôt légal : septembre 2017
www.editionsmarieclaire.com

PEFC
PEFC/18-31-330
Certifié PEFC
Ce produit est issu de forêts gérées durablement et de sources contrôlées.
www.pefc.org